An Empirical Study on the Standardization of Sentencing of Drug Crimes in Northwest China

本书系甘肃政法大学2018年校级重大项目《西北地区走私、贩卖、运输、制造毒品罪量刑规范化实证研究》（项目编号GZF2018XZD01）的研究成果

甘肃政法大学双一流建设学术文库

西北地区毒品犯罪量刑规范化实证研究

以走私、贩卖、运输、制造毒品罪为核心

梁文彩／著

法律出版社
LAW PRESS·CHINA
——北 京——

图书在版编目(CIP)数据

西北地区毒品犯罪量刑规范化实证研究：以走私、贩卖、运输、制造毒品罪为核心 / 梁文彩著. -- 北京：法律出版社，2022
(甘肃政法大学双一流建设学术文库)
ISBN 978-7-5197-7024-2

Ⅰ. ①西… Ⅱ. ①梁… Ⅲ. ①毒品－刑事犯罪－量刑－规范化－研究－西北地区 Ⅳ. ①D927.404.364

中国版本图书馆CIP数据核字(2022)第151306号

西北地区毒品犯罪量刑规范化实证研究：
以走私、贩卖、运输、制造毒品罪为核心
XIBEI DIQU DUPIN FANZUI LIANGXING GUIFANHUA
SHIZHENG YANJIU:YI ZOUSI、FANMAI、YUNSHU、
ZHIZAO DUPINZUI WEI HEXIN

梁文彩 著

策划编辑 肖 越
责任编辑 肖 越
装帧设计 汪奇峰

出版发行 法律出版社
编辑统筹 法商出版分社
责任校对 晁明慧 王 皓
责任印制 胡晓雅
经 销 新华书店

开本 710毫米×1000毫米 1/16
印张 19.75 字数 303千
版本 2022年10月第1版
印次 2022年10月第1次印刷
印刷 唐山玺诚印务有限公司

地址：北京市丰台区莲花池西里7号(100073)
网址：www.lawpress.com.cn
投稿邮箱：info@lawpress.com.cn
举报盗版邮箱：jbwq@lawpress.com.cn
销售电话：010-83938349
客服电话：010-83938350
咨询电话：010-63939796

书号：ISBN 978-7-5197-7024-2
定价：79.00元
凡购买本社图书，如有印装错误，我社负责退换。电话：010-83938349

序　言

犯罪与刑罚是刑法理论体系中的两大核心范畴，长时间以来在我国刑法学研究中犯罪的定性问题（定罪）受到更多偏爱，理论成果颇为丰硕，而有关刑罚的适用和执行问题研究则相对薄弱。事实上，司法公正不仅仅体现于准确定性之中，刑罚裁量的公正亦是司法公正的重要一环。鉴于此，自20世纪伊始，我国逐步开展刑罚制度方面的改革，其中就包括量刑规范化改革。最高人民法院于2009年初就把量刑规范化改革确定为人民法院“三五改革纲要”的重要内容，事实上，自2003年起一些基层法院便开始了量刑改革的探索。在试点改革的基础上，最高人民法院进一步对改革成果进行实质性研究，公布了《人民法院量刑指导意见（试行）》，并于2010年10月1日起在全国范围内推行量刑规范化改革。在经过两年多的实践推行，最高人民法院又于2013年12月23日颁布了《关于常见犯罪的量刑指导意见》[①]并决定从2014年1月1日起在全国法院正式实施量刑规范化工作。自此，改革的步伐不断加快，适用的罪名以及刑种在不断拓宽。截至目前，全国范围内的改革已经推行了十余年。就量刑改革而言，实践走在了理论研究的前面。值得庆幸的是，伴随司法改革实践如火如荼地推进，刑法学界也迎来了一轮有关量刑规范化改革以及刑罚裁量相关问题的研究热潮。在进行

---

① 该意见已失效，现行有效的文件为最高人民法院、最高人民检察院印发的《关于常见犯罪的量刑意见（试行）》（法发〔2021〕21号）。

深入理论探讨的同时，我国一些学者逐渐认识到对量刑进行经验性实证研究的重要性，由此在量刑领域逐渐从抽象的理论研究转向了经验的实证研究。

梁文彩同志在其读博期间就确定了量刑实证研究的方向，毕业后她继续在这个方向上不断努力，本书就是她多年量刑实证研究成果的体现。本书是梁文彩同志独立完成的第一部学术专著，从搜集裁判文书到逐一录入判决数据、从对数据整理分析再到书稿的撰写和修改，前后共历时两年半时间，这一过程饱含着作者的艰辛和甘苦。令人欣慰的是，成果即将出版，这本书在她的学术历程中有着重要的价值和意义。

本书以西北五省（自治区）（包括陕西省、甘肃省、青海省、宁夏回族自治区以及新疆维吾尔自治区）2014 年至 2018 年五年间的走私、贩卖、运输、制造毒品罪一审判决书为基础建立数据库，借助实证研究方法客观反映我国西北地区走私、贩卖、运输、制造毒品罪量刑的实际情况，通过实证检验和分析发现量刑中存在的问题并提出相应完善建议，为走私、贩卖、运输、制造毒品罪量刑规范化的进一步推进提供参考。

总体而言，本书具有以下特点：

第一，内容较为全面、系统。一方面，走私、贩卖、运输、制造毒品罪的量刑结果非常丰富，五种主刑以及四种附加刑均有所涉及，此外还有免予刑事处罚、缓刑以及减轻处罚等量刑类型。在以往有关本罪量刑的研究成果中学者比较多地关注死刑适用问题，本书则不限于此，对管制、拘役、有期徒刑等主刑以及罚金、没收财产、剥夺政治权利等附加刑的适用情况进行了汇总分析并发现了一定的集中趋势和规律。当然，死刑确实是走私、贩卖、运输、制造毒品罪量刑中一个不容回避的关键问题，因而本书专设一章，就会议纪要中死刑适用的相关规定、运输毒品罪的死刑适用以及毒品纯度对死刑适用的影响等问题展开了深入的探讨。另一方面，量刑情节是法官裁量刑罚的重要依据，本书就走私、贩卖、运输、制造毒品罪量刑中的累犯、毒品再犯、未完成形态以及毒品未流入社会等重点情节从实践和理论两个层面展开深入的分析和研究。

第二，结论、观点具有一定的新颖性。本书在充分挖掘量刑影响因素的基础上对拘役刑期、有期徒刑刑期、拘役与有期徒刑的刑种选择以及有期徒刑与无期徒刑以上刑罚之间的选择构建了预测模型，这在以往的学术研究中还未曾出现，具有一定的创新性。此外，本书还对规范化量刑方法提出了一定的完善建议。有关量刑情节调节基准刑的方法，本书在坚持复合模式的前提下，针对其存在的基准刑变动不居的问题,遂提出将优先适用量刑情节间的连乘法修改为"同向相加、异向相减",在优先适用量刑情节与一般量刑情节间实行相乘,并将这种方法概括为"同级间同向相加、异向相减,不同级间相乘"。应当说,这些研究结论和成果对于司法实践中规范化量刑改革的进一步推进具有重要的参考价值。

第三,充分运用法律实证研究方法。作者自学了实证研究方法的基础理论和必要的统计分析方法,在对走私、贩卖、运输、制造毒品罪量刑问题进行研究的过程中,其不断更新知识储备,在研究方法的使用上不断提高和进步。就本书而言,作者运用了实证研究方法中的数据分析法,具体运用了诸如方差分析、T 检验、交互分析、相关性检验以及回归分析等统计分析方法,这些分析方法的运用为深度挖掘数据背后透露出来的量刑规律和逻辑提供了重要的技术支撑,也为研究结论的客观性提供了坚实基础。

当然,本书也存在一些不足。除了作者在书中提到的因缺乏研究样本而无法针对单位犯走私、贩卖、运输、制造毒品罪的量刑实践展开研究之外,缺陷还体现在以下两个方面:一是部分重要内容理论关注不够。例如死刑研究中,通过死刑与无期徒刑两类样本的对比挖掘出影响死刑适用的因素除毒品数量之外还有当庭认罪、毒品纯度低、存在特情以及毒品未流入社会。毒品纯度低、存在特情以及毒品未流入社会均属于毒品犯罪中独特的情节和因素,本书仅对毒品纯度低和毒品未流入社会进行了必要的理论分析,但对特情因素未展开深度研究。另一方面,由于作者长期从事刑法学教学工作,欠缺实务工作经验,因而在研究过程中就应与法官、检察官等实务专家进行积极沟通,特别是对于实证研究来说,这样的交流就显得尤为重要,但作者在研究过程中没能注意这一问题,这也是本研究的一个缺憾。

虽然本书存在上述不足和缺陷,但瑕不掩瑜,其仍然可以称得上是一部有思考、有见解的学术著作。希望梁文彩同志能够在量刑实证研究的道路上继续努力前行,在今后的学术研究中不断创新,取得更多有价值的学术成果。

刘志伟
北京师范大学刑事法律科学研究院教授
中国刑法学研究会副会长
中国法学会案例法学研究会副会长

目录
CONTENTS

绪　论

一、研究意义

根据我国《刑法》第 347 条的规定，走私、贩卖、运输、制造毒品罪是指自然人或者单位故意走私、贩卖、运输、制造毒品的行为。众所周知，即使是微量的毒品，也具有显著的药理作用，连续使用会造成依赖性，损害使用者的健康[①]。因此，《刑法》第 347 条第 1 款规定，走私、贩卖、运输、制造毒品的，无论数量多少，都应当以犯罪论处。

20 世纪 80 年代以来，毒品在我国西北地区不断蔓延。一方面是受到国际毒情的影响，另一方面是我国西北地区经济、文化落后，再加之世界三大毒源地中的两个（“金三角”和“金新月”）与西北地区地理距离较近，这两个地区生产的海洛因几乎垄断了全球的海洛因非法贸易市场。因此，西北地区的毒品违法犯罪活动迅速蔓延，到 20 世纪 90 年代日趋严重。全国 13 个毒品问题重点整治地区，西北地区就占了 7 个，分别是甘肃省临夏州的东乡县和广河县、陕西省的潼关县和西安市的新城区、宁夏回族自治区的同心县以及新疆维吾尔自治区的伊宁县和巴楚县。在数十年的禁毒工作中，西北地区的禁毒工作虽然取得了很大成绩，但毒品违法犯罪的形势依然严峻。针对毒品犯罪必须采取综合治理的方针，刑

---

① 参见张明楷：《刑法学》（第 5 版），法律出版社 2016 年版，第 1142 页。

罚作为一种重要措施在治理和预防毒品犯罪中起着重要作用，而对于毒品犯罪的处罚是否公正合理，即量刑的公正与否，将直接影响预防犯罪的实际效果。

刑事司法包括定罪、量刑与行刑三个环节，三者环环相扣、紧密相连，量刑以定罪为前提，行刑又以量刑为前提。显然，量刑有着承上启下的作用，可以说是其中最为关键的一环。量刑作为具体落实犯罪人刑事责任的环节，将罪责刑关系由纸面上的抽象概念变成了实在的具体刑罚，是实现刑罚目的的关键。[①]我国历来受"重定罪、轻量刑"思想的影响，定罪问题往往受到偏爱。笔者毫不否认定罪的重要性，但是完成定罪也只是一个前提和基础，量刑才是落实被告人刑事责任的关键环节，特别是在定罪问题已成定局的情况下，被告人更加关心的是自己究竟会被处以何种以及多重的刑罚。更进一步说，定罪准确也并不意味着量刑就一定恰当、公正，而量刑是否公正，是衡量刑事审判质量的最重要和最高的标准，是"刑事正义的集中表现"。[②] 量刑公正与定罪公正都是司法公正的组成部分，量刑不公既有损于司法公正本身，也会使广大民众对司法丧失信心；而量刑又事关公民生命、自由、财产权益，量刑不公不仅是对犯罪行为人合法权利的直接侵犯，同时也无法实现安抚被害人的目的。[③] 因此，量刑必须公平、公正。

理论界以往对于走私、贩卖、运输、制造毒品罪量刑问题的研究主要集中于以下几个方面：第一，毒品犯罪的刑事政策；第二，毒品犯罪死刑的适用；第三，毒品犯罪量刑的合理化、轻缓化；第四，量刑情节对毒品犯罪量刑的影响。这些研究方向体现出毒品犯罪量刑研究的两个特点：一是在研究方法上思辨研究多于实证研究；二是死刑适用研究占据量刑研究的核心位置。总体而言，针对毒品犯罪的量刑问题进行的实证研究还比较少，且未出现对我国西北地区走私、贩卖、运输、制造毒品罪量刑问题进行全面研究的相关成果。我国西北地区有关本罪的量刑究竟是何种状况、是否存在量刑偏差（量刑不均衡）、在法官裁量中何种因素能够影响到本罪的量刑结果等，这些问题引起了笔者极大的好奇和兴趣，笔者遂决定以大量的裁判文书为基础采用实证分析方法对本罪的量刑进

---

① 参见黎其武：《量刑公正论》，法律出版社 2011 年版，第 12 页。

② 参见赵廷光：《量刑公正实证研究》，武汉大学出版社 2005 年版，第 3 页。

③ 参见陈岚：《量刑建议制度研究》，武汉大学出版社 2009 年版，第 19 页。

行研究。

本项研究以西北五省(自治区)(具体包括陕西省、甘肃省、青海省、宁夏回族自治区以及新疆维吾尔自治区)2014 年至 2018 年的判决书为研究对象建立相应数据库,运用 SPSS 软件从不同的角度进行量化分析和归纳总结,用真实的数据和对比结果揭示司法实践中西北地区走私、贩卖、运输、制造毒品罪量刑的真实情况。呈现量刑的真实情况并非本项研究的终极目标,但却是深入研究的前提和基础,只有通过实证研究准确反映问题所在,我们才能有针对性地提出完善建议,进一步推进走私、贩卖、运输、制造毒品罪刑罚裁量的科学化、规范化。具体而言,本项研究的意义主要有以下两点:

其一,借助实证研究客观反映我国西北地区走私、贩卖、运输、制造毒品罪量刑的实际情况,为今后本罪的量刑实践提供一定的参考和借鉴。为规范法官自由裁量权、实现公平公正的量刑目标,我国自 2010 年 10 月 1 日起在全国范围内推行量刑规范化改革,就此最高人民法院印发了《人民法院量刑指导意见(试行)》(以下简称《量刑指导意见(试行)》)(已失效)。经过两年多的实践推行,最高人民法院又于 2013 年 12 月 23 日颁布了《关于常见犯罪的量刑指导意见》(以下简称《量刑指导意见》)(已失效),[①]并决定从 2014 年 1 月 1 日起在全国法院正式实施量刑规范化工作。该文件规定了走私、贩卖、运输、制造毒品罪的量刑起点以及增加刑罚量的犯罪事实,对于走私、贩卖、运输、制造毒品罪的量刑起到了重要的指导作用,而规范化改革实行后我国西北五省(自治区)走私、贩卖、运输、制造毒品罪的量刑实践究竟是何状况则必须借助实证数据予以反映。更重要的是,白建军教授曾指出,我们进行量刑规范化改革,并不是要改变量刑活动所形成的集中趋势和背后规律,而是要使更多的个案量刑接近大量判决的平均水平,缩小离散性偏差。而缩小离散性偏差,主要体现为极端个案的减少,从而在整体上实现量刑的统一。[②] 笔者对此深表赞同,在推行规范化改革后,走私、贩卖、运输、制造毒品罪量刑实际状况的总结恰恰可以帮助我们寻找到法官量刑的规律和集中趋势,这不仅可以为今后西北地区法官的量刑

---

① 2017 年 3 月,最高人民法院对 2013 年颁布的《量刑指导意见》进行了修订。2021 年 6 月,最高人民法院、最高人民检察院印发了《量刑指导意见(试行)》,该意见于 2021 年 7 月 1 日起实施,最高人民法院《量刑指导意见》同时被废止。

② 参见白建军:《法律实证研究方法》(第 2 版),北京大学出版社 2014 年版,第 86 页。

工作提供一定的借鉴,亦可以为全国的量刑工作提供一定的参考。

其二,通过实证检验和分析发现量刑中存在的问题,为走私、贩卖、运输、制造毒品罪量刑规范化工作的进一步推进提供参考。原《量刑指导意见》仅仅在常见罪名部分对于量刑起点和增加刑罚量的事实作了原则性规定,各省(自治区)高级人民法院出台的《〈关于常见犯罪的量刑指导意见〉实施细则》(以下简称《实施细则》)①则在原《量刑指导意见》的基础上进一步细化,对增加刑罚量事实的范围、增加刑罚的具体数值以及各种情节的调刑比例都做了规定。除此之外,《刑法》第347条和最高人民法院公布的《关于审理毒品犯罪案件适用法律若干问题的解释》(以下简称《毒品犯罪案件的解释》)、《全国法院毒品犯罪审判工作座谈会纪要》(以下简称《武汉会议纪要》)、《全国部分法院审理毒品犯罪案件工作座谈会纪要》(以下简称《大连会议纪要》)以及《关于贯彻宽严相济刑事政策的若干意见》(以下简称《宽严相济意见》)等也涉及大量有关走私、贩卖、运输、制造毒品罪量刑的情节与因素,这些情节与因素是否能按照理论预期对本罪量刑产生作用同样需要实证数据加以检验,而对于通过检验发现的问题我们就可以有针对性地提出相应的完善建议。

二、研究设计

(一)数据库的建立

数据库是进行量刑实证研究的前提和基础,数据库本身质量的好坏将直接影响最终研究结论的科学性。有关数据库的建立主要涉及三方面问题:一是判决书的收集;二是变量的选取和设计;三是数据的录入。

1. 判决书的收集

刑事判决书是本项研究的基础,研究所需各项信息全部基于判决书的记载。因此,收集判决书是展开研究的第一步。笔者以中国裁判文书网为依托,利用裁判文书网强大的检索功能,收集了西北五省(自治区)2014~2018年度有关走私、贩卖、运输、制造毒品罪的判决书,判决书范围限定于五省(自治区)

---

① 最高人民法院于2013年12月颁布《量刑指导意见》后,全国各地高级人民法院陆续出台《实施细则》。最高人民法院于2017年对2013年颁布的《量刑指导意见》进行修订后,各地高级人民法院也公布新的实施细则。最高人民法院、最高人民检察院于2021年印发的《量刑指导意见(试行)》已于2021年7月1日起实施,虽然《量刑指导意见》已经失效,但一些省份的《实施细则》仍然有效。

各基层法院以及中级法院的一审判决书。① 根据表 0－1，截至 2019 年 9 月 17 日，基层法院一审判决书的总量情况为：甘肃省 9008 份、陕西省 5483 份、青海省 1026 份、宁夏回族自治区 1449 份、新疆维吾尔自治区 1878 份；中级法院一审判决书的总量情况为：甘肃省 224 份、陕西省 262 份、青海省 61 份、宁夏回族自治区 76 份、新疆维吾尔自治区 257 份。由此可以发现，判决书总量非常庞大，如果对西北五省（自治区）2014～2018 年度所有基层法院和中级法院的一审判决书进行研究，数据录入工作将耗费大量的时间和精力，因而全样本的研究难以完成和实现，笔者只能根据具体情况进行必要的筛选。

表 0－1 西北五省（自治区）2014～2018 年度基层、中级法院一审判决书数量统计

单位：份

省（自治区）	2014 年		2015 年		2016 年		2017 年		2018 年	
	基层法院	中级法院	基层法院	中级法院	基层法院	中级法院	基层法院	中级法院	基层法院	中级法院
甘肃	1730	35	1964	33	2290	51	1895	61	1129	44
陕西	1361	12	1051	9	944	58	1176	100	951	83
青海	242	4	189	4	245	21	165	24	185	8
宁夏	385	4	444	14	296	12	218	23	106	23
新疆	318	26	581	34	339	60	334	96	306	41

中级法院的一审判决书合计 880 份，可以全部纳入本项研究，基层法院一审判决书数量要远远大于中级法院，因而需要进行抽样研究。由于五省（自治区）基层法院一审判决书的数量差异较大，如果采用相同的抽样比例则会导致各省（自治区）判决书数量之间的差距悬殊，因而笔者决定采用分层抽样的方法。分层抽样是将抽样单元按某种特征或某种规则划分为不同的层，然后从不同的层中独立、随机地抽取样本，再将各层的样本结合起来，对总体的目标量进行估计。这种抽样方法保证了样本中包含有各种特征的抽样单元，样本的结构与总体的结构比较相近，从而可以有效地提高估计的精度。② 而且本项研究层

① 中国裁判文书网于 2013 年 7 月 1 日正式开通，网上公布的裁判文书为 2014 年 1 月 1 日后制发的发生法律效力的裁判文书。

② 参见金勇进主编：《抽样：理论与应用》（第 2 版），高等教育出版社 2016 年版，第 15 页。

级的划分是按行政区域进行的,这样既可以实现对总体参数的估计,也可以实现对各层的目标量进行估计。具体而言,在甘肃与陕西两省的基层法院一审判决书中随机抽取1/20的判决书,在青海、宁夏以及新疆三地的基层法院一审判决书中随机抽取1/5的判决书。在具体操作层面,在甘肃和陕西的判决书中,从一个随机起点开始每间隔十九份选一份,在青海、宁夏和新疆的判决书中,从一个随机起点开始每间隔四份选一份。

判决书确定后,笔者还需对判决书逐一编号。判决书的编码共有9位,前4位代表年份,"2014"即为2014年度、"2015"即为2015年度,以此类推;第5位代表省份,"1"表明是甘肃、"2"表明是陕西、"3"表明是青海、"4"表明是宁夏、"5"表明是新疆;第6位代表的是法院级别,"1"表明的是基层法院、"2"表明的是中级法院;最后3位为各省(自治区)内具体判决书的代码,分为001、002、003等,以此类推。这样每一份判决书都有自己的编码以与其他判决书相区分,便于统计和查找,保障后续数据录入工作的顺利进行。

2. 变量的选取与设计

设计变量调查表是建立数据库过程中的关键环节,设计变量调查表要明确实证研究涵盖的变量范围以及各个变量的具体信息内容,变量调查表设计的科学与否直接关系到研究目标的实现程度。

设计变量调查表首先要确定研究哪些变量,包括因变量和自变量。因变量是指随自变量变化而变化的变量,自变量则是用来解释因变量变化的变量;在量刑研究中,前者指量刑结果(包括具体的刑种、刑度以及执行方式等),后者包括刑法条文、司法解释等规范性文件中出现的能够影响刑罚裁量的各种情节和因素。根据上述划分,走私、贩卖、运输、制造毒品罪量刑实证研究所涉变量主要包括两大类别,一类是量刑结果变量,另一类是影响量刑结果的各项事实因素。

量刑结果变量群中都是与被告人所判刑罚有关的信息,主要包括适用的法定刑幅度、量刑种类、主刑时长、缓刑时长、罚金数额、没收财产类型及数额、是否附加剥夺政治权利、剥夺政治权利时长以及是否减轻处罚等。对于影响因素变量的设计与提取,因笔者长期从事刑法学教学工作,量刑工作的实务经验较为欠缺,故而在影响因素变量的设计上笔者更多的是以规范性文件为依据,例如《刑法》(第347条)、原《量刑指导意见》、西北五省(自治区)高级人民法院颁布的《实施细则》、《毒品犯罪案件的解释》、《武汉会议纪要》、《大连会议纪要》以及《宽严相济意见》等就成为了笔者提取变量的规范性文件蓝本。

从数据的性质角度出发，变量可以分为定类变量、定序变量和定距变量。定类变量就是其值仅代表事物的类别和属性，仅能测定类别差，不能比较各类之间的大小，所以各类之间没有顺序和等级的变量。定序变量就是具有高低大小不同取值的变量，其不仅含有类别信息，还包含了次序信息，但是其只能进行类别之间的排序，不能进行算术运算。定距变量是指各个取值之间的距离是有实际意义的变量，其不仅能将事物区分为不同类型并排序，还可以准确指出类别之间的差距，其结果往往表现为数值。① 数据类型不同，使用的具体统计分析方法也会有所差别。在量刑实证研究中，定距数据相对较少，往往只有主刑刑期、罚金数额、犯罪数额、行为次数等属于此类数据，而大量的数据属于分类变量，具体表现为是与否的区分，例如是否累犯、是否自首、是否立功等。这里需要说明的是，在笔者后文进行的对刑罚裁量结果影响因素的考察中，一般将上述分类变量视为定序变量，因为这些变量事实上有一定的等级次序。以是否累犯为例，累犯与非累犯不仅仅是一种类型的划分，累犯的人身危险性程度往往要大于非累犯，而这种危险性程度大小的区别就可以视为一种等级差异。

在确定所要研究的变量后，还需提取每一个变量内部所包含的具体信息并赋予其一定的数值作为代码。对于定距变量，例如有期徒刑的具体刑期、罚金的数额等，其具体数值即为变量的值；而对于定类变量和定序变量，则需根据其具体内容包含类型的多少以一定的阿拉伯数字为其赋值。例如，“是否共同犯罪”这个变量仅包括“是”与“否”两个类别，那就可以用“1”和“0”为其赋值；又如，“累犯犯前罪量刑结果”变量包括 3 个类别，分别是有期徒刑、无期徒刑和死缓，那就可以分别以“1”“2”“3”为其赋值。需要强调的是，处理每一个变量都需遵循两项基本原则，即互斥原则和周延原则。前者是指变量作为划分标准要含义清晰、前后一贯，使划分出来的各个部分之间呈全异关系，互不相容；后者是指变量作为划分标准，要全面反映出样本中每个个案与其他个案间共有的

① 参见张文彤、邝春伟编著：《SPSS 统计分析基础教程》（第 2 版），高等教育出版社 2011 年版，第 31～32 页。

属性，使集合中每个个案都属于某个子类，最终穷尽所有答案。① 满足上述两项原则才能保证每一份判决书中的相关信息都能得到唯一确定的数值，避免出现信息遗漏或者重叠。

3. 数据的录入

在收集判决书以及确定相关变量之后，就可以开始建立数据库。建立数据库的过程即根据变量表中设计的各项变量对判决书进行统计，从中提取与变量相对应的各项信息，并将这些信息转换为一定的数字加以表示。由于本文主要研究的是量刑问题，量刑是基于每一个被告人的罪行、情节展开的，因此被告人应为本项研究的基本单位。基于这一原因，笔者在制作数据库时是针对每一个被告人而提取相应的信息，即每一个被告人对应一组数据。在开始录入数据前，笔者还需要在判决书编码的基础上对每一个被告人编码，具体方法就是在判决书的编码后再增加 2 位数字，“01”代表第 1 个被告人，“02”代表第 2 个被告人，以此类推。而后笔者逐一阅读每一份判决书，将每份判决书中的每一个被告人的量刑信息转化成一定的数字并进行记录。从统计数据便利的角度出发，笔者首先将各项数据录入 Excel 表格中，而后再将其导入 SPSS 软件以完成各项分析工作。在此笔者以甘肃省 2014 年基层法院的第 1 份判决书为例并截取变量表中的部分变量对如何提取信息、建立数据库进行简要说明。

基本案情如下：被告人高某受雇于贩毒人员张某某（身份不明），由高某帮张某某贩卖毒品，张某某每月给高某提供生活费。2013 年 10 月 20 日 17 时许，高某按照张某某的安排带着一小包毒品海洛因在敦煌市沙州镇小南街“相思豆”茶屋门前正准备向王某某贩卖毒品海洛因时被敦煌市公安局民警抓获，民警当场从高某身上搜出毒品海洛因一小包共计 0.06 克（净重、已鉴定）。法院审理后认为，被告人高某无视国法，违反国家毒品管理法规，明知是毒品而非法销售，其行为已构成贩卖毒品罪。被告人高某曾因贩卖毒品被判刑，应从重处罚；有前科，当庭自愿认罪，可酌情处罚。法院最终认定被告人高某犯贩卖毒品罪，判处拘役 4 个月，并处罚金 1000 元。②

针对上述案例在提取信息录入数据时将进行如下操作：变量“量刑种类”，

---

① 参见白建军：《法律实证研究方法》（第 2 版），北京大学出版社 2014 年版，第 27 ~ 28 页。

② 参见甘肃省敦煌市人民法院刑事判决书，（2014）敦刑初字第 61 号。

拘役实刑对应的代码为“3”,即在“量刑种类”一栏录入数字“3”;变量“毒品数量”,直接录入数字“0.06”;变量“主刑时长”,直接录入数字“4”;变量“罚金数额”,直接录入数字“1000”;变量“是否减轻处罚”,否(未减轻处罚)对应的代码为“0”,则在“是否减轻处罚”一栏录入数字“0”;变量“毒品类型”,海洛因对应的代码为“1”,则在“毒品类型”一栏录入“1”;变量“是否自愿认罪”,是对应的代码为“1”,则在“是否自愿认罪”一栏中录入数字“1”;变量“是否立功”,否对应的代码为“0”,则在“是否立功”一栏中录入数字“0”;变量“是否前科”,是对应的代码为“1”,则在“是否前科”一栏中录入数字“1”……(其他变量的对应代码略)根据变量表中设计的所有变量对被告人高某的信息统计完毕后即形成一条完整的数据,针对每名被告人重复前述操作过程,最终所有被告人的数据累加即形成一个数据库。还需要进一步说明的是,变量调查表中部分变量的数值是有相应单位的。具体而言,“主刑时长”“缓行时长”“毒品再犯前罪主刑刑期”“累犯前罪主刑刑期”变量中的数值均以“月”为单位,“剥夺政治权利时长”变量中的数值以“年”为单位,“罚金数额”“没收财产数额”变量中的数值均以“元”为单位,“毒品数量”变量中的数值以“克”为单位。例如,“主刑时长”变量中录入数字“4”,表明该案例样本中的被告人判处的主刑刑期为 4 个月;又如,变量“罚金数额”中录入数字“1000”,表明该案例样本中的被告人被判处 1000 元罚金。根据表 0-2 的统计结果,最终纳入研究范围的被告人数量为 2956 人,即本项研究的样本数总量为 2956 例。

表 0-2 样本数量统计

单位:例

省(自治区)	2014 年		2015 年		2016 年		2017 年		2018 年		合计
	基层法院	中级法院	基层法院	中级法院	基层法院	中级法院	基层法院	中级法院	基层法院	中级法院	
甘肃	85	52	99	38	124	75	105	105	68	72	823
陕西	80	28	59	17	56	89	63	164	50	111	717
青海	53	2	42	5	57	24	40	33	38	11	305
宁夏	36	5	92	9	68	18	53	25	32	40	378
新疆	77	35	122	48	78	74	71	131	56	41	733
合计	331	122	414	117	383	280	332	458	244	275	2956

根据《刑法》第347条的规定,走私、贩卖、运输、制造毒品罪的犯罪主体既可以是自然人也可以是单位,在本项研究所收集的判决书中无一例有单位犯罪的情形,因而后文所称被告人均属于自然人犯罪主体。当然,因未收集到有关单位实施走私、贩卖、运输、制造毒品罪的判决书,所以无法对单位犯罪的相关情况进行统计分析与研究,不得不说这是本项研究的一大不足和遗憾。

(二)研究方法

本项研究主要采用法律实证研究方法,"所谓法律实证研究方法,是指按照一定程序规范对一切可进行标准化处理的法律信息进行经验研究、量化分析的研究方法"。[①] 法律实证研究不仅仅是对判决书情况的统计分析,其内容可以非常广泛,而量刑实证研究则主要借助于对裁判文书实际量刑情况的统计分析来完成,具体而言也就是实证研究方法中的数据分析法。该方法通过将判决书中所载各项事实(包括影响量刑因素以及量刑结果)转化为各种数字变量,然后再借助统计描述、显著性检验、T检验、方差分析、交叉列联表、相关性检验和回归分析等数据分析方法对这些变量进行统计以发现量刑规律,而上述各具体分析方法则主要借助SPSS软件完成。此外,笔者还采用了文献研究法,因为无论是在前期准备阶段设计变量表还是在后期对实证分析中发现的规律和问题进行理论阐释,都需要量刑基础理论作为支撑。因此,笔者将结合数据分析法与文献研究法完成对西北地区走私、贩卖、运输、制造毒品罪的量刑研究。

① 白建军:《法律实证研究方法》(第2版),北京大学出版社2014年版,第3页。

第一章　样本基本情况统计

第一节　被告人基本情况统计

刑事一审判决书对有关被告人(自然人)的基本情况需要列明,但互联网上公布的裁判文书则需要根据相关规定隐去部分信息。[①] 就笔者所收集的一审判决书来看,有部分判决书隐去了除被告人姓名之外的各项信息,当然,被告人姓名也完全有可能根据相关文件的要求进行匿名化或者隐名化处理;部分判决书则比较全面地列明了被告人的性别、出生日期、民族、籍贯、文化程度、职业、居住地等;还有部分判决书则只显示了上述个人信息中的某几项,具体是哪几项各个判决书也有一定差异。因此,笔者在对被告人基本情况进行统计时,只根据研究需要提取了被告人的性别、年龄、职业、文化程度以及民族这五项数据。需要说明的是,这部分数据的统计是以判决书载明的信息为基础展开的,未予列明相关信息的将作为缺失值处理。

---

① 最高人民法院《关于人民法院在互联网公布裁判文书的规定》第 10 条规定,人民法院在互联网公布裁判文书时,应当删除下列信息:(一)自然人的家庭住址、通讯方式、身份证号码、银行账号、健康状况、车牌号码、动产或不动产权属证书编号等个人信息……

一、性别情况

已有的犯罪学研究成果表明,男女两性犯罪人在犯罪率、犯罪类型以及具体的犯罪方式方面均存在一定差异。整体而言,女性罪犯所占比例远远低于男性,本项实证研究的数据也印证了这一结论。根据表 1 - 1 - 1 可知,在 2956 例样本中有 379 例样本缺少被告人的性别信息,在载明被告人性别的 2577 例样本中,男性共计 2150 例,有效占比为 83.4% (2150/2577),女性共计 427 例,有效占比为 16.6% (427/2577)。由此可见,男性犯罪人的数量要远远大于女性犯罪人,前者大概是后者的 5 倍。

表 1 - 1 - 1　被告人性别情况统计

		频率/例	占比/%	有效占比/%	累积占比/%
有效	男性	2150	72.7	83.4	83.4
	女性	427	14.4	16.6	100.0
	合计	2577	87.2	100.0	—
缺失		379	12.8	—	—
合计		2956	100.0	—	—

为进一步掌握 2014 年至 2018 年女性犯罪人数量的发展变化趋势,本项研究借助交叉表分析方法①对被告人性别与不同年份进行交互分析,以此展现女性被告人在不同年份中的具体分布和占比。从表 1 - 1 - 2 中可以看到,2014 年的女性犯罪人的数量占同年所有犯罪人的比例为 15.9%,2015 年为 20.3%,2016 年为 15.8%,2017 年为 15.1%,2018 年为 17.0%。虽然女性犯罪人的比例在 2015 年相对较高,但卡方检验②结果显示 2014 ~ 2018 年统计样本的 Sig.

① 在实际分析问题中,常常将两个分类变量联系起来讨论它们之间是否存在关联,对于这类问题的研究在统计学中可以使用列联表将两个问题联系起来进行描述。一个变量作为行变量,其值的个数 r 即为行数;另一变量作为列变量,其值的个数 c 即为列变量,形成 YXC 交叉表(也称列联表)。表中的数值符合行列交叉情况发生的频数。参见卢纹岱、朱红兵主编:《SPSS 统计分析》(第 5 版),电子工业出版社 2015 年版,第 175 页。

② 卡方检验就是统计样本的实际观测值与理论推断值之间的偏离程度,实际观测值与理论推断值之间的偏离程度就决定卡方值的大小,卡方值越大,二者偏离程度越大;反之,二者偏离程度越小;当两个值完全相等时,卡方值就为 0,表明理论值完全符合。参见《卡方检验》,载科普中国网,http://baike.baidu.com/link? url = XmvaZLV6tbVCnO0EJ7cZUY1U - O2Pz42mmbw6yV9ToUTILKWDXR1NwqCXVQHAj8GtIRZSsLxfU1 - iWwkaK6gd5K。

值(P 值)大于0.05,这表明2014～2018 年西北地区犯走私、贩卖、运输、制造毒品罪的女性犯罪人比例没有显著性差异。这也就是说,女性犯罪人的比例基本保持稳定,并未出现女性犯罪人数量大幅度增加或者减少的情况。

表1-1-2　被告人性别在不同年份中的分布

			被告人性别		合计
			男性	女性	
年份	2014	计数/例	327	62	389
		年份中的占比/%	84.1	15.9	100.0
	2015	计数/例	321	82	403
		年份中的占比/%	79.7	20.3	100.0
	2016	计数/例	465	87	552
		年份中的占比/%	84.2	15.8	100.0
	2017	计数/例	623	111	734
		年份中的占比/%	84.9	15.1	100.0
	2018	计数/例	414	85	499
		年份中的占比/%	83.0	17.0	100.0

司法实践中,走私、贩卖、运输、制造毒品罪既可以由一人单独实施,也可以由多个主体共同实施,在多个主体结成共同犯罪的情况下,男女两性犯罪人在共同犯罪中的地位和作用也有不同,这一点体现在男女两性犯罪人主犯、从犯数量上的差异(见表1-1-3)。在载明被告人性别的2577 例样本中,有871 例属于共同犯罪人,占比为33.8%。具体来说,2150 例男性被告人样本中有726 例属于共同犯罪人,占比为33.8%(726/2150),其中被法院认定为从犯的共有229 例,占男性共同犯罪人样本数量的31.5%;而在427 例女性被告人样本中,有145 例属于共同犯罪人,占比为34.0%(145/427),其中被法院认定为从犯的共有65 例,占女性共同犯罪人样本数量的44.8%。与此同时,笔者对不同性别与共同犯罪人类型进行卡方检验,检验结果显示 Sig. 值小于0.05,即从犯在男女两性共同犯罪人中的比例存在统计学意义上的显著差异。这就说明,在行为人结成共同犯罪的情况下,女性行为人相较于男性行为人来说多处于从属性地位,而男性行为人往往在共同犯罪中起着更为关键性的作用。

表1-1-3　被告人性别在共同犯罪人类型中的分布

			共同犯罪人类型		合计
			主犯	从犯	
被告人性别	男性	计数/例	497	229	726
		被告人性别中的占比/%	68.5	31.5	100.0
		主从犯中的占比/%	86.1	77.9	83.4
	女性	计数/例	80	65	145
		被告人性别中的占比/%	55.2	44.8	100.0
		主从犯中的占比/%	13.9	22.1	16.6
合计		计数/例	577	294	871
		被告人性别中的占比/%	66.2	33.8	100.0
		主从犯中的占比/%	100.0	100.0	100.0

是否有前科是衡量和判断行为人人身危险性大小的重要因素，有前科说明行为人将来再次实施犯罪的可能性较大，男女两性犯罪人之间前科比例是否存在差异，这一问题也有必要予以关注。通过表1-1-4可以获知，在男性被告人样本中无前科记录的共1360例，占所有男性被告人样本数的63.3%，女性被告人样本中无前科记录的共348例，占所有女性被告人样本数的81.5%，具有前科记录（包括一般前科、毒品再犯以及累犯）的男性被告人占所有男性被告人的36.7%，而具有前科记录的女性被告人占所有女性被告人的18.5%。卡方检验结果显示，前科比例在男女两性被告人间存在显著性差异（$P<0.05$），也就是说男性被告人的前科比例显著高于女性被告人。

表1-1-4　男女两性被告人间前科情况对比

			有无前科		合计
			无	有	
被告人性别	男性	计数/例	1360	790	2150
		被告人性别中的占比/%	63.3	36.7	100.0
		有无前科中的占比/%	79.6	90.9	83.4

续表

			有无前科		合计
			无	有	
被告人性别	女性	计数/例	348	79	427
		被告人性别中的占比/%	81.5	18.5	100.0
		有无前科中的占比/%	20.4	9.1	16.6
合计		计数/例	1708	869	2577
		被告人性别中的占比/%	66.3	33.7	100.0
		有无前科中的占比/%	100.0	100.0	100.0

有学者曾对女性毒品犯罪进行过研究,根据其基于1100个女性毒品犯罪样本展开统计发现,具有犯罪前科的共计183例,占总数的16.6%,其中具有毒品再犯情节的共计135例,占总数的12.3%。基于此,该学者提出女性一旦涉毒之后就难以从毒品中走出来、心理矫正难度较大。[①] 对此,笔者认为该学者仅提供了女性犯罪人的犯罪数据,在没有男性犯罪人的相关数据作为对比和参照的情况下,得出上述结论未免过于仓促。

为了验证上述结论是否成立,笔者又在有前科记录的被告人中进一步对比了毒品再犯比例在男女两性被告人中的差异。根据表1-1-5可知,在具有前科的790例男性被告人样本中具有毒品再犯情节的共计404例,占有前科男性被告人样本总数的51.1%,而在具有前科的79例女性被告人样本中具有毒品再犯情节的共计66例,占有前科女性被告人样本总数的83.5%,后者明显高于前者,卡方检验结果显示 $P < 0.001$,表明毒品再犯比例在男女两性被告人之间的差异具有显著性。由此可见,具有犯罪前科的女性被告人中的90.7%都曾经犯走私、贩卖、运输、制造或者非法持有毒品罪,且这一比例明显高于男性被告人。根据这一数据结果,笔者认为可以在一定程度上得出如下结论:实施毒品犯罪后相较于男性犯罪人,女性犯罪人的教育矫正的难度要更大。

① 参见揭亚雄、佘杰新:《女性毒品犯罪之基本状况及治理路径——基于1000个案例之实证研究》,载《中国人民公安大学学报(自然科学版)》2019年第4期。

表1-1-5 男女两性被告人间毒品再犯情况对比

			是否毒品再犯		合计
			否	是	
被告人性别	男性	计数/例	386	404	790
		被告人性别中的占比/%	48.9	51.1	100.0
		是否毒品再犯中的占比/%	96.7	86.0	90.9
	女性	计数/例	13	66	79
		被告人性别中的占比/%	16.5	83.5	100.0
		是否毒品再犯中的占比/%	3.3	14.0	9.1
合计		计数/例	399	470	869
		被告人性别中的占比/%	45.9	54.1	100.0
		是否毒品再犯中的占比/%	100.0	100.0	100.0

对于这一问题,俄罗斯学者在对俄罗斯境内的女性毒品犯罪进行实证研究后指出,“她们一旦踏上犯罪的道路就很难回头,很难再回到正常的社会生活中来,她们的再社会化和重新适应社会的过程将会是异常艰难的,其中最主要的原因是对毒品的依赖。……从事毒品犯罪行为的女性75%的人过去都有同类犯罪的经历,这也表明这种犯罪倾向很不容易克服”①。虽然这是基于俄罗斯的社会情况得出的结论,但该结论与笔者所获得的研究结论非常贴近,这也在某种程度上印证了笔者的观点。这一现象和问题值得引起关注,笔者认为针对女性毒品犯罪人,仅仅依靠刑罚惩罚并不能很好地实现预防其再次实施毒品犯罪的目的,而是需要更加关注对女性毒品犯罪人的教育和矫治,有针对性的教育矫治措施的运用在预防犯罪方面要优于单纯的刑罚惩罚,而且教育矫治措施的实施不能仅仅是在刑罚执行期间,还应该延伸至刑满释放之后。

二、年龄情况

首先需要说明的是,被告人的年龄是笔者根据判决书中载明的被告人实施犯罪行为的时间和被告人的出生日期进行计算所获得的结果。2956例样本中

① [俄]T. M. 亚夫丘诺夫斯卡娅、И. Б. 斯捷潘诺娃:《女性毒品犯罪的社会特征》,蓝瑛波译,载《国外社会科学》2009年第6期。

有 688 例样本没有载明被告人的出生日期，因而无法计算其实施犯罪行为时的年龄，故将其作为缺失值处理。通过对 2268 例样本中被告人的年龄信息进行统计可知（见表 1－1－6），极小值为 17，即被告人年龄最小的为 17 周岁；极大值为 79，即被告人年龄最大的为 79 周岁；均值为 36.47，即被告人的平均年龄为 36.47 周岁；中值为 36（周岁），众数为 26（周岁），①在 2268 例有效样本中有 2 例样本的被告人年龄不满 18 周岁，在 688 例缺失被告人出生日期信息的样本中有 1 例样本，虽然无法计算被告人的具体年龄，但判决理由部分说明其属于行为时不满 18 周岁的未成年人。从现有信息来看，数据库中仅有 3 例样本的被告人属于未成年人，但这并不能反映西北地区走私、贩卖、运输、制造毒品罪中未成年犯罪人的比例情况。这是因为，根据最高人民法院的相关规定，涉及未成年人违法犯罪的生效裁判文书不属于人民法院应当在互联网公布的文书的范围，笔者无法获取这方面的数据。

表 1－1－6　被告人年龄基本信息统计

N	有效/例	2268
	缺失/例	688
均值		36.47
中值		36.00
众数		26
极小值		17
极大值		79

为了更加直观地展现被告人的年龄情况，笔者对 2268 例样本进行了年龄阶段的划分，并通过频数统计方式展现各年龄段被告人的具体数量及其比例。根据表 1－1－7 可知，被告人的年龄集中于三个区间，即 21 周岁至 30 周岁、31 周岁至 40 周岁以及 41 周岁至 50 周岁，三个年龄区间的有效占比相差无几，分别是 29.9%、28.3% 和 29.7%，三者合计达到 87.9%。由此推知，就西北地区

① 均值即算数平均数，就是一列数据中所有数据的总和除以该列数据的总数所得的商；极大值与极小值就是一组数据中最大的数值和最小的数值；众数是指一组数据中出现次数最多的那个数值；中值是指按数值的大小顺序排列在一起的一组数据中居于中间位置的数。参见张奇主编：《SPSS for Windows——在心理学与教育学中的应用》，北京大学出版社 2009 年版，第 76～79 页。

的情况来看，走私、贩卖、运输、制造毒品罪的高风险年龄阶段为 20 周岁至 50 周岁，而随着年龄的增长，自然人实施本罪的概率也就大大降低。

表 1－1－7　被告人不同年龄区间统计

		频率/例	占比/%	有效占比/%	累积占比/%
有效	17 周岁至 20 周岁	81	2.7	3.6	3.6
	21 周岁至 30 周岁	679	23.0	29.9	33.5
	31 周岁至 40 周岁	641	21.7	28.3	61.8
	41 周岁至 50 周岁	673	22.8	29.7	91.4
	51 周岁至 60 周岁	178	6.0	7.8	99.3
	61 周岁至 70 周岁	14	0.5	0.6	99.9
	71 周岁至 79 周岁	2	0.1	0.1	100.0
	合计	2268	76.7	100.0	—

三、职业情况

2956 例样本中共有 1835 例样本可以提取被告人的职业信息，判决书对于被告人的职业描述具有多样性、复杂性，为了研究的便利，笔者基于判决书中记载的信息对被告人的职业进行基本类型的划分，各个职业类型的具体频数及比例见表 1－1－8。各职业类型依据比例数值从高到低排列依次为无业（44.7%）、农民（30.1%）、无固定职业（17.5%）、个体（3.9%）、公司职工（1.4%）、务工人员（1.1%）、工人（0.8%）以及其他（0.5%）。“其他”主要包括医生、教师、邮局职工、留学生以及国家工作人员，这部分群体所占比值极低；无业、无固定职业以及农民所占比例最高，三者合计达到了 92.3%。

表 1－1－8　被告人职业类型统计

		频率/例	占比/%	有效占比/%	累积占比/%
有效	无业	820	27.7	44.7	44.7
	无固定职业	322	10.9	17.5	62.2
	农民	552	18.7	30.1	92.3
	工人	15	0.5	0.8	93.1

续表

		频率/例	占比/%	有效占比/%	累积占比/%
有效	公司职工	25	0.8	1.4	94.5
	务工人员	20	0.7	1.1	95.6
	个体	72	2.4	3.9	99.5
	其他	9	0.3	0.5	100.0
	合计	1835	62.1	100.0	—

虽然走私、贩卖、运输、制造毒品罪属于妨害社会管理秩序罪一章，但实施此罪的行为人在主观上多具有非法牟利的目的，特别是在贩卖毒品的情况下，贩毒者不顾死刑仍冒险贩毒的主要原因在于贩卖毒品所获得的利润丰厚。虽然对于贩卖毒品罪的认定是否以行为人具有牟利目的为必要我国刑法并未明确规定，理论界对此也存在肯定与否定两种观点的争议。① 但这一问题只是在刑法层面影响贩卖毒品罪的成立与否，从事实层面出发，绝大多数行为人都是为了获取高额利润才铤而走险实施贩毒行为。不仅是贩卖行为，走私、运输以及制造行为均与贩卖行为具有高度关联性，因此实施这些犯罪的行为人主观上也多具有明显的牟利目的。

“违法行为通常是不以立法者的意志为转移的经济因素造成的。”②中国多达100多万名的吸毒人员为毒品交易提供了一个庞大的“消费市场”，而毒品交易的高额利润无疑是一个巨大的诱惑。巨大利润空间的存在确实是一个诱因，其使人能够不劳动而得到物质享受或者实现一夜暴富。巨大利润的诱惑同样可以吸引社会其他阶层、其他职业群体的人，但为什么参与毒品犯罪的行为人更多的是无业、无固定职业和农民这些群体呢？关于这一点，我们可以借助机会成本理论来加以解释。机会成本在经济学中是一个很重要的概念，人的时间和精力总是有限的，当一个人从事某项活动时，必然会放弃从事另一项活动的机会，这就是所谓的机会成本。例如，一个人把一部分时间用于犯罪活动，那么他就必须放弃或者部分放弃在这部分时间内从事合法谋利活动的机会，从而

① 参见熊海燕：《毒品犯罪研究综述与评价》，知识产权出版社有限责任公司2019年版，第154～155页。

② 《马克思恩格斯全集》（第21卷），人民出版社1965年版，第552页。

他也就牺牲了在放弃的时间里从事合法谋利活动可能得到的利益，而牺牲的这部分应得利益实际上就等于他对犯罪活动的投资（机会成本）。[①] 犯罪的时间机会成本越低，即从事合法活动谋利的机会越少，收益越低，犯罪的概率和可能性就越高。对于无业、无固定职业以及农民群体，他们或者没有就业，或者就业机会少，特别是高收入的就业机会少，因而造成他们收入低，也就是说这些行为人因实施犯罪而放弃或者部分放弃的在这部分时间内从事合法谋利活动所可能获得的经济利益较低，相应地其机会成本也就较低。

关于这一问题，我们还可以从犯罪学的社会控制理论视角出发进行分析。社会控制理论属于社会化过程理论的一个分支，该理论认为社会中所有的人都有犯罪的可能而非仅是社会底层成员，犯罪学没有必要研究人们为什么犯罪，而应当研究人们为什么不犯罪。这一理论的代表性人物是美国犯罪学家特拉维斯·赫希（Travis Hirschi），赫希在其代表作《少年犯罪的原因》中将犯罪行为的发生与各种社会控制的减弱联系起来。他指出，社会中每一个人都有犯罪的可能，都是潜在的犯罪者。由于犯罪行为可能会给个人重要的社会关系造成不可弥补的损失，一般人都基于这种担心而不得不遵守法律。个人如果没有这种约束，又不关心他人和社会的利益，便会去实施违法犯罪行为。[②] 根据赫希的观点，社会联系具有 4 个要素——依恋、奉献、卷入和信念。依恋是指与诸如父母和同伴等重要他人形成的感情联系。奉献是指对传统活动的投入，如果实施了越轨行为就会失去这一要素。卷入是指参与传统活动，这能使个人因为太忙而无法实施犯罪行为。信念或者对社会准则和规范的内化程度是社会联系的第四个要素。最初，赫希的社会控制理论是作为一种青少年犯罪理论提出的，但后来也被扩展用于解释整个生命历程中的犯罪参与问题。[③] 根据上述理论，对于具有较高收入、社会地位较高的人来说，其为取得现在的成就而进行的前期投入相对较高，例如为获得这样的职业或社会地位就必须取得较高的学历等，其显然投入了较多的时间、金钱以及精力，这些人之所以不容易犯罪，是因

---

① 参见吴迅：《毒品犯罪的经济原因及对策》，载《云南警官学院学报》2008 年第 2 期。

② 参见曹子丹主编：《中国犯罪原因研究综述》，中国政法大学出版社 1993 年版，第 632 页。转引自许章润主编：《犯罪学》（第 3 版），法律出版社 2007 年版，第 43 页。

③ 参见［美］亚历克斯·皮盖惹主编：《犯罪学理论手册》，吴宗宪主译，法律出版社 2019 年版，第 644 页。

为实施犯罪行为会使他们失去已经取得的成就进而阻碍他们获取成功。反之，无业、无固定职业、农民群体往往学历较低(这一点会在后文加以分析)，这也就意味着这些人的前期投入较少，其社会竞争力也较低，他们实施犯罪这一类冒险行为并不会使其感觉有所损失。

四、受教育程度

受教育程度一般是指某人所受教育的最高学历，其是判决书所列被告人基本情况中的一项重要信息，本项研究对被告人受教育程度的统计是以判决书载明的具体类型为基础展开的。根据表1－1－9可知，[①]2956例样本中共有2123例样本出现了被告人受教育程度信息。在这些被告人中文盲或半文盲、小学以及初中学历所占比重较大，分别为13.7%、27.4%和42.1%，三者累积占比为83.1%。随着我国九年义务制教育的普及，文盲和半文盲的人数相对较少，但有将近70%的被告人仅有小学或初中学历，这说明大部分实施走私、贩卖、运输、制造毒品罪的被告人受教育程度偏低。

表1－1－9　被告人受教育程度统计

		频率/例	占比/%	有效占比/%	累积占比/%
有效	文盲或半文盲	290	9.8	13.7	13.7
	小学	581	19.7	27.4	41.0
	初中	894	30.2	42.1	83.1
	中专、技校	84	2.8	4.0	87.1
	高中	191	6.5	9.0	96.1
	大学	78	2.6	3.7	99.8
	专科	5	0.2	0.2	100.0
	合计	2123	71.8	100.0	—

有学者通过对来自北京市、天津市、安徽省、广东省、广西壮族自治区、贵州

① 本表格在统计时将7例粗识字、2例不识字样本计入文盲或半文盲中，将3例小学肄业样本计入小学学历中，将9例初中肄业样本计入初中学历中，将1例高中肄业样本计入高中学历中；大学学历则包括大学本科、大学专科以及1例大学专科肄业样本；判决书中显示“专科”信息的，由于不明确究竟是中专还是大专，因而笔者将其设置为单独一类。

省和宁夏回族自治区等7个省、自治区和直辖市的27个监狱共7180名男性服刑人员进行研究发现,初中教育程度的服刑人员最多,约占总数的3/5,这一发现与国外的研究结果一致。在美国,有2/3的被监禁的男子没有从高中毕业;在意大利,全部定罪人口中有75%以上没有达到高中程度的教育水平。[①] 笔者所获得的数据结论与前述学者的研究结论一致。还有学者进行了更为深入、细致的研究,其发现在不同犯罪类型中行为人的教育程度存在一定差异。具体而言,该学者对来自北京、天津、宁夏、安徽、广东等地的9283名在押服刑人员的调查材料进行研究,其中受教育程度在高中以下的被试人员,其犯罪类型集中于盗窃、抢劫、抢夺,诈骗犯罪人员的受教育程度则集中在高中及以上。[②] 由于诈骗犯罪属智能型犯罪,犯罪目标更加明确、手段更加隐蔽,这就更多地需要预谋以及周密的设计等,此类型犯罪的实施以拥有高技能、高知识为前提,因而诈骗犯罪较盗抢这类侵犯财产的犯罪而言更需要行为人具有相对较高的学历。走私、贩卖、运输、制造毒品罪的实施并不需要具备太高的知识技能,其更贴近侵犯财产犯罪中的盗抢犯罪,因而二者在行为人的学历结构上也基本一致。

一般认为,学校教育一方面能使个人习得社会规范准则,帮助树立正确的道德观念和价值观,对人格的塑造起着重要作用;另一方面,学校教育还能帮助个人获得生存的技能和本领,个人教育水平越高,将来获得合法工作和更高收入的机会就越高。学历层次较低的人与学历层次较高的人相比,即便不一定会在道德观念、价值观念以及健康人格养成方面具有实质性差异,但在这个高度发展的社会现实中,学历层次较低使行为人难以找到收入较高、较为稳定的工作,这一点可以通过对职业类型与受教育程度的交互分析来加以说明。根据统计,文盲或半文盲、小学以及初中学历的被告人在“无业”被告人中的占比为78.5%,在“无固定职业”被告人中的占比为79.5%,在“农民”被告人中的占比为95.6%,在“工人”被告人中的占比为53.8%,在“公司职工”被告人中的占比为47.5%,在“务工人员”被告人中的占比为80%,在“个体”被告人中的占

---

① 参见吕星阳、张振声:《受教育程度与家庭功能影响再次犯罪的实证研究》,载《广西警察学院学报》2017年第6期。

② 参见李墨池、张振声:《服刑人员教育背景、原从事职业、年龄与犯罪类型的相关性研究》,载《天津职业院校联合学报》2019年第8期。

比为75.3%，而在"其他"职业群体被告人中的占比仅为14.3%。根据前文统计情况可知，"其他"职业群体中多为医生、教师、国家工作人员，此群体中高中以上（含高中）学历人员的比例达到了85.7%，这在一定程度上说明了具有较高学历的人会获得较为稳定、收入较高的工作职位。

五、民族情况

2956例样本中有666例样本缺失被告人的民族信息，此外还有7例样本中的被告人属于外国人，笔者将上述673例样本作为缺失值处理，基于剩余的2283例样本统计被告人的民族情况。根据表1-1-10可知，数据库样本涉及的民族共有20个，其中人数较多的有汉族（66.8%）、回族（19.2%）、东乡族（7.4%）、彝族（4.3%）、藏族（0.6%）和维吾尔族（0.4%），其他14个民族的人数总和为30人，占比为1.3%。

表1-1-10　被告人民族情况统计

		频率/例	占比/%	有效占比/%	累积占比/%
有效	保安族	1	0.0	0.0	0.0
	布依族	1	0.0	0.0	0.1
	藏族	13	0.4	0.6	0.7
	穿青人	1	0.0	0.0	0.7
	傣族	2	0.1	0.1	0.8
	东乡族	168	5.7	7.4	8.1
	侗族	3	0.1	0.1	8.3
	哈尼族	1	0.0	0.0	8.3
	哈萨克族	2	0.1	0.1	8.4
	汉族	1525	51.6	66.8	75.2
	回族	439	14.9	19.2	94.4
	景颇族	1	0.0	0.0	94.5
	满族	3	0.1	0.1	94.6
	蒙古族	6	0.2	0.3	94.9
	苗族	2	0.1	0.1	95.0

续表

		频率/例	占比/%	有效占比/%	累积占比/%
有效	撒拉族	2	0.1	0.1	95.1
	土家族	2	0.1	0.1	95.1
	维吾尔族	10	0.3	0.4	95.6
	彝族	98	3.3	4.3	99.9
	壮族	3	0.1	0.1	100.0
	合计	2283	77.2	100.0	—

第二节　犯罪行为基本情况统计

一、毒品类型

根据《刑法》第357条第1款的规定，“毒品”是指鸦片、海洛因、甲基苯丙胺(冰毒)、吗啡、大麻、可卡因以及国家规定管制的其他能够使人形成瘾癖的麻醉药品和精神药品。数据库样本涉及的毒品种类具体包括海洛因、甲基苯丙胺、二亚甲基双氧安非他明(MADA)、咖啡因、大麻、杜冷丁、芬太尼、曲马多、吡拉西坦、氯胺酮、麻古(甲基苯丙胺片剂)、美沙酮、咪达挫仑、尼克酰胺(烟酰胺)、乙酰可待因、环已胺、甲卡西酮、吗啡、罂粟碱、蒂巴音、鸦片等。有的样本只涉及一种毒品，有的则涉及两种以上。

毒品可以划分为传统毒品与新型毒品。所谓传统毒品，主要是指从天然植物中提取的精神活性物质，以阿片、海洛因和吗啡为代表；所谓新型毒品，主要是指人工化学合成的精神活性物质，如甲基苯丙胺、浴盐(合成卡西酮类)、摇头丸、K粉和神仙水等，这些新型毒品的作用机制与传统毒品有很大不同，并且差异巨大。① 根据表1-2-1可知，样本涉及的毒品种类较多，呈现多样化的特点，但传统毒品仍以海洛因为主，而新型毒品则是以甲基苯丙胺为主。

① 参见郑红丽、杨夏菲：《新型毒品对青少年的作用和影响机理比较研究》，载《预防青少年犯罪研究》2018年第2期。

表 1-2-1　主要毒品类型统计

毒品类型	频率/例	占总样本的比例/%
海洛因	1776	60.1
甲基苯丙胺	1085	36.7
甲基丙苯胺片剂(冰毒)	62	2.1
大麻	53	1.8
咖啡因	17	0.58
鸦片	13	0.44
氯胺酮	36	1.2
美沙酮	5	0.17
吗啡	7	0.24
二亚甲基双氧安非他明	6	0.2
芬太尼	6	0.2
曲马多	7	0.24

二、行为类型

选择罪名是指因罪状所包含的犯罪构成的具体内容比较复杂,罪名形式上表现为并列特点的罪名,其既可以统一使用,也可以根据具体的犯罪行为分解使用①。走私、贩卖、运输、制造毒品罪是一个选择罪名,具体而言属于行为选择罪名,即罪名中包含了多种行为,法官将根据案件中行为人具体实施的行为确定其罪名。因此,笔者以判决书中对被告人认定的罪名为依据统计各个样本中被告人的具体行为类型。

从表 1-2-2 可知,大部分被告人仅实施了单一行为,此种情况的样本占总样本的 93.7%,其中又以贩卖毒品和运输毒品两种行为最为常见,分别占总样本的 72.6% 和 20.8%。在剩余的 185 例样本中,被告人实施了两种行为,且以贩卖、运输毒品最多,共计 171 例,占总样本的 5.8%。总体来说,西北地区毒品犯罪的被告人最为常见的行为类型就是贩卖毒品与运输毒品两种,走私毒

① 参见高铭暄、马克昌主编:《刑法学》(第 9 版),北京大学出版社、高等教育出版社 2019 年版,第 315 页。

品与制造毒品仅是极为个别的情况。

表1-2-2 行为类型统计

		频率/例	占比/%	有效占比/%	累积占比/%
有效	贩卖毒品	2145	72.6	72.6	72.6
	运输毒品	615	20.8	20.8	93.4
	走私毒品	7	0.2	0.2	93.6
	制造毒品	4	0.1	0.1	93.7
	贩卖、运输毒品	171	5.8	5.8	99.5
	走私、贩卖毒品	5	0.2	0.2	99.7
	贩卖、制造毒品	2	0.1	0.1	99.8
	运输、制造毒品	7	0.2	0.2	100.0
	合计	2956	100.0	100.0	—

就被告人采用的具体行为方式而言，数据库中有102例样本涉及使用物流寄递方式实施毒品贩运行为的。根据有关学者的研究，与传统行为方式相比，利用物流贩运毒品具有行为人身份不易暴露、运送成本降低、涉案毒品数量更大、贩运毒品过程更加隐蔽、贩运渠道更为错综复杂等特点。[①] 近年来的《中国毒品形势报告》显示以物流寄递方式贩运毒品的形势为：从2016年的"通过物流、寄递、国际邮件等渠道进行走私贩运"，到2017年的"寄递物流贩运毒品愈加突出"，再到2018年"'互联网+物流'的运毒模式已成为贩毒活动主要方式"，这从侧面阐释了以物流寄递方式贩运毒品情况之严重。除了上述行为方式外，样本中还有以"埋地雷"方式实施的贩毒行为，涉及样本共计39例。所谓"埋地雷"，即"将毒品事先埋在指定地点，拍照发给购买者详细位置，再由吸毒人员自行去取"[②]。此种方式加大了公安机关的侦查难度，使行为人更易于逃避公安机关的打击惩处。

在运输毒品犯罪行为中有101例样本涉及以体内藏毒方式完成毒品运输，

① 参见王耀：《新时期物流寄递业涉毒犯罪的现状及侦防对策》，载《辽宁公安司法管理干部学院学报》2020年第4期。

② 董邦俊、柴伟：《西部地区毒品犯罪调查研究——以甘肃省东乡县毒品犯罪为例》，载《河南警察学院学报》2020年第4期。

体内藏毒的隐蔽性、多样性、复杂性、伪装性特征更显著,并且时时刻刻危及运毒人的生命。笔者进一步分析了这 101 例样本的被告人情况:91 例样本有被告人性别信息,其中男性 75 例,有效占比为 82.4%,女性 16 例,有效占比为 17.6%;87 例样本有被告人年龄信息,年龄均为 30.92 岁,中值与众数均为 28 岁,极小为 18 岁,极大为 60 岁。具体而言,处于 20 岁以下年龄区间的样本共有 5 例,处于 21 岁至 30 岁年龄区间的样本共有 51 例,处于 31 岁至 40 岁年龄区间的样本共有 18 例,而超过 40 岁的样本共计 13 例。根据上述数据,就性别而言,男性仍是体内藏毒的主要群体,而就年龄来看,21 岁至 30 岁的青壮年是体内藏毒的主要群体。

就跨省份贩运毒品而言,由广东、四川和云南这三个省份向西北五省(自治区)贩运毒品的样本较多。具体而言,涉及广东的样本共有 55 例,涉及云南的样本共有 147 例,涉及四川的样本数量最多,达到了 232 例,其中成都有 177 例,四川其他地区的有 55 例。

第三节　有关程序性信息的统计

一、审理程序

根据统计,法院审理一审案件主要适用的是简易程序和普通程序。适用简易程序的样本共计 813 例,占总样本的 27.5%,而适用普通程序的样本数量较多,达到 2044 例,占总样本的 69.1%。根据全国人民代表大会常务委员会《关于授权最高人民法院、最高人民检察院在部分地区开展刑事案件速裁程序试点工作的决定》的规定,最高人民法院、最高人民检察院、公安部、司法部于 2014 年 8 月 22 日公布了《关于在部分地区开展刑事案件速裁程序试点工作的办法》,决定在北京、天津、辽宁、上海、江苏、浙江、福建、山东、河南、湖北、湖南、广东、重庆、陕西开展刑事案件速裁程序试点工作,2018 年修改的《刑事诉讼法》也明确规定了速裁程序。因此,笔者收集的判决书所涉案件也有适用速裁程序的情况。除此之外,在甘肃省基层法院的审理中还适用了刑事案件轻刑快审程序,在青海省基层法院的审理中还适用了轻微刑事案件快速办理机制。根据统计,适用这三种程序类型的样本共计 99 例,仅占总样本的 3.3%,具体数据见表1-3-1。

表1-3-1 程序类型统计

		频率/例	占比/%	有效占比/%	累积占比/%
有效	简易程序且独任	652	22.1	22.1	22.1
	简易程序且合议庭	161	5.4	5.4	27.5
	普通程序	2044	69.1	69.1	96.7
	速裁程序	13	0.4	0.4	97.1
	轻刑快审	24	0.8	0.8	97.9
	轻微刑事案件快速办理机制	62	2.1	2.1	100.0
	合计	2956	100.0	100.0	—

二、辩护人

根据《刑事诉讼法》的规定,被告人除可以自己行使辩护权外,也可以借助辩护人的力量来维护自己的合法权益。《刑事诉讼法》第37条规定,辩护人的责任是根据事实和法律,提出犯罪嫌疑人、被告人无罪、罪轻或者减轻、免除其刑事责任的材料和意见,维护犯罪嫌疑人、被告人的诉讼权利和其他合法权益。显然,在有辩护人参与诉讼的情况下,特别是在由具有法律专业知识与素养的律师担任辩护人的情况下,辩护人为犯罪嫌疑人和被告人提供了应对指控的专业能力,被告人的辩护力量无疑得到了增强。

根据统计,2956例样本中有1569例样本没有辩护人,而在有辩护人的样本中,笔者又将其细分为四种情况,即委托辩护人、指定辩护人、辩护人以及兼具指定辩护人和辩护人的情况,[①]上述四类样本的频数以及所占比例可见表1-3-2。由该表可知,有辩护人(包括上述四种情形在内)样本的数量与无辩护人样本的数量比为46.9/53.1,即辩护率为46.9%,尚不足50%。

---

① 笔者之所以在"委托辩护人"和"指定辩护人"之外单独设置"辩护人"这一类型,主要是因为有些判决书仅仅标明"辩护人",无法准确获知其究竟是委托辩护人还是指定辩护人,为了准确性考虑,遂将此种情形单独设置为一种类型。

表 1－3－2　辩护人情况统计

		频率/例	占比/%	有效占比/%	累积占比/%
有效	无辩护人	1569	53.1	53.1	53.1
	委托辩护人	6	0.2	0.2	53.3
	指定辩护人	489	16.5	16.5	69.8
	辩护人	887	30.0	30.0	99.8
	指定辩护人＋辩护人	5	0.2	0.2	100.0
	合计	2956	100.0	100.0	—

为了进一步观察不同级别法院审理的一审案件中被告人获得辩护的情况，笔者对法院级别与有无辩护人进行了交互分析。在进行分析前，笔者将上述有辩护人的四种情形予以合并，以与无辩护人的情形进行对比。根据表 1－3－3 可知，所有样本中基层法院审理的一审案件涉及的样本共有 1704 例，其中无辩护人样本共计 1425 例，占基层法院样本的 83.6%，有辩护人样本共计 279 例，占比仅为 16.4%。反观中级法院审理的一审案件，样本共计 1252 例，无辩护人样本共计 144 例，占中级法院样本的 11.5%，有辩护人样本共计 1108 例，占比为 88.5%。

表 1－3－3　基层法院与中级法院审理案件中被告人获辩护率的对比

			有无辩护人		
			无辩护人	有辩护人	合计
法院级别	基层法院	计数/例	1425	279	1704
		法院级别中的占比/%	83.6	16.4	100.0
	中级法院	计数/例	144	1108	1252
		法院级别中的占比/%	11.5	88.5	100.0
合计		计数/例	1569	1387	2956
		法院级别中的占比/%	53.1	46.9	100.0

通过上述交互分析可以看出，中级法院审理的案件中被告人获得辩护的比例要远远高于基层法院，这一分析结果也基本符合人们的通常认知。中级法院审理的一审案件都是可能判处无期徒刑或者死刑的案件，这些案件的被告人涉

嫌的犯罪行为的社会危害性更为严重、情节更为恶劣，被告人自身也将面临更为严厉的刑事处罚。在这种情况下，被告人借助辩护人的力量为自己实施辩护，是出于对自身利益的考虑而做出的最优选择。

三、羁押状况

羁押状况，是指被告人在审判时是否处于羁押状态。在刑事诉讼过程中，司法机关为了保障刑事诉讼活动的顺利进行，可以对犯罪嫌疑人、被告人实施拘传、取保候审、监视居住、拘留、逮捕等强制措施，拘传、拘留一般是在特殊或紧急情形下所采取的临时性强制措施，只有取保候审、监视居住和逮捕才是常态化的措施。取保候审与监视居住都不属于羁押措施，而逮捕属于羁押措施，因而刑事审判过程中的羁押状况，实际上就是被告人因被逮捕而处于羁押状态，或者因被采取取保候审、监视居住而处于非羁押状态。[①] 根据上述划分，笔者将判决书中载明被采取逮捕措施的被告人的羁押状况标记为“是”，而将判决书中载明被采取取保候审或者监视居住措施的被告人的羁押状况标记为“否”。经过统计，在 2956 例样本中有 6 例样本判决书中没有载明被告人被采取何种强制措施的信息，笔者遂将这 6 例样本作为缺失值处理。在标明了强制措施信息的 2950 例样本中仅有 176 例样本显示被告人处于未羁押状态，有效占比仅为 6.0%，而 2774 例样本均显示被告人处于羁押状态，有效占比为 94.0%。显然，在走私、贩卖、运输、制造毒品案件的审理过程中，被告人被羁押属于常态，未予羁押只是个例。

在统计了被告人是否处于羁押状态的基础上，笔者还对羁押时长进行了统计。为了便于观察，笔者首先将羁押时长划分为如下区间：羁押时长不满 12 个月的，笔者以 1 个月为单位将其划分为 12 个区间，即不满 1 个月、1 个月以上不满 2 个月、2 个月以上不满 3 个月……11 个月以上不满 12 个月；羁押时长 12 个月以上不满 24 个月的，笔者以 3 个月为单位将其划分为 4 个区间，分别为 12 个月以上不满 15 个月、15 个月以上不满 18 个月、18 个月以上不满 21 个月和 21 个月以上不满 24 个月；羁押时长 24 个月以上不满 36 个月的，笔者以 6 个月为单位将其划分为 2 个区间，分别为 24 个月以上不满 30 个月和 30 个月以上

---

① 参见赵学军：《抢劫罪量刑经验研究》，法律出版社 2019 年版，第 208 页。

不满 36 个月；最后将所有羁押时长在 36 个月以上的划分为一个统计区间。需要说明的是，上述统计区间中的“不满”不包括本数、“以上”则包括本数。此外，2774 例羁押样本中有 48 例样本无法计算其羁押时长，故笔者仅基于剩余的 2726 例样本进行了分析。为了能够清晰地观察不同级别法院审理案件时对被告人的羁押时长情况，笔者通过 SPSS 软件对不同羁押时长区间与法院级别进行了交互分析。

根据表 1－3－4 合计栏的频数以及比值情况可知，从 2 个月以上不满 3 个月区间直至 15 个月以上不满 18 个月区间的样本频数均较高，且各区间的频数均过百，合计共 2469 例，其中频数最高的为 3 个月以上不满 4 个月的统计区间。而羁押时长不满 2 个月的样本共计 110 例，羁押时长在 18 个月以上的样本共计 147 例。在与法院级别的交互分析中可以发现，基层法院审理的案件中仅有 1 例样本处于 15 个月以上不满 18 个月区间、1 例样本处于 18 个月以上不满 21 个月区间，更没有样本的羁押时长超过 21 个月的，这说明基层法院审理案件时对被告人的羁押时长绝大部分都不超过 15 个月。而在中级法院审理的案件中，虽然各个羁押时长区间均有样本，但仔细观察便可发现，从不满 1 个月区间直至 5 个月以上不满 6 个月区间的样本在中级法院样本中的比例明显低于基层法院，而从 6 个月以上不满 7 个月区间开始则是中级法院审理案件的样本所占比例明显高于基层法院。特别需要引起注意的是，在中级法院审理的案件样本中羁押时长在 18 个月以上的样本就有 146 例。这就说明，中级法院审理案件时对被告人的羁押时间普遍长于基层法院。这是因为，与基层法院相比，中级法院审理的案件更为复杂，犯罪行为的危害性更大，从而案件处理的时间也就相对更长。

表 1－3－4　不同羁押时长区间在基层法院与中级法院中的比较

			法院级别		合计
			基层法院	中级法院	
羁押时长区间	不满 1 个月	计数/例	12	5	17
		羁押时长区间中的占比/%	70.6	29.4	100.0
	1 个月以上不满 2 个月	计数/例	90	3	93
		羁押时长区间中的占比/%	96.8	3.2	100.0

续表

			法院级别		合计
			基层法院	中级法院	
羁押时长区间	2 个月以上不满 3 个月	计数/例	262	3	265
		羁押时长区间中的占比/%	98.9	1.1	100.0
	3 个月以上不满 4 个月	计数/例	340	16	356
		羁押时长区间中的占比/%	95.5	4.5	100.0
	4 个月以上不满 5 个月	计数/例	291	42	333
		羁押时长区间中的占比/%	87.4	12.6	100.0
	5 个月以上不满 6 个月	计数/例	190	68	258
		羁押时长区间中的占比/%	73.6	26.4	100.0
	6 个月以上不满 7 个月	计数/例	101	109	210
		羁押时长区间中的占比/%	48.1	51.9	100.0
	7 个月以上不满 8 个月	计数/例	87	74	161
		羁押时长区间中的占比/%	54.0	46.0	100.0
	8 个月以上不满 9 个月	计数/例	49	118	167
		羁押时长区间中的占比/%	29.3	70.7	100.0
	9 个月以上不满 10 个月	计数/例	39	94	133
		羁押时长区间中的占比/%	29.3	70.7	100.0
	10 个月以上不满 11 个月	计数/例	18	92	110
		羁押时长区间中的占比/%	16.4	83.6	100.0
	11 个月以上不满 12 个月	计数/例	18	88	106
		羁押时长区间中的占比/%	17.0	83.0	100.0
	12 个月以上不满 15 个月	计数/例	32	208	240
		羁押时长区间中的占比/%	13.3	86.7	100.0
	15 个月以上不满 18 个月	计数/例	1	129	130
		羁押时长区间中的占比/%	0.8	99.2	100.0
	18 个月以上不满 21 个月	计数/例	1	70	71
		羁押时长区间中的占比/%	1.4	98.6	100.0

续表

			法院级别		合计
			基层法院	中级法院	
羁押时长区间	21个月以上不满24个月	计数/例	0	41	41
		羁押时长区间中的占比/%	0.0	100.0	100.0
	24个月以上不满30个月	计数/例	0	14	14
		羁押时长区间中的占比/%	0.0	100.0	100.0
	30个月以上不满36个月	计数/例	0	6	6
		羁押时长区间中的占比/%	0.0	100.0	100.0
	36个月以上	计数/例	0	15	15
		羁押时长区间中的占比/%	0.0	100.0	100.0
合计		计数/例	1531	1195	2726
		羁押时长区间中的占比/%	56.2	43.8	100.0

第二章　量刑整体情况考察

根据我国《刑法》第 347 条的规定,走私、贩卖、运输、制造毒品罪有四个法定刑幅度,从轻到重排列依次为:3 年以下有期徒刑、拘役或者管制,并处罚金;3 年以上 7 年以下有期徒刑,并处罚金;7 年以上有期徒刑,并处罚金;15 年有期徒刑、无期徒刑或者死刑,并处没收财产。可见,走私、贩卖、运输、制造毒品罪涉及的主刑有管制、拘役、有期徒刑、无期徒刑和死刑,覆盖了我国《刑法》总则规定的所有主刑刑种。就附加刑而言,根据《刑法》第 347 条的规定,对于走私、贩卖、运输、制造毒品罪的犯罪行为人,法院需根据不同情况分别对其适用罚金或没收财产这两种附加刑。根据《刑法》第 56 条以及相关司法解释的规定,在走私、贩卖、运输、制造毒品罪中,除被告人因被判处无期徒刑或者死刑而附加剥夺政治权利终身外,被判处其他主刑时亦可以附加适用剥夺政治权利。与此同时,数据库中还有适用驱逐出境这一附加刑的样本。因此,本项研究也覆盖了我国刑法设置的全部附加刑种类。除上述主刑、附加刑之外,数据库中还有免除处罚、缓刑等裁量结果。由于适用驱逐出境的样本过少且该附加刑仅适用于犯了罪的外国人,因此笔者不再对其展开详细研究。此外,减轻处罚有其特殊性,笔者将在本章中设专节对其进行分析。

第一节　主　　刑

一、管制

(一)对管制刑样本的分析

管制是我国刑法规定的主刑中最轻的一个,它是指对罪犯不予关押,但限制其一定的自由,实行社区矫正的刑罚方法。① 数据库中共有 10 例样本适用管制刑,这 10 例样本全部都是基层法院审理的一审案件,而数据库中属于基层法院审理案件的样本共计 1704 例,管制刑样本占基层法院审理案件样本的 0.6%。此外,这 10 例管制刑样本均适用走私、贩卖、运输、制造毒品罪的第一个法定刑幅度,且无一例因减轻处罚而被适用,占适用第一个法定刑幅度样本(共 1261 例)的 0.8%。

经过初步统计,管制刑样本集中于甘肃省,共计 9 例,新疆仅有 1 例,陕西省、青海省与宁夏则无一例适用。根据表 2-1-1 可知,就时间方面而言,2014 年仅有 1 例适用,2015 年也仅有 1 例,2017 年最多,达到了 5 例,2018 年则有 3 例。而在具体刑期方面,适用频数最高的是 12 个月管制,共有 6 例,适用刑期最短的为 6 个月,共有 2 例,适用刑期最长的为 24 个月,仅有 1 例,此外还有 1 例为 18 个月,管制刑样本的适用刑期均为 12.6 个月,即管制刑的平均刑期为 12.6 个月。从上述情况来看,西北地区走私、贩卖、运输、制造毒品罪中管制刑的适用属于极为个别的情况。

表 2-1-1　管制刑样本基本情况统计

序号	年份	地区	具体刑期/月
1	2014	甘肃	12
2	2015	甘肃	24
3	2017	甘肃	12
4	2017	甘肃	12

① 参见张明楷:《刑法学》(第 5 版),法律出版社 2016 年版,第 523 页。

续表

序号	年份	地区	具体刑期/月
5	2017	甘肃	12
6	2017	甘肃	18
7	2017	新疆	6
8	2018	甘肃	12
9	2018	甘肃	6
10	2018	甘肃	12

既然管制是最轻的主刑,那么其自然应当适用于罪行轻微的犯罪人,加之管制刑属于限制自由刑,并不需要将罪犯关押于某一特定执行场所,这也就意味着管制刑应该适用于人身危险性小的犯罪分子。具体到走私、贩卖、运输、制造毒品罪,何种情况之下具备哪些情节法官才会对被告人适用管制刑,笔者对此进行了简单地统计。根据表 2 -1 -2 可知,在适用管制刑的样本中有 7 例样本的涉案毒品数量均不足 1 克,3 例样本的毒品数量超过 1 克;样本均无法定或者酌定从重处罚情节,且具有不同的从宽处罚情节。需要注意的是,在这 10 例样本中除有 1 例样本的羁押状态不明之外,其余 9 例样本均属于未羁押的情况,笔者认为这在一定程度上说明,诉讼过程中被告人是否被羁押与管制刑适用之间存在一定的关联。

表 2 -1 -2 管制刑样本具体情节统计

序号	行为类型	毒品种类	毒品数量/克	从宽处罚情节	从严处罚情节	是否羁押	不予羁押原因
1	贩卖毒品	海洛因	1.72	认罪、初犯	无	否	不明
2	贩卖毒品	海洛因	0.2	坦白、初犯、悔罪	无	否	不明
3	贩卖毒品	海洛因	0.1	认罪、初犯	无	否	不明
4	贩卖毒品	海洛因	0.45	认罪、初犯	无	否	不明
5	贩卖毒品	海洛因	0.19	认罪、初犯	无	否	不明
6	贩卖毒品	海洛因	0.72	初犯	无	否	因病
7	贩卖毒品	甲基苯丙胺	4.4	坦白、立功、初犯	无	否	不明

续表

序号	行为类型	毒品种类	毒品数量/克	从宽处罚情节	从严处罚情节	是否羁押	不予羁押原因
8	贩卖毒品	鸦片	0.16	坦白、初犯	无	否	不明
9	贩卖毒品	海洛因	3.7	从犯、坦白、立功、初犯	无	不明	—
10	贩卖毒品	海洛因	0.9	从犯、认罪、初犯	无	否	不明

(二)对管制刑的理论评析

在1997年《刑法》修订过程中,学界对管制刑的存废存在极大的争议,形成了“管制宜废不宜存”以及“管制宜存不宜废”两种学说。① 而在1997年《刑法》实行了20余年的现今,有关管制刑的存废问题依然有肯定与否定的理论争议。有学者提出,管制刑有其存在的价值,它体现了刑罚的轻缓化、个别化、经济化,能够更好地促进被管制人的社会化,并在肯定其存在价值的基础上提出有针对性的完善建议。② 与此相反,也有学者认为管制刑应当被废除。例如,武玉红教授指出,目前管制刑的适用率非常低,世界上其他国家都没有管制制度,建议将其取消,在适当降低犯罪门槛的前提下,用缓刑制度替代管制,从而增加对这类罪犯在社区矫正中应有的惩罚力度。③ 当然,也有学者提出管制不应当予以彻底抛弃,而是可以将其改造成为社区保安处分进而将管制刑从刑罚体系中剔除。④ 就目前情况来看,短时间内废除管制刑或者将管制刑剔除于刑罚体系之外不太具有现实可能性,因为在立法层面管制刑的适用正处于一种扩张趋势。1997年《刑法》中规定可判处管制的罪名有109个,占《刑法》分则413个罪名的26.4%;《刑法修正案(八)》颁布后,《刑法》中可判处管制的罪名有116个,占所有罪名的25.6%;而《刑法修正案(九)》颁布后,《刑法》中可判

① 参见陈伟、许璇璇:《管制刑司法适用的现实困境与完善对策》,载《福建江夏学院学报》2016年第2期。

② 参见陈伟、许璇璇:《管制刑司法适用的现实困境与完善对策》,载《福建江夏学院学报》2016年第2期。

③ 参见武玉红:《管制刑变革的出路——以缓刑替代的思考》,载《河南司法警官职业学院学报》2016年第2期。

④ 参见何显兵、张敏:《管制刑的困境与出路——把管制刑改造为社区保安处分》,载《河南警察学院学报》2015年第5期。

处管制的罪名增加至129个，占所有罪名的27.3%。[①]

然而，与立法层面不断扩大适用管制刑的趋势明显不同的是，司法实践中管制刑的适用情况不容乐观。据有关统计，1999年全国各级法院判处刑罚的罪犯总数为608,259人，其中被判处管制的有7515人，占总数的1.23%；2000年为1.21%；2001年为1.26%。[②] 还有学者根据2003年至2016年的中国法律年鉴统计了2002年至2015年司法实践中管制刑的适用率，具体而言，2002年为1.7%、2003年为1.6%、2004年为2.3%、2005年为1.7%、2006年为1.8%、2007年为1.7%、2008年为1.8%、2009年为1.7%、2010年为1.6%、2011年为1.4%、2012年为1.1%、2013年为1.3%、2014年为1%、2015年为1%，[③]除2004年的管制刑适用率超过了2%外，其余年份的均低于2%。

为提高管制刑的适用率，2011年生效的《刑法修正案（八）》对管制刑作出了修改和完善，在执行措施中增设了禁止令和社区矫正，但相关数据显示的信息说明这些改革措施并未能够提高管制刑的适用率，甚至从2011年开始管制刑的适用率还出现了一个较为明显的下降趋势。管制刑司法适用的遇冷不能不引起注意，即便是立法中为了实现刑罚的轻缓化而在罪名中不断增设管制刑，但如果司法实务部门对于管制刑的适用抱有一种消极态度，那么管制刑自身的价值和优势便无法得到实现和彰显。

跟全国范围内管制刑的平均适用率相比，走私、贩卖、运输、制造毒品罪中的管制刑更是几乎被虚置。之所以出现这种情况，笔者认为除了管制刑本身的原因之外，还与毒品犯罪的特性密不可分。根据已有研究，毒品犯罪行为人的再犯率非常高，特别是再次实施毒品犯罪的情况比较多。一方面，由于管制刑本身属于最轻的主刑刑种，其应当适用于罪行轻微且人身危险性小的行为人，鉴于毒品犯罪行为人再次实施毒品犯罪的可能性高，法官在决定是否判处管制刑时就更加谨慎；另一方面，管制无须对犯罪行为人实施监禁，罪犯可以在相对自由的环境中执行刑罚，这不仅可以有效避免短期自由刑执行过程中存在的交

---

① 参见陈伟、许璇璇：《管制刑司法适用的现实困境与完善对策》，载《福建江夏学院学报》2016年第2期。

② 参见李东军：《关于我国开展社区矫正工作的思考》，载《广西社会科学》2006年第9期。

③ 参见陈蓉：《管制刑适用的倡导——以社区矫正的扩大适用为视角》，载《江西警察学院学报》2018年第3期。

叉感染问题，也有利于罪犯的再社会化，但在管制执行过程中仍然存在对被执行人监管不到位的情况，法官出于对执行监管不到位的担忧，严格控制管制刑的适用也就不难理解了。

二、拘役

数据库中被告人被判处拘役刑的样本共有 239 例，其中被判处拘役缓刑的样本有 7 例，被判处拘役实刑的样本有 232 例。239 例拘役样本中仅有 1 例属于中级法院审理的一审案件，其余均为基层法院审理的一审案件，且这些样本均适用的是第一个法定刑幅度，在适用第一个法定刑幅度的样本中占 19.0%（239/1261）。需要说明的是，有 2 例拘役样本所涉裁判文书显示，法院根据行为人各项情节选择适用减轻处罚而判处被告人拘役刑。这两名被告人适用的是第一个法定刑幅度，虽然法官选择了对其减轻处罚，但拘役并科以罚金的裁判结果并未体现出减轻处罚的实际效果。[①]

对于这 239 例拘役样本，从时间分布上来看，2014 年有 54 例，2015 年有 76 例，2016 年有 51 例，2017 年有 36 例，2018 年有 22 例；从空间分布上来看，甘肃有 16 例，陕西有 35 例，青海有 61 例，宁夏有 18 例，新疆有 109 例。为了发现不同年份间拘役刑适用比例是否存在差异，笔者在适用第一个法定刑幅度样本中对不同年份与是否判处拘役刑进行了交互分析。

在表 2－1－3 中，我们需要观察的重要数据是每一年度适用第一个法定刑幅度的拘役刑样本数与该年度适用第一个法定刑幅度样本总数的比值。例如，2014 年适用第一个法定刑幅度的拘役刑样本共有 54 例，而本年度适用第一个法定刑幅度的样本共计 225 例，二者的比值为 24.0%，即 2014 年的拘役适用率为 24.0%，以此类推，2015 年的拘役适用率为 23.1%，2016 年的拘役适用率为

---

① 案例 1：被告人马某向杜某某贩卖冰毒 2.6 克，因被告人马某到案后能够如实供述自己的罪行，认罪态度好且属初犯，故法院对其减轻处罚，最终判处其拘役 6 个月，并处罚金 2000 元。参见新疆维吾尔自治区巩留县人民法院刑事判决书，（2015）巩刑初字第 135 号。案例 2：被告人赵某某于 2016 年 3 月 2 日携带毒品海洛因和冰毒从昌吉市至木垒哈萨克自治县，并于 3 月 7 日在木垒哈萨克自治县帝王酒店附近一辆小轿车中向他人贩卖毒品（其中海洛因净重 0.93 克、冰毒净重 2.46 克），后二人一起乘车行驶至奇台县三个庄子镇时被奇台县公安局民警查获。法院认为，被告人赵某某属累犯、毒品再犯，应当从重处罚，有重大立功表现，可以减轻处罚，有坦白情节，可以从轻处罚，最终判处其拘役 2 个月，并处罚金 2000 元。参见新疆维吾尔自治区奇台县人民法院刑事判决书，（2017）新 2325 刑初 100 号。

16. 5% ,2017 年的拘役适用率为 14. 8% ,2018 年的拘役适用率为 14. 2% 。卡方检验结果显示 Sig. 值小于 0. 05,这说明各年度拘役刑适用比例之间存在显著性差异。

根据前述数据结果可知,2014 年至 2018 年拘役刑的适用比例逐年降低,呈现出一个比较明显的下降趋势。这也就是说,近些年来西北地区犯走私、贩卖、运输、制造毒品罪的越来越多的行为人被判处有期徒刑以上刑罚。

表 2 -1 -3　第一个法定刑幅度样本中不同年份拘役刑适用率的比较

			是否拘役		合计
			否	是	
年份	2014	计数/例	171	54	225
		年份中的占比/%	76. 0	24. 0	100. 0
	2015	计数/例	253	76	329
		年份中的占比/%	76. 9	23. 1	100. 0
	2016	计数/例	258	51	309
		年份中的占比/%	83. 5	16. 5	100. 0
	2017	计数/例	207	36	243
		年份中的占比/%	85. 2	14. 8	100. 0
	2018	计数/例	133	22	155
		年份中的占比/%	85. 8	14. 2	100. 0
合计		计数/例	1022	239	1261
		年份中的占比/%	81. 0	19. 0	100. 0

以上是对拘役刑适用数量情况的介绍,接下来笔者将对拘役刑样本的具体刑期情况进行统计分析。根据表 2 -1 -4、表 2 -1 -5 和表 2 -1 -6,我们可以得出如下分析结论:

第一,拘役刑刑期以整数月为主。拘役刑刑期频数表显示,拘役刑绝大多数采用整数月,其中频数较高的有 3 个月拘役、4 个月拘役、5 个月拘役和 6 个月拘役,只有极个别样本的刑期不是整数。

第二,法官多选择判处较长刑期拘役刑。根据统计,拘役刑刑期极小值为 2(月),极大值为 6(月),中值和众数均为 5(月),均值为 4. 5314(月),在拘役刑刑期中间线(3.5个月)以上。这是因为实践中判处较短刑期的拘役样本数量少,从拘役刑刑期频数表来看,刑期不足4个月的样本仅占拘役样本的13.4%,有86.6%的样本的被告人被判处4个月以上拘役。这也就是说,法官在选择对被告人判处拘役刑后通常都会选择相对较长的刑期,之所以如此,笔者认为有以下两点原因:其一,拘役刑本身属于短期自由刑,刑期过短难以起到惩罚、威慑犯罪的作用;其二,与羁押时长具有一定的关联。根据笔者统计,在拘役样本中行为人处于羁押状态且有羁押时长信息的样本共计211例,不同羁押时长区间的具体频数情况如下:不满1个月的1例、1个月以上不满2个月的27例、2个月以上不满3个月的59例、3个月以上不满4个月的76例、4个月以上不满5个月的43例、5个月以上不满6个月的5例。而羁押时长在3个月以上的拘役样本在这211例具有羁押时长信息的拘役样本中的比例就达到了近60%。

第三,2014年至2018年的拘役刑刑期虽有波动,但整体呈现上升趋势。笔者对不同年份拘役样本的刑期均值进行比较,结果显示各年份均值变化幅度不大,但单因素方差分析结果显示各年份拘役刑刑期均值间存在显著性差异($F=2.554$, $P<0.05$)。[①] 究竟是某些年份间的刑期均值存在显著性差异,还是不同年份间的刑期均值均存在显著性差异,则需要进行事后的多重比较才能得出结论。根据方差齐性的检验结果,P值为0.017,小于0.05,即存在显著性差异,表明方差不齐,需要读取Tamhane多重比较结果。Tamhane多重比较数据显示,只有2014年与2018年的刑期均值存在显著性差异,后者比前者高出了0.6043个月,其他年份的刑期均值间均不存在显著性差异。由此可以得出的结论为,2014年至2018年的拘役刑刑期虽有波动但总体呈上升趋势。

---

① 方差分析是一种通过分析样本数据的各项变异来源,以检验三个或三个以上样本平均数是否具有显著性差异的一种统计方法。其目的就是通过分析实验数据中不同来源的变异对总体变异贡献的大小,从而确定控制变量(自变量)的不同水平是否对观测变量(因变量)产生了显著的影响。而单因素方差分析用于检验一个自变量的不同水平是否给一个(或几个相互独立的)因变量造成了显著的差异或变化。当检验结果显示自变量各个水平之间差异显著时还需要检验哪些组与组之间差异显著,哪些组与组之间差异不显著,这就是组与组之间均值的多重比较,或者称为"事后比较"。一般具有显著性意义的P值有三类表述:$P<0.001$, $P<0.01$以及$P<0.05$,分别指的是在99.9%以上,99%以上以及95%以上的概率中存在差异性或相关性。参见张奇主编:《SPSS for Windows——在心理学与教育学中的应用》,北京大学出版社2009年版,第107页。

表 2－1－4　拘役刑刑期频数

		频率/例	占比/%	有效占比/%	累积占比/%
有效	2 个月	5	2.1	2.1	2.1
	3 个月	26	10.9	10.9	13.0
	3.5 个月	1	0.4	0.4	13.4
	4 个月	68	28.5	28.5	41.8
	4.5 个月	1	0.4	0.4	42.3
	5 个月	113	47.3	47.3	89.5
	6 个月	25	10.5	10.5	100.0
	合计	239	100.0	100.0	—

表 2－1－5　不同年份拘役刑刑期均值

年份	N	均值	标准差	标准误差	均值的 95% 置信区间		极小值	极大值
					下限	上限		
2014	54	4.2593	0.95533	0.13000	3.9985	4.5200	2.00	6.00
2015	76	4.5066	0.86214	0.09889	4.3096	4.7036	2.00	6.00
2016	51	4.7059	0.87850	0.12301	4.4588	4.9530	3.00	6.00
2017	36	4.5417	0.99553	0.16592	4.2048	4.8785	2.00	6.00
2018	22	4.8636	0.56023	0.11944	4.6152	5.1120	4.00	6.00
总数	239	4.5314	0.89821	0.05810	4.4169	4.6458	2.00	6.00

表 2－1－6　不同年份拘役刑刑期均值的多重比较

	(I) 年份	(J) 年份	均值差 (I－J)	标准误差	显著性	95% 置信区间	
						下限	上限
Tamhane	2014	2015	－0.24732	0.16334	0.760	－0.7143	0.2196
		2016	－0.44662	0.17898	0.133	－0.9587	0.0654
		2017	－0.28241	0.21079	0.870	－0.8909	0.3261
		2018	－0.60438*	0.17654	0.011	－1.1161	－0.0926

续表

	(I) 年份	(J) 年份	均值差 (I-J)	标准误差	显著性	95% 置信区间	
						下限	上限
Tamhane	2015	2014	0.24732	0.16334	0.760	-0.2196	0.7143
		2016	-0.19930	0.15784	0.905	-0.6506	0.2520
		2017	-0.03509	0.19316	1.000	-0.5962	0.5260
		2018	-0.35706	0.15507	0.226	-0.8101	0.0960
	2016	2014	0.44662	0.17898	0.133	-0.0654	0.9587
		2015	0.19930	0.15784	0.905	-0.2520	0.6506
		2017	0.16422	0.20655	0.996	-0.4330	0.7614
		2018	-0.15775	0.17146	0.989	-0.6559	0.3404
	2017	2014	0.28241	0.21079	0.870	-0.3261	0.8909
		2015	0.03509	0.19316	1.000	-0.5260	0.5962
		2016	-0.16422	0.20655	0.996	-0.7614	0.4330
		2018	-0.32197	0.20444	0.724	-0.9179	0.2739
	2018	2014	0.60438*	0.17654	0.011	0.0926	1.1161
		2015	0.35706	0.15507	0.226	-0.0960	0.8101
		2016	0.15775	0.17146	0.989	-0.3404	0.6559
		2017	0.32197	0.20444	0.724	-0.2739	0.9179

注:均值差的显著性水平为0.05。

三、有期徒刑

数据库中共有2258例样本适用有期徒刑,其中适用有期徒刑缓刑的样本19例,适用有期徒刑实刑的样本2239例。走私、贩卖、运输、制造毒品罪的四个法定刑幅度均有有期徒刑,其是适用最为广泛的一个主刑刑种,且从第一个法定刑幅度到第四个法定刑幅度有期徒刑刑期跨度较大,因而笔者将分别在四个法定刑幅度中对有期徒刑展开分析。

(一)第一个法定刑幅度

适用第一个法定刑幅度的有期徒刑样本共计1012例,其中有977例属于基层法院审理的案件,有35例属于中级法院审理的案件。这一幅度有期徒刑样本的刑期均值为 11.1966(月),低于这一幅度有期徒刑刑期的中间线(21 个月)近 10 个月;中值为 9(月),众数为 6(月),极小值为 6(月),极大值为 36(月)。适用 6 个月有期徒刑的样本有 265 例,占这一幅度有期徒刑样本的 26.2%。此外,刑期在 18 个月以下的样本频数相对较高,由此导致了这一幅度有期徒刑样本的刑期均值明显低于中间线。由于 18 个月以下有期徒刑样本的频数较高,笔者对其不再进行区间划分,而将超过 18 个月刑期的样本划分为 3 个区间,分别是 19 个月至 24 个月、25 个月至 30 个月以及 31 个月至 36 个月。

笔者对适用第一个法定刑幅度的有期徒刑样本进行众数分析,根据表 2-1-7 可知,在 18 个月以下刑期样本中,除了 13 个月与 17 个月刑期样本频数为个位数之外,其余刑期的频数均在两位数以上,特别是 6 个月、8 个月和 12 个月刑期的频数均过百,分别为 265 例、116 例和 118 例。而 1 年以下有期徒刑样本合计达到 758 例,占本幅度有期徒刑样本总数的 74.9%。这也就是说,在适用第一个法定刑幅度且被判处有期徒刑的被告人中,有将近 3/4 被判处 1 年以下有期徒刑。

表 2-1-7　适用第一个法定刑幅度有期徒刑样本刑期时长频数

		频率/例	占比/%	有效占比/%	累积占比/%
有效	6 个月	265	26.2	26.2	26.2
	7 个月	90	8.9	8.9	35.1
	8 个月	116	11.5	11.5	46.5
	9 个月	55	5.4	5.4	52.0
	10 个月	96	9.5	9.5	61.5
	11 个月	18	1.8	1.8	63.2
	12 个月	118	11.7	11.7	74.9
	13 个月	9	0.9	0.9	75.8
	14 个月	38	3.8	3.8	79.5
	15 个月	29	2.9	2.9	82.4
	16 个月	13	1.3	1.3	83.7
	17 个月	4	0.4	0.4	84.1
	18 个月	59	5.8	5.8	89.9

续表

		频率/例	占比/%	有效占比/%	累积占比/%
有效	19个月至24个月	57	5.6	5.6	95.6
	25个月至30个月	27	2.7	2.7	98.2
	31个月至36个月	18	1.8	1.8	100.0
	合计	1012	100.0	100.0	—

笔者对不同年份适用第一个法定刑幅度有期徒刑样本的刑期均值进行比较,结果显示各年份均值变化幅度不大(具体数值见表2-1-8),单因素方差分析结果显示各年份刑期均值之间不存在显著性差异($F=1.646$, $P>0.05$)。方差齐性检验中的P值为0.061,大于0.05,即不存在显著性差异,需读取LSD多重比较结果。多重比较数据显示,只有2014年与2017年的刑期均值存在显著性差异,后者比前者高出了1.3788,其他年份的刑期均值间均不存在显著性差异(见表2-1-9)。由此可以得出的结论为,2014年至2018年第一个法定刑幅度有期徒刑的刑期虽有波动但整体较为平稳。

表2-1-8 不同年份适用第一个法定刑幅度有期徒刑样本刑期均值

年份	N	均值	标准差	标准误差	均值的95%置信区间		极小值	极大值
					下限	上限		
2014	170	10.4529	5.91664	0.45379	9.5571	11.3488	6.00	36.00
2015	252	10.8254	5.82628	0.36702	10.1026	11.5482	6.00	36.00
2016	258	11.6357	6.64021	0.41340	10.8216	12.4497	6.00	36.00
2017	202	11.8317	7.13211	0.50181	10.8422	12.8212	6.00	36.00
2018	130	11.0308	5.77610	0.50660	10.0285	12.0331	6.00	36.00
总数	1012	11.1966	6.33392	0.19911	10.8059	11.5873	6.00	36.00

表 2-1-9 不同年份适用第一个法定刑幅度有期徒刑刑期均值的多重比较

	(I) 年份	(J) 年份	均值差 (I-J)	标准误差	显著性	95% 置信区间	
						下限	上限
LSD	2014	2015	-0.37246	0.62784	0.553	-1.6045	0.8596
		2016	-1.18272	0.62489	0.059	-2.4090	0.0435
		2017	-1.37874*	0.65840	0.037	-2.6707	-0.0867
		2018	-0.57783	0.73703	0.433	-2.0241	0.8685
	2015	2014	0.37246	0.62784	0.553	-0.8596	1.6045
		2016	-0.81026	0.56026	0.148	-1.9097	0.2892
		2017	-1.00629	0.59741	0.092	-2.1786	0.1660
		2018	-0.20537	0.68309	0.764	-1.5458	1.1351
	2016	2014	1.18272	0.62489	0.059	-0.0435	2.4090
		2015	0.81026	0.56026	0.148	-0.2892	1.9097
		2017	-0.19602	0.59431	0.742	-1.3622	0.9702
		2018	0.60489	0.68038	0.374	-0.7302	1.9400
	2017	2014	1.37874*	0.65840	0.037	0.0867	2.6707
		2015	1.00629	0.59741	0.092	-0.1660	2.1786
		2016	0.19602	0.59431	0.742	-0.9702	1.3622
		2018	0.80091	0.71128	0.260	-0.5948	2.1967
	2018	2014	0.57783	0.73703	0.433	-0.8685	2.0241
		2015	0.20537	0.68309	0.764	-1.1351	1.5458
		2016	-0.60489	0.68038	0.374	-1.9400	0.7302
		2017	-0.80091	0.71128	0.260	-2.1967	0.5948

注:均值差的显著性水平为 0.05。

(二)第二个法定刑幅度

适用第二个法定刑幅度的有期徒刑样本共有 232 例,其中 214 例属于基层法院审理的案件,18 例属于中级法院审理的案件。这一幅度有期徒刑样本的刑期均值为 43.9138(个月),低于这一幅度的有期徒刑中间线(60 个月)16.0862(个月);中值为 42(个月),众数为 36(个月),极小值为 10(个月),极大值为 84(个月)。根据频数统计,刑期为 36 个月的样本共有 68 例,占这一幅度样本总数的29.3%。为了便于观察,笔者仍对本幅度样本进行刑期区间划分,具体而言,刑期不满36个月的统一划为一个区间,刑期在36个月以上不满72个月的以半年为单位进行划分,刑期在72个月以上的统一划为一个区间。上述统计区间中的"不满"不包括本数,"以上"包括本数。

表2-1-10中,刑期低于第二个法定刑幅度有期徒刑最低刑期36个月的样本共计18例,这些样本均是因为减轻处罚而最终落入第一个法定刑幅度中的;刑期在36个月以上不满60个月的样本数量累计达到181例,占本幅度所有样本的78.0%;而刑期在60个月以上的样本共有33例,占本幅度样本总数的14.2%。此外,刑期在本幅度中间线以下的样本中,刑期以半年为间隔的整数刑期样本频数均较高,36个月的为68例,42个月的为29例,48个月的为24例,54个月的为9例,60个月的为13例。显然,司法实践中法官更倾向于选择整年或者半年作为最终刑期裁判结果。

表2-1-10 第二个法定刑幅度有期徒刑刑期区间频数

		频率/例	占比/%	有效占比/%	累积占比/%
有效	不满36个月	18	7.8	7.8	7.8
	36个月以上不满42个月	86	37.1	37.1	44.8
	42个月以上不满48个月	44	19.0	19.0	63.8
	48个月以上不满54个月	37	15.9	15.9	79.7
	54个月以上不满60个月	14	6.0	6.0	85.8
	60个月以上不满66个月	20	8.6	8.6	94.4
	66个月以上不满72个月	5	2.2	2.2	96.6
	72个月以上	8	3.4	3.4	100.0
	合计	232	100.0	100.0	—

笔者又进一步对不同年份的有期徒刑刑期均值进行了计算与比较:2014年的样本数为58例,刑期均值为43.6207(月);2015年的样本数为46例,刑期均值为45.6087(月);2016年的样本数为40例,刑期均值为45.175(月);2017年的样本数为57例,刑期均值为42.0351(月);2018年的样本数为31例,刑期均值为43.7742(月)。单因素方差分析结果显示,各年份的刑期均值之间不存在显著性差异($F=0.664$, $P>0.05$),且事后多重比较的结果表明,各年份间的

刑期均值均不存在显著性差异,即 2014 年至 2018 年本幅度有期徒刑刑期较为平稳,未出现大的起伏变化。

(三)第三个法定刑幅度

在走私、贩卖、运输、制造毒品罪中,第三个法定刑幅度的有期徒刑刑期裁量空间最大,最低刑(7 年有期徒刑)与最高刑(15 年有期徒刑)间有 8 年的差距。数据库中适用第三个法定刑幅度的有期徒刑样本共有 230 例,其中 181 例属于基层法院审理的案件,49 例属于中级法院审理的案件。第三个法定刑幅度有期徒刑样本的刑期均值为 100.2391(月),低于这一幅度有期徒刑中间线(132 个月)近 32(月);中值为 96(月),众数为 84(月),极小值为 36(月),极大值为 180(月)。为了便于观察,笔者仍对本幅度样本进行区间划分,除将不满 84 个月刑期划分为一个区间外,将刑期在 84 个月以上的样本以整年为单位进行区间划分。需要说明的是,下列统计区间中的"不满"不包括本数,"以上""以下"均包括本数。

表 2-1-11 中,刑期低于第三个法定刑幅度最低刑期 84 个月的样本共计 35 例,这些样本均是因为减轻处罚而最终落入第二个法定刑幅度中的,占第三个法定刑幅度有期徒刑样本的 15.2%;刑期在 84 个月以上不满 132 个月的样本数量累计达到 149 例,占本幅度样本总数的 64.8%;而刑期在 132 个月以上的样本共有 46 例,占本幅度样本总数的 20.0%。结合第一个和第二个法定刑幅度有期徒刑样本的频数情况来看,法官多在各幅度有期徒刑刑期中间线以下裁量刑罚,在第一个法定刑幅度中法官多以月为单位进行刑期选择,在第二个和第三个法定刑幅度中则多以半年为单位进行刑期选择。

表 2-1-11 第三个法定刑幅度有期徒刑刑期区间频数

		频率/例	占比/%	有效占比/%	累积占比/%
有效	不满 84 个月	35	15.2	15.2	15.2
	84 个月以上不满 96 个月	71	30.9	30.9	46.1
	96 个月以上不满 108 个月	38	16.5	16.5	62.6
	108 个月以上不满 120 个月	23	10.0	10.0	72.6
	120 个月以上不满 132 个月	17	7.4	7.4	80.0
	132 个月以上不满 144 个月	17	7.4	7.4	87.4

续表

		频率/例	占比/%	有效占比/%	累积占比/%
有效	144 个月以上不满 156 个月	15	6.5	6.5	93.9
	156 个月以上不满 168 个月	7	3.0	3.0	97.0
	168 个月以上 180 个月以下	7	3.0	3.0	100.0
	合计	230	100.0	100.0	—

笔者仍对不同年份的有期徒刑刑期均值进行比较:2014 年的样本数为 44 例,刑期均值为 104.0227(月);2015 年的样本数为 34 例,刑期均值为 91.1176(月);2016 年的样本数为 40 例,刑期均值为 109.025(月);2017 年的样本数为 60 例,刑期均值为 95(月);2018 年的样本数为 52 例,刑期均值为 102.2885(月)。从不同年份的刑期均值来看,2016 年最高,2015 年和 2017 年相对较低,2014 年和 2018 年居中。单因素方差分析结果为 $F = 2.403$,$P = 0.051$,虽然 P 值大于 0.05,但仍然可以认为各年份的刑期均值间存在显著性差异。事后多重比较结果显示,2015 年与 2016 年刑期均值间存在显著性差异,2016 年与 2017 年刑期均值间存在显著性差异,其他年份间均不存在显著性差异。2016 年的刑期均值比 2015 年的刑期均值高 17.9074(月),比 2017 年的刑期均值高 14.025(月)。显然,与第一个和第二个法定刑幅度的有期徒刑样本相比,本幅度样本的刑期均值在不同年份间的起伏波动较大。

究其原因,笔者认为与本幅度有期徒刑刑期裁量空间较大有一定的关联。第一个法定刑幅度有期徒刑刑期的裁量空间仅有两年半;第二个法定刑幅度有期徒刑刑期的裁量空间有 4 年;而第三个法定刑幅度有期徒刑刑期的最低刑与最高刑之间的差距有 8 年,法官自由裁量的空间明显大于第一个和第二个法定刑幅度。刑期裁量空间较小,法官选择量刑情节调刑比例的范围也会相对受限,因为如果选择较大幅度的调刑比例,容易突破法定刑幅度的最高点与最低点,为避免这种情况的出现就必须控制量刑情节调刑比例的范围,由此才能使不同案件中量刑情节调刑比例的差异不大,进而总体上容易保持量刑结果的均衡。相反,刑期裁量空间大,法官选择量刑情节调刑比例的范围也就相对较大,这种情形下即便不同案件中量刑情节的调刑比例差距明显,也不容易出现突破法定最低刑和最高刑的情况,由此难免造成刑期出现较大的起伏变化。

(四)第四个法定刑幅度

适用第四个法定刑幅度的有期徒刑样本共计 784 例,其中由基层法院审理的有 84 例,中级法院审理的有 700 例。[①] 从第四个法定刑幅度的规定方式上来看,本幅度中的有期徒刑刑期只有 15 年而无其他刑期可以选择,其实该种情况下,有期徒刑相当于一个独立的刑种与无期徒刑、死刑相并列以供法官选择适用。但从司法实务的角度出发,适用本法定刑幅度的被告人仍然可能因为存在减轻处罚情节而使法官对其在本幅度的法定最低刑以下进行刑罚裁量。

本幅度有期徒刑样本的刑期均值为 165.8278(月),中值、众数、极大值均为 180(月),极小值为 60(月)。根据表 2-1-12 可知,刑期为 180 个月的有期徒刑样本达到 574 例,占本幅度样本总数的 73.2%;减轻处罚的样本共有 210 例,占本幅度样本总数的 26.8%。根据我国刑法有关减轻处罚的规定,减轻处罚应当在法定刑幅度的下一个量刑幅度内判处刑罚。走私、贩卖、运输、制造毒品罪第四个法定刑幅度的下一个量刑幅度应该是 7 年以上有期徒刑,而本幅度样本中有 3 例样本的有期徒刑刑期低于 7 年,也就是说这 3 例样本实际上落入了第二个法定刑幅度,这明显违反了刑法的相关规定,对此笔者将在后文有关减轻处罚的部分展开详细分析。

表 2-1-12 第四个法定刑幅度有期徒刑刑期频数

		频率/例	占比/%	有效占比/%	累积占比/%
有效	60 个月	1	0.1	0.1	0.1
	72 个月	2	0.3	0.3	0.4
	84 个月	29	3.7	3.7	4.1
	90 个月	1	0.1	0.1	4.2
	96 个月	16	2.0	2.0	6.3
	108 个月	11	1.4	1.4	7.7

① 这里需要说明的是,笔者在收集判决书时采用的是分层抽样的方法,因为基层法院审理的走私、贩卖、运输、制造毒品案件的数量非常庞大,因而笔者按照 1/5 或者 1/20 的比例进行抽样,而对于中级人民法院审理的案件则全部纳入本项研究的数据库中,由此造成适用第四个法定刑幅度的样本数明显高于第二和第三个法定刑幅度的样本数,不同法定刑幅度间的样本比值关系不能准确反映出司法实践中走私、贩卖、运输、制造毒品罪轻重犯罪之间的比例关系。

续表

		频率/例	占比/%	有效占比/%	累积占比/%
有效	109 个月	1	0.1	0.1	7.8
	120 个月	41	5.2	5.2	13.0
	132 个月	18	2.3	2.3	15.3
	144 个月	37	4.7	4.7	20.0
	156 个月	34	4.3	4.3	24.4
	168 个月	18	2.3	2.3	26.7
	174 个月	1	0.1	0.1	26.8
	180 个月	574	73.2	73.2	100.0
	合计	784	100.0	100.0	—

四、无期徒刑、死刑

根据《刑法》第 347 条的规定，第四个法定刑幅度配有无期徒刑和死刑，此外根据《刑事诉讼法》的相关规定，只有中级以上人民法院才能审理可能被判处无期徒刑以上刑罚的案件，因而数据库中只有由中级人民法院审理的且适用第四个法定刑幅度的样本才包括无期徒刑或者死刑。根据统计，由中级人民法院审理且适用第四个法定刑幅度的样本共计 1149 例，其中有 3 例免予刑事处罚，有 700 例样本适用有期徒刑实刑，有 348 例样本适用无期徒刑，有 98 例样本适用死刑（其中有 87 例样本适用死刑缓期 2 年执行、11 例样本适用死刑立即执行）。在所有中级人民法院审理的且适用第四个法定刑幅度的样本中，无期徒刑的适用比例为 30.3%，死刑的适用比例为 8.5%。为进一步了解西北地区 2014 年至 2018 年无期徒刑、死刑的适用情况，笔者对不同年份、不同地区与无期徒刑、死刑的适用进行了交互分析，具体数据见表 2－1－13 和表 2－1－14。

表 2-1-13 不同年份中无期徒刑、死刑的适用数量

			量刑种类			合计
			无期徒刑	死刑缓期2年执行	死刑立即执行	
年份	2014	计数/例	24	6	1	31
		年份中的占比/%	77.4	19.4	3.2	100.0
		量刑种类中的占比/%	6.9	6.9	9.1	7.0
	2015	计数/例	41	8	1	50
		年份中的占比/%	82.0	16.0	2.0	100.0
		量刑种类中的占比/%	11.8	9.2	9.1	11.2
	2016	计数/例	76	15	3	94
		年份中的占比/%	80.9	16.0	3.2	100.0
		量刑种类中的占比/%	21.8	17.2	27.3	21.1
	2017	计数/例	128	34	3	165
		年份中的占比/%	77.6	20.6	1.8	100.0
		量刑种类中的占比/%	36.8	39.1	27.3	37.0
	2018	计数/例	79	24	3	106
		年份中的占比/%	74.5	22.6	2.8	100.0
		量刑种类中的占比/%	22.7	27.6	27.3	23.8
合计		计数/例	348	87	11	446
		年份中的占比/%	78.0	19.5	2.5	100.0
		量刑种类中的占比/%	100.0	100.0	100.0	100.0

表 2-1-14 不同省份中无期徒刑、死刑的适用数量

			量刑种类			合计
			无期徒刑	死刑缓期2年执行	死刑立即执行	
省(自治区)	甘肃省	计数/例	87	36	4	127
		省份中的占比/%	68.5	28.3	3.1	100.0
		量刑种类中的占比/%	25.0	41.4	36.4	28.5

续表

			量刑种类			合计
			无期徒刑	死刑缓期2年执行	死刑立即执行	
省(自治区)	陕西省	计数/例	91	5	0	96
		省份中的占比/%	94.8	5.2	0.0	100.0
		量刑种类中的占比/%	26.1	5.7	0.0	21.5
	青海省	计数/例	35	2	1	38
		省份中的占比/%	92.1	5.3	2.6	100.0
		量刑种类中的占比/%	10.1	2.3	9.1	8.5
	宁夏回族自治区	计数/例	34	25	5	64
		省份中的占比/%	53.1	39.1	7.8	100.0
		量刑种类中的占比/%	9.8	28.7	45.5	14.3
	新疆维吾尔自治区	计数/例	101	19	1	121
		省份中的占比/%	83.5	15.7	0.8	100.0
		量刑种类中的占比/%	29.0	21.8	9.1	27.1
合计		计数/例	348	87	11	446
		省份中的占比/%	78.0	19.5	2.5	100.0
		量刑种类中的占比/%	100.0	100.0	100.0	100.0

第二节　附　加　刑

一、罚金

根据《刑法》第347条第3款、第4款的规定，在适用第一个、第二个和第三个法定刑幅度的情况下，行为人在被判处一定主刑的同时必须附加适用罚金刑，而对于罚金数额则采用的是无限额制规定方式。无限额制罚金刑是指刑法中并未规定具体个罪罚金数额的上限与下限，司法实务中由法官根据犯罪情节以及犯罪分子的经济情况等因素确定罚金数额。与比例制、倍数制、比例兼倍数制以及特定数额制罚金刑相比，无限额制罚金刑赋予了法官在罚金数额上更大的自由裁量权。截至目前，仅有最高人民法院《关于适用财产刑若干问题的规定》（以下简称《财产刑规定》）中设定了罚金数额的最低限度。《财产刑规定》第2条规定：刑法没有明确规定罚金数额标准的，罚金的最低数额不能少于1000元；对未成年人犯罪应当从轻或者减轻判处罚金，但罚金的最低数额不能少于500元。

（一）管制并处罚金

在10例判处管制刑的样本中，罚金数额的最大值为3000元，最小值为1000元，中数与众数均为1000元，均值为1400元，即管制刑样本中罚金数额最高的为3000元，最低的为1000元，居于中间位置和适用数量最多的罚金数额均为1000元，而管制刑样本的罚金平均数额为1400元。根据《财产刑规定》的规定，对成年犯罪人所判罚金的最低额为1000元，而在管制并处罚金的样本（行为人均为成年人）中判处1000元的样本即达7例（具体见表2－2－1），应该说罚金数额相对较低。管制属于主刑中最轻的刑种，与此相适应，在并处罚金的情况下罚金数额也就相对较低，这一点也将会在后文与拘役并处罚金、有期徒刑并处罚金样本的罚金数额的对比中得到进一步的验证。

表2－2－1　管制并处罚金样本罚金数额统计

序号	管制刑期/月	罚金数额/元
1	6	2000
2	6	3000
3	12	1000
4	12	1000
5	12	1000
6	12	1000
7	12	1000
8	12	2000
9	18	1000
10	24	1000

(二)拘役并处罚金

在239例拘役样本中均依据法律规定对被告人并处了罚金,样本中罚金数额的极小值为500元,极大值为10,000元,中值与众数均为2000元,均值为1790.795元,比管制并处罚金样本的罚金均值高出390.795元。根据表2-2-2可知,2000元罚金的样本数最高,达到112例,1000元罚金与3000元罚金的样本数也相对较高,因而拘役样本中的罚金数额相对集中于1000元、2000元和3000元,其中罚金数额在2000元以下的样本数累计占拘役样本总数的87.9%。笔者对不同年份拘役并科以罚金样本的罚金均值进行了对比,结果显示不同年份罚金均值间不存在显著性差异($F = 0.929, P > 0.05$),事后多重比较结果进一步表明各年份的罚金均值间均不存在显著性差异。需要说明的是,拘役并处罚金样本中有2例样本的罚金数额为500元,且这两例样本的被告人均为成年人,判处其500元罚金是不符合前述《财产刑规定》设置的成年人罚金最低数额标准的。①

表2-2-2　拘役并处罚金样本中罚金数额频数

		频率/例	占比/%	有效占比/%	累积占比/%
有效	500元	2	0.8	0.8	0.8
	1000元	94	39.3	39.3	40.2
	1500元	2	0.8	0.8	41.0
	2000元	112	46.9	46.9	87.9
	3000元	20	8.4	8.4	96.2
	4000元	5	2.1	2.1	98.3
	5000元	2	0.8	0.8	99.2
	6000元	1	0.4	0.4	99.6
	10,000元	1	0.4	0.4	100.0
	合计	239	100.0	100.0	—

笔者在对拘役并处罚金样本中罚金数额与拘役刑期关系的研究中发现,二

① 两例样本均是行为人贩卖海洛因0.1克,归案后能够如实供述自己的犯罪事实并自愿认罪,法院决定在量刑时酌情从轻处罚,最终判处行为人拘役5个月,罚金500元。

者之间并不存在相关关系（r = 0.12，P > 0.05），[①]即罚金数额并不会随着拘役刑期的增加而增加。为了更加深入地进行观察，笔者将不同拘役刑期的罚金数额均值进行了对比。[②] 从表2－2－3看，除4个月拘役样本的罚金均值低于3个月拘役样本的罚金均值外，整体而言罚金均值随着拘役刑期的增加而增加，但单因素方差分析结果显示不同拘役刑期样本的罚金均值间不存在显著性差异（F = 1.146，P > 0.05）。事后多重比较结果显示，各个拘役刑期的罚金均值间均不存在显著性差异。

表2－2－3　不同拘役刑期罚金数额均值

拘役刑期	N	均值	标准差	标准误差	均值的95%置信区间		极小值	极大值
					下限	上限		
2个月	5	1400.0000	547.72256	244.94897	719.9126	2080.0874	1000.00	2000.00
3个月	26	1730.7692	919.02959	180.23653	1359.5651	2101.9733	1000.00	5000.00
4个月	69	1644.9275	723.05240	87.04528	1471.2314	1818.6237	1000.00	5000.00
5个月	114	1855.2632	1118.47653	104.75493	1647.7248	2062.8016	500.00	10000.00
6个月	25	2040.0000	978.09338	195.61868	1636.2629	2443.7371	1000.00	4000.00
总数	239	1790.7950	975.62682	63.10805	1666.4733	1915.1167	500.00	10000.00

为了挖掘其原因，笔者对拘役刑期与罚金数额进行了交差制表。统计结果显示，无论拘役时长为几个月，同样都是罚金数额1000元、2000元和3000元的样本居多。具体而言，2个月拘役样本中，罚金1000元的3例，罚金2000元的2例；3个月拘役样本中，罚金1000元的12例，罚金2000元的11例，罚金3000

① 相关分析是分析两个变量观测值变化的一致性程度或密切程度的统计方法，相关系数用r表示，其反映两个变量之间相关程度的量化指标。相关系数为正值，表明两变量的观测值变动的方向相同，即一个变量值变大（或变小），另一个变量值也随之变大（或变小），r取值在0和1之间。相关系数为负值，表明两个变量的观测值变化方向相反，即一个变量的值变大（或变小），另一个变量的值随之变小（或变大），r取值在0与－1之间。当只对两个变量的数据做相关分析时，采用简单相关分析方法，当两列变量值为连续的等间隔（等距、等比）数据且数据呈正态分布时使用Pearson（皮尔逊）相关系数；当测量的数据不是等距或等比数据，而是具有等级顺序的观测数据时，或者得到的数据是等距或等比数据，但当它的总体分布不是正态分布时，需要使用Spearman（斯皮尔曼）相关系数，斯皮尔曼相关系数是皮尔逊相关系数的非参数形式。参见张奇主编：《SPSS for Windows——在心理学与教育学中的应用》，北京大学出版社2009年版，第187～188页。

② 为了便于统计，笔者将一例3.5个月拘役样本计入4个月拘役样本中，将一例4.5个月拘役样本计入5个月拘役样本中。

元的 2 例,三者合计达到 3 个月拘役样本总数的 96.2%;4 个月拘役样本中,罚金 1000 元的 31 例,罚金 2000 元的 32 例,罚金 3000 元的 4 例,三者合计达到 4 个月拘役样本总数的 97.1%;5 个月拘役样本中,罚金 1000 元的 40 例,罚金 2000 元的 56 例,罚金 3000 元的 11 例,三者合计达到 5 个月拘役样本总数的 93.9%;6 个月拘役样本中,罚金 1000 元的 8 例,罚金 2000 元的 11 例,罚金 3000 元的 3 例,三者合计达到 6 个月拘役样本总数的 88.0%。这也就是说,在被告人被判处拘役的情况下,对于罚金数额法官更多选择 1000 元、2000 元和 3000 元。至于为什么不同拘役刑期样本的罚金均值间存在一定的差异,这是因为个别罚金数额较高的样本拉高了该刑期样本的罚金均值。

(三)有期徒刑并处罚金

1. 整体情况分析

笔者在统计有期徒刑并处罚金样本时发现,司法实践中罚金刑适用相较于主刑而言较为混乱,存在诸多问题,主要体现在以下几个方面:

第一,罚金数额低于《财产刑规定》设置的最低标准。该类样本中存在有 1 例样本被告人适用的是第一个法定刑幅度,在被判处 6 个月有期徒刑的同时并处罚金 500 元,而该例样本的被告人为非未成年人。

第二,未按刑法规定并处罚金刑。"并处罚金"意味着在对被告人判处一定主刑的同时必须附加适用罚金刑。《财产刑规定》第 1 条规定,刑法规定"并处"没收财产或者罚金的犯罪,人民法院在对犯罪分子判处主刑的同时,必须依法判处相应的财产刑。《全国法院维护农村稳定刑事审判工作座谈会纪要》(以下简称《农村会议纪要》)规定,凡法律规定并处罚金或者没收财产的,均应当依法并处,被告人的执行能力不能作为是否判处财产刑的依据。确实无法执行或不能执行的,可以依法执行终结或者减免。在此基础上,《大连会议纪要》进一步强调了财产刑对于打击毒品犯罪的重要性,明确要求"严格依法判处被告人罚金刑或者没收财产"。数据库中共有 6 例有期徒刑样本未并处罚金,其中有 4 例样本适用第三个法定刑幅度,还有 2 例适用第四个法定刑幅度但经减轻处罚后未并处罚金。笔者又重新梳理了这 6 例样本涉及的判决书,但仍无法从中获取法官未并处罚金的详细信息。据笔者猜测,可能是因为法官一时疏漏,也可能是被告人确实毫无财产可供执行,但无论出于何种原因,这样的裁判结果明显违背法律规定。

第三，应当并处没收财产的却并处罚金。数据库中有 20 例该类型的样本，这些样本的被告人适用的是第四个法定刑幅度且不存在减轻处罚，法官选择判处被告人 15 年有期徒刑，此时依照《刑法》第 347 条的规定，应当对被告人并处没收财产，但法官却对其并处一定数额的罚金。

第四，应当并处罚金却并处没收财产。数据库中有 1 例适用第一个法定刑幅度，法官判处被告人 7 个月有期徒刑的同时并处没收财产 2 万元的样本，这明显不符合刑法的规定。此外，数据库中有 46 例本应适用第四个法定刑幅度因减轻处罚而适用第三个法定刑幅度，但法官仍然对被告人并处没收财产的样本。《刑法》第 63 条第 1 款规定，犯罪分子具有本法规定的减轻处罚情节的，应当在法定刑以下判处刑罚；本法规定有数个量刑幅度的，应当在法定量刑幅度的下一个量刑幅度内判处刑罚。依笔者的理解，该款所说的法定刑幅度应当包括主刑和附加刑，即法定刑幅度在规定主刑的同时规定有附加刑的，附加刑当然属于该法定刑幅度。因而，在被告人本应适用走私、贩卖、运输、制造毒品罪第四个法定刑幅度却因减轻处罚而适用第三个法定刑幅度的情况下，不仅主刑应该在 7 年以上有期徒刑幅度内选择，附加适用的财产刑也应从“并处没收财产”变更为“并处罚金”。上述裁判结果反映司法实践中存在的一个问题，即法官对于减轻处罚的范围有不同认识，就减轻究竟是仅减轻主刑还是主刑连同附加刑均要减轻，观点不一。

前述裁判结果表明部分法官未能准确理解“减轻处罚”以及“法定刑”的含义，将减轻处罚的效果仅限定于主刑而未及附加刑，笔者认为这是不恰当的。《全国法院审理金融犯罪案件工作座谈会纪要》规定：“罚金的数额，应当根据被告人的犯罪情节，在法律规定的数额幅度内确定。对于具有从轻、减轻或者免除处罚情节的被告人，对于本应并处的罚金刑原则上也应当从轻、减轻或者免除。”虽然这个文件仅就罚金、特别是罚金数额的裁量作出了规定，但其核心思想仍然在于附加刑也应体现出减轻处罚的效果，这一点恰好印证了笔者的观点。

虽然司法实践中存在以上诸多问题，但本项研究是以量刑的客观实际情况为基础展开的，因而后文有关罚金刑的具体描述就是以数据库中实际适用有期徒刑且并处罚金的样本为依据。经过统计，数据库中有期徒刑并处罚金的样本共计 1646 例，其中基层法院审理的样本有 1383 例，中级人民法院审理的样本有 263 例。

笔者先对四个法定刑幅度中有期徒刑并处罚金样本的罚金均值进行了比较，根据表 2－2－4 可知，四个法定刑幅度罚金均值依次为 2450. 9891 元、5125 元、12, 176. 3274 元和 20, 401. 1299 元，即罚金数额随着法定刑幅度的提升而逐步增加。单因素方差分析结果显示，不同法定刑幅度罚金均值间存在显著性差异（$F = 298.830$，$P < 0.001$），事后多重比较结果表明各个法定刑幅度的罚金均值之间均存在显著性差异。为进一步验证，笔者将有期徒刑刑期与罚金数额进行了相关性分析，结果显示二者之间存在正相关关系（$r = 0.653$，$P < 0.01$），即罚金数额会随着有期徒刑刑期的增长而增长，这一结果恰与前面的单因素方差分析结果相印证。

表 2－2－4　不同法定刑幅度有期徒刑并处罚金样本中罚金数额均值

法定刑幅度	N	均值	标准差	标准误差	均值的 95% 置信区间		极小值	极大值
					下限	上限		
第一个法定刑幅度	1011	2450. 9891	2068. 35756	65. 05041	2323. 3397	2578. 6386	500. 00	30, 000. 00
第二个法定刑幅度	232	5125. 0000	5337. 88023	350. 44901	4434. 5150	5815. 4850	1000. 00	50, 000. 00
第三个法定刑幅度	226	12, 176. 3274	12, 055. 17793	801. 89851	10, 596. 1356	13, 756. 5193	1000. 00	100, 000. 00
第四个法定刑幅度	177	20, 401. 1299	18, 926. 67066	1422. 61568	17, 593. 5490	23, 208. 7109	2000. 00	100, 000. 00

2. 不同法定刑幅度样本的分析

（1）第一个法定刑幅度

适用第一个法定刑幅度的有期徒刑并处罚金的样本共计 1011 例，这 1011 例样本的罚金均值为 2450. 9891 元，中值和众数均为 2000 元，极小值为 500 元，极大值为 3 万元。根据表 2－2－5 可知，本幅度有期徒刑并处罚金样本中罚金数额频数较高的有 1000 元（295 例）、2000 元（379 例）、3000 元（185 例）和 5000 元（91 例），合计 950 例，占本幅度有期徒刑并处罚金样本总数的 94. 0%。

表2-2-5 第一个法定刑幅度有期徒刑并处罚金样本罚金数额频数

		频率/例	占比/%	有效占比/%	累积占比/%
有效	500元	1	0.1	0.1	0.1
	1000元	295	29.2	29.2	29.3
	1050元	1	0.1	0.1	29.4
	1400元	1	0.1	0.1	29.5
	1500元	6	0.6	0.6	30.1
	2000元	379	37.5	37.5	67.6
	2500元	2	0.2	0.2	67.8
	3000元	185	18.3	18.3	86.1
	4000元	20	2.0	2.0	88.0
	5000元	91	9.0	9.0	97.0
	6000元	4	0.4	0.4	97.4
	7000元	6	0.6	0.6	98.0
	8000元	4	0.4	0.4	98.4
	10,000元	11	1.1	1.1	99.5
	20,000元	4	0.4	0.4	99.9
	30,000元	1	0.1	0.1	100.0
	合计	1011	100.0	100.0	—

笔者又对有期徒刑刑期与罚金数额进行了交互分析，结果显示：6个月有期徒刑样本（共265例）中适用频数较高的罚金数额分别为1000元（107例）、2000元（118例）、3000元（30例）和5000元（5例），合计260例，占6个月有期徒刑样本的98.1%；7个月有期徒刑样本（共89例）中适用频数较高的罚金数额分别为1000元（33例）、2000元（30例）、3000元（16例）和5000元（3例），合计82例，占7个月有期徒刑样本的92.1%；8个月有期徒刑样本（共116例）中适用频数较高的罚金数额分别为1000元（44例）、2000元（48例）、3000元（16例）和5000元（7例），合计115例，占8个月有期徒刑样本的99.1%；9个月有期徒刑样本（共55例）中适用频数较高的罚金数额分别为1000元（21例）、2000元（17例）、3000元（8例）和5000元（5例），合计51例，占9个月有

期徒刑样本的 92.7%;10 个月有期徒刑样本(共 96 例)中适用频数较高的罚金数额分别为 1000 元(24 例)、2000 元(40 例)、3000 元(19 例)和 5000 元(6 例),合计 89 例,占 10 个月有期徒刑样本的 92.7%;12 个月有期徒刑样本(共 118 例)中适用频数较高的罚金数额分别为 1000 元(29 例)、2000 元(44 例)、3000 元(26 例)和 5000 元(14 例),合计 113 例,占 12 个月有期徒刑样本的 95.8%;14 个月有期徒刑样本(共 38 例)中适用频数较高的罚金数额分别为 2000 元(13 例)和 3000 元(17 例),合计 30 例,占 14 个月有期徒刑样本的 78.9%;15 个月有期徒刑样本(共 29 例)中适用频数较高的罚金数额分别为 2000 元(15 例)和 3000 元(7 例),合计 22 例,占 15 个月有期徒刑样本的 75.9%;18 个月有期徒刑样本(共 59 例)中适用频数较高的罚金数额分别为 1000 元(10 例)、2000 元(19 例)、3000 元(17 例)和 5000 元(10 例),合计 56 例,占 18 个月有期徒刑样本的 94.9%;24 个月有期徒刑样本(共 29 例)中适用频数较高的罚金数额分别为 2000 元(6 例)、3000 元(7 例)和 5000 元(13 例),合计 26 例,占 24 个月有期徒刑样本的 89.7%。

根据交互分析结果笔者发现,在第一个法定刑幅度中适用频数较高的有期徒刑刑期样本所适用的罚金数额也非常集中,均是 1000 元、2000 元、3000 元和 5000 元,不同刑期有期徒刑样本的罚金数额并没有产生明显的差异和梯度。有期徒刑刑期与罚金数额的相关分析结果表明,二者存在统计学意义上的正相关关系($r = 0.371, P < 0.01$),即罚金数额会随着主刑时长的增加而增高。之所以出现这种结果,个人认为主要有以下两点原因:一是在有期徒刑刑期较长的样本中,较高数额罚金的样本也相对较多;二是在有期徒刑刑期较长的样本中更容易出现罚金数额高于 5000 元的样本,虽然这样的样本数量不多,但却可以拉升罚金的均值。

(2)第二个法定刑幅度

适用第二个法定刑幅度的有期徒刑并处罚金的样本共计 232 例,这 232 例样本的罚金均值为 5152 元,中值和众数均为 3000 元,极小值为 1000 元,极大值为 5 万元。根据表 2-2-6 可知,本幅度有期徒刑并处罚金样本罚金数额频数较高的有 1000 元(14 例)、2000 元(49 例)、3000 元(52 例)、4000 元(17 例)、5000 元(38 例)、1 万元(23 例)和 2 万元(10 例),合计 203 例,占本幅度有期徒刑并处罚金样本总数的 87.5%。与第一个法定刑幅度样本的情况进行对比可以发现,两者共同点在于1000元、2000元、3000元和5000元罚金样本在两个幅度中的频数均较高,不同点在于第二个法定刑幅度中罚金数额高于5000元的样本所占比例有所提升。此外,第二个法定刑幅度的罚金数额跨度明显大于第一个法定刑幅度,前者为49,000元,后者为29,500元。

表2-2-6 第二个法定刑幅度有期徒刑并处罚金样本罚金数额频数

		频率/例	占比/%	有效占比/%	累积占比/%
有效	1000元	14	6.0	6.0	6.0
	2000元	49	21.1	21.1	27.2
	2500元	7	3.0	3.0	30.2
	3000元	52	22.4	22.4	52.6
	3500元	3	1.3	1.3	53.9
	4000元	17	7.3	7.3	61.2
	5000元	38	16.4	16.4	77.6
	6000元	7	3.0	3.0	80.6
	7000元	5	2.2	2.2	82.8
	8000元	3	1.3	1.3	84.1
	9000元	1	0.4	0.4	84.5
	10,000元	23	9.9	9.9	94.4
	15,000元	1	0.4	0.4	94.8
	20,000元	10	4.3	4.3	99.1
	30,000元	1	0.4	0.4	99.6
	50,000元	1	0.4	0.4	100.0
	合计	232	100.0	100.0	—

笔者也对有期徒刑刑期与罚金数额进行了交互分析,这里仅介绍有期徒刑刑期适用频数较高的样本中罚金数额的具体情况:36个月有期徒刑样本(共68例)中适用频数较高的罚金数额分别为2000元(18例)、3000元(21例)和5000元(10例),合计49例,占36个月有期徒刑样本的72.0%;42个月有期徒刑样本(共29例)中适用频数较高的罚金数额分别为2000元(8例)、3000元(9例)和5000元(7例),合计24例,占42个月有期徒刑样本的82.8%;48个

月有期徒刑样本（共 24 例）中适用频数较高的罚金数额分别为 2000 元（6 例）、3000 元（4 例）、5000 元（3 例）、1 万元（3 例）和 2 万元（4 例），合计 20 例，占 48 个月有期徒刑样本的 83.3%；60 个月有期徒刑样本（共 13 例）中适用频数较高的罚金数额为 1 万元（4 例），占 60 个月有期徒刑样本的 30.8%。从上述统计可知，在 36 个月以上不满 48 个月有期徒刑的样本中，罚金数额频数较高的仍然是 2000 元、3000 元和 5000 元，显然未能与第一个法定刑幅度样本的罚金数额产生明显的梯度差异；而在 48 个月以上有期徒刑样本中，罚金数额较高的样本频数则逐渐增高。本幅度有期徒刑并处罚金样本中有期徒刑刑期与罚金数额的相关分析表明，二者之间存在统计学意义上的正相关关系（$r = 0.286$，$P < 0.01$），但相关性程度要低于第一个法定刑幅度。

（3）第三个法定刑幅度

适用第三个法定刑幅度的有期徒刑并处罚金的样本共计 226 例，这 226 例样本的罚金均值为 12,176.3274 元，中值为 1 万元，众数为 5000 元，极小值为 1000 元，极大值为 10 万元。根据表 2－2－7 可知，本幅度有期徒刑并处罚金样本罚金数额频数较高的有 3000 元（17 例）、5000 元（54 例）、8000 元（13 例）、1 万元（51 例）和 2 万元（38 例），合计 173 例，占本幅度有期徒刑并处罚金样本总数的 76.5%。罚金数额仍集中于 3000 元、5000 元、1 万元和 2 万元，与第二个法定刑幅度样本没有明显差异，只不过高数额罚金的样本数量以及所占比例有所提高，由此导致本幅度有期徒刑并处罚金样本的罚金均值明显高于第二个法定刑幅度。

表 2－2－7　第三个法定刑幅度有期徒刑并处罚金样本罚金数额频数

		频率/例	占比/%	有效占比/%	累积占比/%
有效	1000 元	5	2.2	2.2	2.2
	1350 元	1	0.4	0.4	2.7
	2000 元	2	0.9	0.9	3.5
	3000 元	17	7.5	7.5	11.1
	4000 元	6	2.7	2.7	13.7
	4500 元	1	0.4	0.4	14.2
	5000 元	54	23.9	23.9	38.1

续表

		频率/例	占比/%	有效占比/%	累积占比/%
有效	6000 元	3	1.3	1.3	39.4
	7000 元	7	3.1	3.1	42.5
	8000 元	13	5.8	5.8	48.2
	10,000 元	51	22.6	22.6	70.8
	11,000 元	1	0.4	0.4	71.2
	12,000 元	1	0.4	0.4	71.7
	14,000 元	2	0.9	0.9	72.6
	15,000 元	4	1.8	1.8	74.3
	16,000 元	1	0.4	0.4	74.8
	20,000 元	38	16.8	16.8	91.6
	24,000 元	1	0.4	0.4	92.0
	30,000 元	7	3.1	3.1	95.1
	40,000 元	2	0.9	0.9	96.0
	50,000 元	7	3.1	3.1	99.1
	60,000 元	1	0.4	0.4	99.6
	100,000 元	1	0.4	0.4	100.0
	合计	226	100.0	100.0	—

笔者对有期徒刑刑期与罚金数额进行了交互分析,这里仍只介绍有期徒刑刑期适用频数较高的样本中罚金数额的具体情况:84 个月有期徒刑样本(共 52 例)中适用频数较高的罚金数额分别为 5000 元(16 例)和 1 万元(9 例),合计 25 例,占 84 个月有期徒刑样本的 48.1%;90 个月有期徒刑样本(共 10 例)中适用频数较高的罚金数额分别为 5000 元(3 例)和 1 万元(3 例),合计 6 例,占 90 个月有期徒刑样本的 60.0%;96 个月有期徒刑样本(共 32 例)中适用频数较高的罚金数额分别为 3000 元(4 例)、5000 元(8 例)、1 万元(8 例)和 2 万元(5 例),合计 25 例,占 96 个月有期徒刑样本的 78.1%;108 个月有期徒刑样本(共 16 例)中适用频数较高的罚金数额为 5000 元(3 例)、1 万元(5 例)和 2 万元(5 例),合计 13 例,占 108 个月有期徒刑样本的 81.3%;120 个月有期徒刑

样本(共15例)中适用频数较高的罚金数额为5000元(5例)、8000元(2例)、1万元(4例)和2万元(2例),合计13例,占120个月有期徒刑样本的86.7%。本幅度有期徒刑并处罚金样本中有期徒刑刑期与罚金数额的相关分析表明,二者之间存在统计学意义上的正相关关系($r=0.426, P<0.01$),而且相关性程度要高于第一个和第二个法定刑幅度。

(4)第四个法定刑幅度

适用第四个法定刑幅度的有期徒刑并处罚金的样本共计177例,这177例样本的罚金均值为20,401.1299元,中值为1.5万元,众数为2万元,极小值为2000元,极大值为10万元。根据表2-2-8可知,本幅度有期徒刑并处罚金样本罚金数额频数较高的有3000元(12例)、5000元(29例)、1万元(33例)、1.5万元(10例)、2万元(37例)、3万元(16例)和5万元(17例),合计154例,占本幅度有期徒刑并处罚金样本总数的87.0%,本幅度有期徒刑并处罚金样本的罚金数额明显高于其他三个法定刑幅度。

表2-2-8　第四个法定刑幅度有期徒刑并处罚金样本罚金数额频数

		频率/例	占比/%	有效占比/%	累积占比/%
有效	2000元	4	2.3	2.3	2.3
	3000元	12	6.8	6.8	9.0
	4000元	1	0.6	0.6	9.6
	5000元	29	16.4	16.4	26.0
	6000元	2	1.1	1.1	27.1
	8000元	2	1.1	1.1	28.2
	10,000元	33	18.6	18.6	46.9
	15,000元	10	5.6	5.6	52.5
	20,000元	37	20.9	20.9	73.4
	30,000元	16	9.0	9.0	82.5
	40,000元	7	4.0	4.0	86.4
	50,000元	17	9.6	9.6	96.0
	60,000元	3	1.7	1.7	97.7
	80,000元	1	0.6	0.6	98.3

续表

		频率/例	占比/%	有效占比/%	累积占比/%
有效	100,000 元	3	1.7	1.7	100.0
	合计	177	100.0	100.0	—

笔者对有期徒刑刑期与罚金数额进行了交互分析,有期徒刑刑期适用频数较高的样本中罚金数额的具体情况如下:84 个月有期徒刑样本(共 25 例)中适用频数较高的样本中的罚金数额分别为 2000 元(4 例)、3000 元(7 例)、5000 元(9 例)、1 万元(3 例)和 2 万元(2 例);96 个月有期徒刑样本(共 14 例)中适用频数较高的样本中的罚金数额分别为 3000 元(2 例)、5000 元(3 例)、8000 元(1 例)、1 万元(3 例)、2 万元(3 例)和 3 万元(2 例);120 个月有期徒刑样本(共 32 例)中适用频数较高的样本中的罚金数额分别为 5000 元(11 例)、8000 元(1 例)、1 万元(8 例)、1.5 万元(1 例)、2 万元(5 例)、3 万元(2 例)、5 万元(3 例)和 10 万元(1 例);132 个月有期徒刑样本(共 14 例)中适用频数较高的样本中的罚金数额分别为 4000 元(1 例)、5000 元(2 例)、1 万元(2 例)、2 万元(3 例)、3 万元(1 例)、4 万元(1 例)和 5 万元(4 例);144 个月有期徒刑样本(共 26 例)中适用频数较高的样本中的罚金数额分别为 5000 元(4 例)、6000 元(1 例)、1 万元(6 例)、2 万元(5 例)、3 万元(3 例)、5 万元(3 例)、6 万元(3 例)和 8 万元(1 例);156 个月有期徒刑样本(共 22 例)中适用频数较高的样本中的罚金数额分别为 1 万元(4 例)、1.5 万元(4 例)、2 万元(8 例)、3 万元(2 例)、4 万元(2 例)和 5 万元(2 例);168 个月有期徒刑样本(共 12 例)中适用频数较高的样本中的罚金数额分别为 1 万元(1 例)、2 万元(5 例)、3 万元(2 例)、4 万元(1 例)、5 万元(2 例)和 10 万元(1 例);180 个月有期徒刑样本(共 20 例)中适用频数较高的样本中的罚金数额分别为 3000 元(1 例)、1 万元(4 例)、1.5 万元(4 例)、2 万元(4 例)、3 万元(2 例)、4 万元(1 例)、5 万元(3 例)和 10 万元(1 例)。有期徒刑刑期与罚金数额的相关分析表明,二者之间存在统计学意义上的正相关关系($r = 0.375, P < 0.01$)。

二、没收财产

我国《刑法》中的没收财产一般可分为两种:一是作为刑罚措施之一的没收财产;二是《刑法》第 64 条规定的特别没收。[①] 笔者这里主要分析的是作为

① 《刑法》第 64 条规定:犯罪分子违法所得的一切财物,应当予以收缴或者责令退赔;对被害人的合法财产,应当及时返还;违禁品和供犯罪所用的本人财物,应当予以没收。

刑罚措施的没收财产，它是指将犯罪人所有财产的一部分或者全部强制无偿地收归国有的刑罚方法。[①] 就立法层面而言，世界上绝大多数国家的刑法都已经取消了没收财产刑，但我国刑法不仅保留了这一刑种，而且刑法中可适用没收财产刑的罪名还相当广泛，走私、贩卖、运输、制造毒品罪就是其中之一。在司法实务层面，曾有实证研究数据显示走私、贩卖、运输、制造毒品罪属于适用没收财产刑较多的罪名之一，且往往排在前列。例如，有学者对2007年至2009年中级人民法院承办的刑事二审案件与刑事一审案件进行研究，发现一审案件中没收财产刑主要适用于毒品犯罪（贩卖毒品罪）和情节严重的抢劫罪，而在二审案件中则是多适用于毒品犯罪和职务犯罪。[②] 还有学者随机抽取了2016年度中国裁判文书网刑事案件中的200份适用没收财产刑的裁判文书，根据对这些裁判文书的统计发现适用没收财产刑的罪名共有21个，而在适用没收财产刑较多的罪名中排在首位的就是走私、贩卖、运输、制造毒品罪。[③]

（一）整体情况分析

走私、贩卖、运输、制造毒品罪第四个法定刑幅度是“十五年有期徒刑、无期徒刑或者死刑，并处没收财产”，也就是说，只有行为人实施的毒品犯罪行为能够适用第四个法定刑幅度时才存在对其并处没收财产的问题，具体而言可以出现如下三种组合：15年有期徒刑并处没收财产、无期徒刑并处没收财产和死刑并处没收财产。对于如何具体适用没收财产刑，《武汉会议纪要》规定：对于决定并处没收财产的毒品犯罪，判处被告人有期徒刑的，应当按照确定罚金数额的原则确定没收个人部分财产的数额；判处无期徒刑的，可以并处没收个人全部财产；判处死缓或者死刑的，应当并处没收个人全部财产。根据这一规定，在没收个人部分财产的情况下应当有明确、具体的数额，具体数额的确定方式参照罚金执行；对于被判处无期徒刑的犯罪分子，法官既可以对其适用没收个人部分财产，也可以对其适用没收个人全部财产；而在犯罪分子被判处死刑的情况下（包括死刑缓期2年执行和死刑立即执行）则必须对其附加适用没收个

① 参见《刑法学》编写组主编：《刑法学》（上册·总论），高等教育出版社2019年版，第317页。

② 参见何显兵：《论没收财产刑的改革与完善——以绵阳市最近三年司法统计数据为例》，载《中国刑事法杂志》2011年第1期。

③ 参见张宏博、武天义：《没收财产刑适用的困境与出路探析——以200份没收财产刑裁判文书为研究样本》，载《中国检察官》2018年第9期。

人全部财产。

经过初步统计，笔者发现司法实务中没收财产刑的适用同样存在不符合相关规范要求的情况，主要体现在以下几个方面：

第一，应当附加适用没收财产刑却未附加适用。被告人适用第四个法定刑幅度（不存在减轻处罚的情况）而被判处一定主刑的同时必须适用没收财产刑，但数据库中有3例样本的被告人适用了第四个法定刑幅度而没有附加适用没收财产刑，同时也未适用罚金刑，也就是说法官未对被告人适用任何财产刑。

第二，应当附加适用没收财产刑却适用罚金刑。数据库中有21例样本的被告人在适用第四个法定刑幅度且没有减轻处罚的情况下被判处15年有期徒刑，此时按照刑法规定应当对被告人适用没收财产刑，但法官却适用了罚金刑。

第三，数据库中还有1例样本，被告人被同时判处了罚金刑和没收财产刑。根据《刑法》第347条的规定，在仅构成走私、贩卖、运输、制造毒品罪一罪的情况下罚金刑与没收财产刑只能二者择其一进行适用。从理论上讲，没收财产刑与罚金刑在性质、作用和功能上是一致的，主要是针对经济、财产犯罪的行为人，通过剥夺行为人的财产使其得不偿失，与此同时使其丧失再犯能力以实现特殊预防，区别主要在于二者指向的财产范围不同以及由此造成的处罚程度上的差异（按照理论预期，没收财产刑重于罚金刑），因而在一罪的情况下同时适用两种财产刑没有什么实质意义。

同样地，笔者在统计走私、贩卖、运输、制造毒品罪中没收财产刑的适用情况时仍然是以判决书中的实际裁判结果为依据。根据初步统计，数据库中共有1049例样本适用了没收财产刑，其中仅有1例样本适用第一个法定刑幅度，其余的1048例样本均适用第四个法定刑幅度。判决书载明适用没收个人全部财产的样本有387例，占适用没收财产刑样本的36.9%；适用没收个人部分财产并载明具体数额的样本共有649例，占适用没收财产刑样本的61.9%。司法实践中没收个人部分财产的适用比例相对较高。此外，有13例样本虽然也适用了没收财产刑，但其判决结果中只写明“没收财产”，却没有写明是没收个人全部财产还是没收个人部分财产，亦没有明确没收财产的具体数额。

根据表2-2-9，在死刑（包括死刑缓期2年执行和死刑立即执行）样本中仅有2例样本适用的是没收个人部分财产，其他全部适用的是没收个人全部财产，占死刑样本的98.0%。由此可知，法官基本上是按照《武汉会议纪要》的要求对死刑案件适用没收财产刑。而就无期徒刑样本而言,其中适用没收个人全部财产的样本有 256 例,适用没收个人部分财产的样本有 91 例,前者占无期徒刑样本的 73.8%。《武汉会议纪要》规定,主刑为无期徒刑时法官既可以选择适用没收个人全部财产也可以适用没收个人部分财产,而实证数据显示法官此时更倾向于对被告人适用没收个人全部财产。对于有期徒刑样本,适用没收个人全部财产的样本仅有 35 例,适用没收个人部分财产的样本共计 556 例,二者合计 591 例,前者仅占这 591 例样本的 5.9%。虽然法官在判处被告人有期徒刑时也并非一定适用没收个人部分财产,但其没收个人全部财产的比例与无期徒刑或者死刑样本相比明显降低,可见,没收个人全部财产的适用比例随主刑刑种的趋重而提高。从理论上讲,没收个人全部财产的严厉程度要高于没收个人部分财产,从上述不同主刑没收个人全部财产的适用比例来看,裁判结果整体而言符合罪刑阶梯的基本要求,即罪重则刑重,刑重不仅体现为主刑重,还体现为附加刑重,当然,这仅仅是从适用比例角度出发得出的结论,在此基础上我们还可以对没收财产的具体数额进行分析,以此验证上述结论是否能够成立。由于没收个人全部财产无法确定具体的财产数额,因而没收财产数额的比较仅在适用没收个人部分财产的样本中进行。

表 2-2-9　没收财产类型在不同主刑中的适用情况比较

			没收财产类型			合计
			没收全部财产	没收部分财产	没收财产	
主刑种类	有期徒刑实刑	计数/例	35	556	13	604
		量刑种类中的占比/%	5.8	92.1	2.2	100.0
		没收财产类型中的占比/%	9.0	85.7	100.0	57.6
	无期徒刑	计数/例	256	91	0	347
		量刑种类中的占比/%	73.8	26.2	0.0	100.0
		没收财产类型中的占比/%	66.1	14.0	0.0	33.1
	死刑缓期两年执行	计数/例	85	2	0	87
		量刑种类中的占比/%	97.7	2.3	0.0	100.0
		没收财产类型中的占比/%	22.0	0.3	0.0	8.3

续表

			没收财产类型			合计
			没收全部财产	没收部分财产	没收财产	
主刑种类	死刑立即执行	计数/例	11	0	0	11
		量刑种类中的占比/%	100.0	0.0	0.0	100.0
		没收财产类型中的占比/%	2.8	0.0	0.0	1.0
合计		计数/例	387	649	13	1049
		量刑种类中的占比/%	36.9	61.9	1.2	100.0
		没收财产类型中的占比/%	100.0	100.0	100.0	100.0

根据表 2-2-10 可知,有期徒刑样本中没收财产数额的均值为 29,578.6227 元,无期徒刑样本中没收财产数额的均值为 49,406.5934 元,死刑样本中没收财产数额的均值为 5 万元。单因素方差分析结果显示,不同主刑没收财产数额均值间存在显著性差异($F=23.870, P<0.001$)。事后多重比较结果显示,没收财产数额均值仅在有期徒刑样本和无期徒刑样本中存在显著性差异。这里需要说明的是,死刑样本中仅有 2 例样本适用没收个人部分财产,由于样本数量过少因而无法显现出与有期徒刑、无期徒刑样本没收财产数额上的差异,但无期徒刑样本的没收财产数额均值明显高于有期徒刑样本,这在一定程度上印证了笔者的前述结论。

表 2-2-10 不同主刑附加没收个人部分财产数额均值

主刑分类	N	均值	标准差	标准误差	均值的 95% 置信区间		极小值	极大值
					下限	上限		
有期徒刑	556	29,578.6227	24,678.44972	1046.59939	27,522.8424	31,634.4029	1000.00	200,000.00
无期徒刑	91	49,406.5934	30,983.14166	3247.91576	42,954.0419	55,859.1450	8000.00	200,000.00
死刑	2	50,000.0000	0.00000	0.00000	50,000.0000	50,000.0000	50,000.00	50,000.00
总数	649	32,421.7476	26,520.71725	1041.02921	30,377.5497	34,465.9455	1000.00	200,000.00

(二)对不同主刑并处没收个人部分财产样本的具体分析

1. 有期徒刑并处没收个人部分财产

有期徒刑并处没收个人部分财产样本共计 556 例,没收财产的均值为

29,578.6227(元),中值和众数均为2万(元),极小值为1000(元),极大值为20万(元),全距达到了199,000元。笔者对有期徒刑刑期与没收财产数额的相关性进行检验,结果显示二者之间存在正相关关系($r=0.14$,$P<0.01$),即主刑刑期越长则没收财产数额越高,但相关性程度较低。之所以出现这种情况,笔者认为可能与两个因素有关:一是此类样本中有509例样本的主刑为15年有期徒刑,也就是说这509例样本无论没收财产的具体数额是多少,其主刑是固定不变的,由此可能造成没收财产数额与主刑刑期的对应性受到影响;二是此类样本中有1例适用第一个法定刑幅度、主刑为7个月有期徒刑的样本,此样本刑期与适用第四个法定刑幅度样本所判主刑刑期相差甚大,可能导致相关性程度降低。为了对此加以验证,笔者决定剔除上述样本重新对有期徒刑刑期与没收财产数额进行相关性检验:首先剔除15年有期徒刑样本,在剩余的47例样本中有期徒刑刑期与没收财产数额之间的相关系数r为0.391($P<0.01$),系数值明显上升;而在继续剔除7个月有期徒刑样本之后,相关系数提高到0.483($P<0.01$),最终计算结果印证了笔者的猜想。

(1)15年有期徒刑并处没收个人部分财产

15年有期徒刑并处没收个人部分财产样本共计509例,没收财产的均值为30,512.2086(元),中值和众数均为2万(元),极小值为1000(元),极大值为20万(元)。根据表2-2-11显示,没收财产数额主要集中于5000元、1万元、1.5万元、2万元、3万元、4万元、5万元、8万元和10万元,适用频数均达到了两位数以上。但引起笔者注意的是,虽然该类样本主刑均为15年有期徒刑,但没收财产数额相差较为悬殊(全距达到了199,000元)。据笔者推测,对于适用第四个法定刑幅度的被告人,在其罪行的社会危害性及其人身危险性程度尚不足以对其判处无期徒刑或者死刑,且有期徒刑又不能进行刑期选择的情况下,法官通过对被告人判处数额不同的没收财产刑来加以区分,以便能够更加准确地评价被告人的刑事责任程度,实现罪责刑相适应。

表 2-2-11　15 年有期徒刑样本没收财产数额频数

		频率/例	占比/%	有效占比/%	累积占比/%
有效	1000 元	3	0.6	0.6	0.6
	1714.2 元	1	0.2	0.2	0.8
	2000 元	4	0.8	0.8	1.6
	5000 元	16	3.1	3.1	4.7
	8000 元	3	0.6	0.6	5.3
	10,000 元	110	21.6	21.6	26.9
	15,000 元	11	2.2	2.2	29.1
	20,000 元	124	24.4	24.4	53.4
	24,000 元	1	0.2	0.2	53.6
	25,000 元	2	0.4	0.4	54.0
	30,000 元	103	20.2	20.2	74.3
	40,000 元	12	2.4	2.4	76.6
	50,000 元	70	13.8	13.8	90.4
	60,000 元	6	1.2	1.2	91.6
	65,000 元	1	0.2	0.2	91.7
	70,000 元	1	0.2	0.2	91.9
	80,000 元	12	2.4	2.4	94.3
	100,000 元	26	5.1	5.1	99.4
	120,000 元	1	0.2	0.2	99.6
	150,000 元	1	0.2	0.2	99.8
	200,000 元	1	0.2	0.2	100.0
	合计	509	100.0	100.0	—

前文业已提及,数据库中有 20 例适用第四个法定刑幅度且主刑为 15 年有期徒刑的样本适用了罚金刑,这 20 例样本的罚金的均值为 26,650(元),中值为 2 万(元),众数有 3 个,分别是 1 万(元)、1.5 万(元)和 2 万(元),极小值为 3000(元),极大值为 10 万(元),罚金数额的具体频数情况参见表 2-2-12。从表面上看,在适用第四个法定刑幅度的情况下,15 年有期徒刑并处没收个人

部分财产样本的没收财产均值要高于 15 年有期徒刑并处罚金样本的罚金均值,但笔者通过独立样本 T 检验[①]进行分析后发现,两类样本的财产数额均值之间并不存在显著性差异(F = 0.113, P > 0.05, t = 0.674, df = 527, P > 0.05)[②]。

表 2 - 2 - 12 第四个法定刑幅度且主刑为 15 年有期徒刑样本罚金数额频数

		频率/例	占比/%	有效占比/%	累积占比/%
有效	3000 元	1	5.0	5.0	5.0
	10,000 元	4	20.0	20.0	25.0
	15,000 元	4	20.0	20.0	45.0
	20,000 元	4	20.0	20.0	65.0
	30,000 元	2	10.0	10.0	75.0
	40,000 元	1	5.0	5.0	80.0
	50,000 元	3	15.0	15.0	95.0
	100,000 元	1	5.0	5.0	100.0
	合计	20	100.0	100.0	—

(2)主刑低于 15 年有期徒刑并处没收个人部分财产

适用第四个法定刑幅度的样本如果主刑低于 15 年有期徒刑,这就说明样本所涉被告人被减轻处罚了,根据笔者的分析,这些样本的附加刑也应该由没收财产变更为罚金。但前文已述,由于部分法官对这一问题的不同认识,导致数据库中有 46 例样本虽然主刑被减轻,但附加刑仍然适用的是没收财产,下面笔者就基于客观实际情况对这类样本进行描述性分析。此类样本没收财产的均值为 19,456.5217(元),中值和众数均为 1 万(元),极小值是 2000(元),极大值是 5 万(元),全距为 48,000 元。结合这些数据以及表 2 - 2 - 13 可以发

① T 检验一般是用于检验两组观测值的均值之间差异是否显著的统计分析方法,当两组观测值来自两个相互独立的样本时,采用的就是独立样本 T 检验。其结果有两种情况:一种情况是差异不显著,这表明两组观测值均值之间的差异是随机误差造成的,两个样本属于同一个总体;另一种情况是差异显著,这表明两个均值之间的差异不仅仅是由随机误差造成,可能两个样本来自不同的总体或同一个样本的两次观测结果发生了质的变化。参见张奇主编:《SPSS for Windows——在心理学与教育学中的应用》,北京大学出版社 2009 年版,第 107 页。

② "F"的值是方差齐性检验(Levene 检验)的结果,第 1 个 P 值是方差齐性检验结果的显著性概率,"t"的值是 T 检验的结果,"df"是 T 检验的自由度,第 3 个 P 值是 T 检验的显著性概率。参见张奇主编:《SPSS for Windows——在心理学与教育学中的应用》,北京大学出版社 2009 年版,第 115 页。

现，主刑低于15年有期徒刑样本的没收财产数额整体而言低于15年有期徒刑样本的没收财产数额。

表2-2-13 适用第四个法定刑幅度且主刑低于15年有期徒刑样本没收财产数额频数

		频率/例	占比/%	有效占比/%	累积占比/%
有效	2000元	2	4.3	4.3	4.3
	3000元	1	2.2	2.2	6.5
	10,000元	21	45.7	45.7	52.2
	13,000元	1	2.2	2.2	54.3
	15,000元	1	2.2	2.2	56.5
	20,000元	9	19.6	19.6	76.1
	30,000元	4	8.7	8.7	84.8
	50,000元	7	15.2	15.2	100.0
	合计	46	100.0	100.0	—

从数据库的实际情况来看，适用第四个法定刑幅度而减轻处罚的样本中既有附加适用罚金刑的也有附加适用没收财产刑的，那这两类样本的财产数额之间是否会存在一定程度的差异？这一个问题引起了笔者的好奇。适用第四个法定刑幅度而减轻处罚且附加适用罚金刑的样本共计157例，这类样本的罚金均值为19,605.0955（元），中值为1.5万（元），众数为2万（元），极小值为2000（元），极大值为10万（元）；其中频数较高的罚金数额有3000元（11例）、5000元（29例）、1万元（29例）、2万元（33例）、3万元（14例）和5万元（14例）。与适用第四个法定刑幅度而减轻处罚且附加适用没收财产刑的样本对比可以发现，这两类财产刑的适用具体数额非常接近。为了更加准确地反映这种情况，笔者借助独立样本T检验进行分析，检验结果显示两类财产刑数额均值之间并不存在显著性差异（$F=1.026$，$P>0.05$，$t=-0.05$，$df=201$，$P>0.05$）。

经过比较我们可以发现：对于适用第四个法定刑幅度的15年有期徒刑样本来说，无论附加刑是罚金刑还是没收财产刑，其数额均值间并不存在显著性差异；同样地，在适用第四个法定刑幅度且主刑低于15年有期徒刑的样本中，无论附加刑是罚金刑还是没收财产刑，其数额均值间也不存在显著性差异。综上，笔者认为，被告人并未因法官对财产刑种类选择适用的不同而遭受明显的不公。

2. 无期徒刑并处没收个人部分财产

无期徒刑并处没收个人部分财产样本共计 91 例，这 91 例样本没收财产的均值为 49, 406. 5934（元），中值与众数均为 5 万（元），极小值为 8000（元），极大值为 20 万（元）。根据表 2 – 2 – 14 可知，没收财产数额频数较高的是 2 万元（13 例）、3 万元（12 例）、5 万元（35 例）和 10 万元（13 例）。各项数据均表明无期徒刑样本的没收财产数额明显高于有期徒刑样本，这也基本符合主刑越重则附加刑越重的理论预期。

表 2 – 2 – 14　无期徒刑样本没收财产数额频数

		频率/例	占比/%	有效占比/%	累积占比/%
有效	8000 元	2	2. 2	2. 2	2. 2
	10, 000 元	5	5. 5	5. 5	7. 7
	20, 000 元	13	14. 3	14. 3	22. 0
	30, 000 元	12	13. 2	13. 2	35. 2
	40, 000 元	5	5. 5	5. 5	40. 7
	50, 000 元	35	38. 5	38. 5	79. 1
	60, 000 元	2	2. 2	2. 2	81. 3
	80, 000 元	3	3. 3	3. 3	84. 6
	100, 000 元	13	14. 3	14. 3	98. 9
	200, 000 元	1	1. 1	1. 1	100. 0
	合计	91	100. 0	100. 0	—

（三）对没收财产刑样本的总结

立法者的本意是将没收财产刑设置为财产刑中的重刑，甚至是财产刑中的极刑。[①] 刑法学界普遍认同，我国《刑法》总则对于刑罚措施的规定是一个体系性的存在，在将所有刑罚种类划分为主刑与附加刑的基础上，具体刑种依据从

① 参见李海良、张瑞红：《论贪污罪、受贿罪没收财产刑的废除及其出路》，载《浙江师范大学学报（社会科学版）》2017 年第 2 期。

轻到重的次序进行排列。在《刑法》第34条关于附加刑的规定中，罚金在前、没收财产在后，从这样的立法设定来看，没收财产应该是重于罚金的刑罚种类。从《刑法》分则中关于具体罪名财产刑的规定来看，在具体罪名的法定刑同时有罚金刑与没收财产刑的情况下，往往是没收财产刑适用于罪行相对较重的情形，而罚金刑适用于罪行相对较轻的情况。就以走私、贩卖、运输、制造毒品罪为例，轻重不同的四个法定刑幅度相互衔接，没收财产刑配置给最高的主刑幅度，即“15年有期徒刑、无期徒刑或者死刑”，而其他三个法定刑幅度均配置的是罚金刑，从均衡性的角度出发也应该理解为轻的主刑幅度配置财产刑中相对较轻的罚金刑，重的主刑幅度配置财产刑中相对较重的没收财产刑，以此实现重罪重罚、轻罪轻罚，满足罪刑阶梯的基本要求。贝卡里亚在《论犯罪与刑罚》中对罪刑阶梯进行了阐述，“既然存在着人们联系起来的必要性，既然存在着作为私人利益相互斗争的必然产物的契约，人们就能找到一个由一系列越轨行为构成的阶梯，它的最高一级就是那些直接毁坏社会的行为，最低一级就是对于作为社会成员的个人所可能犯下的、最轻微的非正义行为。在这两极之间包括了所有侵害公共利益的，我们称为犯罪的行为，这些行为都沿着这无形的阶梯，从高到低顺序排列”。“如果说，对于无穷无尽、黯淡模糊的人类行为组合可以应用几何学的话，那么也很需要有一个相应的、由最强到最弱的刑罚阶梯。”“对于明智的立法者来说，只要标出这一尺度的基本点，不打乱其次序，不使最高一级的犯罪受到最低一级的刑罚，就足够了。”[①]笔者认为，这样的罪刑阶梯不应只是针对不同犯罪而言，在某一特定犯罪内部同样存在罪行轻重不等的等级区分，相应地也就应该由轻重不等的刑罚措施与之对应。

回到我们刚才的问题，适用第四个法定刑幅度的样本本该适用没收财产刑，但有的法官却对被告人判处了罚金刑，如果按照通常的理解，没收财产刑是重于罚金刑的财产刑，那么对于本该被判处没收财产刑的被告人却被判处罚金刑，可能会出现重罪轻判的情形。反之亦然，在适用第四个法定刑幅度而减轻处罚的情况下，附加刑本该适用的是罚金刑却被适用了没收财产刑，这就有可能会出现轻罪重罚的情况，而无论是重罪轻罚还是轻罪重罚都违背了罪责刑相适应原则的基本要求。况且这种适用上的倒错是由于法官对法律规定认识的

---

① [意]贝卡里亚：《论犯罪与刑罚》，黄风译，中国大百科全书出版社1993年版，第66页。

不同、不到位而产生的,这对被告人来说明显不公。令人感到庆幸的是,这种顾虑和担忧在笔者收集的样本中并未出现,因为无论法官对被告人适用的是罚金刑还是没收财产刑,单就数额本身来看并不存在显著性的差异,即对被告人财产权利的剥夺程度是一样的。这一点似乎也反映出法官对于判处被告人何种财产刑并未给予特别的重视,因为从最终的处理结果上看财产数额并没有实质差异,罚金刑与没收财产刑对被告人财产权利的剥夺程度是一样的,那最终是用罚金刑还是用没收财产刑也就没有多大差别。笔者认为这与司法实践中长期存在的"重主刑轻附加刑"的观念不无关系,这一观念的影响通过前文业已提及的有关罚金刑以及没收财产刑适用中存在的诸多违反刑法相关规定的现象也可窥见一二。

(四)对没收财产刑的理论评析

刑罚的适用绝不仅是停留在裁量阶段,其实际功能的发挥更不是其出现在判决书中就可以轻松达成,刑罚的实际执行才是更为关键的环节。由于判决书承载信息的有限性,笔者无法探知判决书生效后没收财产刑的具体执行情况,对于这一问题的探究我们需要借助其他学者的研究成果。"由于目前法律、司法解释规定的瓶颈,以及司法机关在执行中存在的各种复杂情况,使得该项附加刑未能得到明确和有效地执行,其效果的发挥大打折扣,'执行难''标准不明',已成为当下严重困扰我国执行领域中没收个人全部财产刑司法实践的顽疾。"①之所以会出现这种困局,笔者认为是立法、司法、执法等层面各种因素交织作用所致,但仅就刑法规定本身而言,笔者认为确实存在很多不足,需要引起重视。

我国《刑法》总则中关于没收财产刑的一般规定仅有两个条文,涉及了没收财产的基本类型(可以分为没收个人全部财产和没收个人部分财产)、大概的可供没收的财产范围(不能是犯罪分子家属所有或应有的财产,且需保留必需的生活费用)以及民事债务的偿还问题。而《刑法》分则具体罪名中对于没收财产刑的规定,也仅仅是涉及没收财产的适用方式(分为"并处没收财产"、"可以并处没收财产"以及"可以并处罚金或者没收财产")。这些规定不够详尽、细化,明显不具有可操作性。例如,何时适用没收个人全部财产、何时适用

---

① 王卓炜:《没收个人全部财产执行难问题的探讨》,载《海峡法学》2018 年第 3 期。

没收个人部分财产，《刑法》并没有明确具体的适用标准。又如，没收财产的具体财产类别有哪些，如果适用的是没收个人部分财产，又如何确定可供没收的财产范围，何时作为确定犯罪分子个人财产范围的时间节点等，刑法也没有作出规定，而且截至目前亦没有相对明确具体的解释性文件以供实务部门裁量适用。虽然司法机关对没收财产的范围提出过一定的研究意见，①但该意见无论是在具体内容上还是在效力上都存在明显不足。就内容而言，该意见关于没收财产的规定仅仅是对刑法条文内容的重申和强调，并未提出具体且具有可操作性的实质性标准；就效力而言，该意见并非有权机关颁布的具有法律效力的正规性解释文件，因而对司法实务的指导作用有限。

面对如此形势，对没收财产刑应当进行改革。对于没收财产刑的改革，学界有一种较为激进的观点，即废除我国刑法中的没收财产刑，将其功能转置于罚金刑以及特殊没收等措施或制度中。例如，黄风教授就曾指出，“将作为附加刑的没收财产彻底从我国刑罚体系中废除，该附加刑的经济处罚功能完全由罚金刑承担。同时，对 1997 年《刑法》第 64 条规定的追缴、没收制度加以充实和完善，将其从‘刑罚的具体运用’一章或者‘量刑’一节中移出，单独设章或节予以调整，其标题可确定为‘违法所得的没收’。……统一的违法所得没收制度，除主要以违法所得及其收益、供犯罪使用或者准备供犯罪使用的财物以及违禁品为对象外，还应当确立‘等值没收’制度，并且允许对不能证明合法来源的财物实行没收”②。对于这一观点，笔者也持肯定态度，主要是基于以下两方面考虑：

一方面，对于没收个人部分财产而言，就目前的司法实践情况来看，其功能和表现形式与罚金刑并无实质差异。第一，绝大多数的判决书对于没收个人部分财产的表述都是“没收个人财产 × ×元”，此种表述与罚金刑无异，从本质上看，两者同是指向一定数额的货币。第二，法官确定罚金刑数额、没收财产刑数

---

① 《关于如何执行没收个人全部财产问题的研究意见》指出，根据《刑法》第 59 条、第 64 条的规定，没收个人全部财产，应当是没收犯罪分子个人合法所有的全部财产。如相关财产属于违法所得，应通过追缴、退赔程序予以追回；如相关财产确属犯罪分子家属所有或者应有的财产，也不得作为没收对象。在没收财产前，如犯罪分子的财产与其他家庭成员的财产处于共有状态，应当从中分割出属于犯罪分子个人所有的财产后予以没收。参见黄应生：《最高法研究室：关于如何执行没收个人全部财产问题的研究意见》，载《司法研究与指导》2012 年第 1 期。

② 黄风：《论“没收个人全部财产”刑罚的废止——以追缴犯罪资产的国际合作为视角》，载《法商研究》2014 年第 1 期。

额的方法也是一致的。司法实践中,法官为了便于操作,要么以刑事侦查机关扣押的被告人财产为依据确定数额,要么就是与被告方达成一种合意,以被告方主动预先缴纳的罚金或者可没收的财产为前提来对被告人的自由刑进行从轻判处。第三,从笔者统计的数据来看,没收财产刑的具体数额与罚金刑的数额之间并未出现明显的差异。在适用走私、贩卖、运输、制造毒品罪第四个法定刑幅度的有期徒刑样本中,无论附加刑是罚金还是没收个人部分财产,其数额间并不存在显著性差异。当然,可能会有人对此提出疑义,无期徒刑或者死刑样本中的没收财产数额明显增高,似乎显现出了没收财产刑的严厉性。然而问题在于,行为人被判处无期徒刑或者死刑,说明其罪行严重程度要高于被判处有期徒刑的犯罪分子,在这种情况下,罪重则刑重也是理所应当的,即便是将没收财产刑变更为罚金刑,无期徒刑、死刑样本中的罚金数额也应高于有期徒刑样本。笔者前文分析的四个不同法定刑幅度罚金样本的均值比较足以说明,适用法定刑幅度越高,罚金数额也就相对越高。

从本质上讲,无论是罚金刑还是没收财产刑,都是指向行为人的财产权益,虽然从定义上看,罚金需要有具体的数额而没收财产并未强调这一点,但没收个人部分财产在司法适用中仍然需要明确具体数额,否则司法机关无法操作,也无法具体执行。财产权益主要是通过具体数额来加以体现的,同等数额的无论是金钱还是金钱与实物的混合在价值层面并没有实质差异。而在具体数额的确定上,无论是罚金还是没收个人部分财产,法官都需要根据犯罪的具体情况以及行为人的个人财产状况进行裁判,而个人的具体财产情况显然不可能仅指行为人个人所有的金钱数额,应是指个人所有的包括金钱与实物在内的全部财产。综上,笔者认为罚金完全可以替代没收个人部分财产。

另一方面,没收个人全部财产可能具有比没收个人部分财产更加明显的缺陷,应当被废除。没收个人全部财产的严厉性自是不言而喻,“让犯罪人倾家荡产,在经济上判处其‘死刑’,这是没收个人全部财产刑罚的潜在目的和功能”,①对被判处有期徒刑的犯罪分子适用没收个人全部财产,笔者认为该刑罚的严厉程度明显不能与犯罪分子罪行的严重程度相适应。因为没收个人全部

① 黄风:《论“没收个人全部财产”刑罚的废止——以追缴犯罪资产的国际合作为视角》,载《法商研究》2014 年第 1 期。

财产相当于经济上的“死刑”，它应该适用于最为严重的罪行，而如果行为人被判处的是有期徒刑，那也就说明行为人的罪行尚不属于最为严重的情形，否则就应该判处其无期徒刑或者是死刑。显然，对被判处有期徒刑的犯罪分子适用没收个人全部财产是极不协调的。如果从对称性的角度出发，没收个人全部财产适用于被判处无期徒刑或者是死刑的犯罪分子更为合适，但如此适用亦起不到惩罚和威慑的作用。“当一个人被判处了死刑或者无期徒刑、被终身剥夺了自由和人身权利、彻底丧失了正常的社会存在时，剥夺其全部财产还会对该人产生什么教育、改造或挽救作用吗？尤其是当被没收的财产属于个人合法所有的财产与犯罪所得及其收益、犯罪工具或者违禁品毫无关系时，这种没收还会有助于威慑和防止被判处死刑或无期徒刑者或者其他人重新实施犯罪吗？”① 况且，被判处有期徒刑的犯罪分子自不待言，即便是被判处无期徒刑、死缓的犯罪分子也完全可能因为减刑、假释而走出监狱，在没有任何财产的情况下，这些服刑人员在释放后将面临更加严重和急迫的经济困难。显然，没收个人全部财产不仅不利于罪犯重返社会，同时也会为罪犯家庭和社会造成沉重的经济负担。因此，笔者认为没收个人全部财产也应被废除。

当然，在立法上马上废除没收财产刑可能还不现实，笔者认为较为稳妥的做法就是分步骤推进。第一步，先对《刑法》总则中有关没收财产刑的一般规定进行修改完善，同时缩小没收财产刑在《刑法》分则中的适用范围，仅对属于严重犯罪的罪名配置没收财产刑。就没收财产刑的适用方式而言，尽量多采用“并处罚金或者没收财产”或者“可以并处没收财产”的方式，减少“并处没收财产”的规定，给法官选择适用的可能。与此同时，可以在司法实务中倡导如下理念，即能用罚金刑实现惩罚与预防目的的尽量判处罚金刑，以此实现没收财产刑适用的司法限缩。第二步，待司法上取得实效后，再从立法上逐步废除没收财产刑，可以先废除没收个人全部财产，再废除没收个人部分财产，最终实现罚金刑对没收财产刑的替代。

在当前尚不能在立法上彻底废除没收财产刑的情况下，我们需要思考的关键性问题就是如何对刑法中有关没收财产刑的规定进行修改和完善，以使其进

① 黄风：《论“没收个人全部财产”刑罚的废止——以追缴犯罪资产的国际合作为视角》，载《法商研究》2014 年第 1 期。

一步细化、明确、具有可操作性。笔者认为可以从以下几点入手：

首先，在《刑法》总则中明示可供没收财产的具体类型和范围。有学者曾就此问题提出过建议，认为可供没收的财产包括：(1)劳动报酬、通过经营活动和所拥有的知识产权所获得的收益、可以通过分割区分的生活资料和生产资料；(2)个人依法取得的股票、公司股份、债券等财产；(3)属于法律规定可以没收的公民个人债权；(4)违法所得的一切财物及其所产生的收益；(5)供犯罪所用的本人财物和违禁品；(6)基于犯罪行为所隐匿的其他财产和财产性收益；(7)必需的生活支出资料以及为维持自己及其所抚养家属的必要的生活费用不在没收之列。[①] 该观点有可借鉴之处，但笔者认为前述第3、4、5项不应纳入没收财产刑的财产范围，对于这些财产应该适用有关特别没收的规定。

其次，在刑法中进一步规定，法官适用没收财产刑时，无论是没收个人全部财产还是没收个人部分财产，均应在判决书中列明予以没收的个人财产的具体种类和内容，例如写明没收银行存款、股票、汽车等财产。刑事判决书中的裁判结论应当明确且具体，这是判决能够顺利执行的前提，而且只有写明没收财产种类才能更好地保障犯罪分子家属的合法财产权利。

再次，在刑法中规定确认犯罪分子个人财产范围的时间节点。对于确定个人财产范围的时间节点的问题，有学者提出应以罪犯实施犯罪行为时为时间限定点，[②]对此笔者是持否定态度的。其一，如果犯罪行为发生之后，经过很长时间案件才被发现并进入刑事诉讼程序，此种情况下司法工作人员再去确认行为人很早之前的财产状况实际上是非常困难的，毕竟财产一直处于变动不居的状态，即使能够确认也势必要花费较多的人力、物力和财力。其二，该学者在其文中指出，“如果被判处没收个人全部财产刑期间，行为人或其共犯、家属为逃避财产刑制裁，在实施犯罪行为后转移违法所得及财产，经调查能够认定的，也应列入没收财产的范围……”[③]这就是说该学者也意识到了司法实践中存在行为人转移财产的风险，既然如此，再将时间节点确定为“犯罪行为时”则只会徒增司法部门调查核实的工作量，造成不必要的资源浪费。基于上述考虑，笔者认为宜将

① 参见王卓炜：《没收个人全部财产执行难问题的探讨》，载《海峡法学》2018年第3期。

② 参见王卓炜：《没收个人全部财产执行难问题的探讨》，载《海峡法学》2018年第3期。

③ 王卓炜：《没收个人全部财产执行难问题的探讨》，载《海峡法学》2018年第3期。

“刑事裁判生效”作为时间节点,判决生效前的合法财产属于可供没收的财产,判决生效后再产生的属于行为人的合法财产就不再纳入没收财产的范围。

最后,对于没收财产两种基本类型在适用上如何确定其标准的问题,即何时适用没收个人部分财产、何时适用没收个人全部财产,笔者认为可以借鉴《武汉会议纪要》的相关规定,根据适用主刑的不同加以区分,也可以通过立法或者司法解释明确规定当个罪出现哪些严重、恶劣情节之时才可适用没收个人全部财产,除这些特定情形之外的适用没收个人部分财产。

三、剥夺政治权利

剥夺政治权利,是指剥夺犯罪分子参加国家管理和政治活动的权利的刑罚方法。[①] 根据《刑法》以及相关司法解释的规定,走私、贩卖、运输、制造毒品罪能够适用剥夺政治权利,且包括应当适用和可以适用两种情况:当被告人因本罪而被判处无期徒刑或者死刑时,法官必须附加适用剥夺政治权利;当被告人被判处管制、拘役或者有期徒刑时,法官可以根据案件具体情况决定是否对其适用剥夺政治权利。至于剥夺政治权利的期限,根据法律规定有如下几种情况:判处管制同时适用剥夺政治权利的,剥夺政治权利的期限与管制同期;主刑为拘役或者是有期徒刑的,剥夺政治权利的期限为 1 年以上 5 年以下;主刑为无期徒刑或者是死刑的,则剥夺政治权利终身。那么走私、贩卖、运输、制造毒品罪中剥夺政治权利的适用情况究竟如何,笔者将基于数据库中的相关样本对其展开分析和讨论。

(一)对剥夺政治权利样本的分析

数据库中适用剥夺政治权利的样本共计 669 例,这一数据尚不足以准确反映本罪适用剥夺政治权利的真实情况,[②]因而笔者进一步对不同法定刑幅度与

---

① 参见高铭暄、马克昌主编:《刑法学》(第 9 版),北京大学出版社、高等教育出版社 2019 年版,第 239 页。

② 需要说明的是,不能根据这 669 例样本直接计算数据库中剥夺政治权利的适用率,因为笔者在抽样时使用的是分层抽样,抽样比例不同,在基层法院审理的案件中笔者是根据各个省份裁判文书的总体数量以 1/20 或者 1/5 的比例抽取样本,但对于中级人民法院审理的案件则是全部抽取。而中级人民法院审理的案件绝大部分都适用 15 年有期徒刑、无期徒刑或者死刑这一法定刑幅度,由此造成适用第四个法定刑幅度样本的数量相对较高的现象。如果直接用 669 与 2956 相除,就会造成剥夺政治权利整体适用比例偏高的假象。

剥夺政治权利的适用进行了交互分析。从表2－2－15可以发现,适用第一个和第二个法定刑幅度的样本中没有1例适用剥夺政治权利的;适用第三个法定刑幅度的样本中仅有6例样本同时附加剥夺政治权利,仅占这一幅度样本总数的2.6%;真正大量适用剥夺政治权利的样本集中于第四个法定刑幅度,共计663例,占本幅度样本总数的53.8%。

表2－2－15　不同法定刑幅度中剥夺政治权利适用情况的比较

			是否剥夺政治权利		合计
			否	是	
法定刑幅度	第一个法定刑幅度	计数/例	1261	0	1261
		法定刑幅度中的占比/%	100.0	0.0	100.0
		是否剥夺政治权利中的占比/%	55.1	0.0	42.7
	第二个法定刑幅度	计数/例	232	0	232
		法定刑幅度中的占比/%	100.0	0.0	100.0
		是否剥夺政治权利中的占比/%	10.1	0.0	7.8
	第三个法定刑幅度	计数/例	224	6	230
		法定刑幅度中的占比/%	97.4	2.6	100.0
		是否剥夺政治权利中的占比/%	9.8	0.9	7.8
	第四个法定刑幅度	计数/例	570	663	1233
		法定刑幅度中的占比/%	46.2	53.8	100.0
		是否剥夺政治权利中的占比/%	24.9	99.1	41.7

表2－2－16是第三个法定刑幅度中附加剥夺政治权利样本的基本情况统计,由于样本数量过少,笔者无法对有期徒刑刑期与剥夺政治权利时长进行相关性检验,但从表2－2－16中可以发现,剥夺政治权利时长基本上随着有期徒刑刑期的增加而增加。

表2－2－16　第三个法定刑幅度附加剥夺政治权利样本的基本情况

序号	主刑时长/月	剥夺政治权利时长/年
1	108	1
2	132	1

续表

序号	主刑时长/月	剥夺政治权利时长/年
3	144	2
4	144	3
5	162	2
6	180	5

根据表2-2-17可知,在适用第四个法定刑幅度且附加剥夺政治权利的663例样本中,主刑为有期徒刑的样本共计220例,占本幅度剥夺政治权利样本的33.2%;主刑为无期徒刑的样本共计346例,占本幅度剥夺政治权利样本的52.2%;主刑为死刑(包括死刑缓期2年执行和死刑立即执行)的样本共计97例,占本幅度剥夺政治权利样本的14.7%。对于此表有以下几点需要说明:第一,主刑为有期徒刑的样本中有1例样本适用剥夺政治权利终身,此例样本的判罚不符合《刑法》第55条第1款的规定。第二,数据库中共有无期徒刑样本348例,根据《刑法》的规定,主刑为无期徒刑的必须同时附加剥夺政治权利终身,但有2例无期徒刑样本却并未附加剥夺政治权利终身,这是因为此两例样本所涉被告人均为外国人,无法适用剥夺政治权利。第三,数据库中死刑样本共计98例,但有1例适用死刑的样本未附加剥夺政治权利终身,笔者核对了原判决书,裁判结果显示被告人被判处死刑缓期2年执行,但未写明同时附加剥夺政治权利终身。当然,这种情况属于极端个例,可能是法官疏忽所致。

表2-2-17　第四个法定刑幅度不同量刑种类中剥夺政治权利时长的分布

			剥夺政治权利时长						合计
			1年	2年	3年	4年	5年	终身	
量刑种类	有期徒刑实刑	计数/例	12	29	89	21	68	1	220
		量刑种类中的占比/%	5.5	13.2	40.5	9.5	30.9	0.5	100.0
		剥夺政治权利时长中的占比/%	100.0	100.0	100.0	100.0	100.0	0.2	33.2
	无期徒刑	计数/例	0	0	0	0	0	346	346
		量刑种类中的占比/%	0.0	0.0	0.0	0.0	0.0	100.0	100.0
		剥夺政治权利时长中的占比/%	0.0	0.0	0.0	0.0	0.0	77.9	52.2

续表

			剥夺政治权利时长						合计
			1年	2年	3年	4年	5年	终身	
量刑种类	死刑缓期2年执行	计数/例	0	0	0	0	0	86	86
		量刑种类中的占比/%	0.0	0.0	0.0	0.0	0.0	100.0	100.0
		剥夺政治权利时长中的占比/%	0.0	0.0	0.0	0.0	0.0	19.4	13.0
	死刑立即执行	计数/例	0	0	0	0	0	11	11
		量刑种类中的占比/%	0.0	0.0	0.0	0.0	0.0	100.0	100.0
		剥夺政治权利时长中的占比/%	0.0	0.0	0.0	0.0	0.0	2.5	1.7
合计		计数/例	12	29	89	21	68	444	663
		量刑种类中的占比/%	1.8	4.4	13.4	3.2	10.3	67.0	100.0
		剥夺政治权利时长中的占比/%	100.0	100.0	100.0	100.0	100.0	100.0	100.0

由于无期徒刑和死刑样本中剥夺政治权利是没有期限的，对此部分样本笔者就不再过多分析，笔者对于剥夺政治权利时长的分析就限于适用第四个法定刑幅度且主刑为有期徒刑的样本，当然还需排除错误适用剥夺政治权利终身的1例有期徒刑样本。根据统计，这部分样本剥夺政治权利时长的均值为3.47（年），中值与众数均为3（年），极小值为1（年），极大值为5（年）。其中，剥夺政治权利1年的样本共计12例，剥夺政治权利2年的样本共计29例，剥夺政治权利3年的样本共计89例，剥夺政治权利4年的样本共计21例，剥夺政治权利5年的样本共计68例（具体数据见表2-2-18）。

表2-2-18显示，这部分样本的主刑最低为10年有期徒刑，由此看来法官一般将可判处剥夺政治权利的主刑限定于10年以上有期徒刑。不仅如此，对于适用第四个法定刑幅度的样本来说，没有减轻处罚的样本更多地适用剥夺政治权利。与减轻处罚的样本相比，未减轻处罚样本的罪行更为严重、刑事责任程度更高，这也就意味着法官更倾向于对实施了严重毒品犯罪的行为人适用剥夺政治权利。笔者又对有期徒刑刑期与剥夺政治权利时长的相关性进行了检验，相关系数 $r=0.508$（$P<0.01$），这表明二者之间存在很大程度的正相关关系，即剥夺政治权利时长会随着有期徒刑刑期的增加而增加。

表 2-2-18　不同有期徒刑刑期样本中剥夺政治权利时长的具体分布

			剥夺政治权利时长					合计
			1 年	2 年	3 年	4 年	5 年	
有期徒刑刑期	120 个月	计数/例	1	3	1	0	0	5
		主刑时长中的占比/%	20. 0	60. 0	20. 0	0. 0	0. 0	100. 0
		剥夺政治权利时长中的占比/%	8. 3	10. 3	1. 1	0. 0	0. 0	2. 3
	132 个月	计数/例	4	1	0	0	0	5
		主刑时长中的占比/%	80. 0	20. 0	0. 0	0. 0	0. 0	100. 0
		剥夺政治权利时长中的占比/%	33. 3	3. 4	0. 0	0. 0	0. 0	2. 3
	144 个月	计数/例	1	9	3	0	0	13
		主刑时长中的占比/%	7. 7	69. 2	23. 1	0. 0	0. 0	100. 0
		剥夺政治权利时长中的占比/%	8. 3	31. 0	3. 4	0. 0	0. 0	5. 9
	156 个月	计数/例	1	6	4	1	0	12
		主刑时长中的占比/%	8. 3	50. 0	33. 3	8. 3	0. 0	100. 0
		剥夺政治权利时长中的占比/%	8. 3	20. 7	4. 5	4. 8	0. 0	5. 5
	168 个月	计数/例	0	2	2	2	0	6
		主刑时长中的占比/%	0. 0	33. 3	33. 3	33. 3	0. 0	100. 0
		剥夺政治权利时长中的占比/%	0. 0	6. 9	2. 2	9. 5	0. 0	2. 7
	174 个月	计数/例	0	0	0	1	0	1
		主刑时长中的占比/%	0. 0	0. 0	0. 0	100. 0	0. 0	100. 0
		剥夺政治权利时长中的占比/%	0. 0	0. 0	0. 0	4. 8	0. 0	0. 5
	180 个月	计数/例	5	8	79	17	68	177
		主刑时长中的占比/%	2. 8	4. 5	44. 6	9. 6	38. 4	100. 0
		剥夺政治权利时长中的占比/%	41. 7	27. 6	88. 8	81. 0	100. 0	80. 8
合计		计数/例	12	29	89	21	68	219
		主刑时长中的占比/%	5. 5	13. 2	40. 6	9. 6	31. 1	100. 0
		剥夺政治权利时长中的占比/%	100. 0	100. 0	100. 0	100. 0	100. 0	100. 0

(二)对剥夺政治权利适用的评析

就司法实践而言,走私、贩卖、运输、制造毒品罪对剥夺政治权利的适用体现出较为严格的特点,大部分样本都是因为主刑为无期徒刑和死刑而依法适用的,除此之外,只有在主刑为有期徒刑的情况下才予以适用,且集中于10年以上有期徒刑的样本中;而且在第三个法定刑幅度样本中剥夺政治权利的适用率仅为2.6%,而在第四个法定刑幅度且主刑为有期徒刑的样本中剥夺政治权利的适用率也仅为28.1%(220/784)。

为了说明问题,笔者对比了抢劫罪中剥夺政治权利的适用情况。虽然两个罪名具体的法定刑幅度划分有所不同,但法定最高刑都是死刑,属于最为严重的犯罪类型,因而具有一定的可比性。有学者对北京2000年至2011年东城区、西城区、海淀区、平谷区、延庆县基层法院以及所有中级法院审理的抢劫案件进行了研究,结论显示:在北京市基层法院的8760个量刑结果中,有1518人被附加了剥夺政治权利,适用率为17.3%;在北京市中级法院审理的2113个量刑结果中,有1905人被附加了剥夺政治权利,适用率为90.2%。[①] 在本文的研究中,基层法院审理的样本共计1704例,其中仅有25例样本适用了剥夺政治权利,适用率为1.5%;中级法院审理的样本共计1252例,其中适用剥夺政治权利的样本共有644例,适用率为51.4%。此外,根据前述学者对北京市抢劫罪的实证研究,在抢劫罪中,剥夺政治权利主要适用于被判处7年有期徒刑以上刑罚的犯罪人,[②]而在走私、贩卖、运输、制造毒品罪中剥夺政治权利则主要适用于10年有期徒刑以上刑罚的毒品犯罪分子。综上,笔者认为在走私、贩卖、运输、制造毒品罪中,法官对于剥夺政治权利的适用采取了相对更为谨慎的态度,这一点值得肯定。

一方面,从剥夺行为人的权益内容角度出发,剥夺政治权利的刑罚应该是针对滥用政治权利的犯罪人而设立的。因此在考虑对某一具体犯罪人是否适用剥夺政治权利的时候,首先要考察其所犯罪行是否与滥用政治权利有关。[③] 相应地,剥夺政治权利对预防犯罪分子再次利用政治权利实施诸如危害国家安全犯罪、职务犯罪更有意义。因而,我国《刑法》总则规定对于实施危害国家安全犯罪的行为人无论其具体罪行轻重,一律附加剥夺政治权利。另一方面,参

① 参见赵学军:《抢劫罪量刑经验研究》,法律出版社2019年版,第44页。
② 参见赵学军:《抢劫罪量刑经验研究》,法律出版社2019年版,第45页。
③ 参见吴平:《资格刑研究》,中国政法大学出版社2000年版,第217页。

加国家管理和政治活动的权利是公民基本权利的重要内容,是公民参与社会、立足社会的基本土壤,①因而剥夺政治权利是一种极为严厉的惩罚措施,它理应适用于实施了严重犯罪行为的行为人。我国《刑法》规定对于被判处无期徒刑或者死刑的犯罪分子必须附加剥夺政治权利,这正是基于罪行轻重程度的考虑。具体到走私、贩卖、运输、制造毒品罪,它属于破坏社会秩序的犯罪,明显与政治权利的滥用无关,而只有对其中严重的犯罪(主刑为无期徒刑或者死刑)才有必要适用剥夺政治权利,对于被判处有期徒刑以下刑罚的犯罪分子,其罪行尚不属于特别严重的情况,虽然《刑法》及相关解释文件规定可以适用,但法官应秉承立法旨趣对此保持谨慎、克制的态度。

我国1979年《刑法》首次以立法的方式确认了剥夺政治权利的地位、适用范围以及方式,并使剥夺政治权利刑由作为打击少数敌对分子的工具演变为针对所有犯罪分子的一般刑罚手段和社会治理的规范手段。1997年我国《刑法》修订,将"反革命罪"修改为"危害国家安全罪",将"反革命分子"改为"危害国家安全的犯罪分子",至此,最初作为单纯的打击少数敌对分子手段的剥夺政治权利刑完成了其向一般刑罚手段的本质性转型。② 不仅如此,剥夺政治权利的适用范围在1997年《刑法》后通过司法解释的方式进一步扩大,即将可以附加剥夺政治权利的适用范围从刑法明确列举的"故意杀人、强奸、放火、爆炸、投放危险物质、抢劫"扩展到其他严重破坏社会秩序的犯罪。对此有学者提出批评,"显然,该司法解释不仅没有充分考虑附加剥夺政治权利刑操作标准模糊的难题,对法官肆意量刑的危险警惕不够,更破坏了我国《立法法》第8条规定的对公民人身权利应当由法律予以限制的立法权力层级结构,违反了我国《宪法》关于基本权利保护的精神"③。

反观司法解释规定本身,毕竟"主观恶性较深""犯罪情节恶劣""罪行严重"等表述缺乏可操作的明细化标准,难免造成认识上的差异,进而导致附加剥夺政治权利适用的扩张和混乱,学者基于司法解释规定本身的模糊性而产生的可能引发司法适用肆意性的担忧不无道理。虽然法官在走私、贩卖、运输、制

---

① 参见王志民:《论域外剥夺政治权利刑的宪法规制》,载《湖北师范大学学报(哲学社会科学版)》2018年第3期。

② 参见王堃:《剥夺政治权利刑的宪法学反思与改良》,载《政治与法律》2016年第6期。

③ 王堃:《剥夺政治权利刑的宪法学反思与改良》,载《政治与法律》2016年第6期。

造毒品罪中对于“可以附加剥夺政治权利”的适用保持了较为严谨的态度，但笔者认为对实施本罪的行为人，特别是无须被判处无期徒刑、死刑的毒品犯罪人适用剥夺政治权利缺乏针对性和必要性。因此，笔者建议进一步压缩剥夺政治权利在走私、贩卖、运输、制造毒品罪中的适用，除主刑判处无期徒刑或者死刑时依照《刑法》总则规定必须附加适用剥夺政治权利外，判处管制、拘役的一律不再附加适用，判处有期徒刑的一般也不再附加剥夺政治权利，以免造成刑罚过剩。

第三节　免予刑事处罚

一、免予刑事处罚概述

免予刑事处罚也可简称为免除处罚、免除刑罚，是指“对行为人做有罪宣告，但对行为人免除刑罚处罚，即不判处任何刑罚”。[①] 免予刑事处罚是以行为构成犯罪为前提的，也就是说，如果行为不构成犯罪，不应当受刑罚处罚，那么就只能是不处罚。刑法规定了很多能够适用免除处罚的情节，这些情节表明罪行轻微，犯罪人的特殊预防必要性小或者没有特殊预防的必要性，即使不判处刑罚，也能够实现特殊预防的目的。[②] 我国《刑法》规定了 16 个免除处罚的事由，其中总则就有 10 个：有的是单一免除处罚事由（如未造成损害后果的中止犯、犯罪情节较轻的自首犯），有的是免除处罚与减轻处罚相并列供法官选择适用的事由（包括在外国已经受过刑罚处罚的、防卫过当的、避险过当的、胁从犯以及重大立功的），还有的是从轻、减轻与免除处罚相并列供法官选择适用的事由（包括又聋又哑的人或者盲人犯罪的、预备犯以及从犯），这些事由有的是应当免除处罚而有的是可以免除处罚。

这里需要提及的是，《刑法》第 37 条所规定的“对于犯罪情节轻微不需要判处刑罚的，可以免予刑事处罚”是否是一个独立的免除处罚的事由，即在不具备刑法明文规定的免除处罚事由的情况下，能否仅凭第 37 条的规定而对行

① 张明楷：《刑法学》（第 5 版），法律出版社 2016 年版，第 632～633 页。
② 张明楷：《刑法学》（第 5 版），法律出版社 2016 年版，第 633 页。

为人免除处罚呢？对于这个问题学界存在两种不同观点，一是肯定说，二是否定说。肯定说认为，《刑法》第 37 条是可以独立适用的免除处罚的事由，司法实务即采纳这一观点。例如，《关于审理未成年人刑事案件具体应用法律若干问题的解释》第 17 条规定，对于可能被判处拘役、三年以下有期徒刑的未成年罪犯，如果其悔罪表现好，并具有特定从宽情节，则直接依照《刑法》第 37 条的规定免予刑事处罚；①又如，《关于办理敲诈勒索刑事案件适用法律若干问题的解释》第 5 条的规定，②这一规定虽未直接点明是依据《刑法》第 37 条的规定而对行为人适用免除处罚，但事实上本条规定就是对何为"情节轻微"的细化，用以指导司法实践准确理解和适用。否定说认为，《刑法》第 37 条的规定不是能够独立适用的免除处罚的事由，而是其他刑法明文规定的具体免除处罚事由的概括性规定。③ 对于前述两种观点，笔者倾向于肯定说，但认为应对其适用范围进行严格限制。

二、对免予刑事处罚样本的分析

数据库中共有 3 例样本的被告人被法院适用免予刑事处罚，且全部为陕西省中级人民法院审理的毒品案件，由于样本数量过少，不能满足定量研究起码的数量要求，笔者只能采用定性分析的方法。适用免除处罚样本的具体案情及裁判理由如下：

案例 1：

2016 年 3 月 10 日，被告人何某某通过 58 同城网在某某市某区某村 75 幢 806 室租房与被告人吴某某同住，吴某某在此单元房内制造冰毒。2016 年 3 月 27 日，吴某某指使被告人黄某某为其租赁了一套位于某某省某某市某区某村

---

① 最高人民法院《关于审理未成年人刑事案件具体应用法律若干问题的解释》第 17 条规定：未成年罪犯根据其所犯罪行，可能被判处拘役、三年以下有期徒刑，如果悔罪表现好，并具有下列情形之一的，应当依照《刑法》第 37 条的规定免予刑事处罚：（一）系又聋又哑的人或者盲人；（二）防卫过当或者避险过当；（三）犯罪预备、中止或者未遂；（四）共同犯罪中从犯、胁从犯；（五）犯罪后自首或者有立功表现；（六）其他犯罪情节轻微不需要判处刑罚的。

② 最高人民法院、最高人民检察院《关于办理敲诈勒索刑事案件适用法律若干问题的解释》第 5 条规定：敲诈勒索数额较大，行为人认罪、悔罪，退赃、退赔，并具有下列情形之一的，可以认定为犯罪情节轻微，不起诉或者免予刑事处罚，由有关部门依法予以行政处罚：（一）具有法定从宽处罚情节的；（二）没有参与分赃或者获赃较少且不是主犯的；（三）被害人谅解的；（四）其他情节轻微、危害不大的。

③ 参见张明楷：《刑法学》（第 5 版），法律出版社 2016 年版，第 634 页。

11 幢 804 室的单元房，吴某某又在此单元房内制造冰毒。在此期间，黄某某又为吴某某购买饮食及生活用品并搬运制毒工具（用四个纸箱装箱）。2016 年 3 月 26 日，在吴某某的指使下，黄某某伙同被告人曾某某开车前往某某省某某县提回两桶制毒原料。3 月 27 日 21 时许，黄某某将两桶制毒原料送到某村从 11 幢 804 室交给吴某某。经对从 11 幢 804 室和 75 幢 806 室扣押的物证上提取的检材(21 个检材)进行鉴定，除 8 号检材外，其余检材均检出甲基苯丙胺成分。

法院经审理后认为，被告人曾某某帮助他人制造毒品，其行为构成制造毒品罪。曾某某明知是制毒原料而参与运输，为他人制造毒品有帮助行为，但其并未直接制造毒品，在犯罪中的地位、作用小。曾某某所运制毒原料是否被用于制造毒品及被用来制造毒品的数量无法查清，曾某某的帮助犯罪行为可视为犯罪中止，应对其减轻处罚或免除处罚。曾某某在公安机关能稳定如实供述其主要犯罪事实，其供述对侦破本案制造毒品的犯罪行为起到了一定作用，可酌情对其从轻处罚。综上所述，法院认定曾某某犯罪情节轻微，可免予刑事处罚。①

案例 2：

2017 年 10 月 20 日 14 时许，被告人薛某某接到其在西安戒毒所戒毒时认识的孙某电话，交谈中孙某说要买 100 克海洛因，二人商定每克 180 元。随后，孙某将情况向子长县公安局进行了举报。后孙某通过建设银行及微信共向薛某某转账 18,000 元。当晚薛某某从一名汉中籍名叫“小老汉”的人手中花 15,000 元购得海洛因约 100 克。2017 年 10 月 21 日 11 时许，薛某某电话联系其跑黑车的邻居被告人张某某，要求张某某驾车送其去西汉高速汉中往西安方向的秦岭服务区，商定车费是 1300 元。途中二人聊天，聊天中张某某知道薛某某是去贩卖毒品，但仍驾车将薛某某送往秦岭服务区。到达秦岭服务区后薛某某电话联系孙某，孙某称其在一辆大巴车旁边，薛某某与孙某见面后将携带的 100 克海洛因交给孙某，正准备到张某某车上去取准备送给孙某的半瓶美沙酮时被公安民警当场抓获。同时，将在车内等候的张某某抓获。民警当场扣押 100 克海洛因、半瓶美沙酮。经陕西佰美法医司法鉴定所鉴定，在被告人薛某某、张某某涉嫌贩卖的毒品检材中检出海洛因成分和美沙酮成分，海洛因重量共计 99.67 克，含量为 6.2%，美沙酮重量共计 343.36 克，含量为 0.51%。

① 参见陕西省铜川市中级人民法院刑事判决书，(2016)陕 02 刑初 19 号。

法院经审理后认为，被告人薛某某、张某某违反国家对毒品的管理规定，贩卖毒品，其行为均已构成贩卖毒品罪，应依法惩处，公诉机关指控的罪名成立。被告人薛某某、张某某贩卖毒品是在特情引诱下实施的犯罪，涉案毒品及时查获未流入社会，社会危害性较小，应酌情从轻处罚。被告人张某某在共同犯罪中起次要、辅助作用，系从犯，且其犯罪情节轻微，依法可免于刑事处罚。①

案例3：

2017年8月初，被告人杨某预谋从四川省成都市购买甲基苯丙胺，伺机在咸阳市贩卖。2017年8月9日17时许，被告人杨某电话联系在成都市的上线曾某（另案处理）后，让被告人曾某某帮忙驾驶陕D×××××白色奔腾轿车，从咸阳出发前往成都市。次日1时许到达成都，2时许，曾某带二人到达成都市一农家乐包间吃饭休息，期间曾某拿出一包冰毒和杨某吸食，并要求曾某某吸食了一些后，曾某某就出了包间。2017年8月10日3时许，杨某单独和曾某在四川省成都市青白江区交易，杨某从曾某处购买冰毒约1000克，价格为8万元。被告人杨某购买冰毒后，立即坐上被告人曾某某驾驶的陕D×××××白色奔腾轿车返回咸阳。2017年8月10日16时许，被告人杨某、曾某某驾车行至西宝高速咸阳出口时被咸阳市公安局秦都分局民警现场抓获，当场从陕D×××××白色奔腾轿车后排座查获冰毒疑似物一包，称重993.36克。2017年8月25日，经咸阳市公安司法鉴定中心鉴定，从杨某处查获的毒品进行鉴定，从中检测出甲基苯丙胺。2017年11月21日经公安部鉴定，上述毒品中甲基苯丙胺含量为77.5%。

法院经审理后认为，被告人曾某某受杨某邀请帮忙开车，到达成都后应当知道杨某的目的是购买毒品，虽然帮助杨某开车回咸阳，但其在杨某运输毒品的犯罪中起次要、辅助作用，系从犯，且其也不知道杨某交易毒品的数量，也未得到杨某给予的报酬，杨某仅是因为腿有伤不能长途开车，也不想让曾某某知道他去成都的目的，再考虑到曾某某和杨某到达成都后的客观情况，可以认定曾某某的犯罪情节轻微，依法可以免于刑事处罚。②

经过分析，笔者认为上述三个案例中的被告人被免予刑事处罚是因为存在

---

① 参见陕西省延安市中级人民法院刑事判决书，(2018)陕06刑初21号。

② 参见陕西省咸阳市中级人民法院刑事判决书，(2018)陕04刑初41号。

刑法明文规定的免除处罚事由,而非基于《刑法》第 37 条的规定。案例 1 中法官认定被告人曾某某构成犯罪中止,案例 2 中的张某某和案例 3 中的曾某某都属于从犯,而犯罪中止与从犯均属于刑法明文规定的免除处罚事由。虽然如此,笔者认为对上述三名被告人适用免除处罚仍然存在问题。上述案件均属于中级人民法院审理的一审案件,根据《刑事诉讼法》以及《刑法》第 347 条的规定,案件所涉被告人均应适用"15 年有期徒刑、无期徒刑或者死刑"这一法定刑幅度,这也表明案件本身属于严重的毒品犯罪。与此相比,在罪行程度明显较轻的样本中均未适用免除处罚:数据库中适用第一个法定刑幅度且属于从犯的样本就有 40 例,适用第二个法定刑幅度且属于从犯的样本有 17 例,适用第三个法定刑幅度且属于从犯的样本有 30 例,这些样本均未适用免除处罚。虽然前述三例样本中的被告人或者属于犯罪中止或者属于从犯,但由此就对被告人免除处罚笔者认为从宽幅度过大,容易造成罪刑失衡。

三、有关免予刑事处罚适用的理论探讨

《刑法》第 347 条第 1 款明文规定:走私、贩卖、运输、制造毒品,无论数量多少,都应当追究刑事责任,予以刑事处罚。根据对这一条款的解读,其意即在于无论行为人走私、贩卖、运输、制造多少数量的毒品,都应当承担相应的刑事责任并予以刑事处罚,也就是必须被判处刑罚的意思,这一规定体现了从严打击毒品犯罪的政策精神。虽然条文中"应当"一词是置于"追究刑事责任"之前而非"予以刑事处罚"之前,但根据基本的语言逻辑进行推导,仍能得出"任何实施了走私、贩卖、运输、制造毒品的行为人都必须予以刑事处罚"的结论。《刑法》的其他规定也能印证笔者的这一推导逻辑,例如,在有关没收财产适用方式的规定中,"并处没收财产"之前并没有"应当"一词,但对于这一适用方式的理解则是毫无争议地认为"并处没收财产"即为"应当并处没收财产",也就是对行为人判处主刑的同时"必须毫无例外地一律适用"没收财产刑;只有当立法认为有必要将是否附加适用没收财产刑的裁量权力交由法官时,法条才会在表述中使用"可以"一词。那么根据前述解读,所有犯走私、贩卖、运输、制造毒品罪的行为人均应被判处刑罚,但问题在于,这是否意味着对犯走私、贩卖、运输、制造毒品罪的行为人在任何情况下均不应适用免除处罚?或者说对犯走私、贩卖、运输、制造毒品罪的行为人适用免除处罚就是与《刑法》第 347 条第 1

款的规定相违背？笔者认为并非如此。

"既遂犯的犯罪构成是基本的犯罪构成，是由刑法分则条文直接规定的；未完成形态犯罪的犯罪构成是修正的犯罪构成，是以刑法分则具体条文的基本的犯罪构成为基础，结合刑法总则的有关规定加以认定的。"[①]由此可知，刑法分则条文关于具体犯罪的规定是指向既遂犯的，那么《刑法》第347条第1款有关刑罚处罚的规定也同样对应既遂犯。而诸如犯罪预备、犯罪中止以及犯罪未遂这些未完成形态则属于修正的犯罪构成，需要结合刑法分则具体条文的规定以及刑法总则的有关规定加以认定和适用。这也就是说，"走私、贩卖、运输、制造毒品无论数量多少，都应当予以刑事处罚"是针对既遂犯而言的，在犯罪构成既遂的情况下不能对行为人免除处罚，对于预备犯和中止犯依据总则的相关规定而免除处罚则并未与前述规定相矛盾。[②] 同理，刑法分则具体犯罪的规定是针对单独犯而言的，"因应数人的共同故意犯罪形态而规定的共犯的犯罪构成"也属于修正的犯罪构成，同样需要结合刑法分则具体条文的规定以及总则的有关规定加以综合认定。[③] 既然《刑法》第347条是针对单独犯的规定，那么共同犯罪中的从犯和胁从犯即属于修正的犯罪构成，对其免除处罚同样不违背第347条第1款的规定。除了未完成形态或者是共犯的情形之外，为了协调统一总则和分则的规定，避免二者之间的矛盾与冲突，在犯罪既遂以及行为人是单独犯罪或者虽为共同犯罪但属于主犯的情况下不能因为自首、在外国已经受过刑罚处罚、防卫过当、避险过当、重大立功、是又聋又哑的人或者盲人犯罪而对行为人免除处罚，而且这些事由多属于多功能情节，完全可以选择对行为人适用从轻或者减轻处罚以体现从宽。

虽然前述解释从刑法原理上能够说得通，但毕竟严格限制了法定免除处罚情节的适用，缩小了走私、贩卖、运输、制造毒品罪中免除处罚的适用范围。笔者认为，即便是为了防止《刑法》第37条酌定免除处罚情节的滥用造成刑罚对毒品犯罪的打击力度的降低，也没有理由完全排除其他法定免除处罚情节在走私、贩卖、运输、制造毒品罪中的适用。因此，为进一步扩大免除处罚、特别是法

---

① 马克昌主编：《犯罪通论》，武汉大学出版社1999年版，第93页。

② 《刑法》第23条第2款规定，对于未遂犯可以比照既遂犯从轻或者减轻处罚，因而未遂犯并不属于法定免除处罚的事由。

③ 参见黎宏：《刑法学》，法律出版社2012年版，第56页。

定免除处罚在走私、贩卖、运输、制造毒品罪中的适用，笔者建议将第 347 条第 1 款修改为：“走私、贩卖、运输、制造毒品，无论数量多少，都应认定构成犯罪，一律追究刑事责任。”这样表述既体现了从严打击毒品犯罪的态度，同时也能满足宽严相济刑事政策“宽以济严”的要求，对于虽认定构成犯罪但情节轻微的行为人没有必要判处刑罚的即可免予刑事处罚，以避免刑罚不必要的适用而造成的刑罚资源浪费。

当然，从目前的司法实践来看，免除处罚的适用受到了极为严格的控制。在《刑法》第 347 条第 1 款未做修改的前提下，按照前述分析的基本原理，在属于修正的犯罪构成的情况下能够适用免除处罚并不与第 347 条第 1 款的规定相违背，但为满足罪责刑相适应原则以及量刑均衡的要求，笔者认为在行为人适用第一个法定刑幅度的毒品犯罪且属于犯罪中止或者属于从犯、胁从犯的情况下尽量考虑对其适用免除处罚，至于在适用其他三个量刑幅度的毒品犯罪、特别是适用第四个法定刑幅度的毒品犯罪中，对行为人适用免除处罚应更为慎重并严格控制。

第四节 缓 刑

“缓刑是当代刑罚制度的宠儿。”①缓刑种类繁多，综合来看主要有缓宣告缓刑、缓执行缓刑、不执行余刑的缓刑和缓于起诉四种。② 根据我国刑法的规定，我国的缓刑属于缓执行的缓刑，这种缓刑的重要特点就在于，“既判处一定刑罚，又暂不执行，但在一定期间保留执行的可能性”③。按照张明楷老师的观点，缓刑不是一个独立的刑种，但兼具刑罚裁量制度与刑罚执行制度双重属性。④ 我国的缓刑又可以进一步划分为普通缓刑和战时缓刑，走私、贩卖、运输、制造毒品罪仅涉及普通缓刑。

① 甘雨沛：《比较刑法学大全》（下册），北京大学出版社 1997 年版，第 1137 页。转引自左坚卫：《缓刑制度的理论与实务》，中国人民公安大学出版社 2012 年版，第 1 页。

② 参见左坚卫：《缓刑制度的理论与实务》，中国人民公安大学出版社 2012 年版，第 1 页。

③ 张明楷：《刑法学》（第 5 版），法律出版社 2016 年版，第 613 页。

④ 参见张明楷：《刑法学》（第 5 版），法律出版社 2016 年版，第 613 页。

一、对缓刑样本的分析

根据《刑法》的规定,对于被判处拘役或者3年以下有期徒刑的犯罪分子,同时具备犯罪情节较轻、有悔罪表现、没有再犯罪的危险以及宣告缓刑对所居住社区没有重大不良影响四项情节,并且不属于累犯或者犯罪集团的首要分子的,就可以适用缓刑,如果是不满18周岁的人、怀孕的妇女以及已满75周岁的人则必须适用缓刑。显然,走私、贩卖、运输、制造毒品罪的行为人在符合上述条件的情况下当然可以(或者是应当)适用缓刑。

(一)整体情况

就笔者搜集的数据来看,在走私、贩卖、运输、制造毒品罪的刑罚裁量中确实存在缓刑的适用,但却受到了极为严格的控制。数据库中适用拘役的样本共计239例,其中仅有7例样本适用缓刑,适用率为2.9%;数据库中适用3年以下有期徒刑的样本共计1102例,其中仅有19例适用缓刑,适用率为1.7%,综合适用率[①]也仅有1.9%。笔者仍以抢劫罪作为对比,北京市抢劫罪量刑的实证研究显示,适用缓刑的罪犯在被判处3年以下有期徒刑、拘役的犯罪分子中所占的比例为18.8%。[②] 此外,还有学者对北京市的故意伤害罪进行了实证研究,结果显示被实际判处3年以下有期徒刑、拘役的犯罪分子中有50.8%都被适用了缓刑。[③] 与抢劫罪、故意伤害罪的缓刑适用率相比,足可见走私、贩卖、运输、制造毒品罪缓刑适用比率之低。

之所以出现这种情况,笔者认为与打击毒品犯罪的政策导向密不可分。时任中共中央政治局常委、中央政法委员会书记罗干同志在2005年12月5日至6日召开的全国政法工作会议上的讲话中提出了宽严相济的刑事政策,并指出,宽严相济是我国当前的基本刑事政策。为更好地在司法实践中贯彻宽严相济刑事政策的要求,最高人民法院于2010年颁布了《宽严相济意见》。该意见首先指出,贯彻宽严相济刑事政策,要根据犯罪的具体情况,实行区别对待,做到该宽则宽,当严则严,宽严相济,罚当其罪,打击和孤立极少数,教育、感化和

---

① 即所有适用缓刑的样本数与所有适用3年以下有期徒刑、拘役样本总数的比值。

② 参见赵学军:《抢劫罪量刑经验研究》,法律出版社2019年版,第49页。

③ 参见董桂武:《故意伤害罪量刑实证研究》,北京师范大学2012年博士学位论文,第58页。转引自赵学军:《抢劫罪量刑经验研究》,法律出版社2019年版,第49页。

挽救大多数,最大限度地减少社会对立面,促进社会和谐稳定,维护国家长治久安。而对于严重刑事犯罪,必须毫不动摇地坚持依法严惩的方针,这是宽严相济刑事政策“从严”要求的体现,其中走私、贩卖、运输、制造毒品罪等毒害人民健康的犯罪成为严惩的重点。在此基础上,《武汉会议纪要》开宗明义,“毫不动摇地坚持依法从严惩处毒品犯罪”,进一步重申了《宽严相济意见》的要求。对于缓刑的适用问题,《武汉会议纪要》强调要规范和限制适用,不仅要从严掌握缓刑的适用条件,而且对于毒品再犯一般不得适用缓刑。显然,从笔者统计的实证数据来看,司法实务很好地贯彻了《宽严相济意见》和《武汉会议纪要》中从严打击毒品犯罪政策的要求,不仅缓刑的适用比率极低,而且没有1例毒品再犯被适用缓刑。

(二)拘役缓刑样本

数据库中拘役缓刑样本共有7例,这7例样本均适用第一个法定刑幅度且属于基层法院审理的案件,其中2016年有3例,2017年和2018年各有2例,从地域角度出发,陕西有1例,甘肃、青海和新疆各有2例。根据刑法的规定,拘役缓刑的缓刑考验期应为原判刑期以上1年以下,但不得低于1个月。理论上认为缓刑考验期应该以原判刑期为基础,可以等于或者适当长于原判刑期,但不能短于原判刑期,一般以不超过原判刑期1倍为宜,具体确定考验期时应根据犯罪情节和犯罪分子的个人情况,在法律规定的范围内决定适当的考验期。[①] 从表2-4-1来看,拘役缓刑样本中的缓刑考验期时长均符合法律的基本规定,但似乎很难从中找到明显的规律,因为样本数过少亦无法对拘役刑期与缓刑考验期进行相关性检验。

表2-4-1　拘役缓刑样本中拘役刑期与缓刑考验期对照

序号	拘役刑期/月	缓刑考验期/月	缓刑考验期与拘役刑期的比值
1	3	5	1.67
2	4	7	1.75
3	4	6	1.5

① 参见高铭暄、马克昌主编:《刑法学》(第9版),北京大学出版社、高等教育出版社2019年版,第283页。

续表

序号	拘役刑期/月	缓刑考验期/月	缓刑考验期与拘役刑期的比值
4	5	10	2
5	5	12	2.4
6	5	8	1.6
7	6	10	1.67

由于无法进行定量分析,笔者遂将拘役缓刑样本的基本情况通过列表的方式予以展示,具体参见表2－4－2。

表2－4－2　拘役缓刑样本具体情节统计

序号	行为类型	毒品种类	毒品数量/克	从宽处罚情节	从严处罚情节	是否羁押	不予羁押原因
1	贩卖毒品	四氢大麻酚	12.1	坦白、初犯	无	否	不明
2	贩卖毒品	海洛因	0.95	坦白、初犯	无	否	不明
3	贩卖毒品	咖啡因	115.92	坦白、初犯	无	否	不明
4	贩卖毒品	海洛因	0.49	认罪、初犯	无	否	怀孕妇女
5	贩卖毒品	海洛因	0.2	认罪、初犯	无	否	哺乳期妇女
6	运输毒品	鸦片	72.72	受指使、坦白、初犯、悔罪、存在特情	无	否	不明
7	贩卖毒品	甲基苯丙胺	0.6	坦白、初犯	无	否	不明

(三)有期徒刑缓刑样本

数据库中有期徒刑缓刑样本共计19例,2014年有2例,2015年有3例,2016年有4例,2017年有8例,2018年有2例;从地域上看,甘肃最多,有11例,陕西有3例,新疆有5例;从法院级别来看,基层法院审理的样本有15例,中级人民法院审理的样本有4例;从适用的法定刑幅度来看,有16例样本适用第一个法定刑幅度,有1例样本适用第二个法定刑幅度,有2例样本适用第三个法定刑幅度。

根据表2－4－3可知,有期徒刑缓刑样本中缓刑考验期极小值为12(月),极大值为60(月),中值和众数均为12(月)。《刑法》规定,有期徒刑缓刑考验期应为原判刑期以上5年以下,但不得少于1年,上述样本的缓刑考验期均符合法律的基本规定。除2例样本因数罪并罚导致缓刑考验期超过有期徒刑刑期2倍以外[①],其他17例样本的缓刑考验期均控制在有期徒刑刑期的1倍至2倍之间。与拘役缓刑样本相比,有期徒刑缓刑样本中缓刑考验期随主刑刑期增加而增加的趋势更加明显。

表2-4-3　有期徒刑缓刑样本不同有期徒刑刑期样本中缓刑考验期的具体分布

		缓刑考验期					合计
		12个月	18个月	24个月	48个月	60个月	
有期徒刑刑期	6个月	8	0	0	0	1	9
	7个月	2	1	0	0	0	3
	10个月	0	1	0	0	0	1
	12个月	1	0	1	0	0	2
	36个月	0	0	0	2	2	4
合计		11	2	1	2	3	19

遗憾的是,即便有期徒刑缓刑样本的数量要多于拘役缓刑样本,但仍不能满足相关性分析、回归分析等统计分析方法对样本数量的最低要求,因而无法就何种因素对缓刑适用产生实际影响展开定量研究,遂只能通过列表的方式描述这19例样本,样本具体情况参见表2-4-4。

表2-4-4　有期徒刑缓刑样本具体情节统计

序号	行为类型	毒品种类	毒品数量/克	从宽处罚情节	从严处罚情节	是否羁押	不予羁押原因
1	贩卖毒品	甲基苯丙胺	0.3	认罪、初犯	无	是	—
2	贩卖毒品	海洛因	0.01	认罪、初犯	无	否	不明

① 此2例样本的具体情况如下:有1例样本其主刑为6个月有期徒刑,缓刑考验期为60个月,被告人因犯故意伤害罪被判处有期徒刑3年、因犯贩卖毒品罪被判处有期徒刑6个月并处罚金1000元,两罪并罚决定执行有期徒刑3年,同时宣告缓刑;有1例样本的主刑为7个月有期徒刑,缓刑考验期为18个月,被告人因犯盗窃罪被判处有期徒刑7个月并处罚金2000元、因犯贩卖毒品罪被判处有期徒刑7个月并处罚金1500元,两罪并罚决定执行有期徒刑1年,缓刑1年6个月。

续表

序号	行为类型	毒品种类	毒品数量/克	从宽处罚情节	从严处罚情节	是否羁押	不予羁押原因
3	贩卖毒品	海洛因	27.1805	从犯、受指使、坦白、初犯、存在特情	组织利用特殊人群	否	患有精神疾病
4	贩卖毒品	大麻	8.375	坦白、初犯	无	否	不明
5	贩卖毒品	大麻	8.375	从犯、坦白、初犯	无	否	不明
6	贩卖毒品	海洛因	0.5	坦白、初犯	无	否	不明
7	贩卖毒品	甲基苯丙胺、海洛因	0.56	认罪、初犯	无	否	不明
8	贩卖毒品	海洛因	0.05	认罪、初犯	无	否	不明
9	贩卖毒品	大麻	22.08 + 1004.95	老年人、坦白、部分未遂、初犯	无	否	不明
10	贩卖毒品	咖啡因	113.59	坦白、初犯、悔罪	多次贩卖	否	不明
11	贩卖毒品	海洛因	—	认罪、初犯、悔罪	无	否	不明
12	贩卖毒品	海洛因	0.24	认罪、初犯	无	—	—
13	贩卖毒品	海洛因	0.24	认罪、初犯	无	—	—
14	贩卖毒品	咖啡因	2656.4	已满75周岁、坦白、初犯	无	否	不明
15	贩卖毒品	甲基苯丙胺	2	从犯、坦白、初犯	无	否	不明
16	贩卖毒品	甲基苯丙胺	2.83	从犯、认罪、初犯	无	是	—
17	贩卖毒品	甲基苯丙胺	40	从犯、坦白	一般前科	是	—
18	贩卖毒品	海洛因	0.06	认罪	一般前科	否	不明
19	贩卖毒品	海洛因	0.4	认罪、初犯	无	否	不明

二、对禁止令的理论评析

为进一步加强对缓刑犯、管制犯的监督管理、积极促进其教育矫正，《刑法修正案（八）》增设了禁止令制度。根据《刑法》第38条第2款以及第72条第2

款的规定,人民法院可以根据犯罪情况禁止犯罪分子在管制执行期间、缓刑考验期限内“从事特定活动,进入特定区域、场所,接触特定的人”。在本项研究的数据库中,不仅无一例管制刑样本适用禁止令,而且缓刑样本中也同样没有适用禁止令的情况。禁止令适用状况不理想不仅仅只存在于走私、贩卖、运输、制造毒品罪中,虽然在禁止令创立初期、特别是在《刑法修正案(八)》生效之际,禁止令受到各地法院的追捧,如在禁止令颁布后的半个月内,相关报道案例数量就多达 1900 例,[①]但在此后的施行中各地法院适用禁止令的热情逐渐冷却,适用案件数量也随之急速下滑,有学者根据对中国裁判文书网上裁判文书的统计发现,适用禁止令最多的年份是 2014 年,共有 438 篇,其后则呈骤降之势。[②] 之所以出现这种局面,笔者认为与禁止令的立法规定过于原则、适用根据及禁止内容都不够明确不无关系。《刑法》第 38 条第 2 款以及第 72 条第 2 款虽然规定了禁止令,但只是原则性地规定适用根据以及三个方面的禁止事项。为保障禁止令的顺利实施,2011 年 4 月 28 日最高人民法院、最高人民检察院、公安部、司法部(以下简称“两院两部”)颁布了《关于对判处管制、宣告缓刑的犯罪分子适用禁止令有关问题的规定(试行)》(以下简称《禁止令规定》)。《禁止令规定》在《刑法》的基础上规定了禁止令的适用根据,[③]并通过列举式加概括式的方式进一步细化禁止令的禁止事项,增强了对司法实践的指导,以引导法官正确、恰当适用禁止令。但不可否认的是,适用根据的规定仍显原则性,而且因为缺少实践经验,《禁止令规定》仅明确列举了 11 项禁止令类型。况且想要发挥禁止令特殊预防的效果,法官必须根据犯罪情况以及行为人的具体情况做出有针对性的禁止令,而司法实践中各种犯罪情况复杂多样,司法解释根本不可能通过列举的方式一一规定所有可能出现的禁止令类型,因此解释还必须赋予法官创制禁止令种类的权力,以确保禁止令适用的灵活性和针

---

① 载 http://www.jcrb.com/yqjc/201105/t20110523_545801.html。转引自王迪生、袁登明:《刑事禁止令适用疑难问题研究——基于刑事审判的观察》,载《法律适用》2017 年第 9 期。

② 参见王迪生、袁登明:《刑事禁止令适用疑难问题研究——基于刑事审判的观察》,载《法律适用》2017 年第 9 期。

③ 《禁止令规定》第 2 条规定:人民法院宣告禁止令,应当根据犯罪分子的犯罪原因、犯罪性质、犯罪手段、犯罪后的悔罪表现、个人一贯表现等情况,充分考虑与犯罪分子所犯罪行的关联程度,有针对性地决定禁止其在管制执行期间、缓刑考验期限内“从事特定活动,进入特定区域、场所,接触特定的人”的一项或者几项内容。

对性。然而实践中法官还普遍缺乏因案因人而异下达禁止令的能力，如果做出的禁止令缺乏必要性、针对性、可行性又容易招致批评，况且禁止令的适用只是裁量性规定，即便不予适用也不违背法律的规定，因而法官会秉承“能不发就不发”的态度予以处理，这样禁止令的适用数量将少之又少。

在管制与缓刑的执行中增设禁止令充分体现了宽严相济这一基本刑事政策的要求。一方面，管制和缓刑体现了宽严相济中“宽”的一面。对犯罪情节轻微、人身危险性较小且具有从宽处罚情节的犯罪分子判处管制或者宣告缓刑，使其在不脱离原有的家庭和社会环境的情况下接受教育和改造，有利于罪犯的悔过自新，也有利于节约司法成本，一举两得。但是“宽”并不意味着纵容，通过适用禁止令，增加罪犯在服刑期间的负担，这又恰恰体现了宽严相济中“严”的一面，是对管制和缓刑制度的完善和补充。立法层面的设计必须在司法实践中加以运用才能使其价值得以彰显和实现，如果法官在判处管制与缓刑之时均不适用禁止令，则会导致这一创新制度被束之高阁、成为一纸空文，无法体现宽严相济中“严以济宽”的价值诉求。

进一步来说，在笔者看来，相较于缓刑而言，在管制刑执行过程中更具有适用禁止令的必要性。管制刑和缓刑就执行内容来看具有很多相似性：一是都需对被执行人实行社区矫正；二是可以根据犯罪具体情况适用禁止令；三是在执行过程中需遵守的规定方面管制刑与缓刑也有四项内容是完全相同的，不同之处仅在于管制犯在未经执行机关批准的情况下不得行使言论、出版、集会、结社、游行、示威自由的权利，而对于缓刑犯则没有这项规定。管制刑与缓刑真正重大的区别还是在于，缓刑仍然保留有执行原判刑罚的可能性，如果缓刑犯在缓刑考验期间违反相关监督管理规定或者违反禁止令且情节严重的，则其会被撤销缓刑、执行原判刑罚，①这明显可以形成对缓刑犯的强大压力，促使其认真接受教育改造。但在管制刑的执行过程中则不存在对服刑罪犯的这一压力，无论其是否认真遵守上述规定，都不会引起所判管制刑刑期的变化，更不会变更成为其他更为严厉的刑罚措施。因此，在这种情况下，为了增强对管制犯的监

---

① 《刑法》第 77 条第 2 款规定：被宣告缓刑的犯罪分子，在缓刑考验期限内，违反法律、行政法规或者国务院有关部门关于缓刑的监督管理规定，或者违反人民法院判决中的禁止令，情节严重的，应当撤销缓刑，执行原判刑罚。

督、管理，更好地敦促其接受教育改造，笔者认为更有必要对因走私、贩卖、运输、制造毒品罪而被判处管制刑的罪犯适用禁止令。虽然目前学界对于禁止令的性质尚未形成定论，但毫无疑问的是，禁止令的适用会为管制犯增加一定的负担，因为无论是"禁止从事特定活动""禁止进入特定区域、场所"抑或是"禁止接触特定的人"，都是对服刑人人身自由不同程度的限制。不仅如此，为了增加执行效果，《刑法修正案(八)》还在《刑法》第38条中增设了一款，"违反第二款规定的禁止令的，由公安机关依照《中华人民共和国治安管理处罚法》的规定处罚"[①]。增设此款规定的目的显然在于避免当初管制刑存在的"不管不制"的现象，防止出现管制犯违反应当遵守的规定而无法处罚的局面，能够更好地实现对管制犯的教育和改造。

"两院两部"在就《禁止令规定》答记者问中指出："从立法精神看，禁止令的主要目的在于强化对犯罪分子的有效监管，促进其教育矫正，防止其再次危害社会。"[②]由此即可看出，禁止令的价值在于"用法官的具体判断弥补法律一般规定的不足，通过法官确定的更具体、更有针对性的监督管理措施来实现预防犯罪的刑罚目的"[③]。针对再犯可能性高的犯罪，最高人民法院和最高人民检察院已经开始尝试使用禁止令来实现特殊预防目的。例如，《关于办理危害食品安全刑事案件适用法律若干问题的解释》第18条和《关于办理危害药品安全刑事案件适用法律若干问题的解释》第11条均明确规定，对于符合刑法规定的缓刑适用条件的犯罪分子，可以适用缓刑，但是应当同时宣告禁止令，禁止其在缓刑考验期内从事食品、药品的生产、销售及相关活动。司法解释之所以将下达禁止令作为强制性规定，是因为实施危害食品安全、药品安全犯罪的人往往以该行为为职业，长时间实施该行为；行为人进入社会之后，一无其他谋生手段，二有行业经验，有继续实施这些行为的可能性，因此有必要禁止被告人从

---

① 我国《治安管理处罚法》第60条第4项规定：被依法执行管制、剥夺政治权利或者在缓刑、暂予监外执行中的罪犯或者被依法采取刑事强制措施的人，有违反法律、行政法规或者国务院有关部门的监督管理规定的行为，处五日以上十日以下拘留，并处二百元以上五百元以下罚款。

② 《两高两部联合发布正确适用禁止令相关规定》，载陕北资讯网2011年5月17日，https://www.09112.cn/detail.asp?id=1288。

③ 王迪生、袁登明：《刑事禁止令适用疑难问题研究——基于刑事审判的观察》，载《法律适用》2017年第9期。

事食品或药品的生产经营行为。[①] 对于犯走私、贩卖、运输、制造毒品罪的行为人来说也存在同样的问题,毒品罪犯的再犯可能性高这一特点恰恰说明有必要借助禁止令来实现特殊预防的目的。而且根据对管制刑以及缓刑样本的分析,司法实践中可能存在以下情形:被告人罪行较为严重因而不能对其免除处罚,但又因疾病等特殊原因而不适宜对其关押执行刑罚,法官便判处此类被告人管制刑或者缓刑。这种情况下对被告人适用禁止令就显得尤为必要。因而,笔者认为有必要在走私、贩卖、运输、制造毒品罪中将禁止令的适用由裁量性规定变更为强制性规定,以便更好地实现预防再犯的目的。

当然,就禁止令的具体内容而言,法官应秉承针对性、关联性和可操作性原则予以制定。例如,司法实践中有些贩卖毒品行为发生于娱乐场所,针对这种情况,法官就可以下达"禁止被告人进入娱乐场所"的禁止令。又如,法官可以禁止走私、贩卖、运输、制造毒品罪的行为人接触同案犯(共同犯罪人、毒品犯罪的上下家等)或者其他涉毒人员,因为这些人可能是犯罪的教唆者,或者可能是毒品的提供者、购买者,与这些人接触极有可能诱使行为人再次产生毒品犯罪的念头,继而再次实施毒品犯罪行为。至于禁止令中的"接触"一词应如何理解,笔者认为除了社会公众惯常理解的空间上的近距离"接触"外,诸如通过网络通信、手机等手段"接触"亦应属于禁止之列。原因很简单,借助这些通讯手段虽不会导致行为人与同案犯、涉毒人员面对面的接触,但同样可以实现语言沟通,自然也就有可能通过语言交流的方式刺激、引诱行为人产生犯罪意念。如果仅将"接触"限定于近距离的"面对面接触"这一狭小范围,明显不利于特殊预防目的的实现。

第五节 减轻处罚

减轻处罚是指在法定刑幅度以下判处刑罚。在量刑实践中,减轻处罚会导致法定刑面临重新"选址"的情况,具有肇始意义。[②] 因此,减轻处罚不仅属于

---

① 参见李洪杰:《刑事禁止令适用状况实证研究》,载《法商研究》2017 年第 4 期。

② 参见石经海、骆多:《量刑过程视角下量刑方法分段构建研究》,载《中国刑事法杂志》2015 年第 1 期。

量刑过程中的一个重要环节,而且还具有一定的特殊性,有必要单独予以研究。在介绍减轻处罚的具体情况之前,有必要说明的是,本研究中统计的减轻处罚的样本为判决书"法院认为"部分选择适用减轻处罚以及量刑实际结果在应适用法定刑幅度以下的样本。

一、总体情况

数据库中未适用减轻处罚的样本共有 2690 例,有 245 例样本在判决书中明确载明适用减轻处罚,此外还有 21 例样本虽然在判决书中没有明确载明适用减轻处罚,但最终的判决结果均低于本应适用法定刑幅度的最低刑,也就是说从实际效果来看体现出了减轻处罚的功能,对于这 21 例样本笔者也将其归入减轻处罚样本中进行研究。综上所述,数据库中适用减轻处罚的样本共计 266 例。

根据表 2－5－1 可知,在走私、贩卖、运输、制造毒品罪的四个法定刑幅度中减轻处罚的适用率存在一定的差异。在适用第一个法定刑幅度的 1261 例样本中仅有 2 例样本适用减轻处罚,仅占本幅度样本的 0.2%;在适用第二个法定刑幅度的 232 例样本中有 18 例样本适用减轻处罚,占本幅度样本的 7.8%;在适用第三个法定刑幅度的 230 例样本中有 35 例样本适用减轻处罚,占本幅度样本的 15.2%;在适用第四个法定刑幅度的 1233 例样本中有 211 例样本适用减轻处罚,占本幅度样本的 17.1%。总体而言,减轻处罚的适用比例呈现出逐步上升的趋势,即法定刑幅度越高,适用减轻处罚的比例也就越高。

表 2－5－1　不同法定刑幅度中减轻处罚样本的数量对比

			是否减轻处罚		合计
			否	是	
法定刑幅度	第一个法定刑幅度	计数/例	1259	2	1261
		法定刑幅度中的占比/%	99.8	0.2	100.0
		是否减轻处罚中的占比/%	46.8	0.8	42.7
	第二个法定刑幅度	计数/例	214	18	232
		法定刑幅度中的占比/%	92.2	7.8	100.0
		是否减轻处罚中的占比/%	8.0	6.8	7.8

续表

			是否减轻处罚		合计
			否	是	
法定刑幅度	第三个法定刑幅度	计数/例	195	35	230
		法定刑幅度中的占比/%	84.8	15.2	100.0
		是否减轻处罚中的占比/%	7.2	13.2	7.8
	第四个法定刑幅度	计数/例	1022	211	1233
		法定刑幅度中的占比/%	82.9	17.1	100.0
		是否减轻处罚中的占比/%	38.0	79.3	41.7
合计		计数/例	2690	266	2956
		法定刑幅度中的占比/%	91.0	9.0	100.0
		是否减轻处罚中的占比/%	100.0	100.0	100.0

在适用第一个法定刑幅度时,法官更不倾向于适用减轻处罚,笔者认为这与第一个法定刑幅度的特殊性有密切关系。减轻处罚是指在法定刑幅度以下裁量刑罚,对于适用第一个法定刑幅度的样本而言是否可以适用减轻处罚则必须明确两个问题:一是本幅度的最低刑是什么,二是是否有可能在本幅度最低刑之下裁量刑罚。就走私、贩卖、运输、制造毒品罪的规定来看,其第一个法定刑幅度为"三年以下有期徒刑、拘役或者管制,并处罚金"。对于法官来说,其可选择的不同量刑结果包括3年以下有期徒刑并处罚金、拘役并处罚金和管制并处罚金。笔者认为这个法定刑幅度的最低刑应该是管制并处罚金,再确切一点说应该是3个月管制并处1000元罚金。[①] 在这个法定最低刑之下已再无具体可以裁量适用刑罚的空间了,因为选择判处低于3个月管制或者是低于1000元罚金的量刑结果都是违反刑法以及司法解释相关规定的。因此,笔者认为适用走私、贩卖、运输、制造毒品罪第一个法定刑幅度的样本无法体现减轻处罚的功能,当被告人具备从宽处罚情节时,法官应当根据具体情况要么选择从轻处罚、要么选择免除处罚。实际上,就笔者搜集的2例适用第一个法定刑幅度而被减轻处罚的样本而言,1例样本是适用2个月拘役并处2000元罚金,

① 无论是刑法还是其配套司法解释对于走私、贩卖、运输、制造毒品罪的罚金数额都没有作出规定,因而只能依据《财产刑规定》的规定,认定1000元罚金为最低限。

1 例样本是适用 6 个月拘役并处 2000 元罚金，最终量刑结果并未体现出减轻处罚的实际效果。

有的判决非常明确地写出适用减轻处罚的原因，即因为何种情节而对被告人适用减轻处罚，但有些判决则未写明。[①] 在写明适用减轻处罚原因的判决中，有的判决是因为某个单一情节而适用减轻处罚，有的判决则是考虑诸多情节最终综合判定适用减轻处罚。笔者基于判决书中具体载明的适用减轻处罚依据的实际情况，对减轻处罚的适用情节进行了梳理。

从表 2－5－2 可知，适用最多的减轻处罚情节首先是从犯，其次为立功。[②] 当然，还有很多法官之所以选择对被告人减轻处罚并非仅仅因为被告人具有某项或者某几项法定减轻处罚情节，而是还考虑到了酌定量刑情节，判决书中提到的能够影响法官适用减轻处罚的酌定量刑情节包括认罪悔罪、毒品未流入社会、受雇佣、受胁迫以及以贩养吸等。当然，绝大多数情况下，这些酌定量刑情节都是在被告人具有法定减轻处罚情节的前提下才影响被告人减轻处罚的适用。表 2－5－2 统计的法定量刑情节都是多功能从宽处罚情节，而在多项功能并存的情况下究竟如何选择，酌定量刑情节往往可以发挥重要作用。

表 2－5－2　法定减轻处罚情节统计

序号	具体情节	频数/例	占减轻处罚样本的比例/%
1	从犯	162	60.9
2	立功	61	22.9
3	自首	9	3.4
4	坦白	35	13.2
5	未遂	22	8.3
6	未成年人	3	1.1

引起笔者注意的是，减轻处罚样本中有 3 例样本，在被告人不具有法定减轻处罚情节的情况下，法官仅仅因为被告人具有酌定量刑情节就对其减轻

① 有的判决虽然在最终量刑结果上实现了减轻处罚，但法官并未在判决理由部分明确对被告人适用减轻处罚，像这样的情况自然也就没有具体写明减轻处罚的原因或者情节是什么。

② 这里的立功既包括重大立功也包括一般立功，还有一些判决书只说是"立功"，未能明示立功类型，所以笔者将上述三种情况合并予以统计。

处罚。① 一般而言,酌定量刑情节具有从轻处罚、从重处罚的功能,对此理论界和实务界的意见比较一致。根据我国刑法的规定,减轻处罚分为法定减轻处罚和酌定减轻处罚,法定减轻适用于法定量刑情节中明确具有减轻处罚功能的情况,酌定减轻则适用于《刑法》第63条第2款规定的情形。② 该款规定被学界理解为对酌定量刑情节具有减轻处罚影响力的专门规定,法官针对案件中出现的一些客观上值得悯恕的情节,认为有必要对被告人予以减轻处罚时可适用该款规定。但是需要强调的是,适用该款规定对被告人减轻处罚必须报经最高人民法院核准。但在笔者搜集的判决书中均未涉及这一程序,判决书中也没有写明适用《刑法》第63条第2款的规定,对于这种未经法定程序、在不具备法定减轻处罚情节的情况下仅仅因为被告人具有某些酌定量刑情节就直接对其减轻处罚的做法,笔者是持否定态度的。

二、不同法定刑幅度减轻处罚样本的分析

在对减轻处罚样本有一个整体认识的基础上,笔者将对不同法定刑幅度中的减轻处罚样本进行深入分析。由于第一个法定刑幅度中仅有2例减轻处罚样本,基本情况前文业已介绍,后文就不再对这2例样本展开分析了。

(一)第二个法定刑幅度减轻处罚样本

适用第二个法定刑幅度的样本中有18例样本适用减轻处罚,减轻处罚后被告人的处刑均为有期徒刑实刑且并处罚金。刑法在减轻处罚幅度的问题上没有做出明确限制,只是要求在法定刑幅度的下一个幅度内裁量,这也就是说,刑种的减轻和刑期的减轻都是可以的。走私、贩卖、运输、制造毒品罪第一个法定刑幅度的主刑包括有期徒刑、拘役和管制,但法官在对适用第二个法定刑幅度的被告人减轻处罚后均选择适用的是有期徒刑,因此,应该说对刑种减轻的适用是比较严格的。从表2-5-3中我们可以看到,有期徒刑刑期从10个月至34个月均有适用,较为分散,适用频数上存在一定的差异,适用频数相对较高的有12个月、18个月和24个月。

---

① 1例样本是被告人在购买的毒品中掺入大量辅料;另外2例样本属于共同犯罪,案件中存在特情引诱并在控制下交易,且被告人均无贩毒史,属于从中帮助贩卖毒品,所以法官对二人适用减轻处罚。

② 《刑法》第63条第2款规定:犯罪分子虽然不具有本法规定的减轻处罚情节,但是根据案件的特殊情况,经最高人民法院核准,也可以在法定刑以下判处刑罚。

表 2-5-3　第二个法定刑幅度减轻处罚样本有期徒刑刑期频数

		频率/例	占比/%	有效占比/%	累积占比/%
有效	10 个月	1	5.6	5.6	5.6
	12 个月	3	16.7	16.7	22.2
	18 个月	3	16.7	16.7	38.9
	24 个月	5	27.8	27.8	66.7
	26 个月	1	5.6	5.6	72.2
	27 个月	1	5.6	5.6	77.8
	28 个月	1	5.6	5.6	83.3
	30 个月	2	11.1	11.1	94.4
	34 个月	1	5.6	5.6	100.0
	合计	18	100.0	100.0	—

由于从有期徒刑刑期频数表中不能明显识别出减轻处罚的幅度大小，笔者遂将这些具体刑期划入不同刑期区间之中，再统计不同刑期区间的适用频数，笔者将第一个法定刑幅度划分为不满 1 年有期徒刑（第三个刑期区间）、1 年以上不满 2 年有期徒刑（第二个刑期区间）以及 2 年以上有期徒刑（第一个刑期区间）三个刑期区间（"不满"不包括本数，"以上"包括本数）。根据计算，落入不满 1 年有期徒刑区间的样本仅有 1 例，落入 1 年以上不满 2 年有期徒刑区间的样本共有 6 例，而落入 2 年以上有期徒刑区间的样本则有 11 例。由此可知，司法实践中法官虽然不会将第二个法定刑幅度减轻处罚一律严格限定在该法定刑幅度以下第一个刑期区间以内，也有样本在以下第二个或第三个刑期区间内适用，但从整体情况看，这种减轻处罚幅度过大的判决数量较少，即减轻处罚的幅度受到了一定程度的限制。

减轻处罚的效果在主刑上得到明显体现，即主刑刑期均低于所应适用的法定刑幅度的最低刑，那对于附加刑是否也实现了减轻处罚的效果呢？这是笔者需要进一步探索的问题。为此，笔者对第二个法定刑幅度内减轻处罚与未减轻处罚两类样本的罚金均值进行了比较。结果显示，未减轻处罚样本的罚金均值为 5231.3084，减轻处罚样本的罚金均值为 3861.1111，虽然从均值来看减轻处罚样本的罚金低于未减轻处罚的样本，但独立样本 T 检验的结果显示二者之间并不存在显著性差异($F=1.572, P>0.05, t=1.046, df=230, P>0.05$)。这一数据结果表明,减轻处罚样本的罚金数额均值并不显著低于未减轻处罚的样本,即整体而言减轻处罚的效果并未在罚金刑上予以体现。

(二)第三个法定刑幅度减轻处罚样本

适用第三个法定刑幅度样本中共有 35 例样本适用减轻处罚,2 例样本的被告人被判处有期徒刑缓刑并处罚金,剩余 33 例样本均为有期徒刑实刑,且其中有 32 例样本并处罚金,1 例样本未判处罚金。就减轻处罚样本的主刑而言,有期徒刑刑期最低的为 36 个月,最高的为 82 个月,符合减轻处罚的刑法规定。为了清晰掌握减轻处罚的程度,笔者将第二个法定刑幅度划分为 3 年以上不满 4 年有期徒刑(第四个刑期区间)、4 年以上不满 5 年有期徒刑(第三个刑期区间)、5 年以上不满 6 年有期徒刑(第二个刑期区间)以及 6 年以上不满 7 年有期徒刑(第一个刑期区间)这四个刑期区间("不满"不包括本数,"以上"包括本数),而后再统计不同刑期区间的样本数量。根据统计,落入 3 年以上不满 4 年有期徒刑区间的样本有 6 例,落入 4 年以上不满 5 年有期徒刑区间的样本有 12 例,落入 5 年以上不满 6 年有期徒刑区间的样本有 8 例,落入 6 年以上不满 7 年有期徒刑区间的样本有 9 例。从上述情况来看,不同区间的样本数量差异不大,这说明适用第三个法定刑幅度的样本在适用减轻处罚时,主刑较为平均地散落于第二个法定刑幅度的各个刑期区间。

笔者又对第三个法定刑幅度内减轻处罚与未减轻处罚两类样本的罚金均值进行比较。结果显示,未减轻处罚样本的罚金均值为 12,806.5104,减轻处罚样本的罚金均值为 8617.6471,减轻处罚样本的罚金均值明显低于未减轻处罚的样本,独立样本 T 检验的结果显示二者之间存在显著性差异($F=6.016, P<0.05, t=3.068, df=98.911, P<0.05$)。

(三)第四个法定刑幅度减轻处罚样本

在 1233 例适用第四个法定刑幅度的样本中共有 211 例样本适用减轻处罚,但有 1 例样本从最终裁判结果来看并未体现出减轻处罚的实际效果,[①]后文在对减轻处罚样本进行具体分析时将此例样本排除在外。在剩余的 210 例

① 该例样本所涉及的判决书明确认定被告人具有重大立功表现,因而采纳辩护人关于减轻处罚的意见,但最终判处被告人无期徒刑,剥夺政治权利终身,并处没收个人全部财产。

样本中,主刑均为有期徒刑实刑,有期徒刑刑期最低的为 60 个月,[①]刑期最高的为 174 个月。为了能够清晰掌握减轻处罚的程度,笔者仍将第三个法定刑幅度进行刑期区间划分,以便统计落入不同刑期区间的减轻处罚样本的频数。由于第三个法定刑幅度跨度较大,为便于统计,笔者将其划分为 7 年以上不满 9 年有期徒刑(第四个刑期区间)、9 年以上不满 11 年有期徒刑(第三个刑期区间)、11 年以上不满 13 年有期徒刑(第二个刑期区间)以及 13 年以上不满 15 年有期徒刑(第一个刑期区间)四个区间("不满"不包括本数,"以上"包括本数)。经过频数计算,落入上述四个区间的减轻处罚样本分别有 46 例、53 例、55 例以及 53 例。根据统计数据,不同区间的样本数量差异不大,这说明适用第四个法定刑幅度的样本在适用减轻处罚时,主刑较为平均地散落于第三个法定刑幅度的各个刑期区间。

在第四个法定刑幅度中,要比较减轻处罚与未减轻处罚两类样本的财产刑之间是否存在显著性差异稍有困难。因为根据刑法规定,适用第四个法定刑幅度被告人应该被判处的是没收财产,在减轻处罚的情况下则应该附加适用罚金刑,也就是说通过减轻处罚,财产刑的刑种发生了变化。外加没收财产又分为没收个人全部财产与没收个人部分财产,没收个人全部财产很难与罚金或者没收个人部分财产进行数量上的比较,我们只能对其进行质的比较,至少从理论上讲没收个人全部财产要重于没收个人部分财产和罚金。在排除了没收个人全部财产的情况下,对于第四个法定刑幅度中减轻处罚与未减轻处罚两类样本的财产刑是否存在差异,笔者只能依据裁判文书的实际量刑结果进行分析。先将适用第四个法定刑幅度的样本中适用罚金刑与适用没收个人部分财产的样本提取并分类,而后在上述两类样本中对比减轻处罚与未减轻处罚样本的财产刑数额之间是否存在差异。

先在附加适用罚金刑的样本中进行比较:未减轻处罚样本共计 21 例,罚金均值为 30,142.8571,减轻处罚样本共计 157 例,罚金均值为 19,605.0955,独立样本 T 检验结果显示两类样本的罚金均值之间不存在显著性差异(F =

---

① 除有 1 例有期徒刑刑期为 60 个月的样本外,还有 2 例样本的有期徒刑刑期为 72 个月,根据刑法规定,适用第四个法定刑的样本在减轻处罚后,主刑不得低于第三个法定刑幅度的最低点,即 84 个月,显然有期徒刑刑期为 60 个月与 72 个月的减轻处罚样本存在裁量错误的问题。

4. 532, $P<0.05$, $t=1.727$, $df=22.512$, $P>0.05$）。而后在附加适用没收个人部分财产的样本中进行比较：未减轻处罚样本共计 602 例，没收财产均值为 33, 433. 0801，减轻处罚样本共计 46 例，没收财产均值为 19, 456. 5217，独立样本 T 检验结果显示两类样本的没收财产均值之间存在显著性差异（$F=10.032$, $P<0.05$, $t=5.734$, $df=70.584$, $P<0.05$）。

在附加刑的适用上，除前述的财产刑之外，还有很多样本附加适用了剥夺政治权利，那剥夺政治权利是否在减轻处罚与未减轻处罚样本中也存在差异，笔者对此进行了统计。笔者排除了剥夺政治权利终身的样本，仅在剥夺一定期限政治权利的样本中进行比较。经过统计，未减轻处罚样本共计 177 例，剥夺政治权利时长平均为 3. 76 年，减轻处罚样本共计 42 例，剥夺政治权利时长平均为 2. 26 年，独立样本 T 检验结果显示二者之间存在显著性差异（$F=14.824$, $P<0.05$, $t=9.616$, $df=76.777$, $P<0.05$）。

三、对减轻处罚适用的评析

关于减轻处罚幅度，刑法规定应在所适用的法定刑幅度的下一幅度内裁量刑罚，但在满足下一幅度内这个条件的基础上是否应进一步有所限制，刑法学界早有讨论，笔者认为这种限制是有必要的，这样有利于保证罪刑均衡的实现，也更加符合宽严相济刑事政策的要求。坚持贯彻宽严相济刑事政策，不仅对罪行较轻的要依法从宽，而且对属于罪行较重但具有法定或酌定从宽处罚情节的也要从宽，从宽应做到宽大而不宽纵，既不能宽大无边也不能时宽时严。[①] 宽严相济刑事政策的重点在于“宽”与“严”之间必须相互依存、相互补充和配合，不能片面强调一方而忽视另一方，以实现二者之间的平衡；如果忽视二者之间的平衡，片面强调从宽或者片面强调从严，都有悖于宽严相济刑事政策的基本精神。就减轻处罚这一问题而言，虽然被告人罪行较重，但在具备法定和酌定从宽处罚情节时对被告人也要减轻处罚，这里边体现了严中有宽；而在减轻处罚的同时还需要对减轻幅度进行把控，防止从宽幅度过大而造成对被告人的宽纵，这又体现了宽中有严。

---

① 参见赵秉志：《宽严相济刑事政策视野中的中国刑事司法》，载《南昌大学学报（人文社会科学版）》2007 年第 1 期。

就走私、贩卖、运输、制造毒品罪的量刑实际情况来看，除第一个法定刑幅度之外，其余三个法定刑幅度的减轻处罚都未一律限定于法定刑幅度以下第一个刑期区间进行具体裁量，亦有样本在第二个、第三个刑期区间，甚至是第四个刑期区间内量刑，但三个法定刑幅度减轻处罚的程度也体现出一定的差异。在第二个法定刑幅度的减轻处罚样本中，一般情况下减轻处罚限定于法定最低刑以下第一个和第二个刑期区间，以下第三个刑期区间内的减轻处罚样本数量较少，更没有刑种减轻的样本。与此相比，法官对第三个和第四个法定刑幅度中减轻处罚程度的把控稍显宽松，落入四个不同刑期区间中的样本数量都较为平均，也就是说，相对于第二个法定刑幅度来说，适用第三个或者第四个法定刑幅度时有相对较多的被告人获得了更大幅度的减轻处罚。虽然这样处理能够很好地体现出宽以济严，但在严以济宽方面稍显不足。笔者认为，对于适用第三个或者第四个法定刑幅度的被告人当然可以依据从宽处罚情节而对其适用减轻处罚，但在减轻处罚的幅度上则需严格把控，即便不能完全排除在法定刑幅度以下第三个刑期区间，甚至是以下第四个刑期区间内具体裁量的可能，但也应将其控制在少数情况而不能随意扩大适用，对于适用第四个法定刑幅度的被告人来说尤应如此。

笔者在以往的研究中曾经提出以基准刑为参照标准控制减轻处罚幅度的观点，因为基准刑是以具体个罪的危害量为依据予以确定的，它能够较为准确地反映具体罪行的轻重。[①] 基准刑较高的，表明罪行较重，对其减轻处罚的幅度应较小；反之，基准刑较低的，表明罪行较轻，那么对其减轻处罚的幅度可以相对大一些。而基准刑的高低判断可以以法定刑幅度的中线为参照系数：具体罪行的基准刑在法定刑幅度中线以上的，减轻处罚后可以在法定刑幅度以下第一个刑期区间内裁量；具体罪行的基准刑在法定刑幅度中线以下的，减轻处罚后可以在法定刑幅度以下第二个或者第三个刑期区间内处刑；只有极少数的情况才可以在法定刑幅度以下第四个刑期区间内裁量刑罚。此种操作标准对于走私、贩卖、运输、制造毒品罪的减轻处罚也可以适用，但只能针对本罪的第二个和第三个法定刑幅度，因为这两个法定刑幅度有明显的法定刑幅度中线（前

---

① 参见梁文彩：《关于减轻处罚的实证研究——以敲诈勒索罪为基础展开的分析》，载《山东警察学院学报》2019 年第 3 期。

者为5年有期徒刑，后者为11年有期徒刑）。对于本罪第四个法定刑幅度而言则存在一定的困难：其一，这个幅度很难找到一个恰当的中间线，15年有期徒刑、无期徒刑、死刑是三个性质各异的刑罚种类；其二，即便是将无期徒刑作为中间线，也无法用基准刑与这个无期徒刑相比较。

根据原《量刑指导意见》的规定，“走私、贩卖、运输、制造鸦片一千克，海洛因、甲基苯丙胺五十克或者其他毒品数量达到数量大起点的，量刑起点为十五年有期徒刑。依法应当判处无期徒刑以上刑罚的除外。”西北五省份的《实施细则》或者沿用原《量刑指导意见》的表述方式，或者表述为“不宜判处无期徒刑以上刑罚的，量刑起点为十五年有期徒刑”。从这样的表述来看，实际上法官在量刑时首先需要进行刑种选择，在确定适用有期徒刑后再将15年有期徒刑作为量刑起点，而后根据毒品犯罪次数、人次、毒品数量等其他犯罪构成事实增加刑罚量、确定基准刑，但无论最后计算得来的基准刑是多少年，也很难与无期徒刑进行比较。对此，笔者认为可以进行如下操作：法官在选择刑种后，如果认为需要判处无期徒刑以上刑罚的，在确有必要减轻处罚时应在法定刑幅度以下第一个刑期区间内裁量；法官认为可以判处有期徒刑的，在减轻处罚时注意把控量刑情节的调刑比例，宜将减轻处罚控制在法定刑幅度以下第二个或者第三个刑期区间内裁量，确有必要在法定刑幅度以下第四个刑期区间内裁量刑罚的，法官则需在判决书中写明具体理由。

第三章　量刑影响因素的考察

第二章笔者对 2014 年至 2018 年西北五省份走私、贩卖、运输、制造毒品罪的量刑结果进行了汇总和分析，在这一章中笔者将要分析究竟哪些事实因素和情节会对量刑结果产生实质性影响，并在分析挖掘量刑影响因素的基础上尝试构建量刑结果的预测模型。基于样本数量的考虑，笔者主要对主刑中的拘役、有期徒刑以及附加刑中的罚金、没收财产展开研究。

第一节　研究基础

一、量刑影响因素的选取

《刑法》第 347 条、原《量刑指导意见》、《实施细则》、《毒品犯罪案件的解释》、《武汉会议纪要》、《大连会议纪要》以及《宽严相济意见》等涉及大量有关走私、贩卖、运输、制造毒品罪量刑的情节与因素，此外判决书中还有一些可能影响量刑的酌定量刑情节，经笔者汇总，这些情节与因素共计 35 个，其具体内容和频数参见表 3－1－1。

表3-1-1 事实因素频数统计

事实因素名称	频数/例	占总样本数的比例/%
残疾人、严重疾病患者、怀孕或者正在哺乳自己婴儿的妇女带毒	14	0.5
未成年人	3	0.1
老年人	14	0.5
限制行为能力人	2	0.1
武装掩护走私、贩卖、运输、制造毒品	0	0
以暴力抗拒检查、拘留、逮捕	1	0
受雇佣、受指使实施毒品犯罪	191	6.5
从犯	316	10.7
教唆未遂	2	0.1
劣迹	359	12.1
一般前科(走私、贩卖、运输、制造、非法持有毒品以外的前科事实)	395	13.4
毒品再犯	547	18.5
累犯	606	20.5
自首	43	1.5
坦白	1381	46.7
当庭认罪	877	29.7
立功	165	5.6
多次走私、贩卖、运输、制造毒品(三次以上)	457	15.5
毒品数量	2894	97.9
未完成形态	68	2.3
向多人贩卖(三人以上)	208	7.0
在戒毒场所、监管场所贩卖毒品	0	0
向在校学生贩卖毒品	0	0
组织、利用残疾人、严重疾病患者、怀孕或者正在哺乳自己婴儿的妇女走私、贩卖、运输、制造毒品	4	0.1
初犯、偶犯	1900	64.3
悔罪表现	171	5.8

续表

事实因素名称	频数/例	占总样本数的比例/%
毒品纯度低	36	1.2
存在特情	188	6.4
以贩养吸	114	3.9
具有吸毒情节	83	2.8
属于被利用、被教唆的残疾人、严重疾病患者、怀孕或者正在哺乳自己婴儿的妇女	2	0.1
毒品未流入社会	436	14.8
利用、教唆未成年人走私、贩卖、运输、制造毒品	3	0.1
向未成年人出售毒品	2	0.1
国家工作人员走私、贩卖、运输、制造毒品	4	0.1

在这些事实因素中,有的可以在走私、贩卖、运输、制造毒品罪所规定的所有具体行为方式中适用,诸如自首、坦白等《刑法》规定的常用量刑情节,还有一些仅能适用于某种特定的行为方式,如在戒毒场所、监管场所贩卖毒品这一情节就只能适用于实施贩卖毒品犯罪的行为人。虽然法律文件涉及的影响因素有很多,但从表3-1-1来看很多情节在司法实践中并不常见,大量出现的事实因素有21项,其余14项事实因素要么出现频数过少、要么根本没有在数据库中出现,无法统计其对量刑结果的影响作用,因而本项研究不再将这14项因素纳入统计分析。具体而言,这14项因素分别是:残疾人、严重疾病患者、怀孕或者正在哺乳自己婴儿的妇女带毒,未成年人,老年人,限制行为能力人,武装掩护走私、贩卖、运输、制造毒品,以暴力抗拒检查、拘留、逮捕,教唆未遂,在戒毒场所、监管场所贩卖毒品,向在校学生贩卖毒品,组织、利用残疾人、严重疾病患者、怀孕或者正在哺乳自己婴儿的妇女走私、贩卖、运输、制造毒品,属于被利用、被教唆的残疾人、严重疾病患者、怀孕或者正在哺乳自己婴儿的妇女,利用、教唆未成年人走私、贩卖、运输、制造毒品,向未成年人出售毒品以及国家工作人员走私、贩卖、运输、制造毒品。

对于剩余的21项事实因素我们也可以进行基本类型的划分,笔者将其划分为两类,即一般量刑情节和特定事实因素,前者是针对各种具体犯罪均能适用的量刑情节，包括法定量刑情节和酌定量刑情节；后者是专门针对毒品犯罪予以适用的各项情节和因素。具体而言，一般量刑情节包括从犯、劣迹、一般前科、累犯、自首、坦白、当庭认罪、立功、未完成形态、初犯偶犯以及悔罪表现等11项；特定事实因素包括受雇佣、受指使实施毒品犯罪，毒品再犯，多次走私、贩卖、运输、制造毒品，毒品数量，向多人贩卖，毒品纯度低，存在特情，以贩养吸，具有吸毒情节以及毒品未流入社会等10项。在上述情节和因素中，还有以下几点需要特别说明：

第一，数据库中从犯样本共计316例，笔者在对判决书进行梳理时发现，很多判决书还会对从犯进行更为细致的区分，即区分为从犯和次要从犯两种情况。在笔者汇总统计的316例从犯样本中实际上包括有8例次要从犯样本，因为次要从犯样本数量不多，所以笔者将这8例样本统一纳入从犯中，从整体上考察从犯情节对量刑结果的影响。

第二，根据刑法规定，未完成形态具体包括犯罪预备形态、犯罪未遂形态和犯罪中止形态，而且三种未完成形态所能获得的从宽处罚幅度也存在差异，从严格意义上来说应该予以明确区分。但在笔者统计的数据中，无1例样本属于犯罪预备形态，仅有1例样本被认定构成犯罪中止，49例样本属于犯罪未遂，还有23例样本属于部分既遂部分未遂的情形。因为未完成形态总体样本数量较少，再严格区分恐难以发现其对量刑结果的影响作用，所以笔者将上述情形予以汇总，从整体上考察未完成形态对量刑结果实际影响的有无与大小。

第三，关于存在特情这一因素，根据《大连会议纪要》的规定，运用特情侦破毒品案件，是依法打击毒品犯罪的有效手段。行为人本没有实施毒品犯罪的主观意图，而是在特情诱惑和促成下形成犯意，进而实施毒品犯罪的，属于“犯意引诱”，对因“犯意引诱”实施毒品犯罪的被告人，应当依法从轻处罚；行为人本来只有实施数量较小的毒品犯罪的故意，在特情引诱下实施了数量较大甚至达到实际掌握的死刑数量标准的毒品犯罪的，属于“数量引诱”，对因“数量引诱”实施毒品犯罪的被告人，应当依法从轻处罚。这也就是说，特情介入可以分为“犯意引诱”和“数量引诱”两种情况，但依据上述规定二者均需依法从轻处罚，因而笔者统计时将二者合并，统一为一个“存在特情”的从宽处罚情节。

二、数据库的裁剪

为了能够使对影响量刑的事实因素的分析以及构建的预测模型更加准确和科学，笔者认为需对数据库进行必要的裁剪，排除一些可能会对研究结论产生影响的因素。首先，根据前文介绍，判决书中确定的走私、贩卖，运输、制造毒品罪的行为方式有贩卖毒品，运输毒品，走私毒品，制造毒品，贩卖、运输毒品，走私、贩卖毒品，贩卖、制造毒品以及运输、制造毒品，在以上行为方式中贩卖毒品以及运输毒品占绝大多数，仅有少量样本涉及走私毒品和制造毒品这两种行为方式。如果研究时对行为方式不加区分，而是统一分析对量刑结果产生影响的情节和因素都有哪些，可能会影响结论的准确性。因此，鉴于数据库中涉及走私毒品和制造毒品的样本数量过少，笔者遂决定排除涉及这两种行为方式的样本。实际上，针对更具有普遍意义的行为方式进行研究并提出预测模型对于指导司法实践更具有现实意义。

其次，数据库中涉及的毒品种类繁多，有的样本仅涉及一种毒品，有的样本是两种以上毒品的混合，情况非常复杂。不同种类的毒品定罪量刑的数量标准是有差异的，如果不考虑毒品种类的差异笼统地进行分析也会导致分析结果失真。此外，虽然根据相关会议纪要的规定，尚没有刑法司法解释规定定罪量刑标准的毒品可以折算成海洛因之后进行刑罚裁量，①但司法实践中法官是否进行折算、具体如何折算笔者难以把握。因此，笔者认为还是在最大限度尊重判决书事实的基础上进行客观分析更为妥当。总体而言，西北地区毒品犯罪涉及的最为主要的毒品类型是海洛因和甲基苯丙胺，因而笔者决定将涉及其他种类毒品的样本排除在外，仅以涉及海洛因和甲基苯丙胺两种毒品的样本为基础展开分析，具体包括犯罪对象仅涉及海洛因的样本、犯罪对象仅涉及甲基苯丙胺的样本以及犯罪对象涉及海洛因和甲基苯丙胺的样本。针对上述两类毒品构建的量刑结果预测模型实际上也可以为涉及其他种类毒品犯罪的量刑提供一定的参考，即将一定数量的其他毒品与海洛因进行折算，而后带入预测模型得

---

① 《大连会议纪要》规定，对于刑法、司法解释等已规定了量刑数量标准的毒品，按照刑法、司法解释等规定适用刑罚；对于刑法、司法解释等没有规定量刑数量标准的毒品，有条件折算为海洛因的，参照国家食品药品监督管理局制定的《非法药物折算表》，折算成海洛因的数量后适用刑罚。

出一定的刑罚量。

最后,根据《刑法》及相关文件的规定,毒品数量对于走私、贩卖、运输、制造毒品罪确定法定刑幅度以及宣告刑具有至关重要的作用,因此毒品数量将是本项研究分析的重要事实因素之一。但数据库中有一定数量的样本缺失毒品的具体数量信息,笔者也将这部分样本排除在外。

综上所述,经过裁剪,数据库中剩余样本共计2685例(以下简称裁剪数据库)。

第二节　主刑影响因素分析

一、拘役刑期的影响因素分析

裁剪数据库中共有220例样本适用拘役刑,笔者将基于这220例样本对影响拘役刑期选择的因素进行分析。在毒品犯罪的量刑中,毒品数量是一个非常重要的因素,因而笔者首先观察了拘役样本的毒品数量情况。拘役样本的毒品数量均值为0.474827(克),中值为0.365(克),众数为0.2(克),极小值为0.03(克),极大值为3.89263(克),极大值与极小值间的跨度达到3.86263(克)。笔者对毒品数量与拘役刑期进行相关性分析,结果显示二者之间并不存在相关关系($r=0.087, P>0.05$)。这一计算结果并不符合当初的理论预期,为发现其中可能存在的问题,笔者进一步对不同拘役刑期的毒品数量均值进行了比较。

根据表3-2-1可知,拘役刑期2个月的样本仅有3例,但对应的毒品数量平均达到1.76(克),明显高于其他刑期的毒品数量平均值,3.5个月拘役仅有1例,毒品数量为0.2(克),4.5个月拘役也仅有1例,毒品数量为0.22(克),排除上述样本,剩余的拘役刑期为3个月、4个月、5个月以及6个月的样本数量较多,且对应的毒品数量均值基本呈逐步上升的趋势,笔者猜测正是由于上述毒品数量较为异常的5例样本才使拘役刑期与毒品数量之间不存在相关关系。笔者认为这5例样本属于明显的异常值,于是在排除这5例样本之后再次检测了毒品数量与拘役刑期之间的相关关系,最终结果显示二者之间存在显著的正相关关系($r=0.214, P<0.05$),即拘役刑期会随着毒品数量的增加而增长。因此,为了更加准确地分析、挖掘影响拘役刑期的情节和因素并构建预

测模型,笔者将上述 5 例毒品数量异常的样本剔除,仅基于剩余的 215 例样本展开分析。

表 3－2－1　不同拘役刑期毒品数量均值

拘役刑期/个月	毒品均值/克	N	标准差
2	1.7633333	3	1.47886218
3	0.2543714	21	0.21435266
3.5	0.2000000	1	0
4	0.4309422	64	0.45516256
4.5	0.2200000	1	0
5	0.4397512	106	0.43245504
6	0.8006750	24	0.84052976
总计	0.4748270	220	0.53709324

由于拘役刑期属于等距变量,笔者遂采用多元线性回归的分析方法。[①] 笔者将拘役刑期作为因变量,将前述影响量刑的情节和因素作为自变量放入回归分析中,采用“向后:剔除法”的方法,“使用 F 的概率”中删除值设定为 0.05。“向后:剔除法”的原理就是系统先建立全变量模型,在模型中与因变量具有最小偏相关的变量若符合模型剔除的判定标准时则会被最先从模型中剔除,然后根据设定的判定标准重复以上步骤,直到回归方程中不再含有符合踢出判定标准的自变量为止。“使用 F 的概率”就是采用 F 检验的概率值作为判定标准,当一个变量 F 检验的 Sig. 值≥剔除值时该变量从回归方程中剔除。[②] 经过运算共有 16 个模型,且第 16 个模型中的各项自变量的 P 值均小于 0.05。第 16 个模型的 R 值为 0.367,R^2的值为 0.135,调整 R^2的值为 0.123,[③]方差分析结果

① 回归分析是确定两种或者两种以上变量间相互依赖的定量关系的一种统计分析方法。按照自变量和因变量之间的关系类型,可分为线性回归分析和非线性回归分析。如果回归分析中包括两个或两个以上的自变量,且因变量和自变量之间是线性关系,则称这种回归分析为多元线性回归分析;如果因变量是一个二分变量,则可以使用二元逻辑回归分析方法。参见卢纹岱、朱红兵主编:《SPSS 统计分析》(第 5 版),电子工业出版社 2015 年版,第 286、317 页。

② 参见卢纹岱、朱红兵主编:《SPSS 统计分析》(第 5 版),电子工业出版社 2015 年版,第 293、296 页。

③ R 值为复相关系数值,R^2的值为复相关系数值的平方,调整 R^2的值为 R^2的修正值。参见卢纹岱、朱红兵主编:《SPSS 统计分析》(第 5 版),电子工业出版社 2015 年版,第 294 页。

显示模型的P值为0,小于0.001,即预测模型具有统计学意义。根据表3-2-2可知,能够对拘役刑期产生实际影响的情节和因素共有3个,分别是从犯、毒品数量以及初犯偶犯,但只有这3个因素结合起来才能解释因变量变异的36.7%,这一结果说明司法实践中还有很多能够影响拘役刑期结果的因素。

表3-2-2 拘役刑期多元线性回归方程系数

模型		非标准化系数		标准系数	t	Sig.
		B	标准误差	Beta		
16	(常量)	4.761	0.143	—	33.271	0
	是否从犯	-1.976	0.463	-0.287	-4.272	0
	毒品数量	0.461	0.107	0.285	4.311	0
	是否初犯偶犯	-0.384	0.148	-0.169	-2.594	0.010

以往的研究成果显示,羁押期限会对拘役刑期产生一定的影响。例如,田旭博士在其博士学位论文《交通肇事罪量刑实证研究》中指出,当法官认为被告人犯罪情节较轻并决定对其判处拘役刑时,如果被告人已被羁押了一定的时间,则其比较倾向于选择略高于羁押期限的时间作为被告人的刑期。[①] 显然,如果法官宣判的刑期等于羁押期限,那么结果就是宣判后即需释放被告人,因为其所判刑期均已被审前羁押的期限所折抵,但如果法官宣判的刑期少于羁押期限,则会出现"刑期倒挂"[②]的现象。刑期倒挂不符合"尊重和保障人权原则"的要求,为避免这一尴尬,法官就更倾向于在高于被告人羁押期限且低于刑法设定的拘役刑期最高限这一范围内裁量刑罚。

笔者在前文对拘役刑期进行数据分析时也发现拘役刑期与羁押时长之间存在一定关联,为对此加以验证,笔者尝试引入羁押期限这一变量分析其对拘役刑期影响的有无以及大小。前文笔者已将不同样本的羁押期限划分为若干区间,笔者就借助这一统计将不同区间设定为连续性数值变量。笔者首先对羁押期限与拘役刑期的相关性进行检验,检验结果显示二者之间存在显著的正相关关系($r=0.472$,$P<0.01$)。而后笔者将羁押期限这一因素引入回归方程重

---

① 参见田旭:《交通肇事罪量刑实证研究》,北京师范大学2016年博士学位论文,第400页。

② "刑期倒挂"是指被告人判决前的羁押期限超过了法院所判刑期的情况。

新进行计算,计算结果显示模型的 R 值为 0.565,R^2的值为 0.319,调整 R^2的值为 0.301,方差分析结果显示模型的 P 值为 0,小于 0.001,即预测模型具有统计学意义。

重新计算后所得方程的变量能够解释因变量 56.5% 的变异,与未引入羁押期限的方程相比,R 值有明显上升。根据表 3-2-3 可知,第 15 个模型中的各项自变量的 P 值均小于 0.05,新方程中影响拘役刑期的自变量共有 5 个,我们首先观察其标准化回归系数,标准化回归系数的正负表明自变量影响因变量的方向,①标准化回归系数的绝对值表明自变量对因变量影响作用的大小,根据这一绝对值可以对各项自变量(量刑影响因素)作用的大小进行排序。在这 5 个影响因素中,从犯、立功以及初犯偶犯这 3 项情节的标准化回归系数均为负值,即当被告人具备这 3 项因素时,法官会判处其相对较轻的拘役刑,这一结果符合 3 项量刑情节作为从宽处罚情节的理论预期。毒品数量以及羁押期限的标准化回归系数均为正值,即拘役刑期会随着毒品数量、羁押期限的增长而增长。按照标准化回归系数的绝对值排序,能够对拘役刑期产生影响的因素从大到小依次为羁押期限、从犯、毒品数量、立功以及初犯偶犯。从以上分析结果来看,毒品数量是毒品犯罪量刑中的一个重要因素,从犯、立功是法定量刑情节,初犯偶犯也属于常见的酌定量刑情节,但对拘役刑期影响最大的却是羁押期限。

表 3-2-3　引入羁押期限后拘役刑期多元线性回归方程系数

模型		非标准化系数		标准系数	t	Sig.
		B	标准误差	Beta		
15	(常量)	3.882	0.178	—	21.804	0
	是否从犯	-1.811	0.494	-0.236	-3.665	0
	是否立功	-0.510	0.206	-0.152	-2.482	0.014
	毒品数量	0.346	0.097	0.230	3.588	0
	是否初犯偶犯	-0.299	0.132	-0.141	-2.265	0.025
	羁押期限	0.336	0.047	0.436	7.125	0

① 正号表明正相关,即因变量随着自变量的增加而增加、减少而减少;负号表明负相关,即因变量随着自变量的增加而减少或者随着自变量的减少而增加。

根据上述因素的偏回归系数可以拟出下列有关拘役刑期的量刑模型：Y = 3.882 - 1.811X1 - 0.51X2 + 0.346X3 - 0.299X4 + 0.336X5，其中 Y 是"拘役刑期"，3.882 是"回归方程系数表中的常量"，X1 是"是否从犯"（是从犯取值为 1，不是从犯取值为 0），X2 是"是否立功"（是立功取值为 1，未立功取值为 0），X3 是"毒品数量"（将毒品的具体克数代入即可），X4 是"是否初犯偶犯"（是初犯偶犯取值为 1，不是取值为 0），X5 是"羁押期限"（羁押期限不满 1 个月的取值为 1，羁押期限 1 个月以上不满 2 个月的取值为 2……以此类推）。笔者以数据库中编号为"20185103701"的样本为例代入上述模型进行计算，该例样本的羁押期限取值为 5，不是从犯，没有立功情节，贩卖海洛因 0.26 克，属于初犯偶犯，根据公式最终的计算结果为 5.65196 个月，而该例样本的实际裁判结果是 6 个月拘役。

在上述影响拘役刑期的 5 项因素中，引起笔者思考的是羁押期限这一要素。不管是责任刑论的责任报应还是预防刑论的预防目的，都不能完整地说明刑罚的正当化根据，于是产生了并合主义。由于报应与预防并不是对立的，各国刑法都采取了并合主义的立场，我国现行刑法实际上也采取的是并合主义。[①] 根据这一原则，某种因素能够影响量刑，要么因其反映责任刑的大小、要么因其反映预防刑的大小，否则其就不能成为影响量刑结果的事实因素。羁押是刑事诉讼法中设定的为了保障刑事诉讼程序顺利进行的强制性措施和手段，其具体期限的长短既不能反映责任刑也不能反映预防刑，因而羁押期限从法理层面来讲不宜成为影响量刑的因素。当然，从客观实际出发，由于考虑到毒品犯罪的特殊性，大量毒品案件的被告人在审理过程中均处于羁押状态，为了避免出现所谓的"刑期倒挂"问题，法官不得不考虑拘役刑期与羁押期限之间的协调关系。由于拘役本身的可裁量空间就很小，仅有 5 个月，在过多考虑羁押期限的影响下自然难以为其他量刑因素留下发挥作用的空间和余地，由此也就导致了司法文件规定的诸多情节和因素难以对拘役刑期产生实际的影响。

在这种情况下，笔者认为在第一个法定刑幅度中是否适用拘役可能成为更为重要的问题，法官在综合案件各项因素和情节后认为对被告人判处拘役较为合适，而后则需要考虑羁押期限确定拘役刑期，以避免出现"刑期倒挂"的问

① 参见张明楷：《责任刑与预防刑》，北京大学出版社 2015 年版，第 72、77 页。

题。为此，笔者在第一个法定刑幅度中进行刑种选择的分析，该项分析以本幅度中适用拘役和有期徒刑的贩卖毒品样本为基础，以“是否判处拘役”为研究目标。由于“是否判处拘役”是一个二分变量，因而需要采用二元逻辑回归分析方法进行检验。笔者以“是否判处拘役”为因变量，将前述 21 项因素作为自变量，采用“向后：条件”的方法，将“步进概率”中的“进入”值和“删除”值均设定为0.01。[①] 经过计算，模型系数综合检测中的卡方值为 -5.822，自由度 df=1，Sig. 值（P 值）为 0.016。Nagelkerke R^2[②]的值为 0.324，说明自变量能够解释因变量约 32.4% 的变化。Hosmer 和 Lemeshow 检验[③]的卡方值为 13.771，自由度 df=8，Sig. 值为 0.088，大于 0.05，因此无法拒绝零假设。根据最终观测分类表可知，拘役的正确判断率仅为 5%，而不是拘役（有期徒刑）的判断正确率为 99%，总的判断正确率为 81.8%。

根据表 3-2-4 可知，第 15 个模型为最后一个模型，模型中共有 7 个因素的 Sig. 值小于 0.05，说明这 7 项因素具有统计学意义。在模型中我们先看的是 Exp（B）值，即优势比（也可称发生比），其表示在其他自变量固定不变的情况下，某一自变量每上升一个单位，因变量结果出现的机会将是原来的多少倍。[④] 毒品再犯的 Exp（B）值为 0.279，表明在其他因素不变的情况下，被告人具有毒品再犯情节时被判处拘役的概率是不具有该情节的 0.279 倍，即毒品再犯情节使被告人被判处拘役的概率呈明显下降趋势；累犯的 Exp（B）值为 0.023，表明在其他因素不变的情况下，被告人具有累犯情节时被判处拘役的概率是不具有该情节的 0.023 倍，即累犯情节使被告人被判处拘役的概率呈明显下降趋势；立功的 Exp（B）值为 4.331，表明在其他因素不变的情况下，被告人具有立功情节时被判处拘役的概率是不具有该情节的 4.331 倍，即立功情节使被告人被判处拘役的概率呈明显上升趋势；多次贩卖的 Exp（B）值为 0.089，表

---

① “向后：条件”就是根据条件参数估计似然比统计量的概率值，向后逐步剔除变量。“步进概率”用来设置变量进入模型及从模型中剔除的判定标准。参见卢纹岱、朱红兵主编：《SPSS 统计分析》（第 5 版），电子工业出版社 2015 年版，第 321 ~ 322 页。

② Nagelkerke R^2 是对二元逻辑回归分析模型变异中可解释部分的量化。参见卢纹岱、朱红兵主编：《SPSS 统计分析》（第 5 版），电子工业出版社 2015 年版，第 319 页。

③ Hosmer 和 Lemeshow 是拟合统计量，其零假设为方程对数据的拟合良好。参见卢纹岱、朱红兵主编：《SPSS 统计分析》（第 5 版），电子工业出版社 2015 年版，第 324 页。

④ 参见白建军：《法律实证研究方法》（第 2 版），北京大学出版社，第 186 页。

明在其他因素不变的情况下,被告人具有多次贩卖情节时被判处拘役的概率是不具有该情节的0.089倍,即多次贩卖情节使被告人被判处拘役的概率呈明显下降趋势;毒品数量的Exp(B)值为0.318,表明在其他因素不变的情况下,毒品数量每增加1克则被告人被判处拘役的概率是原来的0.318倍,即毒品数量越高,被告人被判处拘役的概率越低;未完成形态的Exp(B)值为11.223,表明在其他因素不变的情况下,被告人属于未完成形态时被判处拘役的概率是完成形态的11.223倍,即未完成形态使被告人被判处拘役的概率呈明显上升趋势;悔罪的Exp(B)值为0.202,表明在其他因素不变的情况下,被告人具有悔罪情节时被判处拘役的概率是不具有该情节的0.202倍,即悔罪情节使被告人被判处拘役的概率呈明显下降趋势。①

表3-2-4 是否判处拘役二元逻辑回归方程中的变量

		B	S. E,	Wals	df	Sig.	Exp(B)
步骤15	是否毒品再犯	-1.278	0.357	12.788	1	0	0.279
	是否累犯	-3.793	1.021	13.799	1	0	0.023
	是否立功	1.466	0.482	9.259	1	0.002	4.331
	是否多次	-2.415	1.123	4.623	1	0.032	0.089
	毒品数量	-1.146	0.166	47.690	1	0	0.318
	是否未完成形态	2.418	0.737	10.763	1	0.001	11.223
	是否悔罪	-1.599	0.750	4.543	1	0.033	0.202
	常量	-0.224	0.120	3.447	1	0.063	0.800

注:二元逻辑回归方程变量表格中的"B"是非标准化回归系数,"S. E,"是标准误差,"Wals"是一个统计量,用以检验自变量对因变量是否有影响,"df"是自由度。

由于不同的变量其相应的度量单位可能不同,不能依据非标准化回归系数的绝对值大小来比较各个自变量的相对作用大小,所以还需用"非标准化回归系数B值×标准差÷1.8138"这一公式来计算标准化回归系数,该系数的绝对值大小可以表示各个自变量的影响力大小,各个自变量的标准差则可以通过运

① 悔罪属于酌定从宽处罚情节,但在是否适用拘役的回归分析中其显现的却是不利于行为人的结果,显然不符合其从宽处罚情节的性质,但笔者仍然以实际计算结果来构建预测模型。

行 SPSS 软件描述统计中的频数程序获得。[①] 根据前述计算公式,毒品再犯的标准化回归系数为 -0.3,累犯的标准化回归系数为 -0.85,立功的标准化回归系数为0.14,多次贩卖的标准化回归系数为 -0.22,毒品数量的标准化回归系数为 -1.15,未完成形态的标准化回归系数为0.16,悔罪的标准化回归系数为 -0.17。根据上述标准化回归系数的绝对值从大到小自变量的排序依次为毒品数量、累犯、毒品再犯、多次贩卖、悔罪、未完成形态以及立功。

根据二元逻辑回归方程表中的非标准化回归系数值构建的是否适用拘役刑的预测模型如下:$Y = e^{(-0.224-1.278X1-3.793X2+1.466X3-2.415X4-1.146X5+2.418X6-1.599X7)}/[1+e^{(-0.224-1.278X1-3.793X2+1.466X3-2.415X4-1.146X5+2.418X6-1.599X7)}]$其中,Y 是“适用拘役刑的概率值”,e 是“自然对数的底”,约等于2.718282;-0.224 是“二元逻辑回归方程表中的常量”,X1 是“是否毒品再犯”(是则取值1,否则取值0),X2 是“是否累犯”(是则取值1,否则取值0),X3 是“是否立功”(是则取值1,否则取值0),X4 是“是否多次”(是则取值1,否则取值0),X5 是“毒品数量”(直接录入毒品克数),X6 是“是否未完成形态”(是则取值1,否则取值0),X7 是“是否悔罪”(是则取值1,否则取值0)。笔者以数据库中编码为“20152104901”的样本为例,该例样本不具有毒品再犯、累犯、立功以及悔罪情节,具有多次贩卖情节且属于未完成形态,毒品数量为2.7克,根据前述公式计算 Y 的值约等于0.035,也就是说该例样本有3.5%的可能性适用拘役,本例样本的实际判罚结果为有期徒刑。当然,根据前述分类表计算出的正确判断率来看,适用拘役的判断率仅为5%,所以这一预测模型仅供实务参考。

二、有期徒刑刑期的影响因素分析

有期徒刑是走私、贩卖、运输、制造毒品罪中适用最为广泛的主刑刑种,四个法定刑幅度均有涉及,裁剪数据库中各法定刑幅度中不同行为方式的有期徒刑样本数量参见表3-2-5,笔者将分别在四个不同的法定刑幅度内展开分析。在裁剪数据库中被判处有期徒刑的样本共计2058例,由于有期徒刑刑期为连续性等距变量,因而对有期徒刑刑期均采用多元线性回归分析方法进行检验,具体参数设置与拘役刑期检验部分相同,此处不再赘述。

---

① 参见宇传华主编:《SPSS 与统计分析》(第2版),电子工业出版社2014年版,第360~361页。

表 3-2-5 不同法定刑幅度中行为类型的数量对比

单位:例

法定刑幅度	行为类型			合计
	贩卖毒品	运输毒品	贩卖、运输毒品	
第一个法定刑幅度	927	5	0	932
第二个法定刑幅度	198	0	1	199
第三个法定刑幅度	172	32	7	211
第四个法定刑幅度	320	342	54	716
合计	1617	379	62	2058

(一)第一个法定刑幅度

根据表 3-2-5 可知,在第一个法定刑幅度中因贩卖毒品而适用有期徒刑的样本共计 927 例,因运输毒品而适用有期徒刑的样本仅有 5 例。由于运输毒品行为方式的样本数量过少,因而笔者仅在贩卖毒品行为方式下分析对有期徒刑刑期产生影响的情节和因素有哪些。根据计算,第 11 个模型为最终模型,最终模型的 R 值为 0.776,R^2值为 0.602,调整 R^2的值为 0.597,方差分析的 Sig. 值为 0.000,小于 0.001,方程具有统计学意义。

根据表 3-2-6 可知,模型中共有 11 个因素对第一个法定刑幅度有期徒刑刑期有显著的影响,根据其标准化回归系数的绝对值从大到小依次排列分别为毒品数量、向多人贩卖、坦白、初犯偶犯、累犯、毒品再犯、当庭认罪、多次贩卖、一般前科、存在特情以及未完成形态。上述因素中影响力最大的是毒品数量,标准化回归系数绝对值达到了 0.704,明显高于其他影响因素,剩余 10 项因素中仅有 3 项因素的标准化回归系数绝对值在 0.1 以上(包括 0.1),其余 7 项因素的标准化回归系数绝对值均低于 0.1,说明其影响作用较小。具体而言,毒品再犯、累犯、毒品数量、多次贩卖以及向多人贩卖的标准化回归系数值均为正数,表明这些因素与有期徒刑刑期之间呈正相关关系;坦白、当庭认罪、未完成形态、初犯偶犯以及存在特情的标准化回归系数值均为负数,表明这些因素与有期徒刑刑期之间呈负相关关系。

表 3－2－6　第一个法定刑幅度有期徒刑多元线性回归方程的系数

模型		非标准化系数		标准系数	t	Sig.
		B	标准误差	Beta		
11	(常量)	8.873	0.584	—	15.183	0.000
	是否有一般前科	-0.901	0.434	-0.053	-2.074	0.038
	是否毒品再犯	1.096	0.430	0.079	2.552	0.011
	是否累犯	1.252	0.409	0.088	3.060	0.002
	是否坦白	-1.307	0.377	-0.105	-3.468	0.001
	是否当庭认罪	-0.948	0.374	-0.076	-2.533	0.011
	是否多次贩卖	2.104	0.793	0.062	2.652	0.008
	毒品数量	2.225	0.067	0.704	33.183	0.000
	是否未完成形态	-2.530	1.275	-0.042	-1.985	0.047
	是否向多人贩卖	7.200	1.104	0.151	6.523	0.000
	是否初犯偶犯	-1.252	0.490	-0.100	-2.553	0.011
	是否存在特情	-1.324	0.643	-0.043	-2.058	0.040

根据前述分析,多次贩卖以及向多人贩卖 2 项因素均对有期徒刑刑期具有影响力,在此基础上笔者还就具体的行为次数以及具体购买毒品的人数与有期徒刑刑期之间是否存在相关关系展开分析,为此笔者采用偏相关的分析方法,以控制其他因素对量刑的影响。[①] 笔者首先对具体行为次数与有期徒刑刑期进行偏相关分析,此时将前面多元线性回归方程分析得出的能够对有期徒刑刑期产生影响作用的 11 项因素作为控制变量,经过检测,具体行为次数与有期徒刑刑期之间存在正相关关系($r=0.283, P<0.001$),具体数据参见表 3－2－7,说明有期徒刑刑期会随着行为次数的增加而增长。同理,笔者又对具体购买毒品的人数与有期徒刑刑期进行了偏相关分析,结果显示二者之间同样存在正相关关系($r=0.204, P<0.001$),具体数据参见表 3－2－8,说明有期徒刑刑期会随着购毒者数量的增多而增长。

① 偏相关分析的任务就是在研究两个变量之间的线性相关关系时控制可能对其产生影响的变量。参见卢纹岱、朱红兵主编:《SPSS 统计分析》(第 5 版),电子工业出版社 2015 年版,第 276 页。

表 3-2-7　行为次数与有期徒刑刑期的偏相关分析

控制变量			主刑时长	行为次数
是否有一般前科 & 是否毒品再犯 & 是否累犯 & 是否坦白 & 是否当庭认罪 & 毒品数量 & 是否未完成形态 & 是否向多人贩卖 & 是否初犯偶犯 & 是否存在特情 & 是否多次贩卖	主刑时长	相关性	1.000	0.283
		显著性(双侧)	0	0
		df	0	912
	行为次数	相关性	0.283	1.000
		显著性(双侧)	0	0
		df	912	0

表 3-2-8　购毒者人数与有期徒刑刑期的偏相关分析

控制变量			主刑时长	购毒者人数
是否有一般前科 & 是否毒品再犯 & 是否累犯 & 是否坦白 & 是否当庭认罪 & 毒品数量 & 是否未完成形态 & 是否向多人贩卖 & 是否初犯偶犯 & 是否存在特情 & 是否多次贩卖	主刑时长	相关性	1.000	0.204
		显著性(双侧)	0	0
		df	0	914
	购毒者人数	相关性	0.204	1.000
		显著性(双侧)	0	0
		df	914	0

需要特别说明的是，一般前科的标准化回归系数值为负数，表明该因素与有期徒刑刑期之间是负相关关系，即具有一般前科情节的行为人与不具有该情节的行为人相比会被判处相对更低的有期徒刑，这显然不符合一般前科这一量刑情节的性质和理论预期。之所以会出现这种情况，笔者认为可能是法官对一般前科情节的态度不同造成的。在笔者整理判决书时注意到，很多判决书涉及的被告人具有一般前科，但有的法官明确在判决理由部分将其作为从重处罚情节予以适用，而有的法官则未明确考虑这一情节，由此可能造成计算结果与情节性质不相符合的情况。从理论上讲，一般前科能够反映行为人的人身危险性程度高，应该引起对被告人的从重处罚，但一般前科仅是酌定量刑情节，相比之下法官更加重视同样反映行为人人身危险性程度且属于法定量刑情节的毒品再犯和累犯。

根据上述因素的偏回归系数可以拟出第一个法定刑幅度中贩卖毒品行为方式下有期徒刑刑期的量刑模型：$Y = 8.873 - 0.901X1 + 1.096X2 + 1.252X3 -$

1.307X4 - 0.948X5 + 2.104X6 + 2.225X7 - 2.53X8 + 7.2X9 - 1.252X10 - 1.324X11，其中 Y 是“有期徒刑刑期”，8.873 是“前述回归方程系数表中的常量”，X1 是“是否有一般前科”（是取值为 1，否取值为 0），X2 是“是否毒品再犯”（是取值为 1，否取值为 0），X3 是“是否累犯”（是取值为 1，否取值为 0），X4 是“是否坦白”（是取值为 1，否取值为 0），X5 是“是否当庭认罪”（是取值为 1，否取值为 0），X6 是“是否多次”（是取值为 1，否取值为 0），X7 是“毒品数量”（直接输入毒品的具体克数），X8 是“是否未完成形态”（是取值为 1，否取值为 0），X9 是“是否向多人贩卖”（是取值为 1，否取值为 0），X10 是“是否初犯偶犯”（是取值为 1，否取值为 0），X11 是“是否存在特情”（是取值为 1，否取值为 0）。笔者以数据库中编码为“20152104901”的样本为例，该例样本不具有毒品再犯、累犯、当庭认罪、初犯偶犯以及特情情节，具有一般前科、坦白、多次贩卖、向多人贩卖情节且属于未完成形态，毒品数量为 2.7 克，根据量刑模型最终的计算结果为 19.4465 个月，而本例样本的实际裁判结果为 17 个月。

（二）第二个法定刑幅度

第二个法定刑幅度中因贩卖毒品而适用有期徒刑的样本共计 198 例，因贩卖、运输毒品而适用有期徒刑的样本仅有 1 例，没有运输毒品的样本。由于贩卖、运输毒品行为方式的样本数量过少，因而笔者仅分析贩卖毒品行为方式下对有期徒刑刑期产生影响的情节和因素有哪些。根据计算，第 16 个模型为最终模型，最终模型的 R 值为 0.589，R^2 值为 0.347，调整 R^2 值为 0.333，方差分析的 Sig. 值为 0.000，小于 0.001，方程具有统计学意义。

根据表 3-2-9 可知，模型共有 4 个因素对第二个法定刑幅度有期徒刑的刑期产生显著影响作用，根据其标准化回归系数的绝对值从大到小依次排列分别为从犯、毒品数量、累犯和当庭认罪。具体而言，累犯、毒品数量的标准化回归系数值均为正数，表明这些因素与有期徒刑刑期之间呈正相关关系，即累犯比非累犯要被判处相对更长的有期徒刑，有期徒刑刑期会随着毒品数量的增长而增长；从犯和当庭认罪的标准化回归系数值均为负数，表明这些因素与有期徒刑刑期之间呈负相关关系，即当被告人具备这两项情节时会比不具备这两项情节判处相对较短的有期徒刑。

表 3-2-9 第二个法定刑幅度有期徒刑多元线性回归方程的系数

模型		非标准化系数		标准系数	t	Sig.
		B	标准误差	Beta		
16	(常量)	41.606	1.079	—	38.547	0.000
	是否从犯	-21.568	3.147	-0.404	-6.853	0.000
	是否累犯	4.965	1.650	0.176	3.009	0.003
	是否当庭认罪	-3.211	1.500	-0.125	-2.141	0.033
	毒品数量	1.147	0.174	0.388	6.576	0.000

根据上述因素的偏回归系数可以拟出第二个法定刑幅度中贩卖毒品行为方式下有期徒刑刑期的量刑模型:$Y = 41.606 - 21.568X1 + 4.965X2 - 3.211X3 + 1.147X4$,其中 Y 是"有期徒刑刑期",41.606 是前述回归方程系数表中的常量,X1 是"是否从犯"(是取值为 1,否取值为 0),X2 是"是否累犯"(是取值为 1,否取值为 0),X3 是"是否当庭认罪"(是取值为 1,否取值为 0),X4 是"毒品数量"(直接输入毒品的具体克数)。笔者以数据库中编码为"20165104601"的样本为例,该例样本不具有从犯和当庭认罪情节,属于累犯,毒品数量为 9.85 克,根据量刑模型最终的计算结果为 57.86895 个月,而本例样本的实际裁判结果为 54 个月。

(三)第三个法定刑幅度

第三个法定刑幅度中因贩卖毒品而适用有期徒刑的样本共计 172 例,因运输毒品而适用有期徒刑的样本共计 32 例,因贩卖、运输毒品而适用有期徒刑的样本有 5 例,由于运输毒品和贩卖、运输毒品行为方式的样本数量过少,因而笔者仅分析贩卖毒品行为方式下对有期徒刑刑期产生影响的情节和因素有哪些。根据计算,第 17 个模型为最终模型,最终模型的 R 值为 0.66,R^2 值为 0.436,调整 R^2 值为 0.422,方差分析的 Sig. 值为 0.000,小于 0.001,方程具有统计学意义。

根据表 3-2-10 可知,模型共有 4 个因素对第三个法定刑幅度有期徒刑的刑期有显著的影响作用,根据其标准化回归系数的绝对值从大到小依次排列分别为从犯、毒品数量、未完成形态以及累犯。具体而言,累犯、毒品数量的标准化回归系数值均为正数,表明这些因素与有期徒刑刑期之间是正相关关系;从犯和未完成形态的标准化回归系数值均为负数,表明这些因素与有期徒刑刑期之间是负相关关系。

表 3－2－10　第三个法定刑幅度有期徒刑多元线性回归方程的系数

模型		非标准化系数		标准系数	t	Sig.
		B	标准误差	Beta		
17	(常量)	84.659	3.069	—	27.586	0.000
	是否从犯	－40.368	4.803	－0.501	－8.404	0.000
	是否累犯	10.137	4.011	0.150	2.527	0.012
	毒品数量	0.695	0.091	0.456	7.625	0.000
	是否未完成类型	－28.029	6.578	－0.250	－4.261	0.000

根据上述因素的偏回归系数可以拟出第三个法定刑幅度中贩卖毒品行为方式下有期徒刑刑期的量刑模型：Y = 84.659 － 40.368X1 + 10.137X2 + 0.695X3 －28.029X4，其中 Y 是“有期徒刑刑期”，84.659 是“前述回归方程系数表中的常量”，X1 是“是否从犯”（是取值为 1，否取值为 0），X2 是“是否累犯”（是取值为 1，否取值为 0），X3 是“毒品数量”（直接输入毒品的具体克数），X4 是“是否未完成形态”（是取值为 1，否取值为 0）。笔者以数据库中编码为“20182201902”的样本为例，该例样本具有从犯和累犯情节，不属于未完成形态，毒品数量为 20 克，根据量刑模型最终的计算结果为 68.328 个月，而本例样本的实际裁判结果为 72 个月。

（四）第四个法定刑幅度

第四个法定刑幅度中因贩卖毒品而适用有期徒刑的样本共计 320 例，因运输毒品而适用有期徒刑的样本共计 342 例，因贩卖、运输毒品而适用有期徒刑的样本 54 例，由于这些行为方式的样本都较为充足，因而笔者在本幅度样本中将针对上述不同行为方式分析对有期徒刑刑期产生影响作用的情节和因素各自有哪些。

1.贩卖毒品

根据计算，第 16 个模型是最终模型，最终模型的 R 值为 0.806，R^2 值为 0.649，调整 R^2 值为 0.643，方差分析的 Sig. 值为 0.000，小于 0.001，方程具有统计学意义。根据表 3－2－11 可知，模型共有 5 个因素对第四个法定刑幅度贩卖毒品行为方式下有期徒刑刑期产生显著的影响作用，根据其标准化回归系数的绝对值从大到小依次排列分别为从犯、毒品数量、立功、未完成形态以及存在特情。具体而言，毒品数量的标准化回归系数值为正数，表明其与有期徒刑刑期之间是正相关关系；从犯、立功、未完成形态以及存在特情情节的标准化回归系数值均为负数，表明这些因素与有期徒刑刑期之间是负相关关系。

表 3－2－11 第四个法定刑幅度贩卖毒品行为方式下有期徒刑多元线性回归方程的系数

模型		非标准化系数		标准系数	t	Sig.
		B	标准误差	Beta		
16	（常量）	175.225	1.482	—	118.213	0.000
	是否从犯	－51.975	2.275	－0.788	－22.849	0.000
	是否立功	－25.782	3.906	－0.225	－6.600	0.000
	毒品数量	0.028	0.004	0.233	6.730	0.000
	是否未完成形态	－23.530	4.569	－0.176	－5.150	0.000
	是否存在特情	－5.979	2.292	－0.089	－2.608	0.010

根据上述因素的偏回归系数可以拟出第四个法定刑幅度中贩卖毒品行为方式下有期徒刑刑期的量刑模型：$Y = 175.225 - 51.975X1 - 25.782X2 + 0.028X3 - 23.53X4 - 5.979X5$，其中 Y 是“有期徒刑刑期”，175.225 是“前述回归方程系数表中的常量”，X1 是“是否从犯”（是取值为 1，否取值为 0），X2 是“是否立功”（是取值为 1，否取值为 0），X3 是“毒品数量”（直接输入毒品的具体克数），X4 是“是否未完成形态”（是取值为 1，否取值为 0），X5 是“是否存在特情”（是取值为 1，否取值为 0）。笔者以数据库中编码为“20182202004”的样本为例，该例样本具有从犯情节，属于未完成形态，不具有立功和特情情节，毒品数量为 166 克，根据量刑模型最终的计算结果为 104.368 个月，而本例样本的实际裁判结果为 96 个月。

2. 运输毒品

在第四个法定刑幅度中共有 342 例运输毒品行为方式的样本，笔者将各项情节和因素放入多元线性回归方程中进行分析和计算。① 根据计算，第 12 个

① 在前述 21 项情节中，有一些是仅能适用于贩卖毒品这一行为方式的量刑情节，如以贩养吸、向多人贩卖，这 2 项情节不纳入本次多元回归分析；此外，在 342 例运输毒品的样本中存在多次运输、存在特情的样本各仅有 1 例，不存在未完成形态的样本，为避免影响结论的准确性，笔者也排除这 3 项情节，最终共有 16 项因素纳入多元回归分析。

模型为最终模型，最终模型的 R 值为 0.691，R^2 值为 0.477，调整 R^2 值为 0.469，方差分析的 Sig. 值为 0.000，小于 0.001，方程具有统计学意义。根据表 3-2-12 可知，模型共有 5 个因素对第四个法定刑幅度运输毒品行为方式下有期徒刑的刑期产生显著的影响作用，根据其标准化回归系数的绝对值从大到小依次排列分别为从犯、立功、毒品数量、毒品未流入社会以及自首。具体而言，毒品数量的标准化回归系数值为正数，表明其与有期徒刑刑期之间是正相关关系；从犯、自首、立功以及毒品未流入社会情节的标准化回归系数值均为负数，表明这些因素与有期徒刑刑期之间是负相关关系。

表 3-2-12　第四个法定刑幅度运输毒品行为方式下有期徒刑多元线性回归方程的系数

模型		非标准化系数		标准系数	t	Sig.
		B	标准误差	Beta		
12	(常量)	180.470	1.315	—	137.199	0.000
	是否从犯	-35.447	2.263	-0.635	-15.661	0.000
	是否自首	-19.135	8.030	-0.094	-2.383	0.018
	是否立功	-23.543	3.648	-0.256	-6.454	0.000
	毒品数量	0.001	0.000	0.118	2.919	0.004
	是否毒品未流入社会	-5.746	2.159	-0.106	-2.661	0.008

根据上述因素的偏回归系数可以拟出第四个法定刑幅度中运输毒品行为方式下有期徒刑刑期的量刑模型：$Y = 180.47 - 35.447X1 - 19.135X2 - 23.543X3 + 0.001X4 - 5.746X5$，其中 Y 是“有期徒刑刑期”，180.47 是“前述回归方程系数表中的常量”，X1 是“是否从犯”（是取值为 1，否取值为 0），X2 是“是否自首”（是取值为 1，否取值为 0），X3 是“是否立功”（是取值为 1，否取值为 0），X4 是“毒品数量”（直接输入毒品的具体克数），X5 是“是否毒品未流入社会”（是取值为 1，否取值为 0）。

3. 贩卖、运输毒品

由于这种类型的样本兼具贩卖和运输两种行为方式，笔者遂将前述 21 项因素全部纳入多元线性回归分析中。经过计算，第 16 个模型为最终模型，最终模型的 R 值为 0.804，R^2 值为 0.646，调整 R^2 值为 0.617，方差分析的 Sig. 值为 0.000，小于 0.001，方程具有统计学意义。根据表 3-2-13 可知，模型共有 4

个因素对第四个法定刑幅度贩卖、运输毒品行为方式下有期徒刑的刑期产生显著的影响作用，根据其标准化回归系数的绝对值从大到小依次排列分别为从犯、毒品数量、自首以及毒品纯度低。具体而言，毒品数量的标准化回归系数值为正数，表明其与有期徒刑刑期之间是正相关关系；从犯、自首以及毒品纯度低的标准化回归系数值均为负数，表明这些因素与有期徒刑刑期之间是负相关关系。

表3-2-13　第四个法定刑幅度贩卖、运输毒品行为方式下有期徒刑多元线性回归方程的系数

模型		非标准化系数		标准系数	t	Sig.
		B	标准误差	Beta		
16	（常量）	167.437	3.786	—	44.230	0.000
	是否从犯	-43.412	7.041	-0.635	-6.166	0.000
	是否自首	-51.404	14.703	-0.324	-3.496	0.001
	毒品数量	0.024	0.007	0.362	3.557	0.001
	是否毒品纯度低	-34.715	13.481	-0.266	-2.575	0.013

根据上述因素的偏回归系数可以拟出第四个法定刑幅度贩卖、运输毒品行为方式下有期徒刑刑期的量刑模型：$Y = 167.437 - 43.412X1 - 51.404X2 + 0.024X3 - 34.715X4$，其中Y是“有期徒刑刑期”，167.437是“前述回归方程系数表中的常量”，X1是“是否从犯”（是取值为1，否取值为0），X2是“是否自首”（是取值为1，否取值为0），X3是“毒品数量”（直接输入毒品的具体克数），X4是“是否毒品纯度低”（是取值为1，否取值为0）。

三、第四个法定刑幅度刑种选择的影响因素分析

根据西北五地《实施细则》的规定，在适用第四个法定刑幅度的情况下，法官认为不需要对被告人判处无期徒刑以上刑罚的可将15年有期徒刑作为量刑起点。由此看来，对于适用第四个法定刑幅度的被告人，法官首先需要判断其究竟适用哪个刑种。根据这一思路，笔者认为有必要分析和挖掘出影响刑种选择的因素有哪些。为此，笔者以裁剪数据库中适用第四个法定刑幅度且主刑为有期徒刑、无期徒刑以及死刑的样本为基础展开分析。根据统计，符合上述条

件的样本共计1113例，其中贩卖毒品样本共计431例，运输毒品样本共计553例，贩卖、运输毒品样本共计129例。笔者将"是否判处有期徒刑"作为因变量，其中适用有期徒刑的样本共计716例，未适用有期徒刑（适用无期徒刑或死刑）的样本共计397例。笔者仍是依据不同行为方式分别进行分析，但遗憾的是，在贩卖毒品以及运输毒品的样本中"是否判处有期徒刑"二元逻辑回归分析的Hosmer和Lemeshow检验结果表明方程不具有统计学意义，因而笔者只能在贩卖、运输毒品行为方式下构建"是否判处有期徒刑"的预测模型。

根据计算，模型系数的综合检测中的卡方值为－3.935，自由度df＝1，Sig.值为0.047，说明方程中至少有一个自变量具有统计学意义。Nagelkerke R^2的值为0.68，说明能由方程解释的回归变异量达到了68%。Hosmer和Lemeshow检验的卡方值为5.488，自由度df＝8，Sig.值为0.704，不能拒绝零假设即方程对数据拟合良好。根据最终观测分类表可知，有期徒刑的正确判断率为85.2%，而不是有期徒刑（判处结果为无期徒刑以上刑罚）的正确判断率为86.7%，总的正确判断率为86%。

根据表3－2－14可知，第16个模型为最终模型，模型共有5个因素的Sig.值小于0.05，具有统计学意义。从犯的Exp（B）值为607.034，表明在其他因素不变的情况下，被告人具有从犯情节时被判处有期徒刑的概率是不具有该情节的607.034倍；毒品再犯的Exp（B）值为0.098，表明在其他因素不变的情况下，被告人具有毒品再犯情节时被判处有期徒刑的概率是不具有该情节的0.098倍；坦白的Exp（B）值为4.248，表明在其他因素不变的情况下，被告人具有坦白情节时被判处有期徒刑的概率是不具有该情节的4.248倍；毒品数量的Exp（B）值为0.996，表明在其他因素不变的情况下，毒品数量每增加1克则被告人被判处有期徒刑的概率是原来的0.996倍；悔罪的Exp（B）值为41.952，表明在其他因素不变的情况下，被告人具有悔罪情节时被判处有期徒刑的概率是不具有该情节的41.952倍。根据标准化回归系数的计算公式，从犯的标准化回归系数为1.15，毒品再犯的标准化回归系数为－0.48，坦白的标准化回归系数为0.38，毒品数量的标准化回归系数为－4.8，悔罪的标准化回归系数为0.58。根据上述标准化回归系数的绝对值从大到小自变量的排列依次为毒品数量、从犯、悔罪、毒品再犯和坦白。

表 3-2-14　是否判处有期徒刑二元逻辑回归分析方程中的变量

		B	S. E,	Wals	df	Sig.	Exp(B)
步骤16	是否从犯	6.409	1.647	15.142	1	0.000	607.034
	是否毒品再犯	-2.324	0.883	6.932	1	0.008	0.098
	是否坦白	1.446	0.594	5.925	1	0.015	4.248
	毒品数量	-0.004	0.001	18.542	1	0.000	0.996
	是否悔罪	3.737	1.421	6.915	1	0.009	41.952
	常量	1.276	0.539	5.598	1	0.018	3.584

根据二元逻辑回归方程表中的非标准化回归系数值构建的是否适用有期徒刑的预测模型如下：$Y = e^{(1.276+6.409X1-2.324X2+1.446X3-0.004X4+3.737X5)}/[1+e^{(1.276+6.409X1-2.324X2+1.446X3-0.004X4+3.737X5)}]$其中,Y 是“判处有期徒刑的概率值”,1.276 是“二元逻辑回归方程表中的常量”,X1 是“是否从犯”(是则取值 1,否则取值 0),X2 是“是否毒品再犯”(是则取值 1,否则取值 0),X3 是“是否坦白”(是则取值 1,否则取值 0),X4 是“毒品数量”(直接录入毒品克数),X5 是“是否悔罪”(是则取值 1,否则取值 0)。笔者以数据库中编码为“20162201801”的样本为例,该例样本不具有从犯、坦白情节,属于毒品再犯但具有悔罪情节,毒品数量为 336.2 克,根据前述公式计算,Y 约等于 0.7932,也就是说该例样本有 79.32% 的可能性适用有期徒刑,而本例样本的实际判罚结果为有期徒刑,这一预测模型对于司法实践具有一定的参考价值。

第三节　附加刑影响因素分析

虽然数据库样本涉及的附加刑包括了罚金、没收财产、剥夺政治权利和驱逐出境,但出于样本数量的考虑,笔者仅就罚金和没收财产两种财产刑展开研究。笔者经初步计算发现,整体而言能够对财产刑量刑结果产生影响的因素非常少,而且常常出现量刑结果与情节本身性质相互矛盾的情况。鉴于此,笔者仅在本节中介绍对罚金、没收财产具体数额产生影响的因素有哪些,不再构建罚金刑与没收财产刑量刑结果的预测模型。

一、罚金数额的影响因素分析

(一)第一个法定刑幅度

1.拘役并处罚金

根据计算,第14个模型为最终模型,最终模型的R值为0.636,R^2值为0.405,调整R^2值为0.391,方差分析的Sig.值为0.000。根据表3-3-1可知,模型共有5项因素对拘役并科罚金样本的罚金数额产生影响,根据其标准化回归系数的绝对值从大到小这几项因素依次排列为未完成形态、从犯、毒品数量、存在吸毒情节以及有一般前科。但是从犯与未完成形态属于法定的从宽处罚情节,即具备这2项情节时罚金数额应相对更低,但这2项量刑情节的标准化回归系数均为正值,也就是说当被告人具备这2项情节时,法官对其判处的罚金数额反而更高,这明显不符合从犯、未完成形态作为从宽处罚情节的性质。不仅如此,在回归方程中,毒品数量的标准化回归系数为负值,即毒品数量越高的罚金数额反而越低。至于存在吸毒情节,其标准化回归系数为正值,即当被告人存在吸毒情节时会被法官判处相对更高的罚金刑。虽然笔者在整理判决书时发现,部分法官会在裁判理由部分将吸毒情节作为一项酌定从宽处罚情节,但从以上数据结果来看,该项因素并未对被告人产生从宽处罚的实际效果。根据以上分析,在拘役并处罚金样本中,法官对罚金数额的裁量较为随意。

表3-3-1　拘役并处罚金样本中罚金数额多元线性回归方程的系数

模型		非标准化系数		标准系数	t	Sig.
		B	标准误差	Beta		
14	(常量)	1746.551	71.931	—	24.281	0.000
	是否从犯	1127.309	465.270	0.132	2.423	0.016
	是否有一般前科	375.066	187.244	0.107	2.003	0.046
	毒品数量	-226.511	108.264	-0.123	-2.092	0.038
	是否未完成形态	3964.300	348.008	0.653	11.391	0.000
	是否存在吸毒情节	1042.175	450.159	0.122	2.315	0.022

2.有期徒刑并处罚金

第一个法定刑幅度中有期徒刑并处罚金样本绝大多数的行为方式都是贩

卖毒品,因而笔者仅在贩卖毒品行为方式下分析对罚金数额有实际影响的因素有哪些。经过计算,第19个模型为最终模型,最终模型的R值为0.433,R^2值为0.188,调整R^2值为0.185,方差分析的Sig.值为0.000。根据表3-3-2可知,模型共有3项因素对罚金数额产生影响,根据其标准化回归系数的绝对值从大到小这几项因素依次排列为毒品数量、存在吸毒情节以及有劣迹,且这3项因素的标准化回归系数均为正值,即与罚金数额之间存在正相关关系。罚金数额会随着毒品数量的增加而增加,而且当行为人具有劣迹时罚金数额会比不具有劣迹要相对较高;而存在吸毒情节实际仍属于从严处罚情节,即具备这一因素时法官会对被告人判处相对较高数额的罚金。

表3-3-2 第一个法定刑幅度有期徒刑并处罚金样本中罚金数额多元线性回归方程的系数

模型		非标准化系数		标准系数	t	Sig.
		B	标准误差	Beta		
19	(常量)	1810.409	74.372	—	24.343	0.000
	是否有劣迹	360.834	151.632	0.071	2.380	0.018
	毒品数量	315.275	28.788	0.328	10.952	0.000
	是否存在吸毒情节	5182.344	652.086	0.238	7.947	0.000

(二)第二个法定刑幅度

第二个法定刑幅度中的有期徒刑并处罚金样本绝大多数的行为方式都是贩卖毒品,因而笔者仅在贩卖毒品行为方式下分析对罚金数额有实际影响作用的因素有哪些。经过计算,第15个模型为最终模型,最终模型的R值为0.417,R^2值为0.174,调整R^2值为0.152,方差分析的Sig.值为0.000。根据表3-3-3可知,模型中共有5项因素对罚金数额产生影响,根据其标准化回归系数的绝对值从大到小这几项因素依次排列为毒品数量、以贩养吸、坦白、未完成形态以及初犯偶犯,且这5项因素的标准化回归系数均为正值,即与罚金数额之间存在正相关关系。罚金数额会随着毒品数量的增加而增加,这符合基本的量刑规律,但坦白、未完成形态以及初犯偶犯均为从宽处罚情节,而检验结果证明这些情节均产生了对被告人从严处罚的效果,不符合这些情节本身的性质。至于以贩养吸,司法解释将其设定为从宽处罚情节,但研究结果显示以贩养吸也成为了从严处罚情节，这同样不符合规范性文件对这一情节的性质设定。

表 3-3-3　第二个法定刑幅度有期徒刑并处罚金样本中罚金数额多元线性回归方程的系数

模型		非标准化系数		标准系数	t	Sig.
		B	标准误差	Beta		
15	（常量）	2078.438	552.462	—	3.762	0.000
	是否坦白	1184.476	519.648	0.151	2.279	0.024
	毒品数量	298.743	65.107	0.302	4.589	0.000
	是否未完成形态	3886.244	1840.502	0.140	2.112	0.036
	是否初犯偶犯	1092.214	535.440	0.136	2.040	0.043
	是否以贩养吸	2675.883	990.897	0.181	2.700	0.008

（三）第三个法定刑幅度

第三个法定刑幅度中的有期徒刑并处罚金样本绝大多数的行为方式也都是贩卖毒品，因而笔者仍是在贩卖毒品行为方式下分析对罚金数额产生实际影响的因素有哪些。经过计算，第 19 个模型为最终模型，最终模型的 R 值为 0.277，R^2值为 0.077，调整 R^2值为 0.066，方差分析的 Sig. 值为 0.001。根据表 3-3-4 可知，模型中仅有 2 项因素对罚金数额产生影响，根据其标准化回归系数的绝对值从大到小这 2 项因素依次排列为毒品数量和从犯。其中毒品数量的标准化回归系数为正值，即罚金数额会随着毒品数量的增加而增加；从犯的标准化回归系数为负值，即当被告人属于从犯时法官会判处其相对较低数额的罚金，这一结果符合从犯法定从宽处罚情节的性质。

表 3-3-4　第三个法定刑幅度有期徒刑并处罚金样本中罚金数额多元线性回归方程的系数

模型		非标准化系数		标准系数	t	Sig.
		B	标准误差	Beta		
19	（常量）	8709.375	1561.023	—	5.579	0.000
	是否从犯	-6853.338	2685.979	-0.193	-2.552	0.012
	毒品数量	159.352	51.178	0.235	3.114	0.002

(四)第四个法定刑幅度

第四个法定刑幅度中有期徒刑并处罚金样本共计157例,死缓并处罚金样本1例,二者合计158例。其中贩卖毒品样本共计86例,运输毒品样本共计62例,而贩卖、运输毒品样本仅有10例。由于贩卖、运输毒品样本数量过少,因而笔者仅在贩卖毒品、运输毒品这2种行为方式下分析对罚金数额产生实际影响作用的因素都有哪些。

1. 贩卖毒品

经过计算,第18个模型为最终模型,最终模型的R值为0.616,R^2值为0.38,调整R^2值为0.357,方差分析的Sig.值为0.000。根据表3-3-5可知,模型中共有3项因素对罚金数额产生影响,根据其标准化回归系数的绝对值从大到小这3项因素依次排列为毒品数量、向多人贩卖和从犯。其中毒品数量的标准化回归系数为正值,即罚金数额会随着毒品数量的增加而增加;向多人贩卖的标准化回归系数为正值,即当具备该项情节时法官会对被告人判处相对较高数额的罚金刑;而从犯的标准化回归系数为负值,即当被告人属于从犯时法官会判处其相对较低数额的罚金。在向多人贩卖情节对罚金数额产生影响作用的基础上,笔者又进一步对购毒人数与罚金数额进行相关性检验,结果显示二者之间不存在相关关系($r=0.081$,$P>0.05$)。这也就是说,法官在裁量罚金数额时仅从整体上考察向多人贩卖情节的有无,而不再进一步衡量具体购毒人数对量刑的影响作用。

表3-3-5 贩卖毒品行为方式下有期徒刑并处罚金样本中罚金数额多元线性回归方程的系数

模型		非标准化系数		标准系数	t	Sig.
		B	标准误差	Beta		
18	(常量)	14,028.997	2940.585	—	4.771	0.000
	是否从犯	-7501.531	3073.319	-0.218	-2.441	0.017
	毒品数量	29.952	6.426	0.406	4.661	0.000
	是否向多人贩卖	21525.449	5357.122	0.359	4.018	0.000

2. 运输毒品

经过计算,第15个模型为最后一个模型,最终模型的R值为0.562,R^2值为0.316,调整 R^2值为0.293,方差分析的 Sig. 值为0.000。根据表3－3－6可知,仅有2项因素对罚金数额产生影响,根据其标准化回归系数的绝对值从大到小这2项因素依次排列为有劣迹和受雇受指使。劣迹的标准化回归系数为正值,即当被告人具有劣迹情节时法官会对其判处相对较高数额的罚金刑;与此相反,受雇受指使因素的标准化回归系数为负值,即当被告人具备该情节时法官会对其判处相对较低数额的罚金刑。

表3－3－6　运输毒品行为方式下有期徒刑并处罚金样本中罚金数额多元线性回归方程的系数

模型		非标准化系数		标准系数	t	Sig.
		B	标准误差	Beta		
15	(常量)	25,416.428	2897.279	—	8.773	0.000
	是否受雇受指使	－12,822.350	4392.400	－0.317	－2.919	0.005
	是否有劣迹	31,148.042	7913.167	0.427	3.936	0.000

二、没收财产数额的影响因素分析

裁剪数据库中适用没收个人部分财产且在判决书中标明具体数额的样本共计592例,且均适用的是第四个法定刑幅度。其中贩卖毒品样本有243例,运输毒品样本有293例,贩卖、运输毒品样本有56例。由于不同行为方式的样本均较为充足,因而笔者将分别在上述3种行为方式下分析对没收财产数额产生影响的因素有哪些。

(一)贩卖毒品

经过计算,第17个模型为最终模型,最终模型的R值为0.324,R^2值为0.105,调整 R^2值为0.086,方差分析的 Sig. 值为0.000。根据表3－3－7可知,模型中共有4项因素对没收财产数额产生影响,根据其标准化回归系数的绝对值从大到小这4项因素依次排列为毒品数量、毒品未流入社会、从犯以及存在特情。其中毒品数量的标准化回归系数为正值,即没收财产的数额会随着毒品数量的增加而增加;与之相反,毒品未流入社会、从犯以及存在特情的标准化回归系数均为负值,即当被告人具备这些情节时法官会判处其相对较低数额的没收财产刑。

表3－3－7　贩卖毒品行为方式下没收财产数额多元线性回归方程的系数

模型		非标准化系数		标准系数	t	Sig.
		B	标准误差	Beta		
17	（常量）	35，240.204	2619.315	—	13.454	0.000
	是否从犯	－13，303.289	5920.168	－0.160	－2.247	0.026
	毒品数量	14.024	4.713	0.212	2.976	0.003
	是否存在特情	－10，077.797	4783.388	－0.155	－2.107	0.036
	是否毒品未流入社会	－8552.435	3699.428	－0.168	－2.312	0.022

（二）运输毒品

经过计算，第16个模型为最终模型，最终模型的R值为0.236，R^2值为0.036，调整R^2值为0.049，方差分析的Sig.值为0.000。根据表3－3－8可知，模型中仅有2项因素对没收财产数额产生影响，根据其标准化回归系数的绝对值从大到小这2项因素依次排列为初犯偶犯和多次运输。其中多次运输的标准化回归系数为正值，即当被告人具备这一情节时法官会对其判处相对较高数额的没收财产刑；初犯偶犯的标准化回归系数为负值，即当被告人具备这一情节时法官会对其判处相对较低数额的没收财产刑。在多次运输这一情节对没收财产数额有影响作用的基础上，笔者又进一步检验了具体行为次数与没收财产数额之间是否存在相关关系，结果证明二者之间存在正相关关系（$r=0.148$，$P<0.05$），即运输毒品的次数越多，没收财产的数额也就越高。

表3－3－8　运输毒品行为方式下没收财产数额多元线性回归方程的系数

模型		非标准化系数		标准系数	t	Sig.
		B	标准误差	Beta		
16	（常量）	36，517.647	2522.019	—	14.480	0.000
	是否多次运输	63，482.353	23，388.244	0.156	2.714	0.007
	是否初犯偶犯	－8581.830	2995.399	－0.164	－2.865	0.004

（三）贩卖、运输毒品

经过计算，第17个模型为最终模型，最终模型的R值为0.495，R^2值为0.245，调整R^2值为0.186，方差分析的Sig.值为0.006。根据表3－3－9可知，模型中共有 4 项因素对没收财产数额产生影响，根据其标准化回归系数的绝对值从大到小这 4 项因素依次排列为初犯偶犯、累犯、毒品纯度低和毒品数量。其中毒品数量的标准化回归系数为正值，即没收财产数额会随着毒品数量的增加而增加；累犯、初犯偶犯和毒品纯度低的标准化回归系数为负值，即当被告人具备这些情节时法官会对其判处相对较低数额的没收财产刑。初犯偶犯以及毒品纯度低可以成为酌定从宽处罚情节，但令人感到困惑的是，累犯情节也对被告人起到了从宽处罚的效果，这显然不符合累犯法定从严处罚情节的性质设定。

表 3－3－9　贩卖、运输毒品行为方式下没收财产数额多元线性回归方程的系数

模型		非标准化系数		标准系数	t	Sig.
		B	标准误差	Beta		
17	（常量）	80, 508. 443	15, 960. 810	—	5. 044	0. 000
	是否累犯	－41, 264. 214	18, 238. 958	－0. 465	－2. 262	0. 028
	毒品数量	30. 613	12. 088	0. 364	2. 533	0. 014
	是否初犯偶犯	－50, 221. 155	16, 755. 484	－0. 627	－2. 997	0. 004
	是否毒品纯度低	－52, 475. 704	17, 543. 782	－0. 400	－2. 991	0. 004

第四节　对量刑影响因素的总结和评析

一、量刑影响因素呈现的特点

笔者在阅读理论文献的基础上，根据走私、贩卖、运输、制造毒品罪判决书并参阅相关法律、司法解释的规定提取了若干影响量刑的情节和因素，分析这些情节和因素对拘役刑期、有期徒刑刑期以及罚金、没收财产数额的影响。检验结果显示，针对不同量刑结果具体产生影响的事实因素的数量、具体范围以及各个事实因素影响力的大小均存在一定差别，为更加直观地反映上述情况，笔者将影响量刑的情节和因素与量刑结果进行交叉制表。在表 3－4－1 和表 3－4－2 中，纵向的各项情节和因素为自变量，横向的各种量刑结果为因变量。纵向与横向交叉处以“ ×”表示该项因素未对量刑结果产生影响，具体数字表明该项因素对量刑结果有影响以及在对该量刑结果有影响的各项因素影响力中的次序。例如，毒品数量对第一个法定刑幅度有期徒刑有影响作用，阿拉伯数字“1”表明毒品数量在对有期徒刑刑期有影响的各项因素中排在第一位。

表3-4-1 主刑影响因素汇总

		拘役刑期	拘役与有期徒刑的选择	有期徒刑刑期（第一个法定刑幅度）	有期徒刑刑期（第二个法定刑幅度）	有期徒刑刑期（第三个法定刑幅度）	有期徒刑刑期（第四法定刑幅度贩卖毒品）	有期徒刑刑期（第四法定刑幅度运输毒品）	有期徒刑刑期（第四个法定刑幅度贩卖、运输毒品）	第四个法定刑幅度刑种选择
一般量刑情节	从犯	2	×	×	1	1	1	1	1	2
	劣迹	×	×	×	×	×	×	×	×	×
	一般前科	×	×	9	×	×	×	×	×	×
	累犯	×	2	5	3	4	×	×	×	×
	自首	×	×	×	×	×	×	5	3	×
	坦白	×	×	3	×	×	×	×	×	5
	当庭认罪	×	×	7	4	×	×	×	×	×
	立功	4	7	×	×	×	3	2	×	×
	未完成形态	×	6	11	×	3	4	×	×	×
	初犯偶犯	5	×	4	×	×	×	×	×	×
	悔罪	×	5	×	×	×	×	×	×	3
特定事实因素	受雇受指使	×	×	×	×	×	×	×	×	×
	毒品再犯	×	3	6	×	×	×	×	×	4
	多次走私、贩卖、运输、制造毒品	×	4	8	×	×	×	×	×	×
	毒品数量	3	1	1	2	2	2	3	2	1
	向多人贩卖	×	×	2	×	×	×	×	×	×
	毒品纯度低	×	×	×	×	×	×	×	4	×
	存在特情	×	×	10	×	×	5	×	×	×

续表

		拘役刑期	拘役与有期徒刑的选择	有期徒刑刑期（第一个法定刑幅度）	有期徒刑刑期（第二个法定刑幅度）	有期徒刑刑期（第三个法定刑幅度）	有期徒刑刑期（第四个法定刑幅度贩卖毒品）	有期徒刑刑期（第四个法定刑幅度运输毒品）	有期徒刑刑期（第四个法定刑幅度贩卖、运输毒品）	第四个法定刑幅度刑种选择
特定事实因素	以贩养吸	×	×	×	×	×	×	×	×	×
	存在吸毒情节	×	×	×	×	×	×	×	×	×
	毒品未流入社会	×	×	×	×	×	×	4	×	×

表3－4－2 附加刑影响因素汇总

		罚金数额（第一个法定刑幅度拘役样本）	罚金数额（第一个法定刑幅度有期徒刑样本）	罚金数额（第二个法定刑幅度）	罚金数额（第三个法定刑幅度）	罚金数额（第四个法定刑幅度贩卖毒品）	罚金数额（第四个法定刑幅度运输毒品）	没收财产数额（第四个法定刑幅度贩卖毒品）	没收财产数额（第四个法定刑幅度运输毒品）	没收财产数额（第四个法定刑幅度贩卖、运输毒品）
一般量刑情节	从犯	2	×	×	2	3	×	3	×	×
	劣迹	×	3	×	×	×	1	×	×	×
	一般前科	5	×	×	×	×	×	×	×	×
	累犯	×	×	×	×	×	×	×	×	2
	自首	×	×	×	×	×	×	×	×	×
	坦白	×	×	3	×	×	×	×	×	×
	当庭认罪	×	×	×	×	×	×	×	×	×
	立功	×	×	×	×	×	×	×	×	×
	未完成形态	1	×	4	×	×	×	×	×	×
	初犯偶犯	×	×	5	×	×	×	×	1	1
	悔罪	×	×	×	×	×	×	×	×	×

续表

		罚金数额（第一个法定刑幅度拘役样本）	罚金数额（第一个法定刑幅度有期徒刑样本）	罚金数额（第二个法定刑幅度）	罚金数额（第三个法定刑幅度）	罚金数额（第四个法定刑幅度贩卖毒品）	罚金数额（第四个法定刑幅度运输毒品）	没收财产数额（第四个法定刑幅度贩卖毒品）	没收财产数额（第四个法定刑幅度运输毒品）	没收财产数额（第四个法定刑幅度贩卖、运输毒品）
特定事实因素	受雇受指使	×	×	×	×	×	2	×	×	×
	毒品再犯	×	×	×	×	×	×	×	×	×
	多次走私、贩卖、运输、制造毒品	×	×	×	×	×	×	×	2	×
	毒品数量	3	1	1	1	1	×	1	×	4
	向多人贩卖	×	×	×	×	2	×	×	×	×
	毒品纯度低	×	×	×	×	×	×	×	×	3
	存在特情	×	×	×	×	×	×	4	×	×
	以贩养吸	×	×	2	×	×	×	×	×	×
	存在吸毒情节	4	2	×	×	×	×	×	×	×
	毒品未流入社会	×	×	×	×	×	×	2	×	×

通过对西北地区走私、贩卖、运输、制造毒品罪量刑实践的考察，笔者发现影响本罪量刑的因素总体上呈现以下特点：

第一，就主刑和财产刑对比而言，后者裁量的规范性不及前者。一是在影响量刑因素的数量上后者明显少于前者；二是在财产刑的裁量中，很多因素实际发挥的作用与该因素本身的性质不相符合。这在一定程度上说明，司法实践中法官在裁量财产刑时并未主要依据相关法律文件中设定的情节和因素，而是可能考虑了很多其他方面的情况。此外，截至目前西北地区尚没有关于财产刑裁量的规范化量刑文件，笔者认为财产刑裁量相对较为混乱局面的形成与此不无关系。

第二，影响量刑的因素更集中于一般量刑情节，特定事实因素作用范围有限。笔者对出现频次相对较高的 21 项因素进行实证分析后发现，能够对量刑结果起到较为广泛影响的因素形成了较为明显的集中态势,这些因素包括从犯、累犯、立功、未完成形态、初犯偶犯以及毒品数量。显然,上述因素中绝大部分都属于一般量刑情节,且体现出如下 2 个特征:一是法定量刑情节占据主导地位,二是从宽处罚情节占据主导地位。虽说特定事实因素对于毒品犯罪的量刑更具有针对性,但数据结果显示这些因素的影响范围相对较窄。

第三,在量刑中法官既考虑体现行为社会危害性程度的报应性因素,也考虑体现行为人人身危险性程度的预防性因素,但从整体上看,报应性因素的影响力优于预防性因素。有关刑罚目的的问题,从 20 世纪 20 年代以后,兼采报应与预防观念的"并合主义"已成为学界的有力主张。依据并合主义,刑罚的量定应依据刑事责任原则,同时在罪责的公正报应所允许的范围内,兼顾特殊预防和一般预防的目的。[①] 2013 年《量刑指导意见》明确将"实现惩罚和预防犯罪的目的"规定为一个独立的量刑指导原则,强调了 2 种刑罚目的的重要性。最高人民法院、最高人民检察院于 2021 年 6 月印发的《量刑指导意见(试行)》亦重申了这一量刑原则。因此,法官在裁量刑罚时既要考虑报应刑也要考虑预防刑。

有学者通过对抢劫、强奸、故意伤害罪的量刑进行实证研究后发现,能够影响量刑的变量非常有限,在这些变量中,法官主要考虑的是报应性变量,而预防性变量则不受重视。[②] 也有论者通过对某基层法院 2004 年全年已审结的刑事判决书进行实证研究发现,被告人的人身危险性可以解释法官量刑结果的 47%,犯罪行为的社会危害性可以解释量刑结果的 25%。[③] 而在走私、贩卖、运输、制造毒品罪的量刑实践中,报应性因素与预防性因素二者究竟孰轻孰重,笔者作了进一步分析。笔者先对影响量刑的因素进行基本分类,即划分为体现行为社会危害性程度的因素与体现行为人人身危险性程度的因素,前者体现刑罚的报应性,后者体现刑罚的预防性。有些因素的类型划分不存在问题,例如,毒品数量属于体现社会危害性程度的因素当无疑问;又如,累犯反映了被告人具

---

① 参见韩轶:《论刑罚目的的与量刑原则》,载《安徽大学学报(哲学社会科学版)》2006 年第 4 期。

② 参见赵书鸿:《论刑罚裁量的简洁化——量刑活动的经验性研究结论》,载《中外法学》2014 年第 6 期。

③ 参见李安:《量刑实证研究的方法论检视——从实证观念到实证技术》,载《中外法学》2009 年第 6 期。

有较高的人身危险性，理当将其划归体现人身危险性程度的因素中。但诸如多次实施以及向多人贩卖等因素则具有复杂性，因为这些因素兼具体现社会危害性以及人身危险性的双重属性。对此，笔者认为事实因素即便具有双重属性，但其双重属性也会有所区分而非处于等量齐观的状态。基于这种认识，笔者以罪前、罪中、罪后这一时间轴为辅助，得出罪前情节主要是行为人是否有违法犯罪情况，有过违法犯罪的表明行为人的人身危险性程度相对较高；罪中情节均与犯罪行为本身相关联，主要体现的是行为的社会危害性；而罪后情节主要是认罪以及悔罪情况，说明行为人犯罪后是否认识到自己的错误以及是否有悔悟之心，因而罪后情节主要体现的是行为人的人身危险性。按照上述标准，笔者认为从犯、未完成形态、受雇受指使、多次实施、毒品数量、向多人贩卖、毒品纯度低、存在特情、以贩养吸、存在吸毒情节以及毒品未流入社会属于体现行为社会危害性的因素，[①]而劣迹、一般前科、累犯、毒品再犯、自首、坦白、当庭认罪、立功、初犯偶犯以及悔罪属于反映行为人人身危险性的因素。根据这一划分再结合前面的影响因素汇总表可以发现，不仅报应性因素数量明显多于预防性因素，而且报应性因素的位次更靠前，这就说明报应性因素对量刑的影响要大于预防性因素。

二、对酌定量刑情节适用的评析

量刑情节是能够影响量刑的因素，量刑情节之所以能够影响量刑，主要是因其反映了行为本身的社会危害性程度或者是行为人的人身危险性高低，个别情况下是基于刑事政策和人道主义的考虑。[②] 量刑规范化的实现，不仅要有正

---

① 这里需要说明的是以下几个情节：第一，就毒品纯度低而言，毒品犯罪对社会造成危害大小的重要判断依据就是毒品的具体数量，毒品中大量掺杂掺假进而导致毒品纯度很低的，虽然毒品克数很高但实际危害却明显小于纯度高的毒品，因而笔者认为这一情节反映的是行为的社会危害性程度；第二，就存在特情而言，无论是犯意引诱还是数量引诱，均影响行为人的犯罪动机，而动机可以反映行为人的主观恶性程度继而影响行为的社会危害性大小；第三，对于以贩养吸而言，笔者认为这一情节可以理解为行为人实施贩卖毒品的动因，即行为人是为了供自己吸食毒品而实施贩卖毒品的行为，那以贩养吸同样说明的是行为人的犯罪动机，因而笔者也将其归入反映行为社会危害性的情节一类；第四，就存在吸毒情节而言，从相关判决书的信息来看，被告人具有吸毒情节时不排除犯罪中的部分毒品是供被告人自己吸食情况的存在，因而可能影响毒品数量的计算，所以笔者将这一情节放入反映行为社会危害性的情节一类；第五，就毒品未流入社会这一因素而言，由于毒品尚未实际流入社会即被查获，使毒品没有在社会上扩散，因而属于体现行为社会危害性的因素。

② 参见张明楷：《刑法学》（第 5 版），法律出版社 2016 年版，第 553 页。

确的量刑原则、科学的量刑方法和完善的量刑程序,同样也需要法官在量刑过程中能够正确识别和提取具体案件的量刑情节,案件事实转化为量刑情节继而影响行为人的量刑离不开量刑情节的识别和提取。量刑情节的识别是指面对刑事个案,依据量刑根据寻找和发现哪些活动可以作为量刑情节的事由;①量刑情节的提取则是指法官对量刑情节进行的理性评价,即法官根据情节反映的社会危害性程度或人身危险性高低做出对行为人量刑结果产生影响的一种判断。量刑情节的识别和提取是量刑情节适用不可缺少的两个阶段,没有识别自然谈不上提取,而有时法官虽然识别出了具体案件中的特定情节,但并不必然予以提取。

我国刑法理论上一般将量刑情节区分为法定量刑情节与酌定量刑情节两大基本类型,量刑公正和规范化的实现离不开酌定量刑情节的适用。2013 年《量刑指导意见》以及 2021 年《量刑指导意见(试行)》均明确规定,量刑时要充分考虑各种法定和酌定量刑情节,根据案件的全部犯罪事实以及量刑情节的不同情形,依法确定量刑情节的适用及其调节比例。在量刑情节的识别与提取中,法定量刑情节要更加规范,因为刑法明文规定了这些情节的适用规则。相较而言,酌定量刑情节的识别和提取在司法实践中处于较为混乱的局面。如西北地区走私、贩卖、运输、制造毒品罪的量刑实践,同样存在酌定量刑情节适用混乱的问题。

(一)酌定量刑情节适用混乱的具体体现

1. 应予适用而未适用

司法实践中,法官消极行使自由裁量权,仅关注法定量刑情节或者 2013 年《量刑指导意见》规定的酌定量刑情节,使一些重要的酌定量刑情节未被提取。例如,在大量判决中法官并未将劣迹作为酌定从重处罚情节,这就说明法官普遍忽视对劣迹情节的识别和提取,劣迹因素并没能够进入法官刑罚裁量的视野。有学者认为这与 2013 年《量刑指导意见》的规定有关,2013 年《量刑指导意见》仅明确列举了几个司法实践中常见的酌定量刑情节,而法官对于 2013 年《量刑指导意见》并未规定的酌定量刑情节往往缺乏提取的积极性和勇气,由

---

① 参见王瑞君:《量刑情节的规范识别和适用研究》,知识产权出版社 2016 年版,第 67 页。

此可能造成案件遗漏量刑情节。[①] 又如，有的判决书认为初犯仅适用于罪行轻微的犯罪人，对重罪行为人的辩护人提出的"被告人属于初犯"的辩护意见不予采纳。[②] 对于此种不当压缩酌定量刑情节成立范围的做法，笔者是持否定态度的。初犯属于客观事实，无关乎行为人本次犯罪的轻重，对于重罪行为人仍然能够成立初犯，这是量刑情节的识别问题。至于初犯情节最终是否可以发挥对行为人从宽处罚的效果，这属于笔者前面所说的量刑情节的提取问题。具体而言，法官应将这一特定情节置于整个案件事实中，通过外部情节的比较做出是否影响量刑以及在多大程度上影响量刑的判断。对于上述重罪行为人属于初犯的情况，笔者认为更为妥当的做法是认定被告人成立初犯，但鉴于其罪行严重不宜对其从宽处罚。

2. 不应适用而适用导致酌定量刑情节的泛化

法官滥用自由裁量权，把本不属于酌定量刑情节的因素作为量刑情节影响行为人的量刑结果，导致酌定量刑情节的泛化。之所以出现这种情况，笔者认为关键原因在于法官未能厘清酌定量刑情节识别和提取的依据究竟是什么。根据并合主义的基本原理，量刑情节识别和提取的依据应该是刑罚根据，即事实因素得能反映行为本身的社会危害性程度或者是行为人的人身危险性程度，与该刑罚根据不存在关联或者关联性程度低的事实因素就不应作为酌定量刑情节。据此，笔者认为不应作为酌定量刑情节的有以下几种情况：第一，有的判决将被告人家属积极缴纳罚金作为酌定从宽处罚情节；[③]第二，有的判决将被告人毒品犯罪的故意（明知毒品严重损害他人的身体健康却向他人贩卖毒品）作为酌定从重处罚情节，认为此种情况下被告人主观恶性较大、社会危害性较大，应酌情从重处罚；[④]第三，有的判决将从被告人住处查获毒品认定为被告人非法持有毒品，同时将其作为被告人贩卖毒品罪的酌定从重处罚情节；[⑤]第四，有的判决将被告人拒不认罪作为酌定从重处罚情节，因为被告人、辩护人对检察机关起诉书中毒品犯罪的指控意见提出异议而认定被告人犯罪后拒不认罪、

---

① 参见冯骁聪：《酌定量刑情节规范适用的司法困境与优化路径》，载《犯罪研究》2021 年第 3 期。

② 参见新疆维吾尔自治区乌鲁木齐市中级人民法院刑事判决书，(2017)新 01 刑初 77 号。

③ 例如，甘肃省临夏县人民法院刑事判决书，(2018)甘 2921 刑初 4 号。

④ 例如，青海省湟中县人民法院刑事判决书，(2016)青 0122 刑初 302 号。

⑤ 例如，新疆维吾尔自治区伊宁市人民法院刑事判决书，(2017)新 4002 刑初字 871 号。

无悔改表现而予以从重处罚。①

3. 不同法官对同一情节理解不同造成适用偏差

在统计中笔者还发现,一些法官对于某些酌定量刑情节的性质和功能出现理解偏差,对于同一情节不同法官的做法大相径庭。以“以贩养吸”为例,《大连会议纪要》规定,对于以贩养吸的被告人,其被查获的毒品数量应认定为其犯罪的数量,但量刑时应考虑被告人吸食毒品的情节,酌情处理。至于“酌情处理”如何理解,是酌情从重或是酌情从轻则未进一步言明。2013 年第 2 集《刑事审判参考》(总第 91 集)中第 853 号指导案例在裁判理由部分指出,对于以贩养吸的被告人,其被查获的毒品数量原则上应当计入其贩毒数量,但如果被告人既吸食毒品又贩卖毒品,则查获的毒品中部分可能系其准备用于吸食的,故从有利于被告人的角度,对于查获的这部分毒品在量刑时应当考虑被告人吸食毒品的情节,对被告人酌情予以从宽处罚。② 指导案例对“以贩养吸”情节的判断,笔者是持肯定态度的。然而由于规范性文件的不明确,导致司法实践中法官认定存在巨大差异,有的判决将其作为酌定从重处罚情节,③而有的判决则将其作为酌定从轻处罚情节。④

综上所述,西北地区走私、贩卖、运输、制造毒品罪的量刑实践中确实存在酌定量刑情节适用较为混乱的问题,对于该问题,笔者认为当务之急应当是实

---

① 例如,宁夏回族自治区固原市中级人民法院刑事判决书,(2015)固刑初字第 8 号。

② 参见中华人民共和国最高人民法院刑事审判第一、二、三、四、五庭主办:《刑事审判参考》(总第 91 集),法律出版社 2014 年版,第 82 页。

③ 2014 年 1 月 16 日 18 时许,被告人汪某某从他人处以 100 元买了一小包毒品,后自己吸食了部分,在准备将剩余部分向他人出售时被抓获,并当场从其所穿的上衣内左侧口袋的延安牌香烟盒中查获毒品可疑物一小包,经定量净重 0.1 克。法院认为被告人汪某某成立贩卖毒品罪,因被告人以贩养吸,依法酌予从重处罚,因被告人在庭审中自愿认罪,依法可酌予从轻处罚。甘肃省东乡族自治县人民法院刑事判决书,(2014)东刑初字第 36 号。

④ 2013 年 12 月 31 日至 2014 年 1 月 1 日,吸毒人员徐某某欲购买毒品海洛因,遂电话联系被告人耿某某,耿某某将此事告知被告人段某某,段某某将其从一绰号“老三”的男子处购买的毒品海洛因其中的三小包,共计 0.39 克交给耿某某。耿某某在杨陵区徐西湾村西侧半坡处、化建家园小区西边铁路桥南侧先后两次将三小包毒品海洛因卖给徐某某,得赃款 300 元,后耿某某将 300 元交给段某某,赃款已被挥霍。2014 年 1 月 2 日二被告人因吸毒被公安机关抓获,现场查获毒品海洛因 4 小包,共计 0.5 克,从中检出海洛因。法院认为,二被告人贩卖毒品海洛因共计 0.39 克、被查获海洛因 0.5 克,已构成贩卖毒品罪。二被告人在实施犯罪过程中作用相当,均系主犯。鉴于二被告人系以贩养吸,且能够如实供述自己的犯罪事实,当庭自愿认罪,故依法可以对二被告人从轻处罚。陕西省咸阳市杨陵区人民法院刑事判决书,(2014)杨刑初字第 00027 号。

现酌定量刑情节的规范化。有学者指出，对酌定量刑情节应当予以规范化，这种规范化并非是指法定化，而是“在尊重量刑规律的前提下，通过实体上规范酌定量刑情节的‘量刑因素选取—具体情节认定—轻重功能发挥’的适用步骤、原则、方法，在程序上规范酌定量刑情节的举证认证规则及说理制度，从而最终为法官在行使自由裁量权以适用酌定量刑情节时提供具有约束力的规则”[①]。对此，笔者深表赞同。

（二）对将拒不认罪作为酌定从重处罚情节的评析

刑罚公平能否实现取决于量刑是否适当反映被告人的行为内涵、责任能力及犯罪后态度。[②] 由此可见，犯罪后态度的认定对公正量刑相当重要。所谓态度，即指“对人或事的看法在其言行中的表现”，而认罪态度可以界定为“犯罪嫌疑人、被告人对自己犯罪行为的看法在其言行中的表现”。[③] 认罪态度有广义与狭义之分，广义的认罪态度就相当于犯罪后态度，即行为人在犯罪后对自己行为的认识态度以及基于这种认识态度而采取的具体行动，它可以包括已经被法定化的自首、坦白、立功以及诸如退赃退赔、赔偿被害人经济损失等常见的酌定量刑情节等；而狭义的认罪态度则是指与上述情节相区别、具有独立意义的酌定量刑情节，即犯罪分子在归案后至审判终结前，是否如实供述自己所犯的罪行以及对此的认识态度。[④] 认罪态度作为酌定量刑情节获得了最高司法机关的认可，如最高人民检察院制定的《人民检察院开展量刑建议工作的指导意见（试行）》第 9 条规定：“量刑评估应当全面考虑案件所有可能影响量刑的因素，包括从重、从轻、减轻或者免除处罚等法定情节和犯罪嫌疑人的认罪态度等酌定情节。一案中多个法定、酌定情节并存时，每个量刑情节均应得到实际评价。”显然，该文件已经明确将认罪态度作为酌定量刑情节。此外，2013 年《量刑指导意见》以及 2021 年《量刑指导意见（试行）》对于当庭认罪的调刑比例也作出了明确规定。

从心理学角度出发，法官个体因素会对量刑产生影响，而其中法官的情感

---

① 耿磊：《酌定量刑情节的规范化路径》，法律出版社 2017 年版，第 164 页。

② 参见贺小军：《认罪态度对量刑的影响实证研究——以 A 省 B 市为例》，载《政治与法律》2015 年第 12 期。

③ 参见胡铭、冯姣：《认罪态度对法官判决影响的实证分析》，载《江苏行政学院学报》2014 年第 2 期。

④ 参见敦宁：《量刑情节适用的理论与实践》，中国人民公安大学出版社 2012 年版，第 286 页。

因素的影响最大。[①] "情绪等因素会影响法官对事实的感知，而认罪态度对于这种感知可能产生直接的影响，进而影响到裁判结果。"[②]从刑法理论上讲，认罪态度之所以能够影响量刑，原因在于认罪态度的好坏可以反映出行为人人身危险性的大小和可改造程度的高低。如果行为人的认罪态度好，说明其有相对较小的邪恶性，因而只需较轻的刑罚便可对其邪恶人格加以改造；此外，认罪态度好也能说明行为人能够认识到自己行为的错误，其再犯可能性较小，因此惩罚可以较轻。相反，如果行为人的认罪态度恶劣，说明其没有一丝悔意，用较轻的刑罚不足以改造其邪恶人格，而且行为人逃避刑罚的欲望强烈，不易接受改造，人身危险性较大，这些事实都说明需要对其施以较重的刑罚。然而问题的关键在于，被告人就自己行为的性质提出异议或抗辩是否可以认定为拒不认罪或者是认罪态度差呢？如果这一问题不加以解决，恐怕在存在定性争议（被告人、辩护人就起诉书中认定的罪名提出抗辩）的情况下加重对被告人的刑罚处罚就难以找到恰当的理由了。

被告人本人或其辩护律师就被告人实施行为的性质问题提出不同意见或者抗辩，应该属于被告人行使辩护权的具体体现。我国《宪法》第130条规定："……被告人有权获得辩护。"《刑事诉讼法》第11条在宪法规定的基础上进一步重申，"被告人有权获得辩护，人民法院有义务保证被告人获得辩护"。由于刑罚涉及剥夺被告人的生命权、人身自由或者财产权利等，因而与刑罚裁量相关的刑事诉讼活动必须公正且慎重，如果刑罚适用不当，其导致的严重后果将无法弥补。而在刑事诉讼中处于诉讼两方的主体分别是代表国家的控诉方和被告人，两方力量相差悬殊。控诉方占据绝对的优势地位，而被告方则处于绝对的劣势地位，在这种局面下，如果不对国家的追诉活动进行必要的限制，而是任由国家行使无限的追诉权，那么"刑事诉讼活动就会变成弱肉强食的追究活动，成为强者以社会整体利益之名，镇压、打击弱小的少数人的强权行使活动，而不具有公正性可言"[③]。因此，为了保持双方力量的均衡，有必要赋予被告人辩护的权利，以这种权利实现与追诉权的平等对抗，防止被告人的合法权益遭

---

① 参见李荣：《公正量刑保障机制研究》，中央民族大学出版社2013年版，第122～123页。

② 胡铭、冯姣：《认罪态度对法官判决影响的实证分析》，载《江苏行政学院学报》2014年第2期。

③ 葛同山：《论辩护权的宪政根据》，载《青岛科技大学学报（社会科学版）》2007年第3期。

受任意侵害和剥夺。在诉讼过程中，被告人及其辩护律师针对控诉方的指控有权通过语言文字等方式表达自己的意见和观点，这种意见既可以是对被告人行为的辩解，也可以是对控诉事项的反驳，这是被告人行使宪法所保护的言论自由权利的重要体现，既然如此，就不能因被告方否定了控诉方的指控就对其加重或从重处罚。①

由此看来，被告人合法行使辩护权利的行为显然不能简单归结为认罪态度差，否则就是对被告人合法权利的变相剥夺和否定。很多学者都在相关讨论中提出，被告人合法的反驳、辩护行为不能被认为属于认罪态度恶劣。如有学者指出，认罪态度较差的表现有拒不供述自己的罪行、时供时翻，或者在铁证如山的情况下仍然顽固抗拒、无理狡辩等；而犯罪人对自己行为的法律性质所做的有一定根据的辩解，并不属于"无理狡辩"，法官也不能据此认定犯罪人认罪态度较差。② 但是被告人提出的抗辩何时是"无理狡辩"、何时属于有一定根据的辩解，二者之间具体区分、判断的标准又是什么，这些似乎并不能像纸面上说的那么简单。对于这些问题，笔者认为如果不能加以明确，不仅会造成对被告人量刑的不公，还会引起更为严重的后果，对此已有学者做过论述："法院对于当庭拒不认罪的被告人所采取的从重处罚措施，也只能说明法官们当初就否认被告人有无罪辩护的权利，并通过严厉惩罚拒不认罪的被告人来贯彻'抗拒从严'的政策。很显然，这种'抗拒从严'实质上就是'辩护从严'，也就是通过使那些选择无罪辩护的被告人付出严重代价，来惩罚被告人的辩护行为，并促使其他被告人放弃辩护权。"③

---

① 参见刘淑君：《刑事辩护权的宪法反思》，载《甘肃政法学院学报》2008年第4期。

② 参见敦宁：《量刑情节适用的理论与实践》，中国人民公安大学出版社2012年版，第287页。

③ 陈瑞华：《义务本位主义的刑事诉讼模式——论"坦白从宽、抗拒从严"政策的程序效应》，载《清华法学》2008年第1期。

第四章　重点量刑情节的梳理与分析

笔者在前一章考察了对走私、贩卖、运输、制造毒品罪量刑有影响作用的因素，在此基础上，笔者将在本章进一步就走私、贩卖、运输、制造毒品罪量刑中的一些重点情节从实践和理论两个层面展开更为深入的分析和研究。

第一节　累　　犯

累犯是犯罪前情节，且属于法定从严处罚情节。根据我国刑法的规定，累犯分为一般累犯和特别累犯，而走私、贩卖、运输、制造毒品罪中的累犯均属于一般累犯。[①] 对于累犯需要从重处罚的理论根据，不同学派有不同的回答，简言之分为报应主义、功利主义以及并合主义三种基本路径。报应主义论者认为累犯制度的正当化根据在于"因为有累犯而累犯从严"，以此满足报应的正义性需求；功利主义论者认为累犯制度的正当化根据在于"为了没有累犯而累犯从严"，以实现刑罚目的的正当性和刑罚手段的有效性；并合主义论者认为，累犯从严既是为了满足刑罚报应的要求也是为了说明累

---

① 根据1997年《刑法》第65条第1款的规定，一般累犯是指行为人被判处有期徒刑以上刑罚，在刑罚执行完毕或者赦免以后5年以内再犯应当判处有期徒刑以上刑罚的情形。

犯制度是必须且有效的,因而其认为累犯制度的正当化根据在于“因为有累犯并为了没有累犯而累犯从严”。从目前来看,并合主义观点为学界所普遍接受,并合主义依据侧重点的不同可以进一步划分为以报应为主的并合主义和以功利为主的并和主义两个分支。[①] 我国更多学者认为累犯群体的特殊性就在于其人身危险性相较于非累犯群体更大,因而对其从重处罚的最终目的就是减少或者消灭累犯的人身危险性。累犯在初次犯罪受到刑罚处罚之后不思悔改,仍实施犯罪,足以说明其人身危险性程度较高,因而需要适用更为严厉的刑罚处罚。[②] 当然,如果一味强调人身危险性从而将累犯制度构建于功利主义的基础之上,则一方面容易导致国家刑罚权的无限扩张,另一方面会把犯罪人过度工具化从而严重侵犯公民个人自由,所以需要用报应主义对其进行限制。“刑法之所以规定要处罚累犯,是基于累犯的重新犯罪行为,而不是累犯的人身危险性,累犯后罪的轻重为其量刑的轻重划定了上下限,也为累犯制度的功利主义根据的适用范围限定了框架。用报应主义限制功利主义,保障了累犯制度设立根据的正当性。”[③]因此,侧重于功利的并合主义理论认为累犯从重处罚的本质根据还是在于功利主义,只不过功利主义必须受到报应主义的限制,笔者也倾向于这一观点。

一、累犯内部诸要素对量刑影响的分析

对于累犯,笔者以判决书中“法院认为”部分的明确认定为依据,经过统计,走私、贩卖、运输、制造毒品罪数据库中共有 606 例样本具有累犯情节,占数据库总样本的 20.5%。为了进一步反映 2014 年至 2018 年这五年累犯率的发展变化趋势,笔者将不同年份与是否具有累犯情节的样本进行交叉制表(见表 4-1-1)。表 4-1-1 显示,累犯率是呈逐年递增趋势的,而且卡方检验结果显示不同年份的累犯率之间存在显著性差异($P<0.05$),这就说明西北五省(区)五年累犯率的增长趋势明显。

---

① 参见劳佳琦:《累犯制度:规范与事实之间》,中国人民公安大学出版社 2018 年版,第 92 页。
② 参见冯卫国、王志远:《刑法总则定罪量刑情节通释》,人民法院出版社 2006 年版,第 428 页。
③ 劳佳琦:《累犯制度:规范与事实之间》,中国人民公安大学出版社 2018 年版,第 143 页。

表 4-1-1　不同年份中累犯数量的对比

			是否累犯		合计
			否	是	
年份	2014	计数/例	386	67	453
		年份中的占比/%	85.2	14.8	100.0
	2015	计数/例	426	105	531
		年份中的占比/%	80.2	19.8	100.0
	2016	计数/例	529	134	663
		年份中的占比/%	79.8	20.2	100.0
	2017	计数/例	622	168	790
		年份中的占比/%	78.7	21.3	100.0
	2018	计数/例	387	132	519
		年份中的占比/%	74.6	25.4	100.0
合计		计数/例	2350	606	2956
		年份中的占比/%	79.5	20.5	100.0

根据原《量刑指导意见》有关累犯的规定，法官在确定累犯情节的调刑比例时需要考虑前后罪的性质、刑罚执行完毕或者赦免以后至再犯罪的时间间隔以及前后罪罪行轻重等因素。为验证司法实践是否遵循了上述指导意见，笔者遂决定对累犯情节再予以细化，具体设计四个变量，分别是前罪刑罚执行完毕或者赦免至再犯罪的时间间隔、前罪的性质、前罪刑罚种类以及前罪具体刑期。①

第一个变量是前罪刑罚执行完毕或者赦免至再犯罪的时间间隔，时间间隔在 1 年以下的计数为 1、时间间隔在 1 年以上 2 年以下的计数为 2，以此类推直至时间间隔在 4 年以上 5 年以下的计数为 5，上述计数区间中“以上”不包括本数、“以下”包括本数。根据统计，在累犯数据库中记载有前罪刑罚执行完毕或者赦免时间信息的样本共计 572 例，1 年以下、1 年以上 2 年以下直

① 在 606 例具有累犯情节的样本中有个别样本缺少具体信息，有的缺少笔者设计的四项因素中的部分信息，有的则缺失全部信息，因而笔者以可以实际统计到详细信息的样本为限研究累犯内部各因素对量刑结果的影响。

至4年以上5年以下这5个统计区间的样本数以及具体比例分别为185例(32.3%)、162例(28.3%)、90例(15.7%)、71例(12.4%)以及64例(11.2%)。从样本数以及比例来看,随着前罪刑罚执行完毕或者赦免至再犯罪的时间间隔的延长,再犯罪的比例呈逐步递减的趋势,行为人再次犯罪的危险随着时间的推移逐步降低,而且第1个和第2个时间区间的样本比例高达60.7%,这说明预防行为人再次实施犯罪的关键时间是刑罚执行完毕或者赦免出狱后的前两年。

第二个变量是前罪的性质,由于前罪涉及的具体罪名较多,为便于研究与统计,笔者将前罪的性质划分为三类,即前罪为毒品犯罪、暴力犯罪、非暴力犯罪(毒品犯罪之外的其他非暴力犯罪)。[①] 就犯罪性质而言,暴力犯罪显然要重于非暴力犯罪,但如果前罪与本罪为同种性质的犯罪,显然行为人将来再次实施毒品犯罪的危险性更高,具有更强的特殊预防的必要。累犯数据库中记载有前罪性质信息的样本共计575例,其中非暴力犯罪共计132例(23.0%)、暴力犯罪共计115例(20.0%)、毒品犯罪共计328例(57.0%)。在前罪为非暴力犯罪的样本中,前罪数量最多的是盗窃罪和诈骗罪等一般侵财犯罪;在前罪为暴力犯罪的样本中,前罪数量最多的是故意伤害罪和抢劫罪;在前罪为毒品犯罪的样本中前罪数量最多的是贩卖毒品罪、运输毒品罪和非法持有毒品罪。

第三个变量是前罪刑罚种类,包括有期徒刑、无期徒刑和死缓。之所以设计这个变量,是因为需要借助前罪刑罚种类以及具体刑期的时长来衡量前罪罪行的轻重,显然前罪刑种越重说明前罪的罪行越重。在累犯数据库中记载有前罪刑罚种类的样本共计573例,其中有期徒刑样本共计540例(94.2%)、无期徒刑样本共计21例(3.7%)、死刑缓期二年执行样本共计12例(2.1%)。

与第三个变量直接相关的就是第四个变量,即前罪的具体刑期,如果前罪的刑罚种类为有期徒刑的话,第四个变量便直接统计其具体刑期,并以此来显示前罪的罪行程度,当前罪刑罚种类为无期徒刑或死刑缓期二年执行时,第四

① 对于前罪是数罪的情况,笔者依照以下规则进行统计:数罪中凡是有毒品犯罪的即划入毒品犯罪类型,数罪中没有毒品犯罪但同时具有暴力犯罪与非暴力犯罪的划入暴力犯罪类型,数罪均为非暴力犯罪的划入非暴力犯罪类型。

个变量的计数为空。在累犯数据库中记载有前罪具体刑期信息的样本共计540例,有期徒刑刑期均值为48.3806(月),极小值为6(月),极大值为240(月)(数罪并罚),中值为24(月),众数为6(月),而前罪刑期在3年以下(包括本数)的样本占比为59.4%。结合前面介绍的前罪性质以及刑罚种类来看,累犯样本中大多数行为人实施的前罪是轻罪。

根据前一章的分析结果,第四个法定刑幅度中的累犯情节并未对量刑产生影响,与此同时笔者在第一个、第二个、第三个法定刑幅度中分析对有期徒刑刑期有影响的因素时是以贩卖毒品行为方式为基础展开的,因而笔者对累犯内部因素对量刑影响的研究就以适用第一个、第二个和第三个法定刑幅度且后罪属于贩卖毒品的累犯样本为基础展开,经过统计此类样本共计338例。笔者先就前述四个变量与累犯样本后罪有期徒刑刑期之间的相关性进行检验,①根据表4-1-2可知,前罪刑罚执行完毕或者赦免至再犯罪的时间间隔以及前罪刑罚种类两项因素的P值均大于0.05,只有前罪性质和前罪具体刑期两个变量的P值小于0.05,表明前罪性质和前罪具体刑期这两项因素与累犯样本后罪有期徒刑刑期之间具有相关关系。具体而言,前罪性质的相关系数值为-0.113,即前罪性质与后罪有期徒刑刑期之间存在负相关关系;前罪具体刑期的相关系数值为0.279,表明前罪具体刑期与后罪有期徒刑刑期之间存在正相关关系。当然,此时的相关性检验无法排除其他因素的干扰,为此笔者又对前罪性质、前罪具体刑期与后罪刑期之间的相关性进行偏相关检验。检验结果显示,在控制了其他影响因素之后前罪性质与后罪刑期之间不再具有相关关系($r=-0.014$, $P>0.05$),而前罪具体刑期与后罪刑期之间仍具有正相关关系($r=0.253$, $P<0.001$)。前罪具体刑期与后罪刑期之间的偏相关系数值与相关系数值相比较低,说明确实有其他因素对后罪的刑期产生影响,但在排除这些因素后,后罪刑期仍会随着前罪刑期的增加而增加。

---

① 在累犯样本前罪的四个变量中,前罪执行完毕或者赦免至再犯罪的时间间隔以及前罪具体刑期为连续型数值变量,因而这两个变量与累犯样本后罪有期徒刑刑期之间的相关性检验使用皮尔逊系数;累犯前罪性质与前罪量刑种类两个为分类变量,在检验这两个变量与后罪有期徒刑刑期之间的相关性时使用斯皮尔曼系数。

表 4-1-2 累犯样本前罪诸要素与后罪有期徒刑刑期的相关性检验

		前罪执行完毕或者赦免至再犯罪的时间间隔	前罪性质	前罪刑罚种类	前罪具体刑期
有期徒刑刑期	相关系数值	-0.028	-0.113	0.022	0.279
	显著性（双侧）	0.620	0.043	0.700	0
	N	318	320	318	307

前述四个变量主要是关于累犯前罪的情况，而根据原《量刑指导意见》的规定，累犯具体调刑比例的选择也需考虑后罪罪行的轻重。就本项研究而言，因为后罪均为走私、贩卖、运输、制造毒品罪，不存在后罪犯罪性质的差异，故无法从犯罪性质的角度出发区分后罪罪行的轻重。对此，笔者认为可以换一个角度，在同一罪名之下，适用不同法定刑幅度的罪行应该能够体现出罪行轻重差别，轻罪轻罚、重罪重罚才符合罪刑阶梯的基本构想，那么适用较高法定刑幅度的罪行应该要重于适用较低法定刑幅度的罪行。既然如此，按照理论预期，累犯后罪适用的法定刑幅度越高则累犯的从严处罚幅度就应该越大，笔者将按照这一思路分析累犯后罪罪行本身与后罪量刑结果之间是否存在关联。

在 606 例累犯样本中，后罪判处拘役实刑的有 2 例，判处有期徒刑实刑的有 502 例，判处无期徒刑的有 79 例，判处死刑（包括死刑缓期二年执行与死刑立即执行）的有 23 例。对于主刑而言，累犯从重处罚可以体现在对行为人判处相对更长的刑期和相对更重的主刑。结合前章的分析结果来看，累犯对第四个法定刑幅度刑种选择的影响并不明显，外加后罪被判处拘役的样本过少，因而笔者仅在四个法定刑幅度的有期徒刑样本中展开分析。

从表 4-1-3 来看，四个法定刑幅度中累犯样本的有期徒刑刑期均值均高于非累犯样本。具体而言，第一个法定刑幅度中累犯样本的平均刑期高于非累犯样本 2.2975（月），第二个法定刑幅度中累犯样本的平均刑期高于非累犯样本 6.6292（月），第三个法定刑幅度中累犯样本的平均刑期高于非累犯样本 8.1292（月）。而第四个法定刑幅度中累犯样本与非累犯样本的平均刑期相差较小，只有 0.6613（月），所以难以在第四个法定刑幅度中体现出累犯情节对有期徒刑刑期的影响，这一点恰与前一章的回归分析结果相印证。

表 4-1-3　不同法定刑幅度是否构成累犯两类样本有期徒刑刑期对比

法定刑幅度	是否构成累犯	样本数/件	均值	分组中值	极小值	极大值	标准差
第一个法定刑幅度	否	761	10.6268	8.3186	6.00	36.00	6.08385
	是	251	12.9243	10.8409	6.00	36.00	6.76271
	总计	1012	11.1966	9.0993	6.00	36.00	6.33392
第二个法定刑幅度	否	183	42.5137	41.1923	10.00	84.00	11.34758
	是	49	49.1429	47.3333	12.00	84.00	14.19507
	总计	232	43.9138	41.8438	10.00	84.00	12.27504
第三个法定刑幅度	否	185	98.6486	92.2759	36.00	180.00	30.14099
	是	45	106.7778	106.6667	42.00	162.00	28.50509
	总计	230	100.2391	94.1714	36.00	180.00	29.94200
第四个法定刑幅度	否	627	165.6954	177.7908	60.00	180.00	27.70713
	是	157	166.3567	175.9339	84.00	180.00	26.45703
	总计	784	165.8278	177.8087	60.00	180.00	27.44603

为了对量刑情节从宽从严幅度进行测量，白建军教授提出了一种具体的测量方法，操作方法如下：某罪法定刑（有期徒刑）上线减去下线的差被具有某种量刑情节的该罪样本的平均刑期与法定刑下线之差除，以所得结果距该罪特定法定刑（有期徒刑）下线的远近来判断从宽从严幅度的大小。① 笔者认为可以借鉴这一方法测量累犯情节在走私、贩卖、运输、制造毒品罪不同法定刑幅度中从严处罚的幅度。根据前述计算公式，第一个法定刑幅度中累犯情节的从严处罚幅度 =（12.9243 －6）/（36 －6）＝0.23081，也就是说，在第一个法定刑幅度中累犯情节的从重处罚幅度可以达到 23.08%；以此类推，第二个法定刑幅度中累犯情节从重处罚幅度约为 27.38%，第三个法定刑幅度中累犯情节从重处罚幅度约为 23.73%，第四个法定刑幅度无法计算累犯情节的从重处罚幅度。从以上计算结果来看，在第一个法定刑幅度和第三个法定刑幅度中累犯的从严处罚幅度几乎一样，第二个法定刑幅度中累犯的从严处罚幅度略高于其他两个

① 参见白建军：《刑法规律与量刑实践：刑法现象的大样本考察》，北京大学出版社 2011 年版，第 234 页。

法定刑幅度，但相差不大。整体而言，从严处罚幅度在前三个法定刑幅度中并未体现出明显的差异，再加之累犯情节在第四个法定刑幅度样本中的失灵，笔者认为，在走私、贩卖、运输、制造毒品罪中累犯后罪罪行轻重这一因素对累犯具体调刑比例的选择没有产生明显的影响。

根据前述分析结果，笔者总结如下两点认识：第一，司法实务并未按照原《量刑指导意见》的要求适用累犯情节。原《量刑指导意见》为了指导司法实务部门准确适用累犯这一量刑情节，明确规定了选择从严处罚幅度时需要参考的各项因素，但从笔者前述分析结果来看，仅累犯前罪具体刑期对后罪有期徒刑刑期产生了影响。确定累犯从严处罚比例时法官只考虑单一因素的处理方式相对简便，同时考虑多项因素明显要更加复杂，特别是当这些因素之间存在一定矛盾时。例如，累犯甲的前罪从罪质角度出发属于重罪但刑期较短，而累犯乙前罪性质较轻但刑期较长，二者从重处罚的比例究竟该如何确定，哪个累犯的从重比例更大抑或确定完全相同的比例，法官就需要做出更为慎重的选择，这无疑会增加法官的工作量。如果再加上前后罪间隔时间以及后罪罪行等因素，情况将更为复杂。原《量刑指导意见》对此缺乏更加明确、具体的指引，只能交由法官自由裁量，法官难免会选择一种相对简便的操作方法。但不得不说的是，这种扁平化的处理方式很难全面、准确地考察累犯罪行的轻重程度及其人身危险性的大小。第二，在构成累犯的前提下，罪行较轻的累犯成为累犯制度打击的重点群体和目标。就累犯前罪而言，多为侵财、毒品等非暴力犯罪，前罪被判处 3 年以下有期徒刑的犯罪分子占所有累犯的近 60%；从累犯后罪来看，累犯情节对适用走私、贩卖、运输、制造毒品罪中最重法定刑幅度的犯罪分子没有发挥从严处罚的效果，不仅如此，对于适用前三个法定刑幅度的累犯而言，从严处罚幅度并未随法定刑幅度的提升而增大，相比较而言轻罪反而受到了比重罪更为严厉的处罚，成为累犯这一情节打击的重点。

二、对“后罪应当判处有期徒刑以上刑罚”条件的理解

关于累犯的认定，理论上有一个重要问题，即累犯成立条件中的“后罪应当判处有期徒刑以上刑罚”究竟应该如何理解。在认定构成累犯的条件中，前罪是否是故意犯罪、行为人是否被判处有期徒刑以上刑罚、实施前罪时行为人是否属于未成年人以及后罪是否发生在前罪刑罚执行完毕或者赦免 5 年以内，法官

依照行为人前次犯罪判决以及判决执行的基本情况即可得出结论,这属于相对客观的判断。对于后罪而言,其是否属于故意犯罪,判断起来较为简单,但“后罪应当判处有期徒刑以上刑罚”这一条件却不易把握,有必要进一步研究和分析。

(一)样本的梳理和分析

为了发现法官在司法实践中判断“后罪应当判处有期徒刑以上刑罚”的普遍做法和实际情况,笔者将被告人有前科的样本进行汇总并分类:第一类是法院认定被告人构成累犯的,第二类是法院认定被告人构成毒品再犯(但不构成累犯)的,第三类是被告人有犯罪记录但未被认定为构成累犯或毒品再犯的。需要说明的是,被告人构成累犯的,判决书往往只是格式性地写明“行为人犯某某罪被判处有期徒刑以上刑罚,在刑罚执行完毕五年内又犯罪,系累犯”,并不会按照累犯的各项条件结合案件具体情况进行详细的分析说明,特别是对“后罪应当判处有期徒刑以上刑罚”这一主观判断色彩更为浓厚的条件,同样没有分析和阐述,似乎认为这是不言自明的事情,无须对其做过多阐述。对于被告人具有犯罪前科但未认定其构成累犯的情况,只有极少数的判决书会对不认定被告人构成累犯的原因进行解释。在这种情况下,据笔者统计,法官主要依据判决书中所载明的前后罪信息不认定行为人构成累犯。

1. 第二类样本不构成累犯的原因分析

第二类样本共计 191 例,其中有 15 例样本没有前次犯罪的具体信息,故无法提取行为人未被认定构成累犯的具体原因;有 162 例样本认为行为人不构成累犯的主要原因是行为人不符合累犯前罪刑罚、时间间隔或者主体年龄等条件,对这些条件的判断相对较为客观,具体情况见表 4 - 1 - 4。

表 4 - 1 - 4 有毒品犯罪前科但不构成累犯的原因及其在样本中的频数

具体原因	频数
实施前罪时为未成年人	1
前罪被判缓刑	2
前罪被判拘役	26
时间间隔超过 5 年	96
时间间隔超过 5 年且前罪被判拘役	2
后罪在前罪刑罚执行期间	31

续表

具体原因	频数
后罪在前罪刑罚执行期间且前罪被判管制	2
后罪在前罪缓刑期间	1
后罪在前罪刑罚执行期间且前罪被判拘役	1

剩余14例样本中被告人实施的前罪均为毒品犯罪且被判处有期徒刑以上刑罚,后罪也是在前罪刑罚执行完毕5年以内实施的,判决书中亦未写明被告人实施前次犯罪时为未成年人。14例样本中有4例样本的后罪适用走私、贩卖、运输、制造毒品罪第四个法定刑幅度、有1例样本的后罪适用第三个法定刑幅度、有3例样本的后罪适用第二个法定刑幅度。对于后罪适用第三个和第四个法定刑幅度的样本来说,被告人的罪行毫无疑问属于"应当判处有期徒刑以上刑罚"的情况,因为即便这些样本存在减轻处罚,那也至少是在走私、贩卖、运输、制造毒品罪的第二个法定刑幅度内(3年以上7年以下有期徒刑)裁量刑罚;而就后罪适用第二个法定刑幅度的3例样本来说,被告人不存在任何减轻处罚情节,因而其实施的后罪也属于"应当判处有期徒刑以上刑罚"的情况。虽然根据样本的具体情况判断这8例样本中的被告人完全符合构成累犯的条件,但判决书明确认定被告人构成的是毒品再犯而非累犯。笔者认为,这可能是由于法官认为不能因为同一毒品犯罪前科而同时认定被告人成立毒品再犯和累犯,因而在毒品再犯与累犯这两项从重处罚情节中法官选择认定被告人成立毒品再犯。

存在疑难的是另外6例样本,这6例样本中被告人实施的后罪适用的是第一个法定刑幅度,在这一法定刑幅度中就存在根据罪行轻重差异而认定是否需要判处有期徒刑的问题。在这6例样本中,判决书均未认定被告人成立累犯,但也未明示被告人不构成累犯的具体原因,特别是表4-1-5中的6号样本,公诉机关在起诉意见中提出"被告人杨某某具有《中华人民共和国刑法》第三百五十六条规定的情节,系累犯,应当从重处罚,提请依法判处",但法院在判决理由部分只是认定被告人构成毒品再犯而对公诉机关指控被告人构成累犯的意见未予回应。在判决书没有明示被告人不构成累犯原因的情况下,笔者只能做出一种主观判断:对于表4-1-5中的1、4、5、6号样本,法官可能仍是基于不能因为同一毒品犯罪前科而同时认定被告人成立毒品再犯和累犯的认识继而排除被告人的累犯情节；对于2号和3号样本，由于被告人被判处的是拘役刑，笔者由此推断法官认为被告人后罪不属于“应当判处有期徒刑以上刑罚”的情况继而否定被告人成立累犯。

表4-1-5 适用第一个法定刑幅度样本后罪的具体情节汇总

序号	行为方式	毒品种类及克数/克	其他情节	具体刑罚
1	贩卖毒品	海洛因4.67	当庭认罪	有期徒刑2年4个月、罚金1000元
2	贩卖毒品	海洛因0.2	当庭认罪	拘役6个月、罚金2000元
3	贩卖毒品	海洛因0.06	当庭认罪	拘役4个月、罚金1000元
4	贩卖毒品	海洛因0.1	坦白	有期徒刑10个月、罚金2000元
5	贩卖毒品	海洛因0.9	当庭认罪、未遂	有期徒刑1年、罚金3000元
6	贩卖毒品	海洛因2	认罪态度尚可、以贩养吸	有期徒刑1年、罚金5000元

2.第三类样本不构成累犯的原因分析

第三类样本属于被告人有犯罪前科（走私、贩卖、运输、制造毒品罪和非法持有毒品罪以外的犯罪）但未被认定构成累犯的情形，其中有4例样本缺失前罪具体信息，故无法分析其认定被告人不构成累犯的原因，笔者对剩余样本的认定原因进行分析与统计，具体情况见表4-1-6。

表4-1-6 一般前科但不构成累犯的原因及其在样本中的频数

具体原因	频数
后罪在前罪缓刑考验期间实施	7
后罪在前罪刑罚执行期间	2
判决书明确写明后罪不足以判处有期徒刑	1
前罪判处缓刑	3
前罪判处管制	2
前罪为过失犯罪	2
前罪为过失犯罪判处缓刑且时间间隔超过5年	1
前罪为拘役	13
实施前罪时为未成年人	4

续表

具体原因	频数
实施前罪时为未成年人且前罪判处缓刑	1
时间间隔超过5年	139
时间间隔超过5年且前罪判处缓刑	5
时间间隔超过5年且前罪判处拘役	8
判决书写明时间间隔无法计算而认定属于一般前科	2
一个前罪时间间隔超过5年,一个前罪判处缓刑	2
一个前罪时间间隔超过5年,后罪在另一前罪刑罚执行期间	1

有2例样本,检察机关认为被告人构成累犯但法院在判决中明确不予支持,这2例样本的前罪均为故意犯罪且被告人被判处有期徒刑以上刑罚,后罪也是在前罪刑罚执行完毕5年以内实施的,且被告人被判处的是拘役,具体情节见表4-1-7。由此笔者推断,法官之所以没有认定被告人构成累犯,关键原因在于其认为被告人后罪罪行不应当被判处有期徒刑以上刑罚。此外,表4-1-6中还有1例样本(也是唯一的1例样本),在被告人符合累犯其他条件的前提下法官认为后罪不应当被判处有期徒刑以上刑罚而认定被告人不构成累犯。案件具体内容如下:

2015年9月15日18时许,被告人岳某通过电话联系在乌鲁木齐市老满城街南三巷"霞霞商店"门前以100元的价格向他人贩卖毒品时被公安人员抓获,当场缴获其贩卖的白色粉末1包,又从其身上缴获白色粉末4包。经检验,查获的5包白色粉末中均含有毒品海洛因成分,共计净重0.5克。另查明,被告人岳某于2008年7月23日因犯故意伤害罪被法院判处有期徒刑10年,2015年4月14日刑满释放。法院审理后认为,被告人岳某为牟取非法利益,违反国家毒品管理制度,明知海洛因是毒品仍予以贩卖,其行为已构成贩卖毒品罪,公诉机关指控的罪名成立并对其予以支持。但对于公诉机关对被告人岳某构成累犯的指控,因其系初次毒品犯罪,且贩卖毒品数量较小,本次犯罪不足以被判处有期徒刑的刑罚,故对该指控不予支持。鉴于被告人岳某有故意伤害罪前科,应酌情从重处罚,认罪态度较好可酌情从轻处罚,法院最终以贩卖毒品罪判处岳某拘役6个月、并处罚金人民币1000元。①

表4－1－7　检察院指控构成累犯但法院未予认定样本的具体情节汇总

序号	行为方式	毒品种类及克数/克	其他情节	具体刑罚
1	贩卖毒品	海洛因0.076	认罪态度较好	拘役5个月、罚金2000元
2	贩卖毒品	海洛因0.3	自愿认罪	拘役5个月、罚金2000元

3. 对样本的总结

在第二类样本中,排除缺失具体前罪信息的15例样本,因后罪罪行不应当被判处有期徒刑以上刑罚而不认定被告人构成累犯的样本仅占此类样本的1.1%;在第三类样本中,同样排除缺失前罪具体信息的4例样本,因后罪罪行不应当被判处有期徒刑以上刑罚而不认定被告人构成累犯的样本也仅占此类样本的1.6%。综上分析,至少就西北地区走私、贩卖、运输、制造毒品罪而言,对于有过犯罪记录的被告人,只要其实施前罪时已满18周岁、前罪属于故意犯罪且被判处有期徒刑以上刑罚、后罪是在前罪刑罚执行完毕5年以内实施的,基本均会被认定构成累犯。也就是说,法官在认定被告人是否构成累犯这一问题上,主要依靠前述几项较为客观且容易操作的条件作出判断,而在被告人符合年龄、罪过形式、刑期以及时间间隔条件的情况下,"后罪应当被判处有期徒刑以上刑罚"这一条件几乎起不到限定累犯成立的作用。

为了进一步验证这一说法,笔者又从另外一个角度对样本进行了对比。笔者在数据库中对样本进行筛选,选定了后罪适用第一个法定刑幅度且有犯罪前科的样本,将这些具有犯罪前科的样本划分为认定累犯与未认定累犯两类,对比这两类样本的其他情节是否存在实质差异。如果累犯与非累犯样本中的其他情节并不存在实质性差异,那就说明两类样本中的后罪罪行本身没有差异,由此也就可以得出结论:后罪罪行轻重本身并非判断累犯成立与否的关键条件。笔者之所以将研究样本限定于后罪适用第一个法定刑的范围内,主要是因为对"后罪是否需要判处有期徒刑以上刑罚"条件的判断主要集中于本幅度中。

笔者先对两类样本的毒品数量进行分析,剔除了缺失具体毒品数量以及海

① 参见乌鲁木齐市沙依巴克区人民法院刑事判决书,(2015)沙刑初字第1335号。

洛因、甲基苯丙胺以外的毒品类型的样本。根据表4－1－8，累犯样本的毒品数量均值约为1.47，非累犯样本的毒品数量均值约为1.36，前者略高于后者，但独立样本T检验的结果显示两类样本的毒品数量均值之间并不存在显著性差异（$F=0.563, P>0.05, t=-0.591, df=425, P>0.05$）。

表4－1－8　是否构成累犯两类样本毒品数量的均值比较

	是否构成累犯	N	均值	标准差	均值的标准误差
毒品数量	否	188	1.3586431	1.92165802	0.14015132
	是	239	1.4714657	1.98853881	0.12862788

笔者又对两类样本中的其他情节的适用比例进行统计分析，根据表4－1－9可知，[①]仅“有劣迹”这一项因素的卡方检验P值小于0.05，说明累犯样本中具有劣迹情节的比例显著高于非累犯样本，除此之外的其他情节在是否构成累犯两类样本中的比例都不存在显著性差异。

表4－1－9　是否累犯两类样本中各项情节的比例

具体情节	累犯样本中所占比例/%	非累犯样本中所占比例/%	Sig. 值
从犯	2.4	2.1	P＞0.05
受雇受指使	0	1.0	P＞0.05
有劣迹	14.2	23.1	P＜0.05
自首	2.0	1.5	P＞0.05
坦白	43.9	47.7	P＞0.05
当庭认罪	46.6	48.2	P＞0.05
立功	3.6	3.6	P＞0.05
多次实施	4.0	3.1	P＞0.05
未完成形态	2.4	1.5	P＞0.05
向多人贩卖	1.2	1.0	P＞0.05
悔罪	5.1	3.1	P＞0.05

① 具有犯罪前科且后罪适用第一个法定刑幅度的样本不存在毒品纯度低这一情节，且均不属于初犯偶犯，因而笔者未再分析这两项因素。

续表

具体情节	累犯样本中所占比例/%	非累犯样本中所占比例/%	Sig. 值
存在特殊情况	5.5	4.1	P >0.05
以贩养吸	5.1	3.6	P >0.05
存在吸毒情节	0.8	1.5	P >0.05
毒品未流入社会	2.4	1.0	P >0.05

通过以上对比可以发现,在被告人具有犯罪前科且适用走私、贩卖、运输、制造毒品罪第一个法定刑幅度的样本中,认定构成累犯与未认定构成累犯两类样本的后罪罪行并无实质性差异,这一结果再次印证了笔者的推断,即在被告人具有犯罪前科的情况下,判断其是否构成累犯的主要依据是前罪具体情况以及前后罪时间间隔等客观性因素而非后罪罪行轻重。

根据笔者的梳理,数据库中只有极少数的样本是基于"后罪不应当判处有期徒刑以上刑罚"来认定被告人不构成累犯的,笔者总结了这些样本的关键信息,主要有以下几点:一是适用第一个法定刑幅度;二是毒品数量不超过 0.5 克;三是被告人具有当庭认罪(或者认罪态度较好)从宽处罚情节;四是被告人不具有从严处罚情节。根据这些特征,笔者又分析了后罪适用第一个法定刑幅度的累犯样本,其中载明毒品数量且毒品数量不超过 0.5 克的样本就有 112 例之多,这些样本或者具有当庭认罪情节、或者具有坦白情节、或者具有自首情节,仅有 1 例样本具有"多次实施"这一从严处罚情节。显而易见,对毒品数量不超过 0.5 克、被告人认罪态度较好且无从严处罚情节的情况,更多法官认为符合"应当判处有期徒刑以上刑罚"这一条件。从上述对比分析结果中可以得出如下三个结论:其一,就走私、贩卖、运输、制造毒品罪而言,法官对何种情况属于"应当判处有期徒刑以上刑罚"的认识不统一,导致其在认定构成累犯问题的处理上大相径庭;其二,"应当判处有期徒刑以上刑罚"条件本身具有一定的模糊性,导致法官的自由裁量权过大;其三,在走私、贩卖、运输、制造毒品罪的刑罚裁量中,法官更倾向于选择判处被告人有期徒刑以上的刑罚,由此导致实施本罪的被告人更容易构成累犯。

(二)理论分析

司法实务中,"应当判处有期徒刑以上刑罚"这一条件在累犯成立与否的认定上被虚置，笔者认为这与这一条件本身含义不清不无关系，因此，为了发挥该条件在累犯认定中的筛选作用，就有必要从理论上阐明其具体含义和判断标准。“应当判处有期徒刑以上刑罚”一定不是指向累犯后罪最终的宣告刑，否则将会陷入无法解释的逻辑矛盾中。因为如果将“应当判处有期徒刑以上刑罚”理解为后罪最终的宣告刑，那么根据这一所谓的“最终宣告刑”可能得出如下两个结论：一是后罪未判处有期徒刑以上刑罚，行为人不构成累犯，自然不会发生累犯情节对量刑的影响作用；二是后罪判处有期徒刑以上刑罚，在其他条件均符合的情况下则应认定被告人构成累犯，累犯情节的成立对被告人的量刑产生从重处罚的效果，那么就需要在“最终的宣告刑”基础上对被告人再予以从重处罚形成一个新的量刑结果，而此时形成的量刑结果才是判决书最终宣告的对被告人的刑罚处罚。那么问题来了，一个量刑过程不可能也不应当同时存在两个“宣告刑”。可能正是为了避免上述尴尬情况的产生，才有学者提出“应当判处有期徒刑以上刑罚”是指“人民法院可能确定的宣告刑是有期徒刑以上的刑罚”的观点，①也就是“应当判处有期徒刑以上刑罚”的判断依据是“可能确定的宣告刑”而非“最终宣告刑”。实际上从刚才的分析中可以知道，“应当判处有期徒刑以上刑罚”应当属于从法定刑到宣告刑的一个中间环节，我们暂且称呼其为“中间刑罚”，只不过目前的关键问题在于，这一“中间刑罚”究竟应该依据哪些因素予以确定、如何为司法实务提供更具操作性和便利性的判断标准与方法。

理论界对于“应当判处有期徒刑以上刑罚”的判断有所谓的“后置判断”和“前置判断”的争议：前置论认为在判断后罪是否“应当判处有期徒刑以上刑罚”时仅需要考虑与案件本身有关的情节而不应考虑案前、案后情节，也就是根据案中事实认为应当判处被告人有期徒刑以上刑罚进而成立累犯之后，再考虑包括累犯在内的其他情节；②后置论的观点认为对累犯情节的认定应后置于犯中情节以及包括自首、立功、赔偿被害人、行为人与被害人的关系等在内的犯后情节。③ 笔者认为，其争议焦点还是“应当判处有期徒刑以上刑罚”的判断依

① 参见舒洪水、刘娜、李岚林：《累犯制度适用》，中国人民公安大学出版社 2012 年版，第 103 ~ 104 页。

② 参见付立庆：《累犯情节前置论》，载《法学》2014 年第 7 期。

③ 参见王利荣：《普通累犯制度的法律解析》，载《中国刑事法杂志》2005 年第 6 期。

据，前者以后罪罪行本身的事实情节为依据进行判断，后者用所有案中、案外情节对后罪进行整体评价以确定后罪是否应当判处有期徒刑以上刑罚。就这两种观点而言，笔者更倾向于第一种观点。

前文已述，在刑罚的正当性根据这一问题上，我国刑法采用的是并合主义。根据并合主义的基本原理，区分责任刑与预防刑意义重大。“首先，使量刑情节具有层级与适用次序，为量刑情节的类型化运用奠定了基础，避免了量刑情节运用的随意、笼统与混乱，有利于遏制司法自由裁量权滥用。其次，能够揭示刑罚的内部构造与形成机理，充分展现罪与刑的内在关联性与外在合致性，使定罪与量刑的关系从朦胧走向清晰，有助于准确定罪与公正量刑。最后，在彰显刑罚正当化根据的同时，使得惩罚与预防的刑罚目的实现，由静态的结果性论断转化为动态的过程性论证，增强了量刑的科学性与逻辑性。”[①]因此，结合并合主义的基本观点以及责任刑与预防刑的区分，笔者认为“应当判处有期徒刑以上刑罚”指向的应该是后罪的责任刑，那么“应当判处有期徒刑以上刑罚”的判断依据也就应该是体现责任刑的各项事实因素，也就是前置论支持者所说的后罪案件本身的各项情节，这些情节反映了行为的客观危害以及行为人的罪责程度。笔者认为采用这一观点的好处主要体现在以下两个方面：

第一，与累犯的正当性根据相契合。根据前文所述，累犯的正当性根据是受报应主义限制的功利主义，报应主义处于优先地位，而功利主义处于核心地位。也就是说，在累犯问题上要以体现报应主义的责任刑限制、制约体现功利主义的预防刑。这种限制和制约应当体现在如下两个方面：其一，在累犯成立后具体从严处罚幅度的选择上要体现责任刑对预防刑的制约，即责任刑为预防刑划定上限，当需要根据被告人人身危险性程度的提高而对其从严处罚时，也必须在责任刑划定的范围内予以裁量；其二，在累犯成立与否的判断上也应体现责任刑对预防刑的限制，也就是将责任刑大小作为判断累犯成立与否的一个条件，后罪罪行重（责任刑重）才有必要认定被告人构成累犯从而予以从重处罚，如果后罪罪行本身较轻（责任刑轻）则没有必要认定被告人构成累犯。我国刑法之所以将累犯前后罪的刑罚均设置为有期徒刑以上刑罚，主要是因为在

① 彭文华：《累犯认定：现实问题、路径选择与技术规制》，载《法律科学（西北政法大学学报）》2019 年第 3 期。

我国刑罚体系中，管制和拘役属于轻微的刑罚，只能适用于较轻的犯罪，如果将因犯较轻之罪而被判处管制、拘役的行为人也认定构成累犯，则会使累犯的范围过于扩张，不利于贯彻宽严相济的刑事政策。[①] 由此可见，在累犯成立与否的问题上不仅需要基于被告人曾经实施犯罪的事实，还需进一步对后罪进行筛选，只有其中犯了较重罪行的被告人才有必要予以认定并从重处罚。

第二，与《量刑规范化改革》确定的量刑方法和步骤相契合。根据 2021 年《量刑指导意见（试行）》的规定，基准刑是由基本犯罪构成事实确定的量刑起点和其他犯罪构成事实所确定的增加的刑罚组成的，量刑情节分为优先适用情节和一般量刑情节。累犯、自首、立功等案外情节均属于一般量刑情节，根据“同向相加、异向相减”的方法调节基准刑，也就是说这些情节需要在同一水平、同一阶段对量刑产生影响。既然如此，只有保证累犯情节优先于自首、立功等案外情节进行判断，才能使累犯、自首、立功等情节在同一层次和步骤中实现对被告人量刑结果的影响作用，由此也就要求对累犯成立与否的判断要优先于其他反映行为人人身危险性高低的案外情节。以自首、立功为例，根据我国刑法的规定，自首和立功的成立不需要考虑被告人罪行的轻重，也即无论重罪轻罪，只要符合自动投案、如实供述的条件即可认定自首，只要在到案后至判决确定前的期间内被告人具有揭发他人犯罪行为并查证属实或者提供重要线索从而使案件得以侦破等有利于国家和社会的行为即可认定立功。当然，自首和立功均属于可以从宽处罚情节，法官可以根据罪行轻重选择是否从宽以及不同的从宽处罚幅度，但这并不影响自首和立功情节的成立。如果按照后置论的观点，结合案中情节以及除累犯外的所有案外情节进行整体衡量后再进行累犯成立与否的判断，那就明显使自首、立功等案外情节优先于累犯情节对量刑结果发挥影响。然而问题在于，均是以人身危险性程度作为影响量刑依据的预防刑情节，为何自首、立功可以优先于累犯，这一点后置论者恐难自圆其说。

综上所述，笔者认为“应当判处有期徒刑以上刑罚”指向的应该是后罪的责任刑，那么接下来的问题是提供判断“应当判处有期徒刑以上刑罚”的具体技术路径。笔者认为不能抛开我国当下进行的量刑规范化改革另谋它路，基于此，“应当判处有期徒刑以上刑罚”指向的应该是经优先适用情节调节后的基

① 参见贾宇主编：《刑法学》（上册），高等教育出版社 2019 年版，第 334 页。

准刑，如果这一结果是有期徒刑以上刑罚则符合累犯认定的后罪刑罚条件，否则即认定被告人不构成累犯。基准刑与责任刑并不等同，因为依据最高人民法院对《规范化量刑方法》的解读来看，量刑情节中的优先适用情节本身就属于修正的犯罪构成，因而这些情节反映的是犯罪行为本身罪责的大小，所以“经优先适用情节调节后的基准刑”对应的才是责任刑。

例如，甲、乙二人共同向丙贩卖海洛因0.5克，甲为主犯、乙为从犯，甲乙二人均有故意犯罪且被判处有期徒刑的前科，实施前罪时均已成年，此次毒品犯罪是在前罪刑罚执行完毕5年以内实施的。以2017年广西壮族自治区高级人民法院公布的《实施细则》为依据，[①]假设确定甲乙二人的量刑起点为6个月有期徒刑，由于本案中无其他影响犯罪构成的事实，因此不存在可增加的刑罚量，甲乙二人的基准刑即为6个月有期徒刑。对于乙而言，其属于从犯，从犯的调刑比例为30%，则乙对应的责任刑为6×(1－30%)＝4.2个月，由于有期徒刑最低为6个月，4.2个月可以认为后罪本身的罪行程度只需判处拘役即可，因而乙不符合认定构成累犯的后罪刑期条件；至于甲，因其是主犯，亦不存在其他优先适用情节，所以甲的责任刑为6个月有期徒刑，由此判定甲所实施的后罪属于“应当判处有期徒刑以上刑罚”的情况，结合其他条件，可以认定甲构成累犯。

第二节　毒品再犯

我国《刑法》第356条规定：“因走私、贩卖、运输、制造、非法持有毒品罪被判过刑，又犯本节规定之罪的，从重处罚。”我国刑法学界一般将这一规定称为毒品再犯。对于毒品再犯的性质，学界有特别再犯说、特别累犯说、特殊政策法律化说、常习犯说、形式的特别再犯说、实质的特别累犯说、特殊累犯说、法定从

---

① 走私、贩卖、运输、制造鸦片20克以下，海洛因、甲基苯丙胺或者可卡因1克以下，吗啡或者二亚甲基双氧安非他明（MDMA）等苯丙胺类毒品（甲基苯丙胺除外）2克以下，氯胺酮10克，美沙酮20克以下，三唑仑或者安眠酮1000克以下，咖啡因400克以下或者其他数量相当毒品的，在4个月拘役至1年有期徒刑幅度内确定量刑起点。

重情节说以及一般累犯说等不同观点，特别再犯说是目前学界的通说观点。[①]

一、毒品再犯的认定条件及法律后果

（一）毒品再犯的认定条件

单纯对《刑法》第 356 条进行文理解释，认定构成毒品再犯需要满足以下几个条件：其一，前罪必须是走私、贩卖、运输、制造、非法持有毒品罪，也就是《刑法》第 347 条规定的走私、贩卖、运输、制造毒品罪和第 348 条规定的非法持有毒品罪，如果行为人曾经实施的是第 347 条和第 348 条规定以外的犯罪，则其不构成毒品再犯。这一条件可能存在的问题是，虽然行为人确实实施了走私、贩卖、运输、制造毒品或者非法持有毒品的犯罪行为，但却因为存在犯罪竞合（包括想象竞合和法条竞合）最终在判决中法院以走私、贩卖、运输、制造毒品罪或者非法持有毒品罪以外的其他罪名对其定罪，此时行为人是否符合认定构成毒品再犯的前罪条件。对此有学者指出，应对“因走私、贩卖、运输、制造、非法持有毒品罪”做较为实质的理解，即前罪并不要求行为人最终以走私、贩卖、运输、制造毒品罪或非法持有毒品罪这两个罪名被定罪判刑，只要事实上行为人成立这两个罪，即便因犯罪竞合的原因最终没有以这两个罪名定罪，也应认定为满足了毒品再犯的前罪条件。[②] 对此，笔者也持肯定态度。事实上，毒品再犯的前罪条件“走私、贩卖、运输、制造、非法持有毒品罪”应该理解成罪行而非罪名，即只要行为人具体实施了走私、贩卖、运输、制造、非法持有毒品的行为即可，而非必须最终以走私、贩卖、运输、制造毒品罪或者非法持有毒品罪定罪。这一解读方式并非笔者独创，全国人民代表大会常务委员会法制工作委员会对《刑法》第 17 条第 2 款有关相对负刑事责任年龄[③]所提出的解释性意见也透露出相同的旨趣，即“刑法第十七条第二款规定的八种犯罪，是指具体犯罪行为而不是具体罪名”。其二，行为人因犯走私、贩卖、运输、制造、非法持有毒品罪而被判过刑。如何理解“被判过刑”？笔者认为应该是行为人“被判处过刑罚”的意思，既可以是行为人被判处过实刑，也可以是被判处过缓刑；既可以

---

① 参见熊海燕：《毒品犯罪研究综述与评价》，知识产权出版社 2019 年版，第 104 ~ 106 页。

② 参见曾文科：《论毒品再犯规定中的“被判过刑”》，载《华东政法大学学报》2020 年第 1 期。

③ 已满 14 周岁不满 16 周岁的人，犯故意杀人、故意伤害致人重伤或者死亡、强奸、抢劫、贩卖毒品、放火、爆炸、投放危险物质罪的，应当负刑事责任。

是被判处主刑,也可以是被判处附加刑,但行为人被人民法院认定有罪却免予刑事处罚的情况不包括在内,当然更不包括检察机关免予起诉以及人民法院认定无罪的情形。其三,行为人本次所犯之罪必须是毒品犯罪。《刑法》分则第六章第七节规定的具体犯罪均可,不仅仅局限于走私、贩卖、运输、制造毒品罪和非法持有毒品罪。根据对毒品再犯前罪条件的解读,既然前罪指的是具体罪行而非罪名,同理可知,构成毒品再犯后罪的“本节规定之罪”也应该理解为只要行为人实施的具体罪行属于《刑法》分则第六章第七节规定的犯罪即可,而不是必须最终以《刑法》分则第六章第七节中的罪名定罪。

至于时间条件,即后罪应该在前罪之后何时实施才能认定行为人构成毒品再犯,刑法并未明确规定。与累犯的规定相对比,一般累犯要求后罪必须是在前罪刑罚执行完毕或者赦免之日起 5 年以内实施,而特殊累犯则是后罪发生在前罪刑罚执行完毕或者赦免之日起任何时间内均可以。既然《刑法》第 356 条没有明示时间条件,那么至少可以肯定的是,在前罪刑罚执行完毕或者赦免之日起任何时候再次实施毒品犯罪均可以构成毒品再犯。但存在争议的是,因走私、贩卖、运输、制造、非法持有毒品罪被判刑的犯罪分子,在其缓刑、假释或者暂予监外执行期间又犯毒品犯罪的是否成立毒品再犯。对此,《大连会议纪要》指出,“只要因走私、贩卖、运输、制造、非法持有毒品罪被判过刑,不论是在刑罚执行完毕后,还是在缓刑、假释或者暂予监外执行期间,又犯刑法分则第六章第七节规定的犯罪的,都是毒品再犯,应当从重处罚”。《大连会议纪要》作出上述认定主要是考虑毒品再犯是对毒品犯罪再犯的从重处罚的特别规定而非累犯的特殊形式,“判过刑”应当是指前罪判决已生效,而不论行为人是否已经服刑完毕。犯罪分子因毒品犯罪被判刑后,在缓刑、假释或暂予监外执行期间再次实施毒品犯罪,说明其不思悔改,主观恶性较深,人身危险性较大,理应从重处罚。[①]

(二)毒品再犯的法律后果

对于毒品再犯能否适用缓刑、假释的问题,笔者是持肯定态度的,因为刑法并未明确规定毒品再犯不得适用缓刑和假释。毒品再犯与累犯在本质上具有

---

① 人民法院实务小全书编选组编:《毒品案件办理小全书》(第 2 版),人民法院出版社 2018 年版,第 412 页。

一定的共通性，无论是累犯还是毒品再犯都表明行为人以往有过犯罪行为，在前次犯罪的基础之上行为人再次实施犯罪，说明行为人的人身危险性相对较大，因此从特殊预防的角度出发有必要予以从重处罚。那么是否可以由此比照与毒品再犯最相近似的条文（《刑法》第65条关于一般累犯的规定）继而不对毒品再犯适用缓刑和假释呢？笔者的回答是否定的，因为这明显属于类推解释，且是不利于被告人的类推解释，不符合罪刑法定原则以及人权保障原则的要求。因此，笔者认为，在刑法没有明确禁止的情况下，毒品再犯可以适用缓刑和假释。

《武汉会议纪要》规定，“对于毒品再犯，一般不得适用缓刑”，“对于具有毒枭、职业毒犯、累犯、毒品再犯等情节的毒品罪犯……对于《刑法》未禁止假释的前述毒品罪犯，应当严格掌握假释条件”。根据对上述会议纪要规定内容的理解，“一般不得适用”“严格把握假释条件”的表述实际上表明，立法层面并未排除毒品再犯缓刑、假释的适用。正因如此《武汉会议纪要》才会基于从严打击毒品犯罪，特别是从严打击毒品再犯刑事政策的考虑对毒品再犯缓刑、假释的适用做出严格限定。从司法实践看，本项研究的数据库中具有毒品再犯情节的被告人无一例被适用缓刑，虽然通过判决书所载信息笔者无法获知被告人在其后服刑过程中是否被适用假释。可以窥见，司法实践严格遵守了从严惩处毒品再犯的规定，但笔者认为一律排除毒品再犯缓刑、假释的适用与立法规定本身是不相符合的。《武汉会议纪要》仅仅笼统规定“一般不得适用缓刑”“严格把握假释条件”，这一规定本身措辞过于模糊，不利于司法实务部门理解和掌握，难免导致司法实践出现“一刀切”的局面。因此，笔者认为有必要对“一般不得”以及“严格把握”作出更为明确且具有可操作性的规定。例如，规定“对于具有多次毒品犯罪前科的毒品再犯不得适用缓刑和假释”。因为缓刑和假释的适用均要求行为人“没有再犯罪的危险”，而行为人以往多次实施毒品犯罪的经历表明其再次犯罪的风险很高，明显不宜对其适用缓刑和假释。

二、毒品再犯内部因素对量刑的影响

对毒品再犯情节的提取，笔者同样以判决书中“法院认为”部分的明确认定为依据。经过统计，数据库中共有547例样本具有毒品再犯情节，占数据库样本总数的18.5%，也就是说，西北五省在2014年至2018年五年间走私、贩卖、运输、制造毒品罪的平均毒品再犯率为18.5%。为进一步反映这五年间毒品再犯率的发展变化趋势,笔者将不同年份与是否具有毒品再犯情节的样本进行交叉制表。根据表4-2-1可知,毒品再犯率整体上呈现微弱增长趋势,但卡方检验结果显示不同年份的毒品再犯率之间不存在显著性差异(P>0.05),这就说明这五年间毒品再犯率基本保持稳定,未出现明显增长或者降低趋势。

表4-2-1 不同年份中毒品再犯数量对比

			是否毒品再犯		合计
			否	是	
年份	2014	计数/例	373	80	453
		年份中的占比/%	82.3	17.7	100.0
	2015	计数/例	443	88	531
		年份中的占比/%	83.4	16.6	100.0
	2016	计数/例	547	116	663
		年份中的占比/%	82.5	17.5	100.0
	2017	计数/例	637	153	790
		年份中的占比/%	80.6	19.4	100.0
	2018	计数/例	409	110	519
		年份中的占比/%	78.8	21.2	100.0
合计		计数/例	2409	547	2956
		年份中的占比/%	81.5	18.5	100.0

(一)变量的提取

虽然毒品再犯属于法定从严处罚情节,但原《量刑指导意见》却并未明确规定毒品再犯的从严比例范围,各省颁布的《实施细则》虽弥补了这一缺憾,规定了较为明确的调刑比例,但对于依据哪些因素确定具体的调刑比例的内容却没有涉及。笔者认为,累犯属于特殊化的再犯,是对再犯前后罪性质、严重程度等方面进行了特殊限定的再犯,而毒品再犯同样属于特殊化的再犯,在这一点上毒品再犯与累犯具有相通性。不仅如此,“不论行为人构成毒品再犯还是一般累犯,对后罪的从重处罚,都是基于其犯有前罪且已经体验刑罚处罚却仍然再度实施犯罪所产生的更为严重的人身危险性”。“概言之,毒品再犯与一般累犯制度法定化的核心价值，是将行为人无视以往刑罚的体验而再次犯罪，作为对后罪从重处罚的根据”。① 基于此，笔者推测在司法实践中，法官会参考原《量刑指导意见》关于累犯的规定进而根据毒品再犯内部各项因素确定具体的调刑比例。当然，这种推测能否成立还需实证分析加以检验。为此，笔者提取了毒品再犯中的如下几项因素并将其作为自变量，以检验这些因素是否会对毒品再犯的量刑产生影响。

第一个变量是前后罪时间间隔。与累犯不同的是，毒品再犯后罪的发生时间没有限制，既可以是在前罪刑罚执行期间，也可以是前罪刑罚执行完毕或者赦免5年以后。为此，笔者将前后罪时间间隔设计为如下7个统计区间：后罪发生在前罪刑罚执行期间（主要是指在前罪缓刑、假释或者暂予监外执行期间）的计数为1；前后罪时间间隔在1年以下的计数为2、时间间隔在1年以上2年以下的计数为3，以此类推直至时间间隔在4年以上5年以下的计数为6；时间间隔在5年以上的一律计数为7。上述统计区间中“以上”不包括本数、“以下”包括本数。根据统计，在毒品再犯样本中能够计算出前后罪时间间隔的样本共计504例，上述7个统计区间的样本数分别为38例（7.5%）、125例（24.8%）、106例（21.0%）、56例（11.1%）、36例（7.1%）、35例（6.9%）和108例（21.4%）。

第二个变量是前罪的性质。依照刑法的规定，毒品再犯前罪仅限定于走私、贩卖、运输、制造毒品罪和非法持有毒品罪，因而笔者将毒品再犯前罪的性质划分为三种情况，即前罪为走私、贩卖、运输、制造毒品罪（数罪中有走私、贩卖、运输、制造毒品罪但不属于第三种情况的均计入），前罪为非法持有毒品罪（数罪中有非法持有毒品罪但不属于第三种情况的均计入），前罪包括走私、贩卖、运输、制造毒品罪和非法持有毒品罪。毒品再犯样本中记载有前罪性质信息的样本共计510例，属于第一种情况的样本有454例（89.0%），属于第二种情况的样本有44例（8.6%），属于第三种情况的样本有11例（2.2%）。②

第三个变量是前罪刑罚种类。载有前罪刑罚种类信息的样本共计509例，

---

① 李炜、华肖：《论毒品再犯与一般累犯之适用关系》，载《法学》2011年第9期。

② 毒品再犯样本中有1例样本的前罪为容留他人吸毒罪，根据刑法规定此种情况下不应认定被告人构成毒品再犯，因而笔者未将这1例样本计入毒品再犯前罪性质的三种类型中。

其中免予刑罚处罚 1 例、管制 2 例、拘役 37 例(包括 1 例拘役缓刑)、有期徒刑 447 例(包括 4 例有期徒刑缓刑)、无期徒刑 15 例、死刑缓期二年执行 6 例,此外还有 1 例样本属于有期徒刑和管制并科。

第四个变量是前罪的具体刑期。当前罪量刑结果为免予刑罚处罚、无期徒刑或死刑缓期二年执行时,第四个变量的计数为空;当前罪为管制、拘役或有期徒刑时,则直接录入具体刑期。根据统计,前罪为管制的,具体刑期分别是 12 个月和 24 个月;前罪为拘役的,拘役刑期均值为 4.51(月),中值和众数均为 5(月),极小值为 3(月),极大值为 6(月);前罪为有期徒刑的,有期徒刑刑期均值为 44.41(月),中值为 18(月),众数为 6(月),极小值为 4(月),[①]极大值为 180(月),刑期 36 个月以下的样本占有期徒刑样本的 66.2%。

(二)对量刑影响的检验

从前一章的分析可知,毒品再犯对第一个法定刑幅度中拘役与有期徒刑刑种的选择、第一个法定刑幅度中有期徒刑刑期的选择以及第四个法定刑幅度中的刑种选择具有统计学意义上的影响,因此笔者就上述四项因素对这三种量刑结果是否具有影响进行分析和检验。[②]

1. 第一个法定刑幅度中的刑种选择

笔者以适用第一个法定刑幅度的行为人被认定贩卖毒品且被判处拘役或者有期徒刑的毒品再犯样本为基础,对毒品再犯四项因素与刑种选择进行相关性检验。[③] 根据表 4-2-2 可知,前罪性质、前后罪时间间隔两项因素与刑种选择之间的 P 值大于 0.05,表明此两项因素与刑种选择之间不具有相关关系;而前罪刑罚种类以及前罪具体刑期因素与刑种选择之间的 P 值小于 0.05,表

① 判决书中载明行为人"1999 年 10 月 14 日因犯贩卖毒品罪被判处有期徒刑四个月,2002 年 12 月 23 日刑满释放。"甘肃省兰州市西固区人民法院刑事判决书,(2015)西刑初字第 377 号。

② 毒品再犯样本中有 1 例样本前罪所判刑罚是 1 年有期徒刑并科 1 年管制,由于其特殊性,笔者在分析前罪刑罚种类以及前罪具体刑期对量刑影响时将这例样本作为缺失值处理。此外还有 1 例毒品再犯样本前罪的刑罚为 24 个月管制,笔者在分析前罪具体刑期对量刑影响时将其折算为 12 个月有期徒刑。根据刑法规定,管制刑执行前先行羁押的,羁押 1 日折抵管制刑 2 日,而有期徒刑执行前先行羁押的,羁押 1 日折抵有期徒刑 1 日。基于此,笔者认为可以将管制刑按照 2∶1 的比例折抵成有期徒刑。同样的道理,前罪刑罚种类为拘役的,可以将拘役的刑期按照 1∶1 的比例折抵为有期徒刑,这样处理后前罪刑期就可以保持同一性质。

③ 由于毒品再犯后罪刑罚种类是一个分类变量,因而在分析毒品再犯四项因素与刑种选择的相关关系时均采用斯皮尔曼相关系数。

明这两项因素与刑种选择之间具有相关关系。为了排除其他因素的干扰，笔者又对前罪刑罚种类以及前罪具体刑期与刑种选择的关系进行偏相关分析，分析结果显示，在控制了其他因素的情况下，前罪刑罚种类与刑种选择之间不再具有相关关系（r = 0.03，P > 0.05），前罪具体刑期与刑种选择之间也不再具有相关关系（r = 0.075，P > 0.05）。

表 4－2－2　第一个法定刑幅度中毒品再犯各因素与刑种选择的相关性检验

		前罪性质	前后罪时间间隔	前罪刑罚种类	前罪具体刑期
拘役与有期徒刑刑种选择	斯皮尔曼相关系数	0.056	－0.118	0.193	0.138
	Sig.（双侧）	0.375	0.064	0.002	0.031
	N	251	246	249	245

2. 第一个法定刑幅度中的有期徒刑刑期

笔者以适用第一个法定刑幅度中行为人被认定贩卖毒品且被判处有期徒刑的毒品再犯样本为基础分析毒品再犯四项因素与有期徒刑刑期之间是否具有相关关系。根据表 4－2－3 可知，前后罪时间间隔与前罪性质两项因素与毒品再犯样本的有期徒刑刑期之间不存在相关关系，前罪刑罚种类和前罪具体刑期两项因素与有期徒刑刑期之间存在相关关系。笔者对前罪刑罚种类和前罪具体刑期因素与有期徒刑刑期的关系进行偏相关分析，在控制了其他因素的情况下，前罪刑罚种类与有期徒刑刑期之间仍然存在相关关系（r = 0.176，P < 0.01），前罪具体刑期与有期徒刑刑期之间也仍存在相关关系（r = 0.191，P < 0.01），且这两项因素的相关系数均为正值，即毒品再犯样本的有期徒刑刑期会随着前罪刑罚种类性质的加重或者前罪具体刑期的延长而提高。这一结果说明，法官在确定毒品再犯具体刑期时着重考虑的是前罪的罪行轻重这一要素，虽然按照笔者的设想，前罪性质同属于反映前罪罪行轻重的因素之一，但因毒品再犯的前罪均为毒品犯罪，恐难以从犯罪性质角度反映罪行轻重的程度差异。

表 4－2－3　毒品再犯各因素与有期徒刑刑期的相关性检验

		前后罪时间间隔	前罪性质	前罪刑罚种类	前罪具体刑期
有期徒刑刑期	相关系数值	－0.005	0.093	0.301	0.191
	显著性(双侧)	0.943	0.150	0.000	0.003
	N	238	243	241	237

3.第四个法定刑幅度的刑种选择

在第三章中,笔者在适用第四个法定刑幅度的贩卖、运输毒品样本中构建了刑种选择的预测模型,因贩卖毒品样本以及运输毒品样本中整体模型的显著性检验P值大于0.05,因而无法构建预测模型,但这并不意味着毒品再犯情节对第四个法定刑幅度的刑种选择不存在影响。为此,笔者先在适用第四个法定刑幅度的样本中对毒品再犯情节与刑种选择进行交互分析及相关性检验。检验结果显示,在有期徒刑样本中毒品再犯的比例为14.1%,在非有期徒刑(判处无期徒刑或死刑)的样本中毒品再犯的比例为21.7%,卡方检验结果显示这两类样本毒品再犯率之间存在显著性差异($P<0.01$)。是否毒品再犯与是否有期徒刑的斯皮尔曼相关性检验结果显示二者之间存在负相关关系($r=-0.097$, $P<0.01$),在控制其他因素的影响作用后,二者之间仍存在负相关性,但相关系数有所下降($r=-0.060$, $P<0.05$)。从偏相关分析结果来看,毒品再犯会使行为人被判处无期徒刑以上刑罚的可能性提高,但从相关系数值以及P值来看,毒品再犯情节与第四个法定刑幅度中的刑种选择之间的相关性非常微弱。

在前述结论的基础上,笔者尝试分析毒品再犯中四项具体因素与刑种选择之间是否存在一定的相关性。根据表4－2－4可知,前罪性质、前后罪时间间隔、前罪刑罚种类以及前罪具体刑期均与刑种选择之间不具有相关关系。

表 4－2－4　第四个法定刑幅度中毒品再犯各因素与刑种选择的相关性检验

		前罪性质	前后罪时间间隔	前罪刑罚种类	前罪具体刑期
是否有期徒刑	斯皮尔曼相关系数	0.046	－0.131	－0.122	－0.073
	Sig.(双侧)	0.523	0.071	0.093	0.341
	N	192	192	192	174

（三）总结

综上分析，当涉及刑种选择问题时（包括第一个法定刑幅度中拘役和有期徒刑的选择以及第四个法定刑幅度中是否有期徒刑的选择），法官都是将毒品再犯作为一个整体予以考量，当被告人具有毒品再犯情节时法官更倾向于选择较重的刑罚种类；当涉及刑期长短问题时，法官则会考虑毒品再犯的前罪刑罚种类以及前罪具体刑期这两项因素，而前罪刑罚种类以及前罪具体刑期这两项因素反映的是前罪罪行轻重，也就是说法官在确定被告人具体刑期时会考虑毒品再犯前罪的罪行程度。因此，实证检验结论部分地支持了笔者前文的猜测。遗憾的是，关于毒品再犯后罪罪行轻重与后罪刑罚之间是否具有相关关系的问题，由于研究材料的局限笔者无法进行验证。本项研究专门针对走私、贩卖、运输、制造毒品罪，因而毒品再犯样本中的后罪均为走私、贩卖、运输、制造毒品罪；外加之，毒品再犯仅对适用第一个法定刑幅度的有期徒刑样本的刑期产生影响，因而也就无法比较不同法定刑幅度中有期徒刑从严处罚比例的差异。当然，笔者仅依据毒品再犯与累犯在性质上的共通性进而参照累犯的规定提取可能影响毒品再犯量刑结果的因素，上述分析也仅在笔者设想的范围内展开，并不排除司法实践中法官可能会考虑其他的因素。

三、同时构成累犯、毒品再犯的法律适用

从刑法规定来看，一般累犯与毒品再犯的成立条件有明显不同，这也就造成了二者成立范围上的差异。第一，前后罪的范围不同。对于一般累犯而言，只要前后罪均为故意犯罪即可，至于具体是何罪则没有限制；毒品再犯则明显不同，其要求前后罪都是毒品犯罪，前罪还被限定为走私、贩卖、运输、制造毒品罪和非法持有毒品罪。第二，前罪刑罚不同。一般累犯要求前罪必须判处有期徒刑以上刑罚，而毒品再犯只要“判过刑”即可。第三，时间条件不同。一般累犯要求后罪发生于前罪刑罚执行完毕或者赦免之日起 5 年以内，而毒品再犯的成立则对后罪发生时间没有限制，甚至可以是在前罪缓刑、假释或者暂予监外执行期间。第四，后罪处罚规定不同。要构成一般累犯，后罪应当被判处有期徒刑以上刑罚，而毒品再犯则没有这方面的规定。综合以上差异，很难说一般累犯与毒品再犯谁的范围更大，其实二者之间并非是包容与被包容的关系，更加准确地讲应是一种交叉关系，二者有不同的地方但也存在重合之处。当行为

人前罪为走私、贩卖、运输、制造毒品罪或者非法持有毒品罪且被判处有期徒刑以上刑罚,在前罪刑罚执行完毕或者赦免之日起5年以内行为人又再次实施了《刑法》分则第六章第七节规定的毒品犯罪且应当被判处有期徒刑以上刑罚时,行为人既符合一般累犯的规定也符合毒品再犯的规定,由此也就形成了一般累犯与毒品再犯的竞合。

(一)样本分析

当因同一毒品犯罪前科而形成累犯与毒品再犯的竞合时,绝大多数法官会在判决书中认定被告人同时成立累犯和毒品再犯并对其从重处罚,但引起笔者思考的是,此时是否造成对被告人重复性评价。当然,从第三章的分析结果来看,姑且不论附加刑,仅就主刑的裁量而言,累犯情节与毒品再犯情节似乎并未大范围地产生重叠效应。累犯情节能够对有期徒刑与拘役刑种选择,第一个、第二个以及第三个法定刑幅度有期徒刑刑期产生影响,而毒品再犯情节能够对有期徒刑与拘役刑种选择、第一个法定刑幅度有期徒刑刑期以及第四个法定刑幅度中的刑种选择产生影响。这也就是说,累犯与毒品再犯仅对第一个法定刑幅度的刑种选择以及有期徒刑刑期同时产生影响。但是否可以由此得出结论,在适用第一个法定刑幅度的样本中存在重复从重处罚的情况而其他量刑结果则没有,笔者认为此时下结论可能过于仓促,仍有进一步检验的必要。

在走私、贩卖、运输、制造毒品罪的数据库中累犯与毒品再犯的情况比较复杂,有的被告人仅构成累犯,有的仅构成毒品再犯,还有的同时成立累犯和毒品再犯,而第三种情况又可以进一步划分为因不同犯罪前科而同时成立累犯和毒品再犯以及因同一毒品犯罪前科而同时成立累犯和毒品再犯两种情况。根据表4-2-5可知:仅具有累犯情节的样本共计250例,占累犯样本的41.3%;仅具有毒品再犯情节的样本共计191例,占毒品再犯样本的34.9%;同时具有累犯情节和毒品再犯情节的样本共计356例,这类样本占累犯样本的58.7%,占毒品再犯样本的65.1%。根据统计,在这356例样本中,因同一毒品犯罪前科而同时构成累犯和毒品再犯的样本共计329例,占此类样本的92.4%。由此可见,在走私、贩卖、运输、制造毒品罪中因同一毒品犯罪前科而发生累犯与毒品再犯竞合的情况非常普遍。

表4－2－5　毒品再犯样本与非毒品再犯样本中累犯的数量对比

		是否累犯		合计
		否	是	
是否毒品再犯	否	2159	250	2409
	是	191	356	547
合计		2350	606	2956

在对不同种类样本中的刑罚是否存在实质性差异的比较中，由于累犯所判刑罚均为有期徒刑以上刑罚，因而笔者将样本限定于量刑结果为有期徒刑以上刑罚的范围；此外，由于刑罚种类有性质上的明显差异，有期徒刑可以进行刑期比较，而无期徒刑和死刑只能进行刑种选择上的比较。综合考虑以上两点，笔者决定将样本分为两种情况进行分析：一是在有期徒刑样本中；二是在适用第四个法定刑幅度的样本中。

1.有期徒刑样本中刑期的对比

根据表4－2－6可知，因同一毒品犯罪前科而同时构成累犯与毒品再犯样本的有期徒刑刑期均值为64.7993（月），因不同犯罪前科而同时构成累犯与毒品再犯样本的有期徒刑刑期均值为54.6957（月），由此可知，两类样本的平均刑期相差近10（月），但独立样本T检验的结果显示二者之间并不存在显著性差异（$F=1.116$，$P>0.05$，$t=-0.672$，$df=290$，$P>0.05$）。

表4－2－6　是否因同一毒品犯罪前科而同时构成累犯和毒品再犯两类样本刑期均值对比

	是否同一毒品犯罪前科	N	均值	标准差	均值的标准误差
有期徒刑刑期	否	23	54.6957	64.67150	13.48494
	是	269	64.7993	69.57373	4.24199

在前述结论的基础上，笔者将同时构成累犯和毒品再犯的样本归为一类并将与仅构成累犯、仅构成毒品再犯的样本进行对比分析。笔者在分析前先进行这样的理论假设：根据《量刑规范化改革》相关文件的规定，一般而言累犯的从重处罚比例要大于毒品再犯，那么具有累犯情节样本的刑期均值应该要高于具有毒品再犯情节的样本；如果对同时构成累犯和毒品再犯的样本既基于累犯情节从重处罚又依据毒品再犯情节从重处罚，那么在重复从重处罚的情况下，这

类样本的刑期均值应高于仅具有累犯情节的样本和仅具有毒品再犯情节的样本。如果计算结果确实如此，那么对同时构成累犯和毒品再犯的被告人进行了重复性从重评价这一结论将得到证实，否则重复性评价的结论将被否定。

为此，笔者对同时构成累犯和毒品再犯、仅构成累犯、仅构成毒品再犯这三类样本的刑期均值进行单因素方差分析。分析结果显示（见表4－2－7），仅构成毒品再犯样本的刑期均值为57.6309（月），仅构成累犯样本的刑期均值为85.1714（月），同时构成累犯和毒品再犯样本的刑期均值为64.0034（月），单因素方差分析显示它们之间存在显著性差异（$F=8.363, P<0.01$）。事后多重比较结果显示，仅构成累犯样本的刑期均值既显著高于仅构成毒品再犯样本，也高于同时构成累犯和毒品再犯样本，而仅构成毒品再犯样本与同时构成累犯和毒品再犯样本的刑期均值之间并不存在显著性差异，由此看来，在同时构成累犯和毒品再犯的情况下，被告人的量刑接近于仅构成毒品再犯的情况。这一检验结果实际上证否了笔者前述的理论假设，也就是说在同时构成累犯与毒品再犯的情况下被告人并未受到双重的从重处罚。

表4－2－7 三类样本刑期均值对比

	N	均值	标准差	标准误差	均值的95%置信区间		极小值	极大值
					下限	上限		
仅构成毒品再犯	149	57.6309	68.17866	5.58541	46.5934	68.6683	6.00	180.00
仅构成累犯	210	85.1714	71.66241	4.94518	75.4226	94.9202	6.00	180.00
同时构成累犯和毒品再犯	292	64.0034	69.14875	4.04662	56.0391	71.9678	6.00	180.00
总数	651	69.3733	70.53728	2.76457	63.9447	74.8018	6.00	180.00

2. 第四个法定刑幅度中刑种适用率的对比

在同时构成累犯和毒品再犯的样本中，因同一毒品犯罪前科而同时构成累犯与毒品再犯样本中有期徒刑的比例为56.0%，非有期徒刑（包括判处无期徒刑和死刑）的比例为44.0%；因不同犯罪前科而同时构成累犯与毒品再犯的样本中有期徒刑的比例为50.0%，非有期徒刑的比例也为50.0%。卡方检验结果显示，前述两种情况下有期徒刑与非有期徒刑的适用比例之间不存在显著性差异（$P > 0.05$）。基于此，笔者仍将同时构成累犯和毒品再犯的样本归为一类，进而与仅构成累犯的样本、仅构成毒品再犯的样本进行对比分析。如果计算结果显示在同时构成累犯和毒品再犯的样本中非有期徒刑的适用比例高于仅具有累犯情节的样本和仅具有毒品再犯情节的样本的话，那么对同时构成累犯和毒品再犯的被告人进行了重复性从重评价这一结论将得到证实，否则重复性评价的结论将被证否。根据表4－2－8可知，在仅构成毒品再犯的样本中非有期徒刑的比例为48.5%，在仅构成累犯的样本中非有期徒刑的比例为33.3%，在同时构成累犯和毒品再犯的样本中非有期徒刑的比例为44.4%，卡方检验结果显示上述适用比例之间并不存在显著性差异（$P > 0.05$）。由此可以得出结论，在同时构成累犯与毒品再犯的情况下被告人并未受到比仅构成累犯或者仅构成毒品再犯更重的处罚。

表4－2－8　三类样本中有期徒刑与非有期徒刑样本数量对比

<table>
<tr><td colspan="3" rowspan="2"></td><td colspan="2">是否有期徒刑</td><td rowspan="2">合计</td></tr>
<tr><td>有期徒刑</td><td>非有期徒刑</td></tr>
<tr><td rowspan="6">累犯、毒品再犯类型</td><td rowspan="2">仅构成毒品再犯</td><td>计数/例</td><td>34</td><td>32</td><td>66</td></tr>
<tr><td>累犯与毒品再犯类型中的占比/%</td><td>51.5</td><td>48.5</td><td>100.0</td></tr>
<tr><td rowspan="2">仅构成累犯</td><td>计数/例</td><td>78</td><td>39</td><td>117</td></tr>
<tr><td>累犯与毒品再犯类型中的占比/%</td><td>66.7</td><td>33.3</td><td>100.0</td></tr>
<tr><td rowspan="2">同时构成累犯和毒品再犯</td><td>计数/例</td><td>79</td><td>63</td><td>142</td></tr>
<tr><td>累犯与毒品再犯类型中的占比/%</td><td>55.6</td><td>44.4</td><td>100.0</td></tr>
<tr><td colspan="2" rowspan="2">合计</td><td>计数/例</td><td>191</td><td>134</td><td>325</td></tr>
<tr><td>累犯与毒品再犯类型中的占比/%</td><td>58.8</td><td>41.2</td><td>100.0</td></tr>
</table>

（二）会议纪要相关规定的梳理

当出现累犯与毒品再犯的竞合时应如何适用法律是一个争议已久的话题，最高人民法院对这一问题的前后态度也有变化。2000年最高人民法院《全国法院审理毒品犯罪案件工作座谈会纪要》（已失效）规定：对依法同时构成再犯和累犯的被告人今后一律适用《刑法》第356条规定的再犯条款从重处罚，不再援引《刑法》关于累犯的条款。根据《刑法》第74条和第81条，累犯不得适用缓刑和假释，而对于毒品再犯《刑法》却没有这方面的明确规定。对于既符合一般累犯规定又符合毒品再犯规定的被告人，如果一律只适用毒品再犯条款而排除一般累犯条款的适用，可能导致司法适用出现如下问题：对同时构成毒品再犯和累犯的被告人适用毒品再犯的规定从而可以对其适用缓刑和假释，但对其他构成一般累犯的被告人却不得适用缓刑与假释。案例1：被告人甲以前因犯盗窃罪被判处3年有期徒刑，在有期徒刑执行完毕的第2年其又实施了贩卖毒品15克的行为。就这一案例而言，被告人甲实施的贩卖毒品15克的行为应当被判处有期徒刑以上刑罚，因此应当认定被告人甲构成一般累犯，对其不得适用缓刑和假释。案例2：被告人乙以前因犯运输毒品罪被判处3年有期徒刑，在有期徒刑执行完毕的第2年其又实施了贩卖毒品15克的行为。此种情形下被告人乙既构成一般累犯又构成毒品再犯，但如果对其仅适用毒品再犯的规定，则可以对被告人乙适用缓刑和假释。将前后两个案例进行对比我们可以发现，两者的差别仅仅在于前罪的性质不同，一个是盗窃罪、另一个是运输毒品罪，但前者不能适用缓刑和假释，后者反而可以适用缓刑和假释，如此一来，毒品犯罪的行为人反而会受到特殊优待，这明显不符合公平原则，更与从严打击毒品犯罪的精神相悖。

针对这一问题，《大连会议纪要》做出调整：对同时构成累犯和毒品再犯的被告人，应当同时引用刑法关于累犯和毒品再犯的条款从重处罚。这一规定虽然可以避免前述尴尬的产生，但也同样存在缺陷，即不符合禁止重复评价原则的要求。就以前述案例2中的被告人乙来说，其前次实施了运输毒品行为，现在又实施了贩卖毒品行为，以前次实施运输毒品行为的事实来实现对本次贩卖毒品犯罪量刑的从重处罚，要么依据一般累犯的规定要么依据毒品再犯的规定就可以实现。但如果对乙同时适用一般累犯和毒品再犯的规定并且均予以从重处罚，则毫无疑问对乙前次的运输毒品行为进行了两次评价：一次评价使被告人符合了一般累犯的规定，另一次评价又使其符合了毒品再犯的规定。由此可见，两次对被告人从重处罚是由刑法规定的竞合造成的，而非被告人本人行为数量、性质的差异造成的。

鉴于此，最高人民法院又在《武汉会议纪要》中对这一问题进行调整，对于因同一毒品犯罪前科同时构成累犯和毒品再犯的被告人，在裁判文书中应当同时引用刑法关于累犯和毒品再犯的条款，但在量刑时不得重复予以从重处罚；对于因不同犯罪前科同时构成累犯和毒品再犯的被告人，量刑时的从重处罚幅度一般应大于前述情形。根据笔者的理解，《武汉会议纪要》区分如下两种情形并规定了不同的处理方式：其一，被告人因同一毒品犯罪前科同时构成累犯和毒品再犯，这明显属于我们刚才所说的竞合情形，法官需要在裁判文书中同时引用刑法关于累犯和毒品再犯的条款，如此一来就不得对被告人适用缓刑和假释，但为了避免可能由此产生的重复评价的危险，《武汉会议纪要》进一步要求法官在量刑时不得重复从重处罚。其二，被告人因不同犯罪前科同时成立一般累犯和毒品再犯，这种情形并非我们前文所说的严格意义上的竞合，对于此种情形法官需要同时援引一般累犯和毒品再犯的规定，且法官可以分别依据一般累犯和毒品再犯的规定对被告人予以从重处罚而不存在重复评价的问题。案例 3：被告人丙曾因犯盗窃罪被判处 3 年有期徒刑，刑满释放的第 2 年又因运输毒品罪被判处 6 个月拘役，而丙在再次刑满释放后的第 2 年再次贩卖毒品 15 克。在这一案例中，被告人丙最开始的盗窃罪与本次的贩卖毒品行为可以认定构成一般累犯，而其实施的运输毒品行为与本次的贩卖毒品行为又可以构成毒品再犯，因为认定一般累犯与毒品再犯依据的前次犯罪事实不同，前者依据的是盗窃罪，后者依据的是运输毒品罪，所以可以分别予以从重处罚。

但是如果深究一下，《武汉会议纪要》的规定也不是没有问题。一方面，对于因同一毒品犯罪前科同时构成累犯和毒品再犯的被告人，《武汉会议纪要》要求法官在裁判文书中同时引用累犯和毒品再犯的条款，但不能对被告人重复从重处罚。这意味着在实际量刑的过程中法官要么依据一般累犯的标准对被告人从重处罚、要么依据毒品再犯的标准对被告人从重处罚，而不能对被告人从重处罚两次，至于是依据一般累犯的规定还是依据毒品再犯的规定，文件却没有进一步明确，似乎可以由法官自由裁量选择适用。如果一般累犯与毒品再犯的从重处罚幅度一样，那法官究竟选择适用哪一个情节并不会造成最终量刑结果的实质性差异，然而事实上二者的从重处罚幅度是有一定差异的。

一般来说，累犯的从重处罚幅度要大于毒品再犯。具体而言，原《量刑指导意见》规定累犯的从重处罚幅度为 10% 到 40%，而毒品再犯的从重处罚幅度一般为 10% 到 30%（有的省份规定的是 30% 以下）。既然从重处罚幅度不同，那就有可能造成处罚上的不一致,这对被告人来说是不公平的。例如,被告人甲的基准刑为5年有期徒刑,其因同一毒品犯罪前科同时构成一般累犯与毒品再犯,假如法官选择对其适用一般累犯,而累犯最高的从重处罚幅度可以达到40%,也就是说因为一般累犯情节可能会使被告人增加2年有期徒刑;假如法官选择适用毒品再犯条款,以其最大的从重处罚幅度30%来进行计算,毒品再犯情节会使被告人增加1.5年有期徒刑,两相比较就有6个月有期徒刑的差距,这一差距不可谓不大。不仅如此,随着基准刑的提高,这种差距还会进一步扩大。例如,被告人乙的基准刑为10有期徒刑,一般累犯可以使被告人最大增加4年有期徒刑,而毒品再犯可以使被告人最大增加3年有期徒刑,二者之间就相差了1年有期徒刑。

另一方面,依据《武汉会议纪要》的规定对因不同犯罪前科而同时构成累犯和毒品再犯的被告人进行处理也会造成不公。案例4:被告人丁曾因犯盗窃罪被判处3年有期徒刑,刑满释放的第2年其又因犯运输毒品罪被判处1年有期徒刑,而在丁刑满释放后的第2年其再次贩卖毒品15克。在这一案例中,基于丁前次实施的运输毒品行为和本次的贩卖毒品行为可以同时认定其构成累犯和毒品再犯,且属于因同一毒品犯罪前科而同时构成一般累犯与毒品再犯的情形,此时按照《武汉会议纪要》的规定,法官需在判决书中同时引用一般累犯和毒品再犯的条款但不得对被告人重复予以从重处罚。但问题在于,对于丁最先实施的盗窃犯罪又该如何看待和处理呢?

笔者认为可能的处理方式有如下两种:第一种方式是,因丁的行为符合《武汉会议纪要》规定的第一种情形而不再考虑丁最先实施的盗窃罪。但与案例3的处理结果相对比就会发现一个问题,案例3中的被告人丙属于因不同犯罪前科而同时认定构成累犯与毒品再犯的情形,对其本次实施的贩卖毒品罪既要依照一般累犯从重处罚还要依照毒品再犯从重处罚;但对于案例4中的丁来说,只需对其从重处罚一次,由此造成案例3中的丙受到的从重处罚幅度要大于案例4中的丁。然而,丙实施的运输毒品罪被判处的是6个月拘役,丁实施的运输毒品罪却被判处1年有期徒刑,这说明丙所犯运输毒品罪的危害程度要小于丁,而确定累犯从重处罚幅度需要参考的因素之一就是前罪的罪行轻重,那么丙在前次犯罪罪行轻于丁的情况下反而受到比丁更重的处罚,难说这符合公平原则的要求。

第二种方式是,对于案例4中的丁,法官还需考虑其最先实施的盗窃罪,将其作为一般的犯罪前科进而对丁从重处罚。此时对于丁而言,其因前次的运输毒品罪成立累犯与毒品再犯的竞合而被从重处罚一次,又因最先实施的盗窃罪成立一般前科而被从重处罚一次。然而与案例3中的丙相比较,我们同样可以发现其中可能存在的不公。针对案例3中的丙,基于其最开始的盗窃罪与本次的贩卖毒品行为可以认定丙构成一般累犯,而对案例4中的丁来说,其最先实施的盗窃罪只能作为一般前科。虽然累犯、前科在性质上均属于从严处罚情节,但二者之间的差异也非常明显。累犯是法定量刑情节,前科仅仅是酌定量刑情节,司法实践中酌定量刑情节影响量刑作用的发挥远不如法定量刑情节稳定,法官更重视法定量刑情节,往往忽视酌定量刑情节。退一步讲,即便被告人的前科引起了法官的关注,但累犯与前科的从严处罚幅度也是不同的,根据原《量刑指导意见》以及《量刑指导意见(试行)》的规定,前科的从重处罚幅度最大也只有10%,明显低于累犯的从重处罚幅度。如此一来,虽然案例3中的丙和案例4中的丁最先实施的都是盗窃罪且均被判处3年有期徒刑,但丙会受到相较于丁更重的处罚。

(三)具体适用规则的构建

有学者提出,毒品累犯与毒品再犯属于特别法与普通法的法条竞合关系,当某一行为同时构成毒品累犯与毒品再犯时,依据特别法优于普通法的适用规则认定成立毒品累犯即可,进而排除毒品再犯的适用。① 该学者提出的毒品累犯是指行为人实施了走私、贩卖、运输、制造毒品罪或者非法持有毒品罪被判处有期徒刑以上刑罚而于刑罚执行完毕或者赦免之日起5年之内再次实施应当被判处有期徒刑以上刑罚的毒品犯罪的情形。特别法与普通法的竞合中,特别法的内容完全包容于普通法之中,适用特别法就足以惩治犯罪,所以特别法具有排斥普通法适用的功能。以毒品累犯为限,当然可以认为凡是构成毒品累犯的必然属于毒品再犯,而构成毒品再犯的却未必属于毒品累犯,例如,行为人前次实施的走私、贩卖、运输、制造毒品罪或者非法持有毒品罪被判处拘役刑,或者后罪发生于前罪刑罚执行完毕或者赦免之日起5年以后等,这些情形只能认定构成毒品再犯而不成立毒品累犯。在此基础上,该学者得出结论:毒品累犯

① 参见胡东飞:《毒品累犯与毒品再犯竞合之处理》,载《法商研究》2017年第1期。

是特别法、毒品再犯是一般法，后者完全能够包括前者，继而依据特别优于普通的法条适用规则，当二者发生竞合时应适用毒品累犯的规定对被告人从重处罚而无须适用毒品再犯条款。然而问题在于，法条竞合应该是客观真实存在的两个刑法条文之间的关系，就我国刑法的规定来看，就是《刑法》总则第 65 条一般累犯条款和《刑法》分则第 356 条毒品再犯条款之间的关系，而没有“毒品累犯”这一法律条文的规定，该学者以毒品累犯为前提进行比较，实际上是不当地将刑法中规定的一般累犯条款偷换为行为人实施毒品犯罪情况下才能具体成立的“毒品累犯”这一客观行为类型，限缩了累犯条款所能涵射的范围。事实上，一般累犯并非仅限定于某一类或者某几类特殊的犯罪，其具有普遍的适用效力，这恰恰是一般累犯与特别累犯以及毒品再犯的重要差异，司法实践中当然可以根据犯罪的具体情况出现所谓的盗窃累犯、抢劫累犯，但这些全都属于累犯中的具体种类。然而，就一般累犯与毒品再犯两个条款的内容进行比较便可以发现，毒品再犯条款并不能够完全包容和评价一般累犯条款所能囊括的内容，例如，行为人犯盗窃罪判处 3 年有期徒刑、刑罚执行完毕之后的第 2 年又犯应当判处有期徒刑以上刑罚的毒品犯罪的情形。

笔者认为一般累犯与毒品再犯之间并非特别法与普通法的法条竞合关系而应属于补充关系。法条竞合中的补充关系主要是辅助法条和基本法条的关系，在刑法规范中，某些规范设立的目的就在于当其他刑法规范不能适用时，补充性地加以适用，在行为同时符合辅助构成要件和主要构成要件时，优先适用主要构成要件。[①] 一般认为，补充法条的特点在于，为了避免基本法条对法益保护的疏漏，有必要补充规定某些行为成立犯罪。补充法条所规定的构成要件要素，少于或者低于基本法条的要求，或者存在消极要素的规定。[②]

行为人以往犯罪的事实虽然并不影响行为人本次犯罪行为的危害性程度，但却反映出行为人人身危险性程度相对更高，从综合主义罪刑均衡观的基本立场出发，行为人曾经的犯罪事实作为影响本次犯罪量刑结果的因素获得了普遍认同。一般意义上的犯罪前科内涵最少、外延最大，无论是刑法理论和还是司法实践均允许将其作为量刑情节，但其只属于酌定量刑情节而不具有强制效

① 参见周光权：《刑法总论》（第 4 版），中国人民大学出版社 2021 年版，第 395 页。
② 参见张明楷：《法条竞合中特别关系的确定与处理》，载《法学家》2011 年第 1 期。

力。在此基础上，刑法明确规定累犯情节，将其作为特殊化的犯罪前科，特殊化即在于为再犯附上了前后罪刑罚、前后罪间隔时间、后罪罪过形式等限制条件，这些限制条件表明此种再犯的人身危险性程度更高，因而将其从一般犯罪前科中挑选出来规定为从重处罚的法定量刑情节，更是将对被告人的不利后果延伸至刑罚执行阶段。累犯从严主要是借助刑罚的隔离效果（让犯罪人在本来极有可能重新犯罪的时间段里继续服刑而不是回归社会重新犯罪）、刑罚的特殊威慑效果（让犯罪人更加深刻地体会刑罚的风险远大于犯罪的收益）以及刑罚的一般威慑效果（严厉后果对潜在犯罪人形成威慑）来减少犯罪。[①] 我国刑法规定毒品再犯也需从重处罚，即是想通过增加再犯后罪的刑罚实现对毒品犯罪的从严打击，目的在于预防和减少毒品犯罪，在这一点上毒品再犯与累犯是相通的。那么，我们需要思考的问题就在于，刑法为何在已经规定有累犯的基础上又进一步规定毒品再犯。

实践中出于对特殊犯罪严厉打击的需要，在累犯制度之外将某类犯罪的再犯作为从重处罚量刑情节，立法之所以如此规定，主要在于累犯制度评价的是刑罚执行完毕或者被赦免之后 5 年内再犯应判处有期徒刑以上刑罚之罪的行为，那么其在再次犯罪的刑法评价体系上留下了“刑罚执行完毕 5 年后”的评价疏漏，为表明对某些犯罪严厉谴责的立法态度，刑法规定了特别再犯来对累犯制度进行补充，或者说填补累犯制度存在的“疏漏”。[②] 显然，毒品再犯的增设并不仅仅是为了填补“刑罚执行完毕 5 年后”的评价“疏漏”，同样也填补了“前罪未被判处有期徒刑以上刑罚”以及“后罪不应判处有期徒刑以上刑罚”的评价“疏漏”。在总则规定累犯且予以从重处罚的基础上，又在分则针对毒品犯罪明确规定毒品再犯情节，立法恰是希望通过毒品再犯的规定填补累犯制度的“遗漏”，针对尚未构成累犯的毒品犯罪亦可以根据毒品再犯的规定对行为人从重处罚。正是因为累犯制度与毒品再犯制度在我国刑法对再次犯罪的评价体系中存在这样的补充关系，因而毒品再犯不能逾越其作为补充法的立法定位。[③] 也就是说，《刑法》总则规定的累犯制度为基本法，《刑法》分则规定的毒

---

① 参见劳佳琦：《累犯制度：规范与事实之间》，中国人民公安大学出版社 2018 年版，第 256 页。

② 参见李怀胜、祝炳岩：《对司法解释中毒品再犯规制的批判性思考——以刑法中的再次犯罪评价体系为视角》，载《中国刑事法杂志》2010 年第 9 期。

③ 参见王思维：《论未成年人不应构成毒品再犯》，载《青少年犯罪问题》2017 年第 4 期。

品再犯则为补充法,根据基本法优于补充法的法条适用原则,当行为人因同一毒品犯罪前科同时构成一般累犯和毒品再犯的竞合时,应对行为人直接适用一般累犯条款而排除毒品再犯条款的适用。

事实上,当因同一毒品犯罪前科而同时构成一般累犯与毒品再犯时,既然不允许进行重复性评价(司法实践中法官们也确实遵守了这一要求),那么也就意味着只需适用一个条款足以,而适用一般累犯条款更有利于实现严厉打击毒品犯罪的要求:一是一般累犯的从重处罚幅度要大于毒品再犯;二是不得对累犯适用缓刑和假释而不能排除对毒品再犯缓刑和假释的适用。由此可见,一般累犯不仅实现了量刑阶段的从严也实现了行刑阶段的从严。因此,从处罚效果上看,被告人因同一毒品犯罪前科而同时构成一般累犯和毒品再犯时一律适用一般累犯即可,根本无须适用毒品再犯条款。张明楷老师也曾指出,"累犯的从重处罚幅度一般会大于再犯,既然不得重复从重处罚,实际上就只能以累犯论处"。①

在前述观点的基础上,笔者认为可以根据被告人前后犯罪的具体情况按照如下规则处理:第一,被告人本次犯罪前仅有一个犯罪前科且为走私、贩卖、运输、制造毒品罪和非法持有毒品罪以外的其他犯罪,符合一般累犯条件的按一般累犯从重处罚,并且不得对被告人适用缓刑和假释,不符合一般累犯的按照一般前科从重处罚。第二,被告人本次犯罪前仅有一个犯罪前科且为走私、贩卖、运输、制造毒品罪或非法持有毒品罪,符合一般累犯条件的按照一般累犯从重处罚,并且不得对被告人适用缓刑和假释,不符合一般累犯的按照毒品再犯从重处罚,但可以对被告人适用缓刑和假释。第三,被告人在本次犯罪前有多个犯罪的,笔者认为应当仅以被告人本次犯罪的前一次犯罪与本次犯罪的具体情况按照前述规则认定处理,被告人的其他犯罪统一作为一个一般前科情节对被告人从重处罚。需要特别说明的是,在被告人本次犯罪的前一个犯罪为走私、贩卖、运输、制造毒品罪和非法持有毒品罪以外的其他犯罪且不符合一般累犯的情况下,只需要将被告人实施本次犯罪以前的所有犯罪统一认定为一个前科情节即可,根据罪责刑相适应原则的要求,在确定前科从重处罚幅度时应考虑被告人多次实施犯罪行为的情况确定相对较大的从重处罚幅度。

---

① 张明楷:《刑法学》(第5版),法律出版社2016年版。

四、未成年人是否构成毒品再犯

不满18周岁的未成年人是否构成毒品再犯在《刑法修正案(八)》出台之前似乎并未成为一个问题,因为1997年《刑法》并未将未成年人排除在累犯之外,但《刑法修正案(八)》进一步对累犯的年龄条件做出限定,即实施犯罪时未满18周岁的未成年人不构成累犯,对毒品再犯却没有明确规定,由此引发对这一问题的争论。

(一)指导案例的不同观点

为了统一司法实践,对于毒品再犯认定中存在的一些疑难问题,如前文提及的毒品再犯成立的时间条件如何理解、毒品再犯与累犯竞合时如何适用法律等,《大连会议纪要》《武汉会议纪要》作出了相应规定。但遗憾的是《大连会议纪要》《武汉会议纪要》均未对未成年人是否能够成立毒品再犯的问题做出回应。虽然《大连会议纪要》《武汉会议纪要》未就此问题明确表态,但笔者在《刑事审判参考》中查到两则有关这一问题的指导性案例。

1.李光耀等贩卖、运输毒品案(第839号指导案例)

被告人李光耀,男,1973年11月28日出生。1992年2月15日因犯运输毒品罪(犯罪时未满18周岁)被判处死刑,缓期二年执行,剥夺政治权利终身,经减刑于2006年10月20日假释,2010年4月2日因涉嫌贩卖、运输毒品罪被逮捕。

(同案其他被告人基本情况略)

云南省大理白族自治州人民检察院以被告人李光耀犯贩卖、运输毒品罪,向云南省大理白族自治州中级人民法院提起公诉。

(具体案情略)

云南省大理白族自治州中级人民法院认为,被告人李光耀违反国家毒品管制法规,结伙贩卖、运输海洛因,其行为构成贩卖、运输毒品罪。李光耀归案后能如实供述司法机关尚未掌握的另三次贩卖、运输海洛因的事实,认罪态度好,但其多次贩卖、运输海洛因,数量大,且系主犯,又系毒品再犯、累犯,应当从重处罚。据此,大理白族自治州中级人民法院以被告人李光耀犯贩卖、运输毒品罪,判处死刑,剥夺政治权利终身,并处没收个人全部财产。

一审宣判后,被告人李光耀以其属于从犯,原判量刑过重为由,向云南省高级人民法院提出上诉。

云南省高级人民法院经审理认为，上诉人李光耀伙同鲁应和贩卖、运输海洛因的行为构成贩卖、运输毒品罪。在共同犯罪中，李光耀与鲁应和积极联系购买和运输毒品，均系主犯，应当依法惩处。李光耀到案后虽然坦白司法机关尚未掌握的贩卖、运输毒品海洛因的犯罪事实，但李光耀系累犯、毒品再犯，应当从重处罚。一审判决认定的事实清楚，证据确实、充分，定罪准确，量刑适当，审判程序合法。据此，云南省高级人民法院依照1996年《刑事诉讼法》第189条第1项之规定，裁定驳回上诉，维持原判，并依法报请最高人民法院核准。

最高人民法院经复核认为，被告人李光耀结伙贩卖、运输海洛因，其行为构成贩卖、运输毒品罪，且系共同犯罪，同时贩卖、运输毒品数量大，社会危害严重。被告人李光耀系在共同犯罪中起主要作用的主犯，又系毒品再犯，主观恶性深，依法应当从重处罚。李光耀归案后虽然主动交代公安机关尚未掌握的同种罪行，但其所犯罪行极其严重，不足以从轻处罚。一审判决、二审裁定认定的事实清楚，证据确实、充分，定罪准确，量刑适当，审判程序合法。遂依照1996年《刑事诉讼法》第199条和最高人民法院《关于复核死刑案件若干问题的规定》第2条第1款之规定，最高人民法院裁定核准云南省高级人民法院维持第一审对被告人李光耀以贩卖、运输毒品罪判处死刑，剥夺政治权利终身，并处没收个人全部财产的刑事裁定。[①]

关注本案一审判决、二审裁定以及死刑复核裁定的理由部分，我们可以发现前后有一个重要变更，一审判决和二审裁定均认定被告人李光耀同时构成毒品再犯和累犯，而死刑复核裁定却只认定其构成毒品再犯，没有再认定其构成累犯。这是因为本案一审、二审期间《刑法修正案（八）》尚未生效，而在死刑复核期间《刑法修正案（八）》已经生效，那么根据《刑法修正案（八）》的规定，因为被告人李光耀实施前次运输毒品罪时未满18周岁，根据从旧兼从轻的时间效力原则，最高人民法院没有再认定李光耀构成累犯，但仍然认定其构成毒品再犯。由此可见，最高人民法院认为未成年人仍然能够成立毒品再犯。其核心理由在于，《刑法修正案（八）》第6条的规定只涉及累犯而不涉及毒品再犯，因

---

① 中华人民共和国最高人民法院刑事审判第一、二、三、四、五庭主办：《刑事审判参考》（总第90集），法律出版社2013年版，第96~98页。

而认定李光耀构成毒品再犯并不违反刑法的规定,而且鉴于李光耀的罪行,认定其构成毒品再犯继而从重处罚符合宽严相济刑事政策的要求。

2. 姚某贩卖毒品案(第1034号指导案例)

姚某,男,1993年9月4日出生。2011年7月22日因犯贩卖毒品罪被判处有期徒刑6个月。2013年1月29日因涉嫌犯贩卖毒品罪被逮捕。重庆市垫江县人民检察院以被告人姚某犯贩卖毒品罪,且系毒品再犯,向法院提起公诉。垫江县人民法院经公开审理查明:2013年1月16日22时许,姚某在垫江县桂溪镇名流网吧附近一巷子内以200元的价格贩卖甲基苯丙胺0.19克给吸毒人员欧阳某飞。二人交易完毕后被民警当场抓获。垫江县人民法院认为,姚某的行为构成贩卖毒品罪,但姚某前次犯罪时未满18周岁,未认定姚某构成毒品再犯,最终判处被告人姚某有期徒刑6个月、并处罚金1000元。判决生效后,重庆市检察三分院以一审法院未认定姚某构成毒品再犯属法律适用错误、量刑不当为由向重庆市第三中级人民法院提出抗诉。重庆市第三中级人民法院经审理认为,原审判决认定原审被告人姚某犯贩卖毒品罪的事实清楚,证据充分,量刑适当,审判程序合法。关于抗诉机关抗诉提出的抗诉理由,重庆市第三中级人民法院认为,根据2012年修正的《刑事诉讼法》第275条的规定,"犯罪的时候不满十八周岁,被判处五年有期徒刑以下刑罚的,应当对相关犯罪记录予以封存。犯罪记录被封存的,不得向任何单位和个人提供,但司法机关为办案需要或者有关单位根据国家规定进行查询的除外。依法进行查询的单位,应当对被封存的犯罪记录的情况予以保密",根据该条规定的精神和刑法从旧兼从轻原则,本案即使是司法机关办案需要,也应对被封存的未成年犯罪记录的情况予以保密,故不得将被封存的未成年人犯罪记录用作从重处罚的依据。因此,对抗诉机关提出姚某系毒品再犯,应当从重处罚的抗诉理由,不予支持。据此,依照2012年修正《刑事诉讼法》第225条第1款第1项、第245条第1款之规定,重庆市第三中级人民法院裁定驳回抗诉,维持原判。[①]

对于"不满18周岁的人因毒品犯罪被判处五年有期徒刑以下刑罚而再次实施毒品犯罪的"被告人,第1034号指导案例认为"不能认定为毒品再犯而予

---

① 参见中华人民共和国最高人民法院刑事审判第一、二、三、四、五庭主办:《刑事审判参考》(总第100集),法律出版社2015年版,第91~92页。

以从重处罚”,得出这一结论的关键性理由是《刑法修正案(八)》以及2012年修正的《刑事诉讼法》中有关“未成年人犯罪记录封存制度”的规定和精神。指导案例之所以将讨论的范围限定于“不满18周岁的人因毒品犯罪被判处五年有期徒刑以下刑罚而再次实施毒品犯罪的被告人”这一特定群体,是因为我国“未成年人犯罪记录封存制度”仅指向“判处五年有期徒刑以下刑罚”的犯罪记录。由此可能导致于不满18周岁时实施毒品犯罪被判处超过5年有期徒刑刑罚且再次实施毒品犯罪的被告人被排除在外,那这部分被告人究竟是否成立毒品再犯则无法从这一指导性案例中获得指引,这就使问题的讨论以及得出的结论不具有普遍的指导意义。不仅如此,笔者认为对指导案例裁判要旨的解析还极易引起实务部门的误解:既然指导案例确认的仅仅是“不满18周岁因毒品犯罪被判处五年有期徒刑以下刑罚而再次实施毒品犯罪的”被告人不构成毒品再犯,那么根据当然解释,“不满18周岁因毒品犯罪被判处超过五年有期徒刑刑罚而再次实施毒品犯罪的”被告人就应被认定构成毒品再犯。笔者认为,指导案例出现误差的原因在于未成年人不成立毒品再犯的关键原因并不在于“未成年人轻罪犯罪记录封存制度”本身。

对于同一问题,两个指导案例得出截然相反的结论,这难免会造成实务部门处理上的困难。在笔者收集的判决书中有这样一则案例:被告人李某,男,2011年4月22日因犯贩卖毒品罪被西安市临潼区人民法院判处有期徒刑10个月,同年7月15日刑满释放。后其又因涉嫌犯贩卖毒品罪,于2015年9月2日被抓获,同月11日被刑事拘留,同月30日被逮捕。法院审理查明,被告人李某自2010年以来长期贩卖毒品海洛因,以贩养吸。2015年8月以来,被告人侯某某、赵某某为从李某处获取毒品吸食,多次帮助李某贩卖毒品。法院审理后认为,被告人李某伙同被告人李某某、侯某某、赵某某向多人、多次贩卖毒品,侵犯了国家对毒品的管理制度,情节严重,四被告人的行为均已构成贩卖毒品罪。被告人李某在共同犯罪中起主导作用,系主犯,被告人李某某、侯某某、赵某某在共同犯罪中起次要作用,系从犯。被告人李某的辩护人提出,李某因犯贩卖毒品罪被判处刑罚时未满18周岁,本次犯罪系毒品再犯,不应认定为累犯,法院采纳这一辩护意见并依法按毒品再犯对李某从重处罚。法院最终以贩卖毒品罪判处被告人李某有期徒刑15年、并处没收财产 80,000 元。[①] 从这一案例来看,被告人李某与指导案例中的姚某相同,都是在未满 18 周岁时实施前毒品犯罪且均被判处 5 年有期徒刑以下刑罚,但结论却南辕北辙。

(二)本书的观点

从刑法理论上讲,以不同的解释方法对刑法条文进行解读可能会得出不同的结论。如果单纯对《刑法》第 356 条进行文义解释,因为刑法确实没有明确排除未成年人这一群体,那么至少从形式上看,当未成年人实施走私、贩卖、运输、制造、非法持有毒品行为被判刑后再次实施毒品犯罪的,其完全符合《刑法》第 356 条的规定,继而认定其构成毒品再犯。也有学者运用当然解释的方法对这一问题进行解析,继而得出了否定性的结论。累犯的刑法评价和刑罚后果均要重于毒品再犯,从人身危险性考察的角度来看,累犯的特殊预防必要性要大于毒品再犯;从制度设计的内涵来看,累犯的构成条件要严于毒品再犯,即前者的有责性要重于后者;从法律后果的角度来看,刑法赋予累犯的不利后果要重于毒品再犯,因为前者不能宣告缓刑和适用假释。既然未成年人的重行为没有成为法定从重处罚的情节,那么根据刑法举重以明轻的当然解释原理,相对的轻行为就更不应成为从重处罚的情节。[②] 在这些完全相反的结论中究竟该做出何种选择？哪种选择才能使问题得到切实有效的解决？笔者认为可以转换一下思路。刑法与刑事政策之间存在紧密的关联,刑事政策对刑法有指导作用,这种指导作用体现在包括立法、司法和执法在内的各个环节之中;而在罪刑法定原则的视域之下,刑法又为刑事政策的作用空间划定了边界,刑事政策不能超越刑法规定本身。那么在刑法明确将未成年人排除在累犯之外却对未成年人能否被认定为毒品再犯这一问题只字不提的情况下,刑事政策便应该发挥其指导作用,为未成年人毒品再犯的认定问题提供方向指引。

对于未成年人犯罪,我国一直坚持“教育为主、惩罚为辅”的原则和“教育、感化、挽救”的方针,在宽严相济基本刑事政策指引之下对未成年人犯罪的处理更多地体现出“从宽”的一面,涉及未成年人犯罪的刑事处罚均朝着轻缓化

---

① 西安市灞桥区人民法院刑事判决书,(2016)陕 0111 刑初 204 号。

② 参见袁登明:《毒品再犯制度适用问题研究》,载《法律适用》2014 年第 9 期。转引自王思维:《论未成年人不应构成毒品再犯》,载《青少年犯罪问题》2017 年第 4 期。

的方向发展。对于毒品犯罪,从历史角度出发,鸦片战争在国人心中烙下了深深的伤痕,而从现实角度讲,当下社会一直面临着严峻的毒品犯罪形势,因而我国一直坚持“从严打击”毒品犯罪的刑事政策,《武汉会议纪要》更是明确强调“毫无动摇地坚持依法从严惩处毒品犯罪”的方针和政策。那么,在未成年人实施毒品犯罪这个问题上就呈现出未成年人犯罪的“从宽”政策与毒品犯罪的“从严”政策的“对冲效应”。笔者认为,对这两个相左的刑事政策究竟做出何种选择,将是解决未成年人是否构成毒品再犯这一问题的一把钥匙。如果认为在严峻的毒品犯罪形势之下,对未成年人犯罪的“从宽”政策应该让位于满足打击毒品犯罪需要的“从严”政策,那么结论就是可以认定未成年人成立毒品再犯;如果认为打击毒品犯罪的需要亦不能动摇对未成年犯罪人的“从宽”政策,那么就不应该或者没有必要认定未成年犯罪人构成毒品再犯。

我国刑法在规定累犯的基础上又规定毒品再犯,通过将不符合累犯条件的毒品再犯予以从严处罚,延长再犯后罪刑期以实现对毒品犯罪的从严打击,预防和减少毒品犯罪,笔者认为在这一点上毒品再犯与累犯是相通的。国外有学者曾将通过累犯从严来减少犯罪的方式概括为如下三种方式:“(1)对犯罪人施以额外的监禁刑,在客观上起到将犯罪人与社会在更长时间里相隔离的效果,通过让犯罪人在本来极有可能重新犯罪的时间段里继续服刑而不是回归社会重新犯罪,以此来达到减少犯罪的目的;(2)那些被延长刑期的犯罪人可以更好地体会到刑罚的风险远大于将来犯罪的收益这个道理;(3)监狱以外的某些潜在犯罪人可以因此受到威慑而远离犯罪。”①第一种方式是借助刑罚的隔离效果来减少犯罪,第二种和第三种方式则是借助刑罚的威慑效果(包括特别威慑和一般威慑)来减少犯罪。劳佳琦博士在此基础上运用实证研究方法对我国累犯从严处罚是否能够达到减少犯罪的效果进行了检验。

劳佳琦博士为了检验累犯从严的威慑效应提出了两个理论假设:假设一是累犯前罪刑期长短与累犯前罪刑满释放后犯罪空窗期的长短呈正相关;假设二是累犯因累犯前罪受刑后,累犯后罪与前罪性质不同,且比累犯前罪更轻。假

---

① Frank E. Zimring, Gordon J. Hawkins & Deterrence, *The Legal Threat in Crime Control*, University of Chicago Press, 1973, p. 58. 转引自劳佳琦:《累犯制度:规范与事实之间》,中国人民公安大学出版社 2018 年版,第 242 页。

如上述两个假设被证实,那就说明累犯从严处罚发挥了威慑作用继而减少了犯罪;假如上述两个假设被证否,则累犯从严处罚的威慑无效。经过实证分析发现上述两个假设均被证否,对累犯处以更长的监禁刑既不能在刑满释放后震慑累犯保证其在更长的时间内不再重新犯罪,又不能改变累犯重新犯罪的犯罪模式使其实施比前罪更轻的罪行。为了检验累犯从严的隔离效应,劳佳琦博士也提出了两个理论假设:假设一是在由于累犯制度而被延长隔离时间的累犯群体中,在人身危险性二维体系中质(再次犯罪的严重性)和量(再次实施犯罪的数量)这两个维度上的值均偏大的累犯所占比例较大;假设二是在由于累犯制度而被延长隔离时间的累犯群体中,在人身危险性二维体系中质和量这两个维度上的值均偏小的累犯所占比例较小。如果上述两个假设均被证实,则累犯制度发挥了较大的隔离效应;如果上述两个假设均被证否,则累犯制度的隔离效应并未得到彰显。然而实证分析结果证明,累犯群体中的大部分累犯无论是在质的维度上还是在量的维度上其人身危险性程度均有限,因此累犯制度隔离效应较大的假设被证否。[①] 既然累犯既无威慑效应也无隔离效应,那么通过延长累犯监禁时间来减少犯罪的希望也将落空。

虽然上述实证分析指向的是累犯制度,但毒品再犯的设立目的与累犯是相通的,那么以毒品再犯情节的设立来实现减少毒品犯罪的目的同样需要借助刑罚的威慑效果和隔离效果。但既然不能通过累犯从严所谓的威慑效果和隔离效果实现减少犯罪的目标,那么就没有理由盲目乐观地相信与累犯具有共同属性的毒品再犯制度就可以实现这个目标。事实上,国外早有学者对这一问题展开过研究并得出否定的结论。例如,学者纳金(Nagin · Daniel. S)就曾直接指出,20 世纪后半叶对毒品交易刑罚量的大幅度提高不可能减少毒品犯罪,反而可能在现实中提高诸如抢劫、盗窃等其他牟利型犯罪的发案率。[②] 我国也有学者专门对未成年人毒品犯罪进行实证研究,其研究结果证实了从严刑事政策与未成年人毒品犯罪之间的两个相关性:“一是在不考虑其他因素或将其他因素

① 参见劳佳琦:《累犯制度:规范与事实之间》,中国人民公安大学出版社 2018 年版,第 266、271、272、281 页。

② Nagin & Daniel S, *Criminal Deterrence Research at the Outset of the Twenty First Century*, In Crime and Justice: A Review of Research, Vol. 23, 1998, p. 1. 转引自劳佳琦:《累犯制度:规范与事实之间》,中国人民公安大学出版社 2018 年版,第 256 ~ 257 页。

视为非变量的条件下,从严刑事政策作为自变量,与未成年人毒品犯罪数量呈正相关性,即惩罚越严厉,犯罪率越高;与未成年人毒品犯罪的治理效果呈负相关性,即惩罚越严厉,防控犯罪的治理效果越低。二是如果将所有的影响因素都作为变量加以综合考虑,则无法验证从严刑事政策与未成年人毒品犯罪的相关性。这两个相关性表明从严刑事政策控制未成年人毒品犯罪的效果迄今没有得到验证,而客观的结果却是'惩罚越严厉,犯罪率越高'"。[①]

"经过长期的丰富和发展,当代刑事政策的价值目标不再是抽象的自由与正义,而是《世界人权宣言》所确立的更具体、更现实的秩序与人权。"[②]鉴于未成年人犯罪原因的复杂性、未成年人的可教育性和可塑性强等特点,针对未成年犯罪人要体现出更多的保护,因此在政策选择上应更倾向于"从宽"政策,其背后体现出来的是人权保障的价值取向;而毒品再犯作为从严打击毒品犯罪的立法体现,其目标或者价值追求是预防、减少毒品犯罪以更好地维护社会秩序。假使将两者置于一个天平的左右两端,天平的一端是通过各项制度的设计实现对未成年人群体的特殊保护和人权保障,天平的另一端则是通过严厉打击毒品犯罪以实现对社会秩序的维护,由此人权保障和秩序维护处于相对平衡的状态。然而现实却是,对毒品犯罪分子增加刑罚量并不能实现当初预想的预防和减少毒品犯罪的目标,毒品再犯这一制度设计出现明显的功能失灵,因而严厉打击背后的维护社会秩序的价值目标也就难以实现。既然如此,能够维持天平相对平衡的秩序价值这一砝码就应从天平中取走,由此产生的结果必然是天平倾斜于对未成年犯罪人的保护这一端。显然,在对毒品再犯从严处罚也难以实现预防和减少未成年人毒品犯罪目标的背景下,对未成年犯罪人的"从宽"政策就应优先于针对毒品犯罪的"从严"政策。综上,笔者跳出单纯的解释方法,从刑事政策背后的价值目标出发对这两个刑事政策进行深刻对比,最终得出"未成年人不应构成毒品再犯"的结论。

---

① 袁林:《我国未成年人毒品犯罪从严刑事政策的检验和修正——以某省法院系统近十年的判决为研究样本》,载《法学》2015 年第 6 期。

② 袁林:《我国未成年人毒品犯罪从严刑事政策的检验和修正——以某省法院系统近十年的判决为研究样本》,载《法学》2015 年第 6 期。

第三节　未完成形态

从前一章有关量刑影响因素的分析中可知，未完成形态对走私、贩卖、运输、制造毒品罪量刑的影响非常有限，这与同属于优先适用情节的从犯明显不同。就主刑而言，这种有限性主要体现在以下两个方面：其一，仅对有限的量刑结果产生影响；其二，与其他因素相比影响力较弱。笔者认为之所以会出现上述情况，主要是因为未完成形态在走私、贩卖、运输、制造毒品罪中的认定非常少，也非常困难。

一、样本整体情况

数据库中具有未完成形态情节的样本仅有 68 例，约占数据库总样本的 2.3%，其中 1 例样本属于犯罪中止，45 例样本属于犯罪未遂，还有 22 例样本属于部分既遂部分未遂。具体而言，1 例犯罪中止样本的行为方式为制造毒品；45 例犯罪未遂样本中有 40 例样本的行为方式为贩卖毒品，3 例样本为运输毒品，2 例样本是贩卖、制造毒品；在 22 例部分既遂部分未遂样本中有 21 例样本的行为方式为贩卖毒品，仅有 1 例样本是运输、制造毒品。

笔者对数据库中存在未完成形态情节的样本进行了详细梳理：1 例制造毒品（犯罪中止）样本中，行为人伙同他人运送了制毒工具和原材料，法院认为其所运送的制毒原料是否被用于制造毒品及被用来制造毒品的数量无法查清，故认定其帮助犯罪的行为为犯罪中止；2 例贩卖、制造毒品（犯罪未遂）样本中，行为人在制毒过程中被公安机关查获，因未制造出毒品而被认定构成犯罪未遂；1 例运输、制造毒品（犯罪未遂）样本中，被告人购进制造毒品的设备和原料，开始着手制造毒品，但由于意志以外的原因，尚未制造出粗制毒品或者半成品，故以犯罪未遂论处；3 例运输毒品（犯罪未遂）样本中有两例系因运输的并非毒品，属于意志以外原因未得逞，故认定行为人为犯罪未遂，还有 1 例是被告人接受上家指示从巴基斯坦乘机飞至乌鲁木齐市，接收毒品后将毒品再运输至广州市，其接收毒品后被抓获，法院认为其已经开始着手实施运输毒品，只是因意志以外的原因未能得逞，故认定其为犯罪未遂。在存在未完成形态情节的 68 例样本中贩卖毒品占绝大多数,且均属于犯罪未遂。

二、制造毒品罪未完成形态认定的规范性指引

目前关于走私、贩卖、运输、制造毒品罪未完成形态认定的规定非常少,而且主要集中于制造毒品罪。最高人民法院、最高人民检察院、公安部《关于办理走私、非法买卖麻黄碱类复方制剂等刑事案件适用法律若干问题的意见》第一部分第1款规定,以加工、提炼制毒物品制造毒品为目的,购买麻黄碱类复方制剂,或者运输、携带、寄递麻黄碱类复方制剂进出境的,依照《刑法》第347条的规定,以制造毒品罪定罪处罚。第二部分第1款规定,以制造毒品为目的,利用麻黄碱类复方制剂加工、提炼制毒物品的,依照《刑法》第347条的规定,以制造毒品罪定罪处罚。该意见第四部分还规定,实施本意见规定的行为,符合犯罪预备或者未遂情形的,依照法律规定处罚。由于麻黄碱类复方制剂的性质较为特殊,其本身既不是毒品,也不是制毒物品,需要经过加工、提炼才能提取出制毒物品,用以实施制造毒品或者制毒物品犯罪。因此,以加工、提炼制毒物品制造毒品为目的,购买麻黄碱类复方制剂,或者运输、携带、寄递麻黄碱类复方制剂进出境的,以及利用麻黄碱类复方制剂加工、提炼制毒物品的行为均属于为制造毒品创造条件的预备行为。[①] 如果行为人开始实施上述行为但由于行为人意志以外的因素而未能着手制造毒品则应当认定其为制造毒品罪的犯罪预备。此外,《大连会议纪要》规定,已经制造出粗制毒品或者半成品的,以制造毒品罪的既遂论处;购进制造毒品的设备和原材料,开始着手制造毒品,但尚未制造出粗制毒品或者半成品的,以制造毒品罪的未遂论处。除上述文件之外,《刑事审判参考》中也有关于制造毒品罪未遂认定的指导性案例。

朱海斌等制造、贩卖毒品案(第486号指导案例)

浦江县人民法院经公开审理查明:

1. 2006年6月至7月,被告人朱海斌纠集倪邦福、石小龙、吴传贵,商议制造氯胺酮(俗称"K粉"),以牟取暴利。朱海斌花费10,000元从武汉"小李"

---

① 参见高贵君、马岩、李静然:《〈关于办理走私、非法买卖麻黄碱类复方制剂等刑事案件适用法律若干问题的意见〉的理解与适用》,载《人民司法》2012年第17期。转引自人民法院实务小全书编选组主编:《毒品案件办理小全书》,人民法院出版社2018年版,第444页。

（身份不明）处购得制造“K粉”的原材料氯胺酮碱（以下简称“碱”）500克，并安排倪邦福、石小龙、吴传贵购买制造“K粉”的其他工具和物品。之后4人多次制造“K粉”，均以失败告终。2006年8月，朱海斌等4人用剩余的部分“碱”制造出“K粉”150克许。因质量不好，有50余克被扔弃，其余大部分供自己或送给他人吸食。

2. 2006年10月25日，被告人朱海斌花费8000元从“小李”处购得“碱”500克交给倪邦福，倪在朱海斌的指导下制造出“K粉”100余克，除10克贩卖他人外，其余部分因质量不好被扔弃。

……

关于被告人朱海斌、石小龙、吴传贵提出“丢弃的140克不应计人毒品数量”的辩解，经查，被告人朱海斌等人以制造毒品为目的，实施了制造毒品的行为，已构成制造毒品罪。其制造的“K粉”不论是否成功或是否经过检验，其数量均应计入毒品数量，并据此定罪量刑。但现有证据因未提取到制毒原材料实物和未对制成的“K粉”进行毒品鉴定，不能足以证明从武汉“小李”处购进的制毒原材料的真假，从有利于被告人的角度，依法对该部分制造毒品事实认定为犯罪未遂。①

该指导案例的裁判要旨在于行为人基于制造毒品的故意制造毒品、因意志以外的原因未能制造出毒品的行为应被认定构成制造毒品罪的犯罪未遂。对此，法院的裁判理由是：被告人朱海斌等人出于牟取暴利的目的，相约制造毒品氯胺酮，朱海斌还专门学习了制造方法，并邮购了制造氯胺酮的原材料，其他被告人购买了制造氯胺酮所需的无水乙醇（酒精）、盐酸、电子天平秤等工具和物品。虽然制造氯胺酮前期均以失败告终，没有制造出法律要求的毒品，但因朱海斌等人已经着手实施了制造毒品的行为，后续制毒成功的结果说明该行为可以制造出毒品，制毒失败的行为同样具有社会危害性，应以制造毒品罪（未遂）定罪处罚。

上述规定以及指导性案例对于制造毒品罪既未遂的区分起着重要的作用，然而问题在于，根据前述样本梳理，就西北地区的走私、贩卖、运输、制造毒品罪

① 中华人民共和国最高人民法院刑事审判第一、二、三、四、五庭主办：《刑事审判参考》（总第61集），法律出版社2008年版，第52～53页。

而言，其最为突出的是贩卖毒品罪既未遂的区分标准问题，下面笔者将对此展开重点分析。

三、贩卖毒品罪未遂的认定

（一）样本的梳理与分析

贩卖毒品样本的未完成形态仅涉及犯罪未遂，笔者梳理了贩卖毒品未遂样本涉及的判决书，法官详细阐释认定犯罪未遂原因的判决书仅是少数，很多判决书的表述格式化特征明显，有的仅仅点明行为人"系属犯罪未遂"；有的则写明犯罪未遂的概念，例如，"已经着手实行犯罪，由于其意志以外的原因而未得逞"，或者"在实施犯罪时因意志以外的原因未得逞"，抑或"因意志以外的原因致犯罪未得逞"等。判决书事实部分对案情的介绍一般比较简略，通常使用较为通俗易懂的日常用语，此种情况下如果判决理由部分仅仅认定被告人属于"犯罪未遂"或者写明犯罪未遂的概念，缺少结合案件事实与刑法规定对犯罪未遂情节成立原因的分析，这不仅会造成笔者分析总结司法实务认定犯罪未遂原因的困难，还反映出判决书在判决理由部分阐述不够充分详实的现实问题。例如，有的判决书事实部分只是表述为"在乌鲁木齐市水磨沟区王家梁村 1 队附近的加油站旁将欲贩卖毒品的被告人陈某某抓获"，"欲贩卖毒品"究竟是何种情形则根本无法通过判决书获知；判决理由部分只是点明"本案中被告人系犯罪未遂"，至于为何认定为未遂则没有阐释。① 被告人被公安人员当场抓获属于"行为人意志以外的原因"尚可理解，但令人产生疑问的是，日常用语中的"欲贩卖毒品"是如何满足刑法中"已经着手"而"犯罪未得逞"这一条件的，而这恰恰是认定贩卖毒品未遂与否的关键性问题。

再如，有的判决书载明的犯罪事实为"前往交易地点途中被抓获"，法院认为"行为人已经着手，由于意志以外的原因而未得逞"。从这样的表述中只能分析出，法官认为被告人前往交易地点的过程仍处于实行行为，但却很难分析出其认为的"着手"点是什么以及何时才属于犯罪既遂。虽然可以肯定的是，着手一定是在"前往交易地点途中"之前、既遂一定是在"前往交易地点途中"之后，但无论是"前往交易地点途中"之前还是"前往交易地点途中"之后都包

---

① 参见新疆维吾尔自治区鄯善县人民法院刑事判决书，(2014)鄯刑初字第 26 号。

含了诸多环节。就“前往交易地点途中”之前而言，就可能存在买卖双方进行沟通、商讨毒品交易的数量和价格、约定交易时间和地点的环节，抑或行为人为向下家贩卖毒品而事先从上家购买毒品等环节。不仅如此，“前往交易地点途中”之后同样包括若干环节，如到达交易地点、与买方见面、进行交易等，达到哪一环节可以认定行为人既遂，显然无法从“前往交易地点途中”的表述中加以判断。上述表述存在很大的模糊性，难以明确反映法官裁判时判断贩卖毒品罪既未遂的标准。

1.样本的梳理

为了发掘司法实践中法官对贩卖毒品未遂认定的态度和做法，笔者将对判决书中“本院认为”部分的判决理由和“经审理查明”部分的犯罪事实加以分析和总结。经过梳理笔者发现，实务部门不仅在犯罪“未完成”这一时间节点上存在严重分歧，而且对贩卖毒品实行行为的“着手”点的界定也难以明确。为了便于后文展开理论分析，笔者将贩卖毒品未遂样本划分为如下几种类型：

第一，贩卖的物品为假毒品（有的判决书表述为“未检测出毒品成分”）。最高人民法院《关于执行〈全国人民代表大会常务委员会关于禁毒的决定〉的若干问题的解释》（已失效）第17条规定，不知道是假毒品而当作毒品走私、贩卖、运输、窝藏的，应当以走私、贩卖、运输、窝藏毒品犯罪（未遂）定罪处罚。该解释针对的《全国人民代表大会常务委员会关于禁毒的决定》已于《禁毒法》施行之日废止。将行为人不知是假毒品而予以走私、贩卖和运输的行为认定为未遂，张明楷教授认为此种做法的合理性值得商榷，因为假毒品客观上不会造成对公众健康的侵害和威胁，如此做法不仅违背罪刑法定原则，也有主观归罪之嫌，还会造成实践处理中的不公。[①] 据笔者分析，张明楷老师倾向于认为此种情况属于日本刑法中所说的“不能犯”，不能犯不同于未遂犯，不能犯不属于犯罪。因为走私、贩卖、运输假毒品的行为根本没有发生侵害、威胁公众健康结果的现实可能性，所以不宜将其作为犯罪处理。

第二，存在控制下交付的情形。控制下交付是一种针对贩卖毒品行为人的特殊侦查措施，该情形是指侦查机关在知道行为人存在贩卖毒品行为的情况下，有意让其继续实施毒品交易并对其实施监控，待其交易时一举将其抓获的

---

① 参见张明楷：《刑法学》（第5版），法律出版社2016年版，第1147页。

情形。[1] 有的判决显示行为人在“布控下完成毒品交易后被抓获”即认定其为犯罪未遂；有的判决则在理由部分阐明“存在犯意引诱和数量引诱且公安人员的控制下实施的犯罪，毒品被及时查获，未流入社会，对社会危害性较轻”，因而认定行为人犯罪未遂。在这类判决中，法官不仅是依据未完成形态的基本原理，还结合了特情介入、毒品未流入社会而危害性较轻等因素认定被告人构成犯罪未遂。

第三，行为人为贩卖毒品而购买毒品的情形。一是行为人已从上家购买毒品但因各种原因尚未与下家进行毒品交易即被抓获，对于此种情况法官认定行为人属于犯罪未遂的原因在表述上略有不同，有的判决认为“因查获的毒品实际上还未转移给买方”，有的判决认为“尚未进行实际毒品买卖交易”，还有的判决认为此时属于“贩卖行为没有完成”。二是行为人为贩卖毒品而购买毒品但未能从上家实际取得毒品，其中又包括三种情况：有的是行为人联系上家购买毒品未果，有的是上家在准备与行为人进行毒品交易时被抓获，还有的是行为人与上家在进行毒品交易的过程中（尚未将毒品给付行为人时）被抓获。

第四，在行为人身上、乘坐车辆以及住处查获的毒品。有部分判决因被告人“有给他人贩卖毒品的行为”或者是被告人“以贩卖牟利为目的而持有毒品”，故将这部分查获的毒品认定为贩卖毒品数量，并同时将这部分贩卖毒品的行为认定为犯罪未遂，但却未明示认定犯罪未遂的原因。另一部分判决虽未解释将从行为人车辆或者住处查获的毒品认定为贩卖毒品数量的原因，但却阐明了将这部分毒品认定为犯罪未遂的原因，有的认为是由于被告人意志以外的原因而使这部分毒品“未能贩卖成交”，有的认为系毒品“尚未交付”或者“未来得及贩卖”。

第五，行为人前往交易地点途中或者是到达交易地点等待时被抓获。这一类型基本上都是行为人与购毒者事先约定了毒品交易的地点，毒品数量以及价格等事宜，而后行为人在前往约定好的交易地点途中或者是在交易地点等候时被抓获。对于此类情况，大多数判决均是格式化的表述，如仅写“系犯罪未遂”，只有 1 份判决在判决理由部分写明“因毒品尚未交易即被抓获”，所以认

---

① 参见邓崇专、黎仲诚：《毒品与组织卖淫犯罪司法认定疑难问题研究》，中国法制出版社 2019 年版，第 119 页。

定行为人犯罪未遂。

第六,向他人贩卖毒品时或者交易毒品时被当场抓获。有的判决认为是因为"毒品尚未交付",所以未遂;有的判决在判决理由部分写明"毒品尚未转移至买方手中,即被公安机关查获,其贩卖毒品的行为已经着手,但由于其意志以外的原因而未得逞",应认定为未遂。从以上判决理由来看,法官关于贩卖毒品罪的既遂标准采纳的是交付说,当然上述判决是数据库中为数不多的在判决理由部分较为明确表达出认定标准的判决。

第七,行为人在"准备向他人贩卖毒品时"或者是"欲向他人贩卖毒品时"被抓获的情形。针对此种情况,个别判决写明了认定行为人构成犯罪未遂的原因。如有的判决认为"交易未完成"因而行为人属于犯罪未遂,从这一表述来看,法官似乎采纳的是交易说。再如,有的判决认为行为人"欲实施贩卖毒品行为,但尚未转移至买方手中,即被公安机关查获",因而属于犯罪未遂,而从这一表述来看,法官是将毒品的实际交付作为贩卖毒品罪的既遂要点的。

第八,行为人与他人约定贩卖毒品数量,但实际交易的毒品数量没有达到约定的数量,约定的毒品数量与实际交易的毒品数量之间的差额部分法院认定为犯罪未遂。涉及此种情况的样本仅有 1 例,具体案情和判决理由如下:2016 年 11 月 14 日凌晨,在库尔勒市新华路邮政大厦旁皇府达酒店楼下,被告人马某某以 300 元的价格向木某贩卖 1 小包冰毒,重约 1 克。2017 年 5 月 2 日,被告人马某某与陈某商定以 2000 元的价格向陈某贩卖 10 克冰毒,并通过微信号收取 2000 元毒资。后二人在库尔勒市交通西路天山医院楼下交易时被民警当场抓获,民警从马某某身上查获 3 小包疑似毒品冰毒颗粒状物。案发后,经称重,3 小包疑似毒品冰毒颗粒状物重 2. 92 克;经鉴定,从 3 小包疑似毒品冰毒颗粒状物中均检出甲基苯丙胺成分。法院认为,被告人马某某明知是毒品冰毒而故意向他人贩卖,数量达 11 克,其行为已构成贩卖毒品罪,被告人贩卖 11 克毒品中 7. 08 克属犯罪未遂,可以比照既遂犯减轻处罚。①

从以上统计中可以发现,实务部门对于贩卖毒品罪既未遂的判断标准是存在不同观点和看法的,但更为突出的问题在于,上述情形中认定行为人构成犯罪未遂的只是极少数,除前面列举的第一种和第八种情况之外,剩余的六种情

① 新疆维吾尔自治区焉耆回族自治县人民法院刑事判决书,(2017)新 2826 刑初 186 号。

况下认定行为人构成贩卖毒品罪既遂的判决更多。实际上绝大多数判决对毒品犯罪的停止形态问题的态度都很模糊,即在判决书中不明确认定毒品犯罪究竟处于何种停止形态,以此来实现对毒品犯罪停止形态认定的淡化处理。不仅如此,通过对未遂样本与既遂样本的对比,笔者还发现贩卖毒品犯罪未遂认定中存在另一个问题,即贩卖毒品罪的"既遂"点和"着手"点普遍前移。

2. 理论分析

(1)对模糊化处理方式的认识

我国刑法规定,任何故意犯罪原则上都存在未完成形态,而且刑法对走私、贩卖、运输、制造毒品罪的未完成形态也并未作出区别于其他犯罪的特别规定。司法实务中走私、贩卖、运输、制造毒品罪未完成形态认定比例极低的现实与从严打击毒品犯罪的政策导向不无关系。2008 年时任最高人民法院副院长的张军同志在《在全国部分法院审理毒品犯罪案件工作座谈会上的讲话》针对该问题明确强调:"对于实践中出现的极为典型的未遂案件,应按照犯罪未遂来处罚……在毒品犯罪既遂与未遂的认定上,应当以有利于依法严厉惩罚犯罪为原则。具体判定时如产生争议、把握不准的,应按照从严打击犯罪的要求,认定为既遂。"①

对于此种处理方法,学界存在两种不同的态度:有的学者持否定态度,认为其不仅与罪刑法定原则相违背、混淆了刑事政策与刑法之间的关系,而且有违刑事司法的精确性;②也有学者对此持肯定态度,有鉴于毒品案件的特殊性,一方面对贩卖毒品既遂与未遂的区分确实难以把握,另一方面停止形态的认定不影响定罪只涉及量刑,那就不妨对贩卖毒品的既未遂区分做模糊化处理。③ 然而问题在于,虽然既未遂的区分不影响定罪,但并不意味着这一区分毫无意义,仅关乎量刑轻重亦不足以使模糊处理合理化。笔者开篇业已阐明,量刑公正是司法公正的组成部分,量刑不公不仅有损于司法公正本身,使广大民众丧失对司法的信心,还是对公众合法权益的直接侵犯。不仅如此,被告人也关心自身

---

① 张军:《在全国部分法院审理毒品犯罪案件工作座谈会上的讲话(节录)》,载中华人民共和国最高人民法院刑事审判第一、二、三、四、五庭主办:《刑事审判参考》(总第 67 集),法律出版社 2009 年版,第 212 页。

② 参见张建、俞小海:《贩卖毒品罪未遂标准的正本清源》,载《法学》2011 年第 3 期。

③ 参见梅传强、张喆锐:《论贩卖毒品罪既遂标准的模糊化认定》,载《河北大学学报(哲学社会科学版)》2019 年第 3 期。

的量刑问题。犯罪的停止形态不同,对社会造成的危害程度不同,反映出的行为人的人身危险性大小也有不同,为了满足罪责刑相适应原则的要求,必须作出轻重有别的处罚规定。该学者可能也意识到了这一问题的存在,遂指出在贩卖毒品罪案件中贩卖毒品罪的成立标准更为关键,而通常的毒品贩卖过程包括买卖毒品双方联系、价格磋商、达成合意、双方会面以及交易毒品几个阶段,根据客观归责理论,上述行为的法定结果都归属于贩毒者。从犯罪的发展过程来看,当认定行为构成犯罪后,只须根据其行为停止时行为人造成的法益侵害或者危险程度进行量刑即可达到罪刑相适应。①

实际上,据笔者理解,该学者的意思还是要区分贩卖毒品案件中行为人究竟在何种阶段停止下来以及停止下来的原因,以此区分不同情况下行为的不法程度以及责任的大小,只不过与传统的既未遂区分不同的是,既遂形态是刑法分则条文规定的基本形态,法定刑幅度也是依据犯罪既遂形态所做的设定,那么未完成形态从宽处罚的规定其实就是以既遂为参照点做减法处理以实现罪责刑相适应。按照前述学者的观点,其不过是以开始实施毒品犯罪行为(双方开始联系)为参照点做加法,因为从买卖双方开始联系到价格磋商、再到达成合意、直至双方会面最后完成交易,随着阶段的不断递进,行为对公众健康形成越来越直接而现实的侵害,此时就需要以构成犯罪为起点不断增加刑罚以满足罪责刑相适应原则的要求。由此看来,既未遂区分标准的模糊化并非是真正的模糊化,只不过是换了另外一套法益侵害程度的区分标准而已。

(2)贩卖毒品中既遂点、着手点前移的原因分析

司法实务中贩卖毒品罪既遂标准连带着手标准的提前一方面是受到从严打击毒品犯罪刑事政策的影响,另一方面跟贩卖毒品罪实行行为范围的扩大密切相关,即将“以贩卖毒品为目的而购买毒品的行为”解释为贩卖毒品。这一做法最早可追溯至1997年《刑法》颁布之前,1994年12月20日,最高人民法院发布的《关于执行〈全国人民代表大会常务委员会关于禁毒的决定〉的若干问题的解释》(已失效)规定:“贩卖毒品,是指明知是毒品而非法销售或者以贩卖为目的而非法收买毒品的行为”。2012年最高人民检察院、公安部发布的

---

① 参见梅传强、张喆锐:《论贩卖毒品罪既遂标准的模糊化认定》,载《河北大学学报(哲学社会科学版)》2019年第3期。

《关于公安机关管辖的刑事案件立案追诉标准的规定(三)》规定,“贩卖”包括明知是毒品而非法销售和以贩卖为目的而非法收买两种情况。在以贩卖为目的而非法收买毒品的情况下,非法收买行为本身也被认为属于贩卖毒品罪的实行行为,行为人购得毒品后就被认定构成贩卖毒品罪的既遂(甚至有的判决将行为人与上家联系购买毒品的行为认定构成贩卖毒品罪的既遂),至于后续毒品是否实际地从行为人手中转移至买家手中并不会改变犯罪的既遂形态,由此造成司法实务中无论是行为人持毒待售(从行为人的交通工具上或者是住所内查获的毒品),还是行为人前往约定交易地点、与买家见面准备交易,抑或交易时被抓获也都只能认定其构成贩卖毒品罪的既遂,否则,在上述情形下认定构成犯罪未遂明显与购买毒品后即告既遂的结论相矛盾,难以自圆其说。

然而关键在于,以贩卖为目的非法收买毒品的行为是否属于贩卖毒品罪的实行行为?对此,有学者指出,虽然从严格意义上讲以贩卖为目的购毒行为属于犯罪预备行为,但将“购买”解释为“贩卖”,是将预备行为实行化,符合刑事立法精神且并不违背罪刑法定原则。该学者以风险理论为大前提,认为购买毒品在贩卖毒品犯罪中出现的高频性、为贩卖而购买毒品对毒品管理秩序这一法益造成侵害的紧迫性以及社会法益保护优先等理由阐述了司法解释将“购买”这一预备行为实行化的合理性。① 先就大前提“风险理论”来说,20 世纪 80 年代,德国社会学家乌尔里希·贝克提出“风险社会”理论,但贝克“风险社会”理论中的“风险”有其特定的含义,它专门指在后工业社会中科学技术的发展所带来的风险,以与前工业社会的事故型风险相区分。这种风险是科学技术本身所隐含的一种消极后果,与科学技术的探索和运用相伴而生。一方面,与后工业时代科学技术广泛运用所产生的消极后果无关的“风险”自然就不属于“风险社会”之“风险”;另一方面,有高科技并非意味着该“风险”就是“风险社会”之“风险”,对高科技的人为滥用就不属于这种风险。总之,贝克所言之“风险”应具有不可感知性、不确定性和不可控性等特征。② 由此,笔者认为毒品的泛滥并不属于贝克所说“风险社会”之“风险”类型。

即便退一步讲,毒品犯罪的泛滥如该学者文中所说与环境污染、恐怖主义

---

① 参见张汝铮:《贩卖毒品罪既遂标准的审视与重构》,载《河北法学》2019 年第 12 期。

② 参见梁文彩:《中国社会现实语境下的风险刑法研究》,载《辽宁警察学院学报》2016 年第 4 期。

一样均属于严重的社会问题,刑法业已对环境污染、恐怖主义相关犯罪做出调整,《刑法修正案(八)》将重大环境污染事故罪由结果犯转变为危险犯、《刑法修正案(九)》中也增设了"准备实施恐怖活动罪",这都是预备行为实行化的典型例证。然而,从上述例证中我们也可以发现,将预备行为实行化,即将某些犯罪常见多发的预备行为直接规定成犯罪,这项工作必须由立法来完成,只有刑法本身才能增设新的罪名,以此实现预备行为的实行化。然而,该学者认为的贩卖毒品罪中的预备行为实行化却是由司法解释实现的,这明显违背了罪刑法定原则的要求。不仅如此,毒品犯罪中的预备行为实行化与《刑法修正案》的处理方式也不同,司法解释未将这种预备行为单独规定为一个新罪。当然,司法解释本身无权创设新的犯罪,恐怕正因如此,司法解释才将"为贩卖毒品而非法收买毒品"这一预备行为解释为贩卖毒品罪的实行行为。

有学者经过缜密的研究和论证指出,贩卖毒品罪中的"贩卖"是不能包含"以贩卖为目的而非法收买毒品行为"的。一方面,从语言学的角度出发,"贩卖"一词是并列结构,且属于偏义词。偏义词的特点在于词语中一个语素的意义已经淡化,只有一个语素的意义在起作用,即整个词的意义偏重于一个语素。在"贩卖"一词中,"贩"字的意思已经淡化,"贩卖"一词的重心在于"卖"字,"贩卖"毒品就是指出卖毒品而不包含购入毒品的意思。另一方面,从规范的角度进行解读,该学者考察了 1979 年《刑法》与 1997 年《刑法》的相关规定,根据体系解释的原理得出"贩卖"一词不含"买入"意思的结论。该学者指出,1979 年《刑法》第 164 条规定的贩卖假药罪成为 1997 年《刑法》第 141 条规定的销售假药罪,从"贩卖"假药到"销售"假药,处罚范围应当不变,那"销售"一词就等同于"贩卖",显然销售一词是不含"买入"意思的;还有,1997 年《刑法》第 155 条第 2 项有意将"收购"与"贩卖"相并列、第 240 条将"收买"与"贩卖"相并列,这些规定均表明,"贩卖"一词并不包含"买入"的意思。[①] 对此,笔者深表赞同,"贩卖"毒品应仅指将毒品出售给他人以谋取利益的行为,为贩卖毒品而非法收买毒品的行为仅仅是行为人贩卖行为的预备性行为。

(二)贩卖毒品罪未遂的标准

根据 1997 年《刑法》第 23 条的规定,一般认为犯罪未遂的成立既要满足一

① 参见李立众:《贩卖毒品罪中"买入毒品即既遂说"之反思》,载《华东政法大学学报》2020 年第 1 期。

定的客观条件也要满足一定的主观条件。客观条件包括行为人“已经着手实行犯罪”和“犯罪未得逞”，主观条件则是“基于行为人意志以外的因素”而停止。就贩卖毒品罪的实际情况来看，对“基于行为人意志以外的因素”而停止的判断既不是理论界争议的焦点，亦不是司法实务认定的疑难，判断起来相对简单。在贩卖毒品罪未遂的认定中成为问题的是对客观条件的判断，下面笔者就针对客观方面的两个条件展开深入讨论。

1. 既遂标准的争议与评析

关于贩卖毒品罪的既遂标准学界众说纷纭，具有代表性的观点有以下几种：一是“契约说”，该说主张以毒品买卖双方交易毒品的意思表示达成一致，即买卖双方契约的达成为既遂。[①] 二是“进入交易环节说”，该说以毒品是否进入交易环节为既遂与否的判断标准，因为“毒品犯罪侵害的是国家对毒品的管理秩序，只要毒品进入交易环节就对这种秩序造成了实质性的侵害，就已经使公众健康面临现实的危险，符合行为犯法益侵害结果的要求”[②]。三是区分说，即根据贩卖毒品来源的不同采取不同的既遂判断标准。例如，有学者提出，以贩卖为目的而非法收买毒品的，只要行为人实施了购毒行为就可以认定为贩卖毒品罪既遂；对于通过自己制造、祖上遗留或者是拾得等非法收买方式之外的途径获得的毒品以及非法收买毒品是仅供自己吸食但事后又产生贩卖故意而出售的，只要将毒品带到与购毒者约定的地点开始交易即为既遂。[③] 再如，有学者认为，将自己生产或者保存的毒品进行出售的情形以毒品的实际交付作为既遂的判断标准，而通过购买毒品再予贩卖的情形，买入毒品即构成贩卖毒品罪的既遂。[④] 四是“交付说”，该说以毒品是否实际转移给买方为标准区分贩卖毒品罪的既遂与未遂，毒品转移前买卖双方是否达成协议、毒品转移后行为人是否获取了利益均不影响贩卖毒品罪既遂的认定。[⑤]

---

① 参见赵秉志主编：《疑难刑事问题司法对策》，吉林人民出版社 1999 年版，第 298 页。转引自熊海燕：《毒品犯罪研究综述与评价》，知识产权出版社 2019 年版，第 125 页。

② 张洪江等：《人民法院审理毒品犯罪案件司法适用与定罪量刑》，中国法制出版社 2020 年版，第 19 页。

③ 参见赵拥军：《从毒贩住处等地查获的毒品数量计入贩卖数量应允许反证推翻——兼论贩卖毒品罪的既遂应当区别行为方式的不同进行认定》，载《法律适用》2015 年第 4 期。

④ 参见张汝铮：《贩卖毒品罪既遂标准的审视与重构》，载《河北法学》2019 年第 12 期。

⑤ 参见张明楷：《刑法学》（第 5 版），法律出版社 2016 年版，第 1147 页。

对于第一种观点，因为订立契约的过程（也就是双方就毒品交易进行磋商）并不是“贩卖毒品”的实行行为，所以契约的达成不是贩卖行为的完成，以“契约的达成”为既遂的判断标准会导致既遂点过度前移。例如，司法实践中很多情况都是行为人先联系好下家或者下家与行为人联系欲购买毒品，行为人在与下家沟通好后再去寻找毒源、购买毒品，此时是否可以认为行为人与买方达成了契约？如果可以的话那这种契约的达成就标志着贩卖毒品罪的既遂，然而问题是此时很难说公众的健康已经面临紧迫而现实的危害。我国刑法规定了四种停止形态，不同停止形态指向的法益侵害程度也是有区别的，因而刑法才规定了轻重不同的处罚原则。相较于犯罪预备、犯罪中止以及犯罪未遂，犯罪既遂的处罚是最重的，这显然是因为犯罪既遂形态下行为对法益侵害的程度最高。对于贩卖毒品罪，我国刑法学界通说观点认为其属于行为犯，行为犯的既遂不以发生具体可测量的物质性损害结果为必要，而是以行为的完成为标志。然而，这并不意味着行为犯就没有结果，它的结果就是对法益的侵害，只不过这个结果的发生存在于行为自身，伴随行为的实施过程而产生，结果、行为二者不可分离。毒品犯罪的客体是公众的健康，贩卖毒品行为达到既遂要求行为对公众健康产生了现实和紧迫的危害或者威胁。如果以“达成契约”为既遂标准，行为人即便尚未联系好上家购得毒品也将被以贩卖毒品罪的既遂处理，明显不符合犯罪既遂的基本原理。

对于第二种观点，其关键性问题在于“交易环节”本身的含义并不明确，那么何时算是进入了“交易环节”也就不明确，容易导致理解上的差异继而造成认定上的混乱。例如，2000 年上海市高级人民法院发布的《关于审理毒品犯罪案件具体应用法律若干问题的意见》指出，行为人已经和买毒者约定交易并将毒品带到买毒者面前就属于毒品进入交易环节，就构成贩卖毒品罪的既遂。[1]然而，在笔者搜集的西北地区的判决书对何为“进入交易环节”却有着不同认识。例如，侯秀香贩卖毒品案，判决认为被告人侯秀香已经收到了购毒者支付的毒资，被告人与购毒者达成购买毒品的合意后，被告人及相应的毒品也进入

① 参见胡海：《对贩卖毒品罪既遂标准之从严刑事政策的审视与重构》，载《学术界》2016 年第 2 期。

了约定的交易地点，此时双方已进入实质的毒品交易环节。[①] 再如，王勇贩卖毒品案，判决认为，被告人王勇通过手机通话及微信聊天的方式向吸毒人员贩卖毒品甲基苯丙胺，吸毒人员也已经通过微信向被告人王勇支付了购毒款1500元，被告人亦将毒品运输至吸毒者所在城市，此时毒品就已经进入交易之中，继而认定被告人构成贩卖毒品罪的既遂。[②] 从上述侯秀香贩卖毒品案和王勇贩卖毒品案的判决理由来看，其认定的“进入交易环节”的时间点明显早于《关于审理毒品犯罪案件具体应用法律若干问题的意见》确定的时间点。

对于第三种观点，前文已述，笔者认为“为贩卖毒品而非法收买毒品”的行为本身并非贩卖毒品罪的实行行为，所以此种区分的观点为笔者所不取。对于区分说的第一种主张，该学者认为对于以贩卖为目的而非法收买毒品的，此时毒品已经在行为人的控制之下，处于随时可能流入社会的状态，因而对公众健康造成了现实的侵害或危险。[③] 既然如此的话，通过赠与、拾得、遗留或者制造等行为方式获得的毒品，自然也处于行为人的控制之下，行为人主观上一旦产生贩卖目的，毒品也就处于随时可能流入社会的状态继而对公众健康造成现实的侵害或危险。显然此时认定行为人构成贩卖毒品罪的既遂有主观归罪之嫌，明显不妥当。为了避免这种尴尬，该学者只能将此种情况下的犯罪既遂点后移，将毒品“进入交易环节”设定为既遂点。

区分说都认同“为贩卖毒品而非法收买毒品”的行为也属于贩卖毒品的实行行为的观点，即便我们认同这一观点，区分说也同样存在难以解释的问题。贩卖毒品罪属于行为犯，一般要求行为达到一定的程度（或者说是一定量的要求）才算完成继而构成既遂。对于如何才能达到这一程度，我国刑法设计有两种表现形式：一是行为的“积合”，二是行为的“集合”。行为的“积合”，是指一个行为从着手实施到完成需要经历若干阶段，只有同时具备这些阶段才意味着一个完整行为实质意义上的完成。例如，强奸罪的既遂要求行为人实施了暴力、胁迫等手段行为和性交行为，如果仅有暴力、胁迫等手段行为而尚未实施性交行为，这就意味着行为人只将行为推行到中间阶段而尚未完成，因而不能认

① 参见宁夏回族自治区银川市兴庆区人民法院刑事判决书，（2016）宁0104刑初1175号。

② 参见甘肃省武威市中级人民法院刑事判决书，（2017）甘06刑初19号。

③ 参见赵拥军：《从毒贩住处等地查获的毒品数量计入贩卖数量应允许反证推翻——兼论贩卖毒品罪的既遂应当区别行为方式的不同进行认定》，载《法律适用》2015年第4期。

定为既遂。行为的“集合”，是指同时具备多个完整的行为才能视为行为犯中的行为实施完成即既遂。例如，盗窃罪中的多次盗窃，即盗窃行为次数达到一定“量”的要求方可认定盗窃罪的既遂，如果行为人仅实施了一次盗窃，不能认为其达到了犯罪既遂所要求的程度。①

如果认为贩卖毒品罪属于“积合”形式的行为犯，那么“为贩卖毒品而非法收买毒品的行为”与“非法销售行为”属于贩卖毒品完整行为的前后相继的两个阶段，此种行为犯的既遂要求各个阶段同时具备才意味着一个完整行为实质意义上的完成，那么贩卖毒品罪的既遂也应该是“为贩卖毒品而非法收买毒品的行为”与“非法销售行为”同时具备才能认定为贩卖毒品罪的既遂。而买入即告既遂明显是不合理的，因为买入毒品仅仅意味着“贩卖毒品”这一实行行为中的一个阶段实施完毕，尚未进入销售阶段怎么能说是行为实质意义上的完成呢？就如同强奸罪，在行为人仅实施了暴力、胁迫行为但尚未实施奸淫行为时无论如何也不能认定其为强奸罪的既遂。反之，如果认为贩卖毒品罪属于“集合”形式的行为犯，那本罪的既遂就要求行为次数达到一定的量，然而行为人仅仅实施了非法收买毒品的行为，明显不符合行为次数的要求，也难以认定行为人构成贩卖毒品罪的既遂。综上所述，无论是从“积合”的角度出发还是从“集合”的角度出发，行为人为贩卖毒品而实施的非法收买毒品的行为均不应被认定为贩卖毒品罪的既遂。

就前述观点而言，笔者赞同交付说。其一，交付说提出的判断贩卖毒品罪既遂时间节点的标准相对更为明确，不易造成理解上的重大差异。其二，由于贩卖毒品罪是行为犯，其既遂必须是行为达到一定的程度，而非一经着手即告既遂，对于这个程度的判断，笔者认为有必要借助“贩卖”与“交易”二者之间的差异来分析。“贩卖”是行为人将毒品出卖给买方，即行为人将手中的毒品与买方的金钱或者实物进行交换，在行为方向上强调的是卖方指向买方；交易一词虽然也是卖方与买方进行交换，但其中蕴含“相互”的意思，即卖方与买方是相互指向的。因此，笔者认为“贩卖”一词突出强调卖方指向买方，应以卖方行为的结束作为犯罪成立的标志，即毒品实际转移至买方为贩卖毒品罪的既遂。

---

① 参见张建、俞小海：《贩卖毒品罪未遂标准的正本清源》，载《法学》2011年第3期。

在采纳此种观点的前提下，行为人为贩卖毒品而非法收买毒品的行为就属于为贩卖毒品行为创造便利条件的行为，行为人在购得毒品后、实际交付前被抓获的，属于行为人意志以外的原因未能着手实行，应认定为犯罪预备。当然，对于这种认定，曾有学者表示担忧，认为“实践中将有大量以贩卖为目的的购毒行为都只能作为贩卖毒品罪的预备，比照犯罪既遂或从轻或免除处罚，显然过高的既遂标准对打击毒品犯罪是不利的”①。笔者认为这种担忧是没有必要的，因为我国刑法对预备犯的规定是“可以”比照既遂犯从轻、减轻或者免除处罚。既然是“可以”，那么法官完全可以根据犯罪的具体情况做出不予从宽处罚的决定，这并不违背刑法的规定。立法之所以将犯罪预备设定为可以型从宽处罚情节，也是因为预见到了司法实践中情况的多样性、复杂性，对于严重刑事犯罪不予从宽才能符合罪责刑相适应原则的情形就坚决不予从宽，体现出我国刑法对未完成形态处罚规定的科学性和前瞻性。虽然从最终处理结果来看，可能认定贩卖毒品罪的既遂与预备对行为人而言都是一样的（对于预备犯不予从宽的话，实际上就是按照毒品犯罪相应的法定刑幅度量刑），但两者性质却完全不同，认定犯罪预备并不必然造成毒品犯罪打击不力的局面，但为了严厉打击毒品犯罪而模糊毒品犯罪停止形态的判断标准会造成其与其他犯罪停止形态认定标准上的不统一，反而容易造成混乱。

当然，司法实践中贩卖毒品除了典型的直接面对面交易之外，近年来常见多发的贩卖形式还包括邮寄和“埋地雷”，与传统的面对面交易相比，这两种方式隐蔽性更高，增加了公安机关侦办案件的难度。在直接面对面交易中，卖方将毒品交给买方，毒品从卖方转移至买方的过程比较短暂。但在邮寄方式或者是“埋地雷”方式中，交付过程的时间跨度相对比较长，毒品脱离卖方的控制并不意味着同时形成了买方对毒品的控制。既便如此，笔者认为应仍然以毒品实际转移至买方作为既遂的标准：在邮寄方式下，买方从快递公司取得毒品为贩卖毒品罪的既遂；在“埋地雷”方式下，只有当买方实际从藏毒地点挖取出毒品时才可认定行为人构成贩卖毒品罪的既遂。

2. 有关“着手”的认定

在贩卖毒品罪未遂的认定上，还有一个重要问题值得研究，那就是贩卖毒

---

① 张汝铮：《贩卖毒品罪既遂标准的审视与重构》，载《河北法学》2019 年第 12 期。

品行为的“着手”如何确定，这是区分犯罪未遂与犯罪预备的关键点。行为一旦达到着手，就意味着犯罪预备阶段已然结束，犯罪进入实行阶段，如果基于行为人意志以外的原因行为停止而未达既遂就只能认定犯罪未遂；反之，行为人尚未着手，犯罪仍处于预备阶段，则只能认定为犯罪预备。目前，理论界对贩卖毒品“着手”的研究不多，司法实务中大量案件在着手时间的判断上明显提前，混淆了犯罪预备与犯罪未遂的界限，把很多本应属于犯罪预备的案件认定为犯罪未遂甚至是犯罪既遂。

理论界有学者对贩卖毒品的“着手”进行了分析，该学者认为贩卖毒品罪的犯罪客体是公众健康，毒品的实际交付是贩卖毒品罪的既遂标准，并在此基础上提出：买卖毒品双方就毒品的价格已经事先达成一致且均到达约定的交易地点见面时为贩卖毒品的着手；如果买卖双方事先没有商讨好价格或者交易地点，而是偶然相遇临时决定交易，双方商讨价格的行为即为着手的开始。[①]

上述观点将贩卖毒品罪的着手区分为如下两种情况：一种情况是买卖双方事先有约定，也就是双方对毒品交易的内容（诸如交易价格、交易地点等）进行过事先的磋商，此时以买卖双方均到达交易地点且见面为贩卖毒品的着手；另一种情况是买卖双方事先没有磋商，仅是偶然相遇临时起意进行毒品交易，此时以双方商讨价格为贩卖毒品的着手。笔者经过分析发现，前述两种情况虽有一定的区别，但有一点是相同的，即买卖双方必须在交易现场直接见面。这一标准对司法实践中常见多发的“面对面”交易类型的贩卖毒品的着手判断具有重要的参考价值，然而这一标准却遗漏了近年来出现的非面对面式的毒品交易类型，如邮寄方式和“埋地雷”方式。采取这两种方式进行交易，买卖双方不会直接见面，显然“买卖双方必须在交易现场直接见面”不可能出现于邮寄方式和“埋地雷”方式的毒品交易中，如果仍以见面与否作为判断行为人是否着手的标准则明显存在困难。对此，笔者认为有必要予以补充。

一般来说，在邮寄方式和“埋地雷”方式的毒品交易中，买卖双方均会通过某种途径事先进行毒品交易的磋商和沟通，特别是对毒品的数量和价格等重要内容形成一个合意，而后才由卖方通过快递邮寄或者“埋地雷”的方式将毒品

---

① 参见邓崇专、黎仲诚：《毒品与组织卖淫犯罪司法认定疑难问题研究》，中国法制出版社 2019 年版，第 107 页。

交付买方。那是否可以以“买卖双方形成合意”为标准判断行为人是否着手呢？对此，笔者是持否定态度的。因为很多情况下行为人(卖方)在与买方(下家)沟通确定进行毒品交易后才联系其上家购买毒品，如果行为人与买方达成合意即为着手，也就意味着后续的购毒行为属于贩卖毒品的实行行为。然而前文已经分析并得出结论，为贩卖毒品而非法收买毒品的行为仅仅属于预备行为。因此，将买卖双方达成合意作为着手点会使着手点不当提前，造成行为性质的前后矛盾。

笔者赞同“侵害法益的危险达到紧迫程度时为‘着手’”的观点，由此推知，在贩卖毒品罪中，行为对公众健康的危害达到紧迫程度时为贩卖毒品的着手。在邮寄方式下，行为人将毒品交付于快递公司，如无意外，买方即可根据快递单号上填写的信息收取货物，此时毒品实际转移至买方手中，达到贩卖毒品罪的既遂，那么毒品交付于快递公司时即对公众健康的危害达到了紧迫状态。而在以“埋地雷”方式交易的情况下，行为人事先将毒品埋藏于特定地点，而后通知买方去该地点挖取毒品，买方拿到毒品时表明毒品已经实际转移至买方手中，显然在特定地点埋毒是实现和完成交付的关键环节，如无埋毒行为，毒品不可能转移至买方手中。因此，笔者认为行为人在特定地点埋毒即为贩卖毒品的着手，在埋毒过程中被抓获或者在埋好毒后尚未来得及通知买方，抑或买方收到藏毒地点通知但未能及时实际挖取毒品时被抓均属于贩卖毒品的未遂。

第四节 毒品未流入社会

一、适用情况统计

“毒品未流入社会”这一情节在司法实践中处于一种较为混乱的局面，很多判决没有提及这一情节，有的判决明确否定对这一情节的适用，只有少部分判决明确将这一情节作为从宽处罚情节而对被告人予以适用。在对“毒品未流入社会”情节持否定态度的判决书中，法官否定的理由可以大概总结为如下几点：一是认为“毒品未流入社会”不属于量刑情节；二是被告人拒不认罪而不采纳辩护人提出的“毒品未流入社会予以从宽”的辩护意见；三是认为毒品已经贩卖和运输，并不属于“毒品未流入社会”；四是认为毒品虽未流入社会，但不属于犯罪未遂;五是“毒品未流入社会”系因公安人员及时将其抓获并非被告人的意愿,故不采纳辩护人提出的对被告人予以从宽处罚的意见。

在对“毒品未流入社会”情节持肯定态度的样本中,笔者也进行了进一步的交互分析。笔者首先对“毒品未流入社会”情节与不同法定刑幅度进行交叉对比,结果显示数据库中认定“毒品未流入社会”而予以从宽的样本共计436例,第一个至第四个法定刑幅度中该情节的样本数分别为20例、8例、23例和385例,分别占认定“毒品未流入社会”而予以从宽样本总数的4.6%、1.8%、5.3%和88.3%。再进一步对比,第一个法定刑幅度中认定“毒品未流入社会”而予以从宽的样本占本幅度样本总数的1.6%;第二个法定刑幅度中认定“毒品未流入社会”而予以从宽的样本占本幅度样本总数的3.4%;第三个法定刑幅度中认定“毒品未流入社会”而予以从宽的样本占本幅度样本总数的10.0%;第四个法定刑幅度中认定“毒品未流入社会”而予以从宽的样本占本幅度样本总数的31.2%。卡方检验结果显示不同法定刑幅度中“毒品未流入社会”情节的适用比例之间存在显著性差异($P<0.05$)。由此可知,多数认定“毒品未流入社会”而予以从宽的样本处于第四个法定刑幅度中,而且其适用比例随着法定刑幅度的提升而提升。

笔者又对“毒品未流入社会”情节与不同行为类型进行交叉对比,结果显示贩卖毒品中认定“毒品未流入社会”而予以从宽的样本共计239例,占所有贩卖毒品样本的11.1%;运输毒品中认定“毒品未流入社会”而予以从宽的样本共计149例,占所有运输毒品样本的24.2%;走私毒品中认定“毒品未流入社会”而予以从宽的样本仅有1例,占所有走私毒品样本的14.3%;制造毒品中认定“毒品未流入社会”而予以从宽的样本有3例,占所有制造毒品样本的75.0%;贩卖、运输毒品中认定“毒品未流入社会”而予以从宽的样本共计44例,占所有贩卖、运输毒品样本的25.7%。卡方检验结果显示,上述适用比例之间也存在显著性差异($P<0.05$)。综上,就贩卖毒品与运输毒品这两种西北地区最为常见的行为类型而言,虽然贩卖毒品中认定“毒品未流入社会”而予以从宽的样本总量最高,但从适用比例来看反而是运输毒品样本更高。

二、“毒品未流入社会”是否属于酌定量刑情节

对于“毒品未流入社会”是否可以作为酌定从宽处罚情节的问题,从理论

研究的角度出发同样存在肯定与否定两种观点,笔者倾向于肯定说。

(一)“毒品未流入社会”降低了毒品对公众健康的客观危害

曾有法官指出,很多律师提出的“毒品未流入社会”的辩护意见专业性不足,其理由是毒品犯罪的客体是国家对毒品的管理制度,毒品犯罪行为的社会危害性集中体现在对国家毒品管理制度的违反,至于毒品有没有流入社会并不影响行为对国家毒品制度的侵犯。[①] 笔者认为这是对毒品犯罪社会危害性体现的片面理解。国家对毒品的管理制度是一种抽象法益,表明国家对毒品进行严格管控,防止毒品随意的进出口、运输、贩卖、制造以及供应等可能造成毒品泛滥情形的出现,且毒品的泛滥会对公众健康造成损害。显然,国家之所以对毒品进行管制、对涉及毒品的各种行为进行管制,其目的还是在于防止毒品泛滥带来的对公众健康的损害,因而毒品犯罪真正侵害的应当是公众的健康。必须承认的是,毒品犯罪属于典型的无具体被害人犯罪,损害公众健康的现实结果必须通过消费环节即毒品的滥用才能最终形成,走私、贩卖、运输、制造毒品的行为本身不会直接导致损害公众健康的结果,这些行为充其量为损害结果的发生提供了条件。[②] 那么,侦查机关的查扣行为客观上阻断了毒品的向下流转,无论是阻断了毒品在不同毒贩间的流转还是阻断了毒品从毒贩到吸毒者的流转,毒品都无法进入最终的消费环节,也就降低了毒品对公众健康的客观危害。

(二)对“毒品未流入社会”予以从宽与毒品犯罪的既遂并不矛盾

其一,从前文的梳理中可以发现,有些法官之所以否定“毒品未流入社会”从宽处罚情节的性质,是因为其将毒品犯罪的既未遂与“毒品是否流入社会”相等同,然而这是两个不同的问题,毒品是否流入社会与毒品犯罪既未遂判断标准之间并不存在必然的关系,不能认为“毒品的实际交付是贩卖毒品的既遂标准”与“对毒品未流入社会予以从宽处罚”相互矛盾。根据我国刑法理论通说,判断既遂与否的标准是构成要件说,按照该说,既遂是指行为人

---

① 参见何荣功、杨俭等:《毒品类死刑案件的有效辩护》,中国政法大学出版社 2019 年版,第 52 页。

② 参见何荣功、杨俭等:《毒品类死刑案件的有效辩护》,中国政法大学出版社 2019 年版,第 36 页。

故意实施的行为已经符合了某种犯罪的全部构成要件要素。[①] 由于“毒品未流入社会”并非毒品犯罪构成要件要素,因而它不会影响对毒品犯罪本身既未遂的判断。

其二,事实上,在犯罪达到既遂后客观上仍然存在犯罪行为危害性程度降低的情形,那么这一情况就有必要体现在对行为人的量刑之中。例如,在侵犯人身权利或者财产权利的犯罪中,赔偿被害人经济损失、退赃退赔就属于非常重要的酌定从宽处罚情节,二者均属于行为人罪后的具体悔罪表现。赔偿被害人经济损失,是指赔偿被害人因犯罪行为而受到的人身伤害和财产损失,一般包括医疗费、死亡赔偿金、丧葬费、交通费、误工费、抚养费等项目;退赃是指犯罪人将非法获得的财物直接退还给被害人或者上缴司法机关的行为,退赔是指当上述财物已被非法处置或者已受到毁损而无法退还给被害人或者上缴司法机关时,犯罪人采用其他方式进行赔偿的行为。[②] 一方面,行为人通过赔偿损失或者退赃退赔,一定程度上弥补被害人遭受的财产损失,使得犯罪行为的社会危害性程度有所降低;另一方面,行为人愿意赔偿被害人经济损失或者主动退回所获赃款赃物,说明行为人具有一定的真诚悔罪的态度,行为人的人身危险性降低,因而二者成为司法实践中非常重要的酌定从宽情节并出现于多个司法解释之中。不仅如此,《量刑指导意见(试行)》亦明确规定了这两项情节的具体从宽处罚幅度以及法官选择适用时需要考虑的因素。没有人认为在行为人赔偿被害人经济损失或者退赃退赔的情况下可以将犯罪的停止形态由既遂转化为中止,但基于行为社会危害性程度以及行为人人身危险性程度的降低当然可以给予行为人从宽处罚的待遇。那么笔者认为,在毒品犯罪中,“毒品未流入社会”基于相同的原理亦可以作为酌定从宽处罚情节。毒品犯罪本身虽然既遂了,但毒品并未在社会上进一步流转和扩散,对公众健康的威胁、损害程度不同于毒品已经在社会上扩散的情形,此时毒品犯罪行为的社会危害程度相对较低,因而可以对行为人予以从宽处罚。

(三)非被告人自愿不影响对“毒品未流入社会”从宽

不少判决认为不能对“毒品未流入社会”予以从宽处罚的理由是认为此种

---

① 参见高铭暄、马克昌主编:《刑法学》(第9版),北京大学出版社2019年版,第144页。

② 参见高贵君主编:《〈人民法院量刑指导意见〉〈关于规范量刑程序若干问题的意见〉理解与适用》,中国法制出版社2011年版,第72、74页。

情况并非是行为人主观自愿造成的,对于这一理由笔者是不能认同的。因为即便不是行为人主观自愿使得毒品未流入社会,但毒品未流入社会的客观事实就说明了行为的危害性程度有所降低,不法程度的降低本身就可以成为给予行为人从宽处罚待遇的理由,这一点在我国刑法关于未完成形态的不同规定中就有所体现。根据我国刑法规定,未遂犯"可以比照既遂犯从轻或者减轻处罚",对于中止犯,"没有造成损害的应当免除处罚,造成损害的应当减轻处罚"。将上述规定做对比即可发现,刑法给予了中止犯相较于未遂犯更大幅度的宽宥,这不仅体现在中止犯是"应当"、未遂犯仅仅是"可以",还体现在不同从宽处罚功能的设定上。立法为何如此规定,单纯从客观危害方面可能无法找到充分理由,因为无论是犯罪中止还是犯罪未遂都未达到犯罪既遂,犯罪中止和犯罪未遂对社会所造成的客观危害都要小于犯罪既遂。那么寻找中止犯比未遂犯处罚更轻的理由就应该从主观方面入手,即在犯罪中止的情况下,行为人主观上具有自动性特征,与行为人被动停止下来的犯罪未遂相比,行为人主观恶性和由此反映出来的人身危险性均较低。但即便如此,立法也并未否定对未遂犯从宽处罚,这也就意味着,即便并非行为人自动、自愿,但只要客观上减少了行为对社会造成的危害同样可以给予行为人从宽处罚的待遇。"客观事实使不法程度降低或者减少的,即使行为人对此没有认识,或者不是基于自己的意思减少不法程度,也成为减少责任刑的情节。"①因此,不能以"并非被告人自愿"为由否定"毒品未流入社会"情节应当具有的从宽处罚功能。

三、"毒品未流入社会"的判断标准

笔者赞成将"毒品未流入社会"作为酌定从宽处罚情节,但何种情况属于"毒品未流入社会"也有必要厘清,对此学界大概有如下三种观点:第一种观点认为,毒品买卖交易的过程就是毒品在社会上流通的过程,故将贩卖毒品当事人完成交易并交付毒品的时间节点视为毒品已流入社会;第二种观点将贩卖毒品给两人以上或经过两个销售环节以上的情况视为毒品已经流入社会;第三种观点认为应将毒品最终是否流入消费者手中作为判断节点,未流入消费者手中

① 张明楷:《论影响责任刑的情节》,载《清华法学》2015 年第 2 期。

的属于“毒品未流入社会”。①

第一种观点混淆了毒品犯罪的既遂标准和“毒品未流入社会”的判断节点，前文已述，笔者认为这是两个不同的问题，即毒品犯罪即便达到了既遂状态也同样可能出现“毒品未流入社会”的情形。

至于第二种观点，其无法解释的是为何要限定于“两人以上”或者“两个销售环节以上”，即便如其所说，这样认定“与最高法量刑意见规定中要求对‘向多人贩毒或者多次贩毒的’情形从重处理的理念不谋而合”，②但根据通说，“向多人贩卖”中的“多人”是指三人以上、“多次贩毒”中的“多次”也是指三次以上，而该观点对为何不选择三人以上或者三个销售环节以上的问题却未阐释清楚，此其一。其二，上述标准在认定上存在困难，特别是“两个销售环节以上”的理解和认定有其模糊性。根据刑法的规定，“以上”包括本数在内，“两个销售环节以上”意味着包括两个销售环节这一情况。假如将行为人本次实施的贩卖行为计算在内，即属于一个销售环节，而行为人贩卖的毒品无非是从上家购买、自己制造加工、家里遗存或者是行为人捡拾而得。就我国目前的现实情况来看，行为人自己制造、加工毒品再予以贩卖的属于少数，家里遗存或者行为人捡拾毒品的情况也是少之又少，绝大多数情况下行为人贩卖的毒品都是其从上家购买而来的。从上家购买就又是一个销售环节，也就是说绝大多数贩卖毒品犯罪都已造成毒品流入社会的现实，这无疑扩大了毒品流入社会情形的范围，提取“毒品未流入社会”情节的实际价值也就受到影响。假如行为人本次实施的贩卖毒品行为不计算在内，那么行为人从上家购买毒品属于一个销售环节，此时司法机关就需要查证上家毒品是从何而来、是否是从他人处购买得来，但在上家尚未归案的情况下这种查证困难重重。其三，“销售环节”的观点还易导致认定上的随意性。一种情况是上家也被抓获，此时可以得知上家是否是从他人处购买毒品，如果经查证属实，那么可以认定毒品经过两个销售环节，行为人不具有“毒品未流入社会”的从宽处罚情节；另一种情况则是上家未被抓获，但此时并不意味着上家的毒品不是从他人处购买而来的，在难以查证的情

① 参见李强、李革明：《“毒品未流入社会”不宜作为酌定从轻量刑情节》，载《人民检察》2015 年第 12 期。

② 李强、李革明：《“毒品未流入社会”不宜作为酌定从轻量刑情节》，载《人民检察》2015 年第 12 期。

况下不能进行不利于行为人的推定,此时可以认定行为人具有“毒品未流入社会”这一情节。由此看来,认定行为人是否具有“毒品未流入社会”情节将直接取决于公安机关是否能够抓获行为人毒品买卖的上家,这不利于“毒品未流入社会”情节的客观认定。

相比之下,笔者更倾向于第三种观点,此种观点不仅与毒品犯罪客观危害的实质相契合,而且能够将“毒品未流入社会”情节的认定适用于其他几种毒品行为方式而非限定于贩卖毒品,有利于发挥本情节对毒品犯罪行为人的从宽处罚效果。有学者提出,“‘毒品未流入社会’指因侦查机关查扣从被告人处发现的尚未进行交易或者交易尚未完成的毒品,使之未流转至处于毒品交易环节‘下线’的毒贩或者交易终端的吸毒者的客观情形”。① 笔者认为这一界定与上述第三种观点实质上是相通的,唯有不足就是该观点将“毒品未流入社会”情节限定于贩卖毒品行为中。综合以上,笔者认为“毒品未流入社会”是指系因侦查机关的查扣使得从被告人处发现的毒品未流转至吸毒者的客观情形。基于这一认识,当案件所涉毒品已经流转至吸毒者手中时认定毒品已经流入社会;反之,当案件所涉毒品未流转至吸毒者手中时认定行为人具有“毒品未流入社会”情节并可以对其酌情从轻处罚。

四、注意问题

在从严打击毒品犯罪刑事政策的指导下,司法实务中对毒品犯罪停止形态的认定呈现出特殊化,在贩卖毒品行为中尤为明显,不仅既遂点提前,将属于犯罪未遂的情形认定为犯罪既遂,而且实行行为的着手点也相应提前,导致司法实务中认定行为人构成犯罪预备的概率几乎为零。在当前模糊毒品犯罪既未遂标准的大背景之下,如何实现宽严相济刑事政策对毒品犯罪刑罚裁量的指导作用,笔者认为可以借助“毒品未流入社会”这一酌定从宽处罚情节,缓解因大量毒品犯罪被认定为犯罪既遂而出现的刑罚过于严苛的局面,实现宽以济严。在适用“毒品未流入社会”这一情节时还需注意以下两个问题:

第一,如果行为人被认定构成毒品犯罪的犯罪预备、犯罪中止或者是犯罪

---

① 王利荣、马党库:《“毒品未流入社会”的从轻依据——兼谈贩卖毒品既遂标准》,载《法律适用》2016 年第 12 期。

未遂，此三种形态均表明犯罪未能完成，那么自然不可能出现毒品流入社会的事实，如果法官已经依据犯罪的未完成形态给予行为人从宽处罚，那么根据禁止重复评价原则的要求，此时不宜适用“毒品未流入社会”这一情节再次给予行为人从宽处罚的待遇，以免从宽幅度过大进而罪刑失衡。

第二，考虑到“毒品未流入社会”确实并非基于行为人的自愿而是因为公安机关的查扣行为，因而有必要在对行为人从宽处罚幅度的选择上严格把控，不宜宽宥过大。至于具体比例，笔者认为可以《量刑指导意见（试行）》中关于赔偿被害人经济损失和退赃退赔的调刑比例为参考。赔偿被害人经济损失和退赃退赔这两项情节不仅减少了行为的客观危害，而且也反映出行为人人身危险性程度的降低，但“毒品未流入社会”仅能反映客观危害程度的降低，因而其调刑比例应低于赔偿被害人经济损失和退赃退赔的调刑比例，笔者建议可以将“毒品未流入社会”情节的调刑比例确定为“减少基准刑20%以下”。

第五章　毒品犯罪的死刑适用

犯走私、贩卖、运输、制造毒品罪的行为人可被判处死刑，每年因本罪而被判处死刑的人数排在死刑罪名的前三位，[①]仅次于故意杀人罪。[②] 有学者提出，虽无官方公布的权威数据，但学界的共识是毒品犯罪是我国当前适用死刑的主要罪名之一。[③] 学界以往对有关走私、贩卖、运输、制造毒品罪量刑问题的研究也多聚焦于本罪的死刑适用，笔者将在本章中结合实证数据对这一问题展开分析。

第一节　死刑样本的梳理

一、整体情况

数据库中适用第四个法定刑幅度的样本共计 1233 例，其中判处有期徒刑的有 784 例，判处无期徒刑的有 348 例，有 98 例样本适用死刑（其中包括 87 例死刑缓期二年执行和 11 例死刑立即执行），还有 3 例样本免除处罚。死刑样本占

---

① 参见梅传强：《回顾与展望：我国禁毒立法之评析》，载《西南民族大学学报（人文社科版）》2008 年第 1 期。

② 参见何荣功：《我国"重刑治毒"刑事政策之法社会学思考》，载《法商研究》2015 年第 5 期。

③ 参见梅传强、伍晋：《毒品犯罪死刑控制的教义学展开——基于 122 份二审死刑判决书的实证研究》，载《现代法学》2019 年第 5 期。

第四个法定刑幅度样本总数的 7. 9% ,其中死刑立即执行样本占本幅度样本总数的 0. 9% 。这 98 例死刑样本涉及的毒品数量均在 50 克以上,无一例样本具有 1997 年《刑法》第 347 条第 2 款第 3 项、第 4 项和第 5 项规定的情形,仅有 1 例样本明确认定被告人属于首要分子。由此可见,司法实践中对毒品犯罪被告人判处死刑在绝大多数情况下仍是基于毒品数量这一因素。笔者又进一步在第四个法定刑幅度样本中分析西北地区 2014 年至 2018 年五年间死刑适用比例的发展变化趋势,根据表 5 - 1 - 1 可知:2014 年的适用比例为 5. 6% ,2015 年为 7. 4% ,2016 年为 6. 6% ,2017 年为 8. 6% ,2018 年为 9. 6% 。从比例数值来看,死刑适用似乎整体上呈现增长趋势,但卡方检验结果显示上述比例之间并不存在显著性差异($P > 0.05$) ,这就说明五年间西北地区毒品犯罪死刑适用率较为稳定,并未出现明显的上升趋势。

表 5 - 1 - 1　不同年份中死刑适用数量对比

			是否死刑		合计
			否	是	
年份	2014	计数/例	119	7	126
		年份中的占比/%	94. 4	5. 6	100. 0
	2015	计数/例	113	9	122
		年份中的占比/%	92. 6	7. 4	100. 0
	2016	计数/例	256	18	274
		年份中的占比/%	93. 4	6. 6	100. 0
	2017	计数/例	393	37	430
		年份中的占比/%	91. 4	8. 6	100. 0
	2018	计数/例	254	27	281
		年份中的占比/%	90. 4	9. 6	100. 0
合计		计数/例	1135	98	1233
		年份中的占比/%	92. 1	7. 9	100. 0

就行为类型来看,98 例死刑样本中有 15 例属于贩卖毒品,55 例属于运输毒品,27 例属于贩卖、运输毒品,仅有 1 例是走私、贩卖毒品。由此可见,运输毒品成为毒品犯罪中死刑适用的主要行为类型。就样本所涉毒品类型而言,仍

然以海洛因和甲基苯丙胺为主,只有个别样本涉及其他类型的毒品,包括甲基苯丙胺片剂(俗称“麻古”)、氯胺酮、咖啡因以及吗啡,但这些毒品也都是与海洛因或者甲基苯丙胺混合,并非适用死刑的主要毒品类型。

二、毒品数量

在走私、贩卖、运输、制造毒品罪的死刑适用中,毒品数量虽不是判处死刑的唯一因素,但确实是死刑适用最为重要的因素,因而有必要对死刑样本涉及的毒品数量进行统计。为了保证数据的准确性,笔者仍以毒品类型为海洛因和甲基苯丙胺的样本为基础展开分析,并从地域和行为方式两个角度分析对比死刑样本的毒品数量情况。

(一)不同地域毒品数量的对比

根据表5－1－2可知,总体而言,死刑样本毒品数量均值约为8540,极小值为429,极大值为55,707.4,全距达到了55,278.4,跨度非常大。不仅如此,仔细观察不同地域的具体数量情况可以发现,不同省份死刑样本的毒品数量之间存在一定差异。甘肃省死刑样本毒品数量的极小值为1069.01,极大值为55,707.4;陕西省死刑样本毒品数量的极小值为1380.5,极大值为2063.8;青海省死刑样本毒品数量的极小值为3980,极大值为13,603.49;宁夏回族自治区死刑样本毒品数量的极小值为429,极大值为13,231.26;新疆维吾尔自治区死刑样本毒品数量的极小值为742.07,极大值为8002。

表5－1－2　不同省份死刑样本毒品数量统计

省份	均值	N	极小值	极大值	全距	标准差
甘肃省	12,965.18175	40	1069.01	55,707.40	54,638.39	12,767.65845112
陕西省	1609.075	4	1380.50	2063.80	683.30	319.04048202
青海省	7187.83	3	3980.00	13,603.49	9623.49	5556.12454204
宁夏回族自治区	5622.0053571	28	429.00	13,231.26	12,802.26	4422.79431249
新疆维吾尔自治区	3248.1411667	12	742.07	8002.00	7259.93	2648.51363299
总计	8540.2402759	87	429.00	55,707.40	55,278.40	9988.51093805

通过对不同地域死刑样本毒品数量的对比可以发现,无论是毒品数量均

值,还是毒品数量的极小值和极大值,不同省份之间均存在较大差异,这也就是说,司法实务中不同地区毒品犯罪死刑适用的毒品数量标准并不统一。对于这一问题,有学者指出,毒品的危害没有地域差异,在毒品数量是死刑适用最重要指标的前提下,如果不统一毒品犯罪死刑适用的毒品数量标准,不仅会造成形式上的不平等,还会造成实质上的不公平,不利于严格限制死刑刑事政策的贯彻和落实。① 对此,笔者深表赞同。

(二)不同行为方式毒品数量的对比

根据表 5 -1 -3 可知,贩卖毒品死刑样本的毒品数量均值为 3728. 794,极小值为 429,极大值为 13, 231. 26;运输毒品死刑样本的毒品数量均值约为 11, 440. 8,极小值为 885,极大值为 55, 707. 4;贩卖、运输毒品死刑样本的毒品数量均值约为 3826. 4,极小值为 800. 26,极大值为 13, 603. 49。笔者对上述三种行为方式毒品数量均值进行单因素方差分析,分析结果显示这三种行为方式毒品数量均值之间存在显著性差异($F = 6.815$, $P < 0.01$),事后多重比较结果显示贩卖毒品与贩卖、运输毒品两种行为方式的毒品数量均值之间并不存在显著性差异,而运输毒品死刑样本的毒品数量均值显著高于其他两种行为方式死刑样本的毒品数量均值。从具体的行为方式角度出发进行对比可以发现,运输毒品不仅是毒品犯罪死刑适用的大户,而且该种行为方式涉及毒品数量的均值也远远高于贩卖毒品和贩卖、运输毒品。

表 5 -1 -3　不同行为方式死刑样本毒品数量统计

行为类型	均值	N	极小值	极大值	全距	标准差
贩卖毒品	3728. 794	11	429. 00	13, 231. 26	12, 802. 26	4775. 15977051
运输毒品	11, 440. 8044444	54	885. 00	55, 707. 40	54, 822. 40	11, 407. 43855725
贩卖、运输毒品	3826. 3968182	22	800. 26	13, 603. 49	12, 803. 23	3501. 99294239
总计	8540. 2402759	87	429. 00	55, 707. 40	55, 278. 40	9988. 51093805

为了更加清晰地显示这三种不同行为方式毒品数量的分布情况,笔者对毒品数量进行区间划分,而后统计这三种行为方式不同毒品数量区间的频数情况。整体

① 参见魏汉涛:《毒品犯罪死缓的司法偏差与匡正——基于 100 份死缓判决书的分析》,载《现代法学》2018 年第 5 期。

而言,死刑样本中毒品数量的跨度非常大,为了便于统计,笔者将毒品数量划分为如下几个区间:不满 1000 克、1000 克以上不满 2000 克、2000 克以上不满 3000 克……9000 克以上不满 1 万克、1 万克以上不满 1.5 万克、1.5 万克以上不满 2 万克、2 万克以上。上述统计区间“以上”包括本数,“不满”不包括本数。

根据表 5－1－4 可以发现:贩卖毒品死刑样本中,毒品数量主要集中于不满 1000 克到 3000 克以上不满 4000 克这几个区间,仅有 2 例样本毒品数量达到 1 万克以上;贩卖、运输毒品死刑样本与贩卖毒品死刑样本的情况非常接近,毒品数量主要集中于不满 1000 克到 4000 克以上不满 5000 克这几个区间,当然毒品数量特别巨大的贩卖运输毒品死刑样本要多于贩卖毒品死刑样本,由此其均值略高于贩卖毒品死刑样本。与前述两类样本明显不同,运输毒品死刑样本的毒品数量虽然整体而言散布于各个数量区间中,但也有较为明显的集中性,即更多样本出现于 8000 克以上的几个统计区间,毒品数量达到 8000 克以上的运输毒品死刑样本合计达到 29 例,占所有运输毒品死刑样本的 53.7%,由此运输毒品死刑样本的毒品数量均值显著高于其他两类样本。

表 5－1－4　死刑样本中不同毒品数量区间的行为方式样本数量对比

			行为类型			合计
			贩卖毒品	运输毒品	贩卖、运输毒品	
毒品数量区间	不满 1000 克	计数/例	3	1	4	8
		在毒品数量区间中的占比/%	37.5	12.5	50.0	100.0
		在行为类型中的占比/%	27.3	1.9	18.2	9.2
	1000 克以上不满 2000 克	计数/例	2	4	4	10
		在毒品数量区间中的占比/%	20.0	40.0	40.0	100.0
		在行为类型中的占比/%	18.2	7.4	18.2	11.5
	2000 克以上不满 3000 克	计数/例	3	5	6	14
		在毒品数量区间中的占比/%	21.4	35.7	42.9	100.0
		在行为类型中的占比/%	27.3	9.3	27.3	16.1
	3000 克以上不满 4000 克	计数/例	1	5	1	7
		在毒品数量区间中的占比/%	14.3	71.4	14.3	100.0
		在行为类型中的占比/%	9.1	9.3	4.5	8.0

续表

			行为类型			合计
			贩卖毒品	运输毒品	贩卖、运输毒品	
毒品数量区间	4000克以上不满5000克	计数/例	0	4	2	6
		在毒品数量区间中的占比/%	0.0	66.7	33.3	100.0
		在行为类型中的占比/%	0.0	7.4	9.1	6.9
	5000克以上不满6000克	计数/例	0	3	0	3
		在毒品数量区间中的占比/%	0.0	100.0	0.0	100.0
		在行为类型中的占比/%	0.0	5.6	0.0	3.4
	6000克以上不满7000克	计数/例	0	2	0	2
		在毒品数量区间中的占比/%	0.0	100.0	0.0	100.0
		在行为类型中的占比/%	0.0	3.7	0.0	2.3
	7000克以上不满8000克	计数/例	0	1	2	3
		在毒品数量区间中的占比/%	0.0	33.3	66.7	100.0
		在行为类型中的占比/%	0.0	1.9	9.1	3.4
	8000克以上不满9000克	计数/例	0	6	1	7
		在毒品数量区间中的占比/%	0.0	85.7	14.3	100.0
		在行为类型中的占比/%	0.0	11.1	4.5	8.0
	1万克以上不满1.5万克	计数/例	2	10	2	14
		在毒品数量区间中的占比/%	14.3	71.4	14.3	100.0
		在行为类型中的占比/%	18.2	18.5	9.1	16.1
	1.5万克以上不满2万克	计数/例	0	5	0	5
		在毒品数量区间中的占比/%	0.0	100.0	0.0	100.0
		在行为类型中的占比/%	0.0	9.3	0.0	5.7
	2万克以上	计数/例	0	8	0	8
		在毒品数量区间中的占比/%	0.0	100.0	0.0	100.0
		在行为类型中的占比/%	0.0	14.8	0.0	9.2
合计		计数/例	11	54	22	87
		在毒品数量区间中的占比/%	12.6	62.1	25.3	100.0
		在行为类型中的占比/%	100.0	100.0	100.0	100.0

三、与无期徒刑样本的对比

笔者以数据库中适用第四个法定刑幅度且被判处无期徒刑和死刑的样本为基础，对无期徒刑与死刑两类样本中的毒品数量以及其他情节进行了对比，试图发现对毒品犯罪死刑适用具有影响作用的因素。

（一）毒品数量

就毒品数量而言，[①]无期徒刑样本的毒品数量均值约为 2196.8，死刑样本的毒品数量均值约为 8540.2，独立样本 T 检验结果显示这两类样本均值之间存在显著性差异，即死刑样本的毒品数量均值显著高于无期徒刑样本（$F = 41.389, P < 0.001, t = -5.682, df = 101.359, P < 0.001$）。笔者又进一步对毒品数量与是否适用死刑进行相关性检验，经过计算，二者之间存在正相关关系，相关系数值 r 为 0.525（$P < 0.001$）。由此说明，毒品数量确实是影响死刑适用的重要因素，毒品数量越高法官越倾向于对被告人适用死刑。

（二）其他情节

除毒品数量外，笔者还借助交叉列表对无期徒刑、死刑两类样本中其他情节的适用比例进行了分析。根据表 5-1-5 可知，仅当庭认罪、毒品纯度低、存在特情以及毒品未流入社会这四项情节在两类样本中的适用比例之间存在显著性差异，并且相关性检验结果亦表明上述四项情节与是否适用死刑之间存在负相关关系。为了排除毒品数量这一重要因素的影响作用，笔者又以毒品数量为控制变量对前述四项情节与是否适用死刑进行偏相关分析，分析结果表明，即便控制了毒品数量这一因素，当庭认罪、毒品纯度低、存在特情以及毒品未流入社会仍与死刑适用之间存在负相关关系，即具备上述四项情节时，法官倾向于对被告人适用无期徒刑而非死刑。

---

① 此处的比较仍是以毒品类型为海洛因和甲基苯丙胺的样本为基础展开。

表 5－1－5　无期徒刑与死刑两类样本其他情节适用比例及相关系数

情节名称	在无期徒刑样本中的比例	在死刑样本中的比例	卡方检验的P值	相关系数及其P值	偏相关系数及其P值
当庭认罪	13.8%	4.1%	$P<0.05$	-0.125, $P=0.008$	-0.122, $P=0.011$
毒品纯度低	4.9%	0	$P<0.05$	-0.106, $P=0.026$	-0.098, $P=0.039$
存在特情	4.0%	0	$P<0.05$	-0.096, $P=0.044$	-0.095, $P=0.047$
毒品未流入社会	29.0%	9.2%	$P<0.05$	-0.191, $P=0.000$	-0.197, $P=0.000$

通过观察表 5－1－5 中的偏相关系数值可以发现，毒品纯度低以及存在特情的数值非常低，而当庭认罪以及毒品未流入社会的数值相对较高，也即后两项情节对死刑适用的影响作用要高于前两项。但与毒品数量的相关系数值相比，毒品数量的影响作用明显更大。正如以往很多学者提出的，在毒品犯罪死刑适用中毒品数量受到重视，[①]其他情节作用甚微，这一结论在笔者的研究中也得到一定程度的证实。将该结论与前面第三章的分析结果相结合还可以发现，这一问题并非仅存在死刑适用与否的裁量中，对于其他量刑结果毒品数量都是重要因素，其他能够影响量刑结果的情节整体偏少。与此同时，在死刑适用的裁量中除毒品数量因素外，其他四项情节均为酌定从宽处罚情节。由此看来，在毒品犯罪死刑适用问题上，酌定情节成为限制死刑适用的重要因素，而更多的从宽处罚情节的适用恰恰是宽严相济刑事政策中“宽以济严”的体现。

① 参见魏汉涛：《毒品犯罪死缓的司法偏差与匡正——基于 100 份死缓判决书的分析》，载《现代法学》2018 年第 5 期；梅传强、伍晋：《毒品犯罪死刑控制的教义学展开——基于 122 份二审死刑判决书的实证研究》，载《现代法学》2019 年第 5 期；李娟：《关于毒品犯罪死刑限制的现状考察与司法适用》，载《学术研究》2015 年第 8 期。

第二节　死刑适用的理论分析

一、对 1997 年《刑法》第 347 条第 2 款的解读

1997 年《刑法》第 347 条第 2 款规定："走私、贩卖、运输、制造毒品，有下列情形之一的，处十五年有期徒刑、无期徒刑或者死刑，并处没收财产：(一)走私、贩卖、运输、制造鸦片一千克以上、海洛因或者甲基苯丙胺五十克以上或者其他毒品数量大的；(二)走私、贩卖、运输、制造毒品集团的首要分子；(三)武装掩护走私、贩卖、运输、制造毒品的；(四)以暴力抗拒检查、拘留、逮捕，情节严重的；(五)参与有组织的国际贩毒活动的。"①根据这一规定可知，能够适用第四个法定刑幅度的条件立法进行了详细列举，且毒品数量与其他情节并重，也就是说第一项毒品数量与第二项至第五项是并列关系，即毒品数量未达到数量标准，也可因被告人具有第二项至第五项中任何一项的情节而对其在 15 年有期徒刑、无期徒刑或者死刑幅度内裁量刑罚。

对这一款规定的理解，笔者认为，有必要强调的是，前述五项因素仅仅是适用第四个法定刑幅度的条件，不能将其直接等同于适用死刑的条件。对于这一问题，某些学者的理解存在偏差。例如，有学者指出，1979 年《刑法》没有规定

---

① 最高人民法院《关于审理毒品犯罪案件适用法律若干问题的解释》第 1 条规定："走私、贩卖、运输、制造、非法持有下列毒品，应当认定为刑法第三百四十七条第二款第一项、第三百四十八条规定的'其他毒品数量大'：(一)可卡因五十克以上；(二)3,4-亚甲二氧基甲基苯丙胺(MDMA)等苯丙胺类毒品(甲基苯丙胺除外)、吗啡一百克以上；(三)芬太尼一百二十五克以上；(四)甲卡西酮二百克以上；(五)二氢埃托啡十毫克以上；(六)哌替啶(度冷丁)二百五十克以上；(七)氯胺酮五百克以上；(八)美沙酮一千克以上；(九)曲马多、γ-羟丁酸二千克以上；(十)大麻油五千克、大麻脂十千克、大麻叶及大麻烟一百五十千克以上；(十一)可待因、丁丙诺啡五千克以上；(十二)三唑仑、安眠酮五十千克以上；(十三)阿普唑仑、恰特草一百千克以上；(十四)咖啡因、罂粟壳二百千克以上；(十五)巴比妥、苯巴比妥、安钠咖、尼美西泮二百五十千克以上；(十六)氯氮卓、艾司唑仑、地西泮、溴西泮五百千克以上；(十七)上述毒品以外的其他毒品数量大的。国家定点生产企业按照标准规格生产的麻醉药品或者精神药品被用于毒品犯罪的，根据药品中毒品成分的含量认定涉案毒品数量。"该解释第 3 条规定："在实施走私、贩卖、运输、制造毒品犯罪的过程中，携带枪支、弹药或者爆炸物用于掩护的，应当认定为刑法第三百四十七条第二款第三项规定的'武装掩护走私、贩卖、运输、制造毒品'。枪支、弹药、爆炸物种类的认定，依照相关司法解释的规定执行。在实施走私、贩卖、运输、制造毒品犯罪的过程中，以暴力抗拒检查、拘留、逮捕，造成执法人员死亡、重伤、多人轻伤或者具有其他严重情节的，应当认定为刑法第三百四十七条第二款第四项规定的'以暴力抗拒检查、拘留、逮捕，情节严重'。"

毒品数量标准，1987 年最高人民法院《关于〈贩卖毒品死刑案件的量刑标准〉的答复》（已失效）规定：个人制造、贩卖、运输鸦片 500 两以上的，处死刑，可以并处没收财产；个人制造、贩卖、运输黄皮 2500 克以上的，处死刑，可以并处没收财产；个人制造、贩卖、运输海洛因、吗啡 500 克以上的，处死刑，可以并处没收财产。1997 年《刑法》在刑法条文中直接规定了可适用死刑的毒品数量，且数量大大低于 1987 年最高人民法院《关于〈贩卖毒品死刑案件的量刑标准〉的答复》（已失效）规定的数量，即针对走私、制造、贩卖、运输海洛因和鸦片的死刑数量分别低于 1987 年最高人民法院《关于〈贩卖毒品死刑案件的量刑标准〉的答复》（已失效）规定数量的 1/10 和 1/25。① 根据该学者的表述，其显然是将适用第四个法定刑幅度的最低毒品数量标准（海洛因 50 克、鸦片 1000 克）直接等同于适用死刑的毒品数量最低标准，笔者认为这样理解是不正确的。

上述两个法律文件的具体表述不同，那么数字指代的含义也就存在差异。最高人民法院《关于〈贩卖毒品死刑案件的量刑标准〉的答复》（已失效）明确规定"个人制造、贩卖、运输鸦片 500 两以上""个人制造、贩卖、运输海洛因、吗啡 500 克以上"均处"死刑"，也就是说只要个人制造、贩卖、运输鸦片 500 两或者是海洛因、吗啡 500 克就可以对其判处死刑；但在 1997 年《刑法》的规定中，"走私、贩卖、运输、制造鸦片一千克以上、海洛因或者甲基苯丙胺五十克以上或者其他毒品数量大的"是处"十五年有期徒刑、无期徒刑或者死刑"，也就是说毒品数量达到上述最低标准，被告人可被判处 15 年有期徒刑、无期徒刑或者死刑。如果"走私、贩卖、运输、制造鸦片一千克、海洛因或者甲基苯丙胺五十克或者其他毒品数量大的"就是死刑适用的数量标准，那将严重挤压 15 年有期徒刑、无期徒刑的适用范围，不当扩大死刑的适用空间，与立法规定明显不相符合。这是因为，根据贝卡里亚罪刑阶梯理论的基本原理，轻罪应当对应轻刑、重罪应当对应重刑。假如行为人贩卖海洛因 50 克即可适用死刑，那么贩卖海洛因低于 50 克的罪行就不应被适用死刑，而根据《刑法》第 347 条第 2 款所罗列的主刑刑种来看，15 年有期徒刑、无期徒刑均是轻于死刑的刑罚种类，其应当适用于轻于贩卖海洛因 50 克这一罪行的行为人。然而当贩卖海洛因数量不足 50 克时，行为人只能适用第一个、第二个、第三个法定刑幅度而不能适用第四

① 参见李娟：《关于毒品犯罪死刑限制的现状考察与司法适用》，载《学术研究》2015 年第 8 期。

个法定刑幅度,显然此时已无15年有期徒刑、无期徒刑的适用可能。

根据1997年《刑法》第48条的规定,死刑只适用于罪行极其严重的犯罪分子。对于何为"罪行极其严重",刑法理论上还存在一定的争议,但无论何种观点均承认犯罪行为对社会造成的客观危害极大是不能不考虑的一项重要因素。那么就毒品犯罪而言,走私、贩卖、运输、制造毒品具体数量的多寡自然成为衡量毒品犯罪行为对社会客观危害大小的重要标志。与司法实践中走私、贩卖、运输、制造成百上千克海洛因、甲基苯丙胺或者其他毒品数量巨大的犯罪行为相比,"走私、贩卖、运输、制造鸦片一千克、海洛因或者甲基苯丙胺五十克或者其他毒品数量大的"行为不能被认为属于"罪行极其严重"的情形。将"走私、贩卖、运输、制造鸦片一千克、海洛因或者甲基苯丙胺五十克或者其他毒品数量大"作为毒品犯罪死刑适用标准明显割裂了刑法分则与刑法总则之间的紧密关系,忽视了刑法总则死刑适用条件对刑法分则具体罪名死刑适用的指导和制约作用。

二、对《大连会议纪要》有关死刑适用规定的解读

《大连会议纪要》对毒品犯罪的死刑适用作出了规定,总体要求是毒品数量与其他情节二者不可偏废,是否判处死刑需将毒品数量与其他情节结合起来综合考虑。具体而言,虽然毒品数量达到实际掌握的判处死刑的数量标准,但若行为人具有法定、酌定从宽处罚情节也可以不对其判处死刑;对于毒品数量虽未达到但接近实际掌握的判处死刑的数量标准,同时具有从重处罚情节的行为人,亦可以对其判处死刑;至于更为复杂的情形,即当毒品数量达到实际掌握的判处死刑数量标准,但同时具有从重处罚情节和从宽处罚情节时,则需对其进行更全面、综合的考量,死刑立即执行的适用应更加慎重。

《大连会议纪要》不仅对适用死刑作出原则性规定,还对可以判处死刑以及不宜判处死刑立即执行的情形作了较为明确、具体的规定。前文已述,《刑法》第347条第2款所规定的5个条件是适用走私、贩卖、运输、制造毒品罪第四个法定刑幅度的条件,而在符合上述5项条件之一的情况下法官可能判处行为人15年有期徒刑、无期徒刑或者是死刑。也就是说,在能够适用第四个法定刑幅度的前提下,《刑法》对被告人究竟是被判处15年有期徒刑、无期徒刑还是死刑,并未作出明确具体的规定。为此,《大连会议纪要》进行了补充,暂且

不论这些规定中具体条件的设置是否合理，但其意图明确毒品犯罪死刑适用标准、统一全国司法裁判的初衷是值得肯定的。

《大连会议纪要》规定了可以适用死刑的条件，即具有下列情形之一的，可以判处被告人死刑：(1)具有毒品犯罪集团首要分子、武装掩护毒品犯罪、暴力抗拒检查、拘留或者逮捕、参与有组织的国际贩毒活动等严重情节的；(2)毒品数量达到实际掌握的死刑数量标准，并具有毒品再犯、累犯，利用、教唆未成年人走私、贩卖、运输、制造毒品，或者向未成年人出售毒品等法定从重处罚情节的；(3)毒品数量达到实际掌握的死刑数量标准，并具有多次走私、贩卖、运输、制造毒品，向多人贩毒，在毒品犯罪中诱使、容留多人吸毒，在戒毒监管场所贩毒，国家工作人员利用职务便利实施毒品犯罪，或者职业犯、惯犯、主犯等情节的；(4)毒品数量达到实际掌握的死刑数量标准，并具有其他从重处罚情节的；(5)毒品数量超过实际掌握的死刑数量标准，且没有法定、酌定从轻处罚情节的。

针对前述规定，笔者认为，可以将其划分为两大类，第一类是将毒品数量之外的其他情节作为基本要素，第二类是将毒品数量作为基本要素，前述规定中的第 1 项属于第一类，剩余 4 项均可以归入第二类。《大连会议纪要》规定的第 1 项是基于 1997 年《刑法》第 347 条第 2 款第 2 项至第 5 项的规定而设置的，笔者认为这一规定有欠妥当。原因在于，根据笔者前面的分析，毒品犯罪集团首要分子，武装掩护毒品犯罪，暴力抗拒检查、拘留或者逮捕，参与有组织的国际贩毒活动等情节并非适用死刑的条件而是适用第四个法定刑幅度的条件，在符合这 4 项情形之一时行为人也完全可能被判处 15 年有期徒刑或者无期徒刑。因此，笔者认为，《大连会议纪要》有必要在刑法规定的基础上进一步提高标准，例如，行为人武装掩护造成他人重伤、死亡的，又如，多次参与有组织的国际贩毒活动的等，以此作为死刑适用标准才更加合理。

以毒品数量作为基本要素这一类型可以进一步划分为两小类：一是毒品数量"达到"实际掌握的死刑数量标准且行为人同时具有法定、酌定从重处罚情节的情况(具体而言指的是《大连会议纪要》规定的第 2 项至第 4 项)，至于从重处罚情节，《大连会议纪要》采取了"列举 + 概括"的规定方式，不仅明确规定了司法实践中常见的从重处罚情节，还设置了兜底条款，以免挂一漏万。二是毒品数量"超过"实际掌握的死刑数量标准且被告人没有法定、酌定从轻处罚情节的情况(《大连会议纪要》规定的第 5 项),此时“可以判处被告人死刑”。对于这一规定,笔者认为,通过反对解释可以得出如下结论,即虽然毒品数量超过了实际掌握的死刑数量标准,但若被告人具有法定或者酌定从轻处罚情节亦可以不判处被告人死刑,这实际上体现出其他情节,特别是从宽处罚情节对毒品数量在死刑适用上的限制作用。

《大连会议纪要》在规定了可以适用死刑条件的基础之上,还规定了何种情况下对被告人可以不适用死刑立即执行。[①] 笔者认为理解这一“可以不适用死刑立即执行”的规定不能割裂与《大连会议纪要》前面有关“可以适用死刑”规定的内在逻辑关联。对于“可以适用死刑”的条件,根据笔者的分析,主要是毒品数量达到实际掌握的死刑数量标准且行为人具有一定的从重处罚情节。这里需要注意该措辞中的两个重点:一是“可以”,这也就表明具备这些条件并不必然对行为人判处死刑;二是“死刑”,根据我国刑法的规定,死刑包括死刑缓期 2 年执行和死刑立即执行,“毒品数量达到实际掌握的死刑数量标准且具有从重处罚情节”仅仅是能够适用死刑的条件而非判处行为人死刑立即执行的条件,这是有严格区分的。进一步说,通过反对解释我们还可以得出如下结论,即虽然毒品数量达到实际掌握的死刑数量标准但当行为人不具有从重处罚情节时就不能对其判处死刑,这里的“不能判处死刑”意味着既不能对其判处死刑立即执行也不能对其判处死刑缓期 2 年执行。显然,从这一环节就排除了死刑对行为人的适用,这是实现对死刑严格限制的第一步。不仅如此,《大连会议纪要》又进一步规定,即使毒品数量达到实际掌握的死刑数量标准,但当行为人具有法定或者酌定从宽处罚情节时就可以不判处其死刑立即执行。这样的规定符合法官适用死刑的基本逻辑思路:先考虑是否需要判处行为人死

---

① 《大连会议纪要》规定,毒品数量达到实际掌握的死刑数量标准,具有下列情形之一的,可以不判处被告人死刑立即执行:(1)具有自首、立功等法定从宽处罚情节的;(2)已查获的毒品数量未达到实际掌握的死刑数量标准,到案后坦白尚未被司法机关掌握的其他毒品犯罪,累计数量超过实际掌握的死刑数量标准的;(3)经鉴定毒品含量极低,掺假之后的数量才达到实际掌握的死刑数量标准的,或者有证据表明可能大量掺假但因故不能鉴定的;(4)因特情引诱毒品数量才达到实际掌握的死刑数量标准的;(5)以贩养吸的被告人,被查获的毒品数量刚达到实际掌握的死刑数量标准的;(6)毒品数量刚达到实际掌握的死刑数量标准,确属初次犯罪即被查获,未造成严重危害后果的;(7)共同犯罪毒品数量刚达到实际掌握的死刑数量标准,但各共同犯罪人作用相当,或者责任大小难以区分的;(8)家庭成员共同实施毒品犯罪,其中起主要作用的被告人已被判处死刑立即执行,其他被告人罪行相对较轻的;(9)其他不是必须判处死刑立即执行的。

刑,而后再考虑是否有必要判处其死刑立即执行。在行为人符合死刑适用条件而被判处死刑的情况下,再根据行为人所具有的法定或者酌定从宽处罚情节不判处其死刑立即执行,这可以被认为是对死刑严格限制的第二步,即对死刑立即执行数量的控制。鉴于死刑缓期 2 年执行与死刑立即执行在最终处理结果上的巨大差异,目前对死刑的严格限制应更体现在对死刑立即执行数量的控制和减少上。为了能够满足严格限制死刑,特别是严格限制死刑立即执行的要求,这里的"可以不判处被告人死刑立即执行",笔者认为,应该理解为"行为人如无特别严重情节均应判处其死缓"。

当然,《大连会议纪要》有关死刑适用的规定也并非没有问题,笔者认为,有以下两点值得商榷:

其一,无论是"可以适用死刑"的规定还是"可以不适用死刑立即执行"的规定,均没有区分责任刑情节与预防刑情节。例如,可以对毒品数量达到实际掌握的死刑数量标准并且具有一定从严处罚情节的行为人判处死刑,而《大连会议纪要》列明的从严处罚情节既包括体现责任刑大小的情节也包括体现预防刑大小的情节,例如,教唆未成年人走私、贩卖、运输、制造毒品或者向未成年人出售毒品等属于责任刑情节,毒品再犯、累犯等属于预防刑情节。又如,在可以不判处行为人死刑立即执行的从宽处罚情节中既有立功、自首这些预防刑情节,同时也有毒品纯度这一反映行为客观危害程度的责任刑情节。根据责任主义的基本原理,体现责任刑的情节与体现预防刑的情节在裁量刑罚中所具有的地位和作用是不同的。

其二,《大连会议纪要》规定,毒品数量达到实际掌握的死刑数量标准但当行为人具有法定、酌定从宽处罚情节时可以不判处行为人死刑立即执行。这样的语言表达透露出如下的思维定式,即当行为人达到死刑适用标准时首先或者一般情况下应先考虑对其适用死刑立即执行,只有在行为人具有从宽处罚情节时才考虑对其适用死刑缓期 2 年执行,也就是说在行为人被判处死刑这一前提确定的情况下,死刑立即执行属于常态而死缓才是例外。正如笔者前文所述,死刑立即执行是我国严格限制死刑适用的关键所在,然而《大连会议纪要》透露出的思维定式并不利于对死刑立即执行的严格控制。

有学者针对毒品犯罪死刑的适用提出如下观点:死刑的判处应当以行为人的犯罪行为为依据,只要是罪行极其严重的,就应当判处其死刑,而是否立即执行则应当考察行为人的人身危险性。具体到毒品案件中,是否判处行为人死刑(包括死缓)应当根据行为人走私、贩卖、运输、制造毒品的数量、具体的行为方式等反映罪行轻重的因素来确定,而是否立即执行死刑则应在判处行为人死刑的基础上根据行为人人身危险性的大小进一步确定。① 根据笔者的理解,该学者认为的"罪行极其严重"这一死刑适用条件指的应是犯罪行为本身对社会造成的危害极其严重,犯罪行为对社会的危害程度可以依据毒品数量、行为方式等体现责任刑大小的情节予以判断;而在判处死刑的基础上决定是否立即执行则应依据行为人人身危险性程度的高低,人身危险性极大的判处死刑立即执行,否则就应判处死刑缓期 2 年执行,而对人身危险性程度的判断则需依据诸如累犯、立功、自首等体现预防刑的情节。笔者认为,这一观点值得借鉴,它不仅蕴含责任刑情节与预防刑情节应予区分的旨趣,也改变了死刑立即执行与死刑缓期 2 年执行适用顺序的思维定式,笔者认为,其更有利于实现对毒品犯罪死刑适用的严格限制。

三、运输毒品罪的死刑问题

(一)运输毒品罪死刑的限制适用

由于运输毒品行为的特殊性,《大连会议纪要》和《武汉会议纪要》对运输毒品的死刑适用作出了专门规定,对这两个会议纪要相关规定进行解读有助于实现对运输毒品犯罪死刑适用的严格限制。

1. 单纯运输毒品行为的死刑适用

《大连会议纪要》明确了运输毒品犯罪的打击重点,即指使、雇佣他人运输毒品的犯罪分子和接应、接货的毒品所有者、买家或者卖家。对于运输毒品犯罪集团首要分子,组织、指使、雇佣他人运输毒品的主犯或者毒枭、职业毒犯、毒品再犯,以及具有武装掩护,暴力抗拒检查、拘留或者逮捕,参与有组织的国际毒品犯罪,以运输毒品为业,多次运输毒品或者其他严重情节的行为人,应当按照刑法、有关司法解释和司法实践实际掌握的数量标准,从严惩处,依法应判处死刑的必须坚决判处死刑。与此同时,《大连会议纪要》还进一步强调应将单

① 参见孙本雄:《毒品犯罪案件死刑立即执行适用规则之理论建构》,载《中国人民公安大学学报(社会科学版)》2019 年第 3 期。

纯的运输毒品行为与走私、贩卖、制造毒品以及具有严重情节的运输毒品犯罪行为相区分，即使毒品数量超过实际掌握的死刑数量标准也可以不判处行为人死刑立即执行。“该纪要确立了运输毒品罪死刑适用的两大原则：一是宽严相济刑事政策所强调的区别对待原则，即将运输毒品犯罪的死刑适用与走私、贩卖、制造毒品区别开来，对前者适用死刑的条件限定得更加严格；二是明确了运输毒品犯罪原则上不判处死刑立即执行的情形，从而有利于限制运输毒品罪的死刑适用，提高‘宽严相济’的可操作性。”①根据《大连会议纪要》的精神，笔者认为，实施了单纯的运输毒品行为的被告人应是受人指使、雇佣而参与运输毒品犯罪的初犯、偶犯，涉嫌为贩卖而自行运输毒品、却因认定贩卖毒品的证据不足而被认定为运输毒品罪的行为人的运输行为不属于“单纯的运输毒品行为”。

《武汉会议纪要》重申了《大连会议纪要》关于运输毒品犯罪打击重点的要求，对于单纯运输毒品犯罪分子的死刑适用则作出了一些修改和变动。② 根据笔者的分析，这些修改、变动主要体现在以下两点：

第一，对于毒品数量超过实际掌握的死刑数量标准而又确实属于受指使、雇佣而运输毒品的初犯、偶犯，《大连会议纪要》规定“可以不判处行为人死刑立即执行”，言下之意就是仍然可以对行为人判处死刑，只不过考虑到行为人受指使、雇拥且系初犯、偶犯的情况而可以不对其判处死刑立即执行。对于此种情况，《武汉会议纪要》则规定“可以不判处行为人死刑”，即由原来的“死刑立即执行”变更为“死刑”。根据《武汉会议纪要》的规定，对于单纯运输毒品的行为人，即使案涉毒品数量超过实际掌握的死刑数量标准，法官也完全可以判处其无期徒刑或是 15 年有期徒刑。《大连会议纪要》强调对行为人可以不判处死刑立即执行，这意味着仍可以判处其死缓，虽然从司法实践的具体情况来看，绝大部分死缓犯最终都不会被执行死刑。司法实务在相当长的一段时间内都是通过死缓的适用来实现对死刑立即执行的严格控制，然而在当前我国刑法

① 赵秉志、张伟珂：《论运输毒品罪死刑废止的可行性》，载《河北法学》2020 年第 11 期。

② 《武汉会议纪要》规定，对于有证据证明确属受人指使、雇用运输毒品，又系初犯、偶犯的被告人，即使毒品数量超过实际掌握的死刑数量标准，也可以不判处死刑；尤其对于其中被动参与犯罪，从属性、辅助性较强，获利程度较低的被告人，一般不应当判处死刑。对于不能排除受人指使、雇用初次运输毒品的被告人，毒品数量超过实际掌握的死刑数量标准，但尚不属数量巨大的，一般也可以不判处死刑。

规定的语境之下,死缓属于死刑之下的具体执行方式,从所适用的刑罚种类而言,行为人被判处的仍是死刑,但《武汉会议纪要》的修改实现了对死刑(包括死缓在内)的实质控制。

第二,受指使、雇佣以及初犯、偶犯在运输毒品犯罪中成为实现严格限制死刑适用的重要酌定从宽处罚情节,不仅如此,《武汉会议纪要》又进一步对受指使、雇佣而参与运输毒品的初犯、偶犯进行了区分,其中"从属性、辅助性较强且获利程度较低的被告人"是"一般不应当判处死刑"。"一般不应当判处死刑"与"可以不判处死刑"相比,前者体现出对死刑适用更为严格和谨慎的态度,即除非有极为个别的严重情况,否则法院不应判处行为人死刑。笔者认为,可以对这一规定做如下解读:当行为人系受指使、雇佣而运输毒品的初犯、偶犯时,其又在犯罪过程中具有较强的从属性、辅助性特征且获利程度较低,那么即使行为人运输毒品的数量超过实际掌握的死刑数量标准,法官也应对其判处无期徒刑以下的刑罚;只有当行为人在符合上述条件的情况下又具有一些极为严重的犯罪情节时,法官才可以考虑对其判处死刑,请注意这里是判处"死刑"而非"死刑立即执行",也就是说即便认为有必要对行为人判处死刑,也并非一定判处死刑立即执行。至于"极为严重的犯罪情节"应如何把握,笔者认为,应结合《大连会议纪要》和《武汉会议纪要》强调的运输毒品犯罪的打击重点来理解,如武装掩护运输毒品的,暴力抗拒检查、拘留或者逮捕情节严重的,或者参与有组织的国际毒品犯罪的等。① 此外,还有哪些情形属于有必要判处行为人死刑的严重情节还需在司法实务中不断总结和概括。综上所述,《武汉会议纪要》对单纯运输毒品行为死刑适用规定的修改契合了宽严相济刑事政策以及严格控制死刑政策的精神和要求,值得肯定。

2. "受雇运输"情节的认定

需要注意的一个问题是,当行为人受指使、雇佣缺乏明确证据予以证明但又无法排除这一可能性时应如何处理,《大连会议纪要》和《武汉会议纪要》对此的态度有所不同。《大连会议纪要》规定:"毒品数量超过实际掌握的死刑数

---

① 至于其他属于运输毒品犯罪打击重点的严重情节,都与单纯运输毒品行为"受指使、雇佣""初犯、偶犯"的特征相矛盾,因而不属于笔者所说的能够对行为人判处死刑的严重情况。例如,行为人具有多次运输毒品情节,这就表明被告人不属于"初犯、偶犯",因而其不属于会议纪要规定的单纯运输毒品行为的被告人,那么该被告人就不能享受会议纪要针对单纯运输毒品行为设置的特殊从宽处罚待遇。

量标准，但不能证明被告人系受人指使、雇用参与运输毒品犯罪的，可以依法判处重刑直至死刑。”根据这一规定，司法实务中是否对运输毒品行为人判处死刑，关键在于法院是否采纳“受雇运输”等量刑情节，而“受雇运输”情节的成立则必须达到“有明确证据予以证明”的标准，对此，我们可以借助2012年第3集（总第86集）《刑事审判参考》中的第782号指导案例和2013年第2集（总第91集）《刑事审判参考》中的第852号指导案例来加以说明。第782号指导案例认为，单纯的运输毒品行为是指“有证据证明确属受人指使、雇用参与运输毒品犯罪，又系初犯、偶犯”。被告人王平在四川省和云南边境地区之间长期来回活动，其专门购买车辆并拆开车内挡板，将毒品包好后藏匿于挡板内，选择隐蔽路线，独立长途驾车运输，充分表明其行为独立、积极、主动；其拒不供述毒品、毒资来源和归属，所持银行卡有大额资金流动，说明其并非单纯运输毒品者，不排除王平自行贩卖毒品的可能性；王平运输毒品的数量是实际掌握适用死刑数量标准的数倍以上，且没有法定、酌定从轻处罚情节，对其适用死刑，符合宽严相济刑事政策的精神。① 第852号指导案例指出，行为人邱绿清走私、运输毒品海洛因高达5645克，且系累犯，与另一同案犯在共同犯罪中的地位、作用基本相当，如无特殊情节依法应当判处其死刑立即执行；但鉴于本案中有证据证明邱绿清确系受他人雇佣且非独立实施走私、运输毒品行为，其行为在本质上属于单纯的受雇走私、运输毒品行为；与此同时，邱绿清认罪态度好、归案后能够积极协助公安机关诱捕毒品货主。综上所述，最高人民法院认为，可对其不判处死刑立即执行。②

通过上述两则指导案例的裁判要旨我们可以发现，不仅受雇运输情节的不成立需要有明确的证据加以证明，受雇运输情节的成立也同样需要达到有证据明确证明的程度。对于受雇运输情节的不成立需要有明确的证据加以证明这一点，笔者认为有利于对被告人权利的保护。因为根据前文分析可知，单纯运输毒品行为死刑的适用受到了严格的限制，而“受雇运输”情节的成立与否对单纯运输毒品行为的认定具有至关重要的作用，如果案件中存在受雇运输并进

---

① 参见中华人民共和国最高人民法院刑事审判第一、二、三、四、五庭主办：《刑事审判参考》（总第86集），法律出版社2013年版，第69页。

② 参见中华人民共和国最高人民法院刑事审判第一、二、三、四、五庭主办：《刑事审判参考》（总第91集），法律出版社2014年版，第76～77页。

而认定被告人属于单纯运输毒品,则明显有利于被告人,那么要排除这一有利于被告人的情节就必须做到有明确的证据加以证明。这意味着对检察机关提出了更高的要求,但这种要求是实现被告人权利保护所必须的。但是,受雇情节的成立也同样要求做到有明确证据加以证明则对被告方及其辩护人提出了过高的要求。有学者就曾指出,当被告人主张其系受雇运输毒品时,该情节的认定往往依赖于侦查机关、检察机关的查证,仅有律师的努力远远不够。然而被告人提出的系受雇、初犯等主张,要么难以达到证明标准,要么得不到公安机关的重视或查证,要么难以被法院采纳。这在某种程度上实际架空了毒品犯罪相关会议纪要的规定。①

不仅如此,有的法官在这一问题的处理上还存在主观推测的嫌疑,将被告人置于更加不利的境地,2009 年第 2 集(总第 67 集)《刑事审判参考》第 531 号指导案例就存在此种情况。2007 年 3 月 19 日 22 时 30 分,被告人赵扬驾驶面包车运输毒品,途经国道 213 线元磨公路段通关服务区时,被墨江县公安人员抓获,并当场从该车左侧门夹层内查获毒品甲基苯丙胺 520 克、海洛因 1020 克。普洱市中级人民法院认为,被告人赵扬明知是毒品而运输,其行为已构成运输毒品罪。赵扬供述指使其运输毒品的毒贩"胡光亮"的情况,未经查证属实,对其辩护人所提的赵扬有立功表现的辩护意见不予采纳。赵扬辩称其系为他人运输毒品,无其他证据印证。赵扬将自己的车辆作为运输工具,运输毒品数量大,罪行极其严重,应依法惩处,最终认定被告人赵扬犯运输毒品罪,判处死刑,剥夺政治权利终身,并处没收个人全部财产。一审宣判后,赵扬提出上诉。云南省高级人民法院经二审裁定驳回上诉,维持原判。最高人民法院最终核准了对赵扬的死刑判决。② 该指导案例在"裁判理由"部分指出,本案被告人赵扬在运输毒品途中被当场抓获,查获海洛因 1020 克、甲基苯丙胺 520 克,毒品数量大,达到实际掌握的适用死刑数量标准,被告人无法定从重或者从轻处罚情节。本案没有证据显示其系受人指使、雇用参与运输毒品犯罪,其亦不属于为挣取少量运费而受雇运输毒品的贫民、边民或者无业人员,因而认为本案

---

① 参见江溯:《律师对毒品犯罪死刑态度的实证研究》,载《清华法学》2020 年第 5 期。

② 参见中华人民共和国最高人民法院刑事审判第一、二、三、四、五庭主办:《刑事审判参考》(总第 67 集),法律出版社 2009 年版,第 28 ~ 29 页。

中被告人不存在刑事政策上应体现从宽处理的情节。在论证赵扬并非为挣取少量运费而受雇运输毒品的贫民、边民或者无业人员这一点上笔者认为法官有失偏颇。裁判理由指出,"赵扬为四川省富顺县人,从云南毒品犯罪的特点看,云南以外的人在云南进行毒品犯罪多有预谋、多为惯犯。由此可见,被告人赵扬虽非累犯、毒品再犯,也没有证据证实其为惯犯,但他显然也不同于为挣取少量运费而受雇运输毒品的贫民、边民或者无业人员"。[①] 这一分析论证带有主观臆测的成分,在根本没有任何证据证明被告人为累犯、毒品再犯以及惯犯的情况下,仅以云南长期毒品犯罪的特点外加被告人并非云南人的事实就直接排除被告人为"赚取少量运费而受雇运输毒品的贫民、边民或者无业人员"的可能性,这一结论未免武断,且更为关键的问题在于上述事实并不足以排除被告人系受雇用运输毒品的可能性。

针对以上问题,《武汉会议纪要》规定:"对于不能排除受人指使、雇用初次运输毒品的被告人,毒品数量超过实际掌握的死刑数量标准,但尚不属数量巨大的,一般也可以不判处死刑。"通过前后对比我们可以发现,受雇运输情节的成立由原来的要求"有明确的证据加以证明"到后来的"不能排除受雇",在处理结果上也由原来的"可以判处重刑直至死刑"变为"可以不判处死刑"。这一修改不仅体现了存疑有利于被告的精神,有利于实现对被告人的人权保障,而且进一步限制了运输毒品犯罪的死刑适用。事实上,司法实务中早有案例体现出了这一认定态度,如 2009 年第 2 集(总第 67 集)《刑事审判参考》第 533 号指导案例指出:被告人李补都运输海洛因 1047.5 克,属于数量巨大,但根据已有证据不能排除其系为赚取少量运费而受他人指使、雇用运输毒品的可能,此外考虑到被告人具有初犯、毒品未流入社会、认罪态度好以及平时表现良好等酌定从宽处罚情节,最高人民法院认为对其不宜判处死刑立即执行。[②]

(二)运输毒品罪死刑的废除

以往学者在对毒品犯罪死刑适用进行研究的过程中就发现,运输毒品是毒品犯罪死刑适用的大户,而且根据笔者对数据库中死刑样本的统计也能得

---

① 中华人民共和国最高人民法院刑事审判第一、二、三、四、五庭主办:《刑事审判参考》(总第 67 集),法律出版社 2009 年版,第 31 页。

② 参见中华人民共和国最高人民法院刑事审判第一、二、三、四、五庭主办:《刑事审判参考》(总第 67 集),法律出版社 2009 年版,第 41 页。

出相同的结论。在98例死刑样本中有55例属于运输毒品,此外还有27例样本属于贩卖、运输毒品,两者合计82例,即便不考虑贩卖、运输毒品的27例样本,运输毒品也占到死刑样本总量的56.1%。最高司法机关通过颁布会议纪要以及发布指导性案例一再强调要对运输毒品罪死刑适用进行更为严格的控制。但也有学者指出,在立法不变的情况下,司法废止论或限制论不可能改变运输毒品死刑滥用的状况。[①] 鉴于此,越来越多的学者支持从立法上废除运输毒品罪的死刑。例如,有学者提出,鉴于运输毒品在整个毒品犯罪中的特殊地位和其社会危害性,废除运输毒品犯罪的死刑是可行的、务实的,且可以为将来全面废除毒品犯罪中的死刑作铺垫。[②] 赵秉志教授也从多个角度对这一问题进行了分析论证,认为废止运输毒品犯罪的死刑具有可行性,并提出了废止运输毒品犯罪死刑可以考虑的两条技术路线:一是删去我国1997年《刑法》第347条第2款、第3款、第4款中对运输毒品罪的规定,并在第347条之后单独增设第347条之一运输毒品罪,在废止其死刑的同时保持法定刑类型和适用情节不变;二是仅废止运输毒品罪的死刑而不单独增设运输毒品罪,在保持其他法定刑幅度规定不变的同时,将1997年《刑法》第347条第2款修改为"走私、贩卖、制造毒品,有下列情形之一的,处十五年有期徒刑、无期徒刑或者死刑,并处没收财产;运输毒品,有下列情形之一的,处十五年有期徒刑、无期徒刑,并处没收财产:……"[③]

从本质上讲,运输毒品犯罪的危害性要远小于走私、贩卖、制造毒品的行为。走私、制造毒品的行为直接增加了国内的毒品总量,是毒品市场持续运行的源头环节与前提条件,对法益的侵害最为严重;贩卖毒品的行为将毒品流通至终端消费者,直接促成了吸食毒品的发生,将对国民生命健康法益的侵害从抽象危险转化为客观实害,其法益侵害性高于运输行为;运输毒品一般体现为毒品地理位置的转移,从市场运行的视角审视,其既没有造成我国境内毒品总量的增加,也没有直接将毒品从生产制造环节流入消费环节,其社会危害性主要体现在毒品向消费环节的"迫近",在毒品犯罪链条中处于走私、制造与贩卖

① 参见江溯:《律师对毒品犯罪死刑态度的实证研究》,载《清华法学》2020年第5期。

② 参见何荣功、莫洪宪:《毒品犯罪死刑的国际考察及其对我国的借鉴》,载《华中科技大学学报(社会科学版)》2012年第2期。

③ 参见赵秉志、张伟珂:《论运输毒品罪死刑废止的可行性》,载《河北法学》2020年第11期。

之间的过渡环节，在毒品市场中发挥“承上启下”的中介作用。[①] 如果认为1997年《刑法》第48条中有关死刑适用条件的规定不仅应该起到在司法裁判过程中限制死刑实际适用的作用，而且也应起到限制刑法分则具体罪名配置死刑的作用，那么由于运输毒品犯罪的社会危害性程度明显低于走私、贩卖以及制造毒品，因而其不属于1997年《刑法》第48条所说的“罪行极其严重”的情况，理应在立法上废除运输毒品罪的死刑。

四、毒品纯度对死刑适用的限制

（一）会议纪要的相关规定

最高人民法院、最高人民检察院、公安部于2007年12月颁布的《办理毒品犯罪案件适用法律若干问题的意见》第4条规定，可能判处死刑的毒品犯罪案件，毒品鉴定结论中应有含量鉴定结论。《大连会议纪要》不仅重申了这一要求，还明确规定，“经鉴定毒品含量极低，掺假之后的数量才达到实际掌握的死刑数量标准，或者有证据表明可能大量掺假但因故不能鉴定的”，可以不判处被告人死刑立即执行。也就是说，当毒品大量掺假或者有证据证明可能大量掺假时，毒品数量达到实际掌握的适用死刑数量标准同样能够对行为人判处“死刑”，只不过考虑到毒品大量掺假或者不排除大量掺假的可能性，可以不判处行为人“死刑立即执行”。根据笔者对这一规定的理解，毒品纯度虽然不能影响死刑的适用与否，但却可以成为影响死刑执行方式选择的重要因素。《大连会议纪要》之所以如此规定，笔者认为可能基于如下两方面的考虑：一方面，是考虑到1997年《刑法》第357条第2款明确规定，毒品的数量以查证属实的走私、贩卖、运输、制造、非法持有毒品的数量计算，不以纯度折算；另一方面，有鉴于司法实践中毒品犯罪的复杂性，毒品对社会客观危害程度的大小不仅与数量有关，与毒品的纯度也密不可分，纯度较低的毒品的客观危害程度自然不可与纯度较高的毒品相提并论，为体现罪责相称，在对行为人适用死刑时就不能不考虑这一客观因素。正是基于这一点，很多学者将毒品纯度视为实现严格限制毒品犯

---

① 参见梅传强、伍晋：《毒品犯罪死刑控制的教义学展开——基于122份二审死刑判决书的实证研究》，载《现代法学》2019年第5期。

罪死刑适用的重要因素。[①] 不仅如此,《武汉会议纪要》还进一步规定,"涉案毒品纯度明显低于同类毒品的正常纯度的,量刑时可以酌情考虑"。这一规定扩大了毒品纯度因素对其他量刑结果的影响作用使其不限定于死刑裁量中,对明确毒品纯度因素作为毒品案件刑罚裁量的酌定量刑情节具有重要意义。当然,对于何为"含量极低""纯度明显低于正常纯度",《大连会议纪要》和《武汉会议纪要》并未给出明确的数量指标,但 2005 年第 5 集(总第 46 集)《刑事审判参考》中第 367 号指导案例、2007 年第 1 集(总第 54 集)《刑事审判参考》中第 430 号指导案例、2008 年第 4 集(总第 63 集)《刑事审判参考》中第 500 号指导案例可以为实务部门提供指引。

在第 367 号指导案例"张玉梅、刘玉堂、李永生贩卖毒品案"中,一审判决 3 名被告人死刑立即执行,二审期间 3 名被告人均对海洛因的含量提出异议,一审法院委托上海市毒品检验中心鉴定案涉海洛因,鉴定结果为:649.45 克海洛因含量为 17.33%,1.04 克海洛因含量为 16.66%,0.25 克海洛因含量为 36.31%。本指导案例在"裁判理由"部分指出,虽 3 名被告人贩卖毒品海洛因在数量上多达 650 余克,但考虑到毒品有大量掺假,大部分海洛因含量只有 17.33%,虽不属于"毒品含量极少"的情形,但判处 3 名被告人死刑显属不当,最高人民法院最终改判 3 名被告人死缓。[②]

第 430 号指导案例"王某贩卖毒品案"虽然主要讨论的是以非常规形式存在的毒品应如何定性以及涉及多种类毒品的犯罪案件应如何量刑的问题,但其中也有关于毒品含量问题的认识。就本案王某的罪行而言,其涉及贩卖毒品海洛因、杜冷丁和替苯丙胺(MDA),其中贩卖海洛因针剂 8150 支,总重量达到 815 克,杜冷丁 3000 支(100mg/支)重 300 克,替苯丙胺 833.1 克。[③] 该指导案例在"裁判理由"部分指出,本案所涉海洛因虽重达 815 克,但含量仅为

① 参见李运才:《毒品犯罪的死刑限制与废止》,中国人民公安大学出版社 2013 年版,第 69 页;彭之宇:《毒品犯罪量刑问题研究》,载《中国刑事法杂志》2014 年第 1 期;韩玉胜、章政:《论毒品犯罪死刑适用的量刑情节》,载《中国人民公安大学学报(社会科学版)》2011 年第 1 期。

② 参见中华人民共和国最高人民法院刑事审判第一、二、三、四、五庭主办:《刑事审判参考》(总第 46 集),法律出版社 2006 年版,第 63 页。

③ 最高人民法院《关于审理毒品案件定罪量刑标准有关问题的解释》(已失效)规定,贩卖杜冷丁 250 克以上、苯丙胺类毒品 100 克以上,属于《刑法》第 347 条第 2 款第 1 项规定的"其他毒品数量大",可以判处 15 年有期徒刑、无期徒刑或者死刑。

9.19%,属于含量极低;杜冷丁超过第四个量刑幅度的起刑点不多,替苯丙胺虽大大超过了第四个量刑幅度的起刑点,但其尚没有明确的判处死刑的数量标准。据此,最高人民法院认为,该案尚未达到罪行极其严重的程度,同时考虑到被告人有立功情节,遂改判王某无期徒刑。①

在第500号指导案例"赵廷贵贩卖毒品案"中,赵廷贵贩卖海洛因针剂168支、杜冷丁针剂1支,认定海洛因数量为318克。一审法院判处被告人15年有期徒刑,剥夺政治权利终身,并处没收财产3万元。一审宣判后,被告人提起上诉,二审法院裁定驳回上诉,维持原判。该指导案例在"裁判理由"部分指出,应以实际查获的毒品数量而不能按照纯度折算后认定的毒品数量对行为人定罪量刑,与此同时,本案涉及的海洛因含量平均仅为0.064%,属于毒品含量极低的一个典型案件,故在法定刑幅度内酌情从轻处罚。②

(二)样本梳理

1.毒品含量鉴定的比例

在笔者搜集的西北地区98例毒品死刑样本中有93例样本具有毒品含量鉴定,仅有5例样本没有在判决书中显示毒品含量鉴定的相关信息,鉴定比例达到94.9%,而这5例没有毒品含量鉴定样本中的被告人均被判处死刑缓刑2年执行。笔者对数据库进行整体统计分析发现,毒品含量鉴定主要集中于适用第四个法定刑幅度的样本中,具体来说,数据库中具有毒品含量鉴定的样本共计823例,其中适用第四个法定刑幅度的样本就有811例,占所有鉴定样本的98.5%,占所适用第四个法定刑幅度样本(1233例)的65.8%;而具有毒品含量鉴定的样本在第一个法定刑幅度中的比例为0.2%(3/1261),在第二个法定刑幅度中的比例为0.9%(2/232),在第三个法定刑幅度中的比例为3.0%(7/230)。就其他量刑种类的具有毒品含量鉴定的样本比例而言,其在有期徒刑实刑中的比例为19.4%(435/2239),无期徒刑中的比例为83.9%(292/348),免予刑事处罚中的比例为100.0%(3/3),而管制、拘役(包括拘役缓刑和拘役实刑)以及有期徒刑缓刑中无一例样本存

① 参见中华人民共和国最高人民法院刑事审判第一、二、三、四、五庭主办:《刑事审判参考》(总第54集),法律出版社2007年版,第60、64~65页。

② 参见中华人民共和国最高人民法院刑事审判第一、二、三、四、五庭主办:《刑事审判参考》(总第63集),法律出版社2008年版,第43、45~46页。

在毒品含量鉴定。从前述不同法定刑幅度以及不同量刑种类中毒品含量鉴定适用比例的对比可知,毒品含量鉴定更集中于适用第四个法定刑幅度且被判处死刑的样本中,这样确实能够尽量保障死刑适用的准确性和合理性。但与此同时笔者认为,其他量刑种类毒品含量鉴定比例低,特别是在适用第一个、第二个和第三个法定刑幅度的样本中,毒品含量鉴定比例几乎可以忽略不计,这样并不利于发挥毒品纯度因素对量刑结果的影响作用,其作为酌定量刑情节的价值和意义将大打折扣。

2. 毒品的具体含量

根据判决书所载信息,死刑样本中毒品的具体含量差异较大,含量最低的为 24. 9% ,最高的为 89. 07% 。死刑样本中无一例样本被法官认定存在毒品纯度极低这一酌定量刑情节。由此推知,在法官看来,24. 9% 明显不属于毒品纯度极低的情况。为了进一步了解实务部门如何认定毒品纯度低以为今后司法裁判提供一定的参考,笔者又统计了数据库中法官明确在判决书中认定行为人具有毒品纯度低这一酌定量刑情节的样本。数据库中共有 36 例样本存在这一情节,其中 1 例样本免予刑事处罚,18 例样本判处有期徒刑实刑,17 例样本判处无期徒刑。在判决书中,法官对这一因素的具体表达也不尽一致,根据笔者的总结大概有如下几种:(1)大量掺假;(2)毒品纯度/含量较低;(3)毒品含量偏低;(4)毒品纯度较低;(5)毒品纯度/含量低;(6)毒品纯度明显低于同类毒品的正常纯度。这 36 例样本涉及的主要毒品类型仍然是海洛因和甲基苯丙胺,仅有 1 例样本涉及的毒品是氯胺酮、二亚甲基双氧安非他明(MDMA)粉末和二亚甲基双氧安非他明液体。根据判决书中明确记载的毒品含量数值对其进行汇总:海洛因的含量从低到高依次排列为 0. 63% 、2. 33% 、2. 4% 、4. 27% 、4. 86% 、8. 57% 、16. 7% 、22% 、47. 11% 、48. 13% ;在新型毒品的 1 例样本中,氯胺酮的含量为 79. 3% 和 48. 7% ,二亚甲基双氧安非他明的含量为 2. 8% 、1. 2% 、1% 和 3. 7% ;而毒品种类为甲基苯丙胺的样本共涉及 7 个判决,其中明确载有毒品含量的判决共有 6 个,其具体情况参见表 5 - 2 - 1。需要进一步说明的是,表格中的毒品含量数值指向的均是甲基苯丙胺,一个判决中存在多个毒品含量数值的是因为案件涉及多个检材。

表 5－2－1 判决中甲基苯丙胺样本毒品含量数值汇总

判决序号	毒品含量具体数值
1	10.01%
2	0.29%、2%、2.23%、3.2%
3	11.12%、18.15%、13.1%、15.09%、18.47%、16.39%、20.59%、10.87%、20.88%、12.03%、13.3%、24.35%、15.76%、23.34%
4	28.65%、29.85%、28.4%、38.63%、39.44%、41.32%、45.75%
5	51.31%、58.34%、11.08%、5.42%、3.36%、11.32%、10.49%
6	12.56%、4.89%、6.98%

从上述统计中我们可以发现，法官在对何为毒品纯度低进而可以对被告人从宽处罚的认识上也存在较大差异，当然这与缺乏明确、具体的规定有密切关系。引起笔者注意的是，有的判决认定毒品含量达到 47.11%、48.13% 也为毒品含量低。具体案情如下：2017 年 2 月初，被告人马某某与马某某 1（在逃）商议，由马某某、马某某 1 共同出资前往甘肃省临夏市购买毒品。2017 年 2 月 7 日，马某某、马某某 1 及马某（另案处理）一同从本市前往甘肃省兰州市，当日马某某继续前往甘肃省临夏市联系毒品的上家。2017 年 2 月 8 日，马某某从临夏市一名叫“阿訇”的男子处取得两包毒品。当日，马某某将该两包毒品交给马某某 1 后返回青海。2017 年 2 月 9 日 19 时许，侦查人员在青海省民和回族土族自治县甘沟乡一宾馆内将马某某抓获。随后，又在甘肃省积石山县大河家镇新民宾馆 203 房间内将马某、马某某 1 抓获，并从该房间的床位枕头下查获两个由黑色塑料袋包装的白色块状疑似毒品物。送检检材为：(1) 外用黑色塑料袋内用白色塑料袋包装的白色块状物一包；(2) 外用黑色塑料袋内用红色塑料袋包装的白色块状物一包，合计净重 298.634 克。从中均检出海洛因成分，其中(1)号检材中的海洛因含量为 47.11%；(2)号检材中的海洛因含量为 48.13%。庭审中，被告人马某某对公诉机关指控的犯罪事实及罪名均供认不讳，无异议；其辩护人提出马某某认罪态度较好、涉案毒品含量较低、又未流入社会，建议法庭对其从轻处罚。法院认为，被告人马某某伙同他人运输毒品海洛因 298.634 克，其行为已构成运输毒品罪；被告人马某某与马某某 1 属共同犯罪，且二人在共同犯罪中作用地位相当，不易区分主从犯；对于辩护人提出的毒品含量较低等辩护意见予以采纳。最终法院认定被告人马某某犯运输毒品

罪，判处无期徒刑，剥夺政治权利终身，并处没收个人全部财产。[①]

笔者认为，从与前述死刑样本毒品含量的对比角度出发，毒品含量达到30%甚至是40%以上的被认为属于毒品纯度低恐有不妥，事实上数据库中很多样本的毒品含量都能达到这一水平甚至低于这一水平却未被法官认定属于毒品纯度低。例如，2017年1月25日，被告人马某某驾驶其车号牌为×××的白色"丰田RAV4"小型客车，携带毒品从新疆霍城县芦苇沟镇出发，沿G30高速公路行驶至昌吉收费站时被公安机关抓获，并从其车内的天窗夹层中查获疑似毒品块状物两块，净重分别为309.76克、303.21克（共计612.97克）。经鉴定，海洛因含量分别为10.08%和11.12%。被告人马某某对起诉书指控的犯罪事实及罪名均无异议。其辩护人认为，马某某系犯罪未遂，其为自己吸食而运输毒品，所运毒品含量较低，且未流入社会，其主观恶性及社会危害性较小；马某某归案后如实供述犯罪事实，有坦白情节，建议对马某某减轻处罚。法院认为，被告人马某某的行为构成运输毒品罪。马某某属毒品再犯，依法应从重处罚。法院对于辩护人关于马某某具有坦白情节、涉案毒品未流入社会、社会危害相对较小的辩护意见予以采纳；对于犯罪未遂的辩护意见不予采纳；本案中毒品含量不影响对马某某的量刑，其系毒品再犯，主观恶性较深，辩护人提出的予以减轻处罚的意见法院不予采纳。最终法院认定被告人马某某犯运输毒品罪，判处无期徒刑，剥夺政治权利终身，并处没收个人全部财产。[②]

（三）本书的观点

因为《大连会议纪要》和《武汉会议纪要》并未规定毒品含量达到多少为含量低，因而司法实践中法官对这一酌定情节的认定和适用普遍趋于保守，即便很多案件中毒品含量较低且辩护律师也提出这方面的辩护意见，很多法官也不予提取、适用继而对被告人从宽处罚。此外，规范性文件没有规定毒品的具体含量标准，这导致了法官适用上的差异，基本相同的毒品含量，有的法官认为，其属于毒品含量低进而对被告人从宽处罚，有的法官则不这样认为。对此，笔者认为，规范性文件还是应该对"毒品含量极低"有一个明确的规定，如此一来不仅能够统一司法裁判、避免相同含量不同处理，还能避免法官因难以把握具

① 参见青海省西宁市中级人民法院刑事判决书，(2017)青01刑初48号。

② 参见新疆维吾尔自治区昌吉回族自治州中级人民法院刑事判决书，(2017)新23刑初35号。

体含量标准而畏首畏尾、不敢适用这一情节，如此才能激活这一酌定量刑情节，使其实际发挥影响量刑的作用和效果。结合前述司法裁判实例，笔者认为，可以把海洛因、甲基苯丙胺含量在10%以下的情况认定属于“毒品含量极低”；把海洛因、甲基苯丙胺含量超过10%但在20%以下的认定属于“毒品含量较低”，对于毒品含量较低的情况法官根据案件具体情节也可以对被告人从宽处罚，只不过与毒品含量极低的情况相比，毒品纯度较低对社会的危害程度较大，所以从宽处罚的幅度应当小于毒品纯度极低的情况。

第六章　深化量刑规范化改革的思考

前文在展现西北地区走私、贩卖、运输、制造毒品罪量刑整体情况、挖掘影响量刑因素的基础上又对重点量刑情节和量刑类型进行了深入研究，发现了量刑实践中可能存在的问题。必须提及的是，为了进一步推进量刑规范化改革，最高人民法院、最高人民检察院研究制定了《量刑指导意见（试行）》，该意见自 2021 年 7 月 1 日起在全国实施。新的指导意见对原《量刑指导意见》进行了重要的修改和补充，对进一步规范量刑和量刑建议工作具有重要意义。在本章中，笔者将结合新的指导意见以及西北地区走私、贩卖、运输、制造毒品罪的量刑实践就量刑规范化的相关问题展开讨论，以期为量刑规范化改革的深入建言献策。

第一节　关于规范化量刑方法的思考

一、定性分析与定量分析关系的梳理

量刑方法，即刑罚的裁量方法，是指量刑的步骤、程序和手段的总和。[①] 量刑是一个行使司法权的过程，其是为实现刑罚目的而服务的。由于刑罚目的具有抽象性，其不会自动体现于量刑结果中，故科学的量刑方法就成为落实刑罚目的

---

① 参见黎宏：《刑法学》，法律出版社 2012 年版，第 364 页。

的媒介。科学的量刑方法是“实现量刑合理性的关键，也是实现量刑合理性的重要保障条件和手段”。[①] 借此，科学合理的量刑方法必然有助于量刑公正的实现。在以往相当长的时间内，我国司法实践一直采用的是估堆量刑法，这种量刑方法主观随意性大，容易导致量刑偏差，因而深受诟病。为改变这一状况，在量刑规范化改革中，最高人民法院经过多年试点探索和总结经验，构建了一套新的量刑方法，有学者称为规范化量刑方法，“这种量刑方法的基本做法是将与犯罪有关的事实和情节进行合理划分，进而针对这些事实和情节进行分步量刑，最后得出宣告刑”[②]。按照原《量刑指导意见》“量刑的基本方法”的规定，规范化量刑方法的基本思路就是“在定性分析的基础上，结合定量分析，依次确定量刑起点、基准刑和宣告刑”。[③] 简言之，规范化量刑方法就是在定性分析的基础上引入定量分析，并将量刑过程划分为确定基准刑和通过量刑情节调节基准刑两大环节。

根据辩证唯物主义理论，任何事物都是质与量的统一体，质是一事物成为该事物并区别于他事物的内在规定性，量是指事物的规模、发展程度、速度及其构成成分在空间上的排列组合等可以用数量来表示的规定性。[④] 既然如此，量刑自然亦不例外，其也应是质与量的统一体，因而法官在量刑时也就应该同时运用定性分析和定量分析这两种分析手段和形式。定性分析是确定客观对象是否具有某种性质的分析方法，着重于解决“有没有”“是不是”等问题；定量分析是确定客观对象各个要素之间的数量关系的分析方法，着重于解决“有多少”的问题。[⑤] 定性分析与定量分析都有各自的缺陷和不足，定性的方法缺乏对事物的规模、等级、范围、程度的描述，而定量的方法又缺乏对事务规模、等级、范围、程度的属性、价值、主观意义的把握，[⑥]两者相结合则可以弥补彼此的缺陷，呈现一种互补状态。传统的估堆式量刑方法的最大缺陷就在于其侧重于

---

① 臧冬斌：《量刑的合理性与量刑方法的科学性》，中国人民公安大学出版社 2008 年版，第 174 页。

② 冯军、敦宁：《规范化量刑方法：应用、问题及完善》，载《山东警察学院学报》2013 年第 6 期。

③ 具体量刑步骤如下：(1) 根据基本犯罪构成事实在相应的法定刑幅度内确定量刑起点；(2) 根据其他影响犯罪构成的犯罪数额、犯罪次数、犯罪后果等犯罪事实，在量刑起点的基础上增加刑罚量确定基准刑；(3) 根据量刑情节调节基准刑，并综合考虑全案情况，依法确定宣告刑。

④ 参见郑祥福等编：《马克思主义哲学教程》，浙江大学出版社 2013 年版，第 117 ~ 118 页。

⑤ 参见石经海：《量刑个别化的基本原理》，法律出版社 2010 年版，第 182 页。

⑥ 参见白建军：《刑事学体系的另一个侧面——定量分析》，载《中外法学》1999 年第 5 期。

定性分析而忽视定量分析，量刑在很大程度上依赖于法官的个人学识、经验甚或是个人的感情和好恶，缺乏量刑过程、步骤的明晰化和量刑标准的统一性。而量刑规范化改革的一大亮点是引入定量分析，以定量分析弥补定性分析的不足。但是，在定性分析和定量分析的结合中存在一个如何处理二者之间关系的问题，对此，量刑规范化改革经历了一个逐步深化的过程。改革试点初期提出了"以定量分析为主，以定性分析为辅"的量刑方法，[①]这一方法在试点中实行的效果整体良好，但同时也出现了数字量刑、机械量刑的问题，这一机械性倾向不仅导致量刑畸轻畸重，也忽视了量刑个别化的实现，反而不利于量刑实质公平正义的实现。最高人民法院认识到在量刑过程中，定性分析始终是主要的，是基础，是根本，定量分析是手段，是过程，是辅助性的，定量分析必须服从和服务于定性分析，只有突出定性分析的主导地位，才能避免机械量刑、数字量刑，才能更好地实现量刑公正。[②] 据此，原《量刑指导意见》确立了"以定性分析为基础，结合定量分析"的量刑方法，有学者认为，这实际上是确立了"定性为主、定量为辅"的量刑方法。[③] 为避免引起不必要的歧义和理解上的偏差、进一步准确阐明定性分析与定量分析在规范化量刑方法中的地位，最高人民法院于2017年对原《量刑指导意见》做出修改，在"量刑的基本方法"一条中明确规定"量刑时应以定性分析为主、定量分析为辅"，2021年《量刑指导意见（试行）》再次强调这一立场。对此笔者深表赞同，在量刑机制中引入定量分析无疑可以弥补定性分析的不足，但也不能将它的作用无限夸大，毕竟定量分析自身同样存在缺陷。事实上我们无法将所有的事实情节量化，而且由于量刑是有关于人的一项社会活动，案件自身的复杂性和法官活动的社会性就决定了事前设定的各种数量标准永远无法替代法官的主观判断。"量刑毕竟是在人参与和主导下的能动性司法活动，需要对惩罚、报应、人权保障多种价值加以平衡，以实现活生生的正义，而非机械的正义，这是'数学''公式'无法完成的。"[④]因此，必须在规范化量刑方法中确定定性分析的主导地位。

---

① 参见熊选国主编：《〈人民法院量刑指导意见〉与"两高三部"〈关于规范量刑程序若干问题的意见〉理解与适用》，法律出版社2010年版，第526页。

② 参见南英主编：《量刑规范化实务手册》，法律出版社2014年版，第354页。

③ 参见王恩海：《"以定性分析为基础，结合定量分析"量刑方法的理解与适用》，载《法治研究》2016年第2期。

④ 张苏：《定量方法在我国量刑中的应用与前瞻》，载《河北法学》2013年第12期。

二、基准刑调节方法的争议及完善

(一)规范化量刑方法中的基准刑调节方法

在规范化量刑方法设计的量刑环节中，确定基准刑是一个承上启下的关键步骤：一方面，基准刑是在量刑起点的基础上通过增加刑罚量的方式得来的，因而它具有承上功能；另一方面，它本身又是量刑情节的调节对象，是量刑情节发挥功能的平台，因而它又具有启下功能。由于它是以具体个罪的危害量为依据确立的，我们可以把它作为宣告刑的计算依据，也正是因为它是一个确定的刑罚点，因而具有了司法操作意义。[①] 在规范化量刑方法中，确定基准刑的依据是全部犯罪构成事实，犯罪构成事实反映了犯罪的社会危害程度，它包括行为的客观危害性和行为人的主观恶性，[②]而“责任刑是与社会危害性相适应的刑罚，所以，基准刑大体相当于责任刑”[③]。在此基础上，调节基准刑的量刑情节又进一步被划分为优先适用量刑情节和一般量刑情节两个部分并设置了先后适用顺序：具体而言，具有多个量刑情节的，一般根据各个量刑情节的调节比例，采用同向相加、逆向相减的方法调节基准刑；具有未成年人犯罪、老年人犯罪、限制行为能力的精神病人犯罪、又聋又哑的人或者盲人犯罪，防卫过当、避险过当、犯罪预备、犯罪未遂、犯罪中止，从犯、胁从犯和教唆犯等量刑情节的，先适用该量刑情节对基准刑进行调节，在此基础上，再适用其他量刑情节进行调节。而这种适用顺序上的差异通过采用“部分连乘、部分相加减”的计算方法来体现不同种类量刑情节对量刑结果的不同影响作用。

具有多个优先适用量刑情节的，各个优先适用情节之间是一种相乘的关系，如某案件被告人既是未成年人又是从犯，未成年人可以减少基准刑的50%，从犯可以减少基准刑的30%，则基准刑的调节结果为：基准刑 × (1 - 50%) × (1 - 30%)；具有多个一般量刑情节的，则采用“同向相加、异向相减”的方法确定一个总的调刑比例对基准刑进行调节，如某案件被告人既是累犯又

① 参见姜涛：《认知量刑规范化》，中国检察出版社2010年版，第162页。

② 参见皮勇、王刚、刘胜超：《量刑原论》，武汉大学出版社2014年版，第190页。

③ 李冠煜：《量刑规范化改革视野下的量刑基准研究——以完善〈关于常见犯罪的量刑指导意见〉规定的量刑步骤为中心》，载《比较法研究》2015年第6期。

有自首情节，累犯增加基准刑的20%，自首减少基准刑的30%，则基准刑的调节结果为：基准刑×(1+20% -30%)；同时具有优先适用量刑情节和一般量刑情节的，两者之间是一种连乘的关系，如某案件的被告人同时具有前述案例的4项情节，则基准刑的调节结果为：基准刑×(1-50%)×(1-30%)×(1+20% -30%)。通过这种方式，优先适用量刑情节将发挥比一般量刑情节更大的影响作用。例如，被告人的基准刑为10年有期徒刑，其属于从犯，减少基准刑的30%，根据计算也就是减少3年有期徒刑；若被告人同时具有自首情节，同样减少基准刑的30%，则自首情节减少2.1年有期徒刑。假如不采用上述适用顺序上的区分，所有情节均采用"同向相加、异向相减"一并调节基准刑，则上述案例的结果为：10×(1-30% -30%)=10-10×30% -10×30%，虽然从犯情节减少基准刑的量没有发生变化，但自首情节可以减少基准刑3年，此种方式下的一般量刑情节的影响力度要大于前述区分先后适用顺序的计算方法下的一般量刑情节影响力度。由此可见，即便采用相同的调刑比例，在区分适用顺序的计算方法下优先适用量刑情节对最终量刑的影响幅度仍然大于一般量刑情节，这一点在走私、贩卖、运输、制造毒品罪的量刑实践中也得到印证。

在笔者根据走私、贩卖、运输、制造毒品罪相关法律文件提取的且频数较高的事实因素中，从犯与未完成形态属于优先适用量刑情节。对拘役和有期徒刑刑期影响的研究表明从犯对其的影响力最大，除对第一个法定刑幅度的有期徒刑没有显现实际的影响作用外，对其他法定刑幅度的有期徒刑以及拘役刑期的影响作用均位于首位。[①] 至于未完成形态这一优先适用量刑情节，其对走私、贩卖、运输、制造毒品罪拘役和有期徒刑刑期的影响作用并未得到明显体现，仅对第一个法定刑幅度的有期徒刑、第三个法定刑幅度的有期徒刑以及第四个法定刑幅度贩卖毒品行为方式下的有期徒刑刑期产生影响作用。虽然未完成形态对第一个法定刑幅度的有期徒刑的影响作用仅排在第11位，但对第三个法定刑幅度的有期徒刑以及第四个法定刑幅度贩卖毒品行为方式下

① 对拘役刑期产生影响作用的因素中排在首位的是羁押期限，从犯仅次于羁押期限，但前文业已分析，羁押期限不应对刑期产生影响作用，在排除羁押期限这一因素后，从犯是诸项因素中影响力最大的。对第一个法定刑幅度有期徒刑而言，从犯未产生实际影响作用的原因可能是这一幅度样本中从犯的数量过少。

的有期徒刑刑期的影响作用明显靠前，分别位于第3位和第4位。这种情况的出现，笔者认为，与未完成形态在毒品犯罪中的认定有密切关系。前文已述，实务部门对走私、贩卖、运输、制造毒品罪未完成形态的认定非常谨慎，判决书中明确认定未完成形态的样本极少，因而可能影响了这一情节作用的发挥。

根据我国刑法的规定和司法实务状况，我国量刑司法贯彻以罪责为基础、兼顾预防犯罪的需要原则。① 这也就是量刑中的责任主义，在量刑活动中贯彻责任主义，以责任、罪责为基础，同时不排斥对预防目的的考虑，只是对预防目的的考量要受责任刑限度的限制。② 根据责任主义的要求，影响责任的事实因素必须优先于影响预防的事实因素，而根据前述分析可知，规范化量刑方法中的基准刑作为量刑的关键点，本身即体现为责任刑，调节基准刑中优先适用的量刑情节从理论上讲属于“修正的犯罪构成”事实，本身就是影响行为社会危害性程度的罪中情节，因而两者都是影响责任刑的事实要素，由此看来，规范化量刑方法在一定程度上契合了责任主义的要求。

（二）观点争议及评析

对于量刑情节调节基准刑的方法，有学者将其概括为“调节程式”问题，而“调节程式”包括“复合模式”和“单一模式”两种。“复合模式”是指对一般量刑情节采取“同向相加、逆向相减”的调节程式，而对特定的量刑情节（如未成年人犯罪、限制行为能力的精神病人犯罪、又聋又哑的人或者盲人犯罪、防卫过当、避险过当、犯罪预备、犯罪未遂、犯罪中止、从犯、胁从犯和教唆犯等“修正量刑情节”（规范化量刑方法的优先适用量刑情节），则采取“部分连乘、部分相加减”的调节程式；“单一模式”是指量刑情节不再区分为一般量刑情节和“修正量刑情节”，一律采用“同向相加、逆向相减”的调节程式。由此可见，两种模式的主要区别在于“修正量刑情节”究竟采取何种调节程式，采用“部分连乘、部分相加减”的是复合模式，采用“同向相加、逆向相减”的则是单一模式。③ 显然，规范化量刑方法采用的是复合模式的调节程式。

① 参见皮勇、王刚、刘胜超：《量刑原论》，武汉大学出版社2014年版，第390页。

② 参见王瑞君：《体系性思考与量刑的规范化——以〈量刑指导意见〉及实践为分析对象》，载《政法论丛》2014年第6期。

③ 参见文姬：《基准刑调节方法实证研究》，载《法学》2020年第2期。

对于复合模式的调节程式,学界实际上存在两种不同的态度:一是持肯定态度,如有学者认为,复合模式符合“罪行轻重不同的被告人如果具有相同的量刑情节,从轻的幅度相同但从轻的刑期可以不同”的量刑规律。[①] 二是持否定态度,如有学者认为,复合模式并未如预期那样产生明显优势反而使问题复杂化,而单一模式因其在基准刑的确定上简便清晰、操作上简便易行,所以更具有优势且更符合当前审判实践的需要。[②] 还有学者认为,将量刑情节划分为特定量刑情节与一般量刑情节并确定其优先级别既无根据亦无必要,某一量刑情节重要与否完全可以通过该情节的调刑幅度的大小来体现,重要的情节调刑幅度大一些,相对不重要的情节调刑幅度小一些,如原《量刑指导意见》规定,未成年人犯罪可以减少基准刑的30%～60%,而当庭自愿认罪的仅可以减少基准刑的10%以下。[③]

对于复合模式笔者是持肯定态度的,因为其具有一个明显的优势,即更加符合责任主义理念。对于刑罚的正当化根据,各国普遍采取的是并合主义,张明楷教授认为,我国刑法采取的也是并合主义。无论是单纯的报应刑论还是预防刑论都有各自的优势,但也都存在难以克服的缺陷:报应刑的最大优势在于限定了刑罚的程度,其缺陷在于导致积极的责任主义,使没有处罚必要性的犯罪也必须受到刑罚处罚;预防刑的最大优势在于使刑罚具有合目的性,杜绝了为了惩罚而惩罚的现象,但其缺陷在于容易为了预防犯罪而惩罚无辜或对行为人科处严厉的刑罚。[④] 而并合主义不仅可以使预防刑论与报应刑论优势互补,还有利于同时保护个人权利与社会利益、恰当处理刑罚积极主义与刑罚消极主义的关系、协调好罪刑均衡与刑罚个别化原则之间的关系以及从整体上保持刑罚的适当强度使其不至于过于严厉或者过于轻缓。[⑤] 但需要强调的是,并合主义并不意味着体现报应要求的责任刑与满足预防需要的预防刑是可以等量齐观的,在并合主义的框架下责任刑与预防刑的地位是不同的,责任刑的作用在于限制刑罚,防止对预防目的的过度追求使刑罚突破报应的限度。因为刑罚在

---

① 参见徐嘎:《犯罪行为与犯罪人:量刑根据的二元化——兼论量刑规范化改革关于量刑步骤的合理构建》,载《山东审判》2010年第3期。

② 参见文姬:《基准刑调节方法实证研究》,载《法学》2020年第2期。

③ 参见闫平超:《量刑规范化体系下的量刑方法改革刍议》,载《法律适用》2020年第22期。

④ 参见张明楷:《责任刑与预防刑》,北京大学出版社2015年版,第133页。

⑤ 参见张明楷:《责任刑与预防刑》,北京大学出版社2015年版,第85～86页。

报应的限度内才能满足公正刑罚的需要，而只有公正的刑罚才能对行为人起到威慑和教育的作用，才能满足一般人的法情感，并使刑罚对一般人产生威慑作用并强化其法律意识。为此，量刑时法官必须在责任刑之下考虑预防刑，由此也就决定了体现责任刑的量刑情节与体现预防刑的量刑情节不能等量齐观，更不可以综合考虑两者，“任何将各种影响责任刑的情节与影响预防刑的情节相加或者相抵的做法，都违反了并合主义理念，也都可能违反责任主义”①。

从以往的司法实务来看，法官对量刑情节习惯性的处理方法就是“同向相加、异向相减”，这种处理方式虽然简洁，但也暴露一个问题，即量刑活动没有自始至终受到一定合理的量刑理念的指导和制约。最高人民法院大力推行量刑规范化改革，一方面是为了实现量刑活动的规范化继而保障量刑均衡，另一方面也是为了向法官输送科学的量刑理念，使法官的量刑工作始终在科学的量刑理念的指导下完成。张明楷教授曾指出：“在量刑时，观念比方法重要得多。在各种观念中，责任主义观念更为重要。如果法官始终以责任刑制约预防刑，量刑状况会有明显改善。”②笔者认为，如果为了简便易行而一味地去遵从司法实践中法官固有的思维定式而把基于先进的量刑理念构建的量刑方法推翻，那么推行量刑规范化改革的意义将大打折扣。

至于有学者提出的可以通过调刑比例的大小来实现对不同量刑情节作用轻重的区分，笔者对此是持否定态度的，因为其无法体现出责任刑情节相较于预防刑情节的优势，也无法实现责任刑对预防刑的制约作用。

一方面，从规范性文件规定本身来看，调刑比例无法区分情节的重要与否。该学者举例说明重要的情节调刑幅度大一些，如未成年人犯罪的调刑比例能够达到30% ~60%，而相对不重要的情节调刑幅度则要小一些，如当庭自愿认罪的调刑比例仅为10%以下。然而该学者可能忽略了原《量刑指导意见》规定的调刑比例大小不能完全体现影响作用大小的事实，因为从原《量刑指导意见》的规定来看，某些一般量刑情节的调刑比例与优先适用量刑情节并无实质差别。例如，对于属于优先适用量刑情节的从犯，原《量刑指导意见》规定“应当

---

① 张明楷：《责任刑与预防刑》，北京大学出版社2015年版，第173页。

② 张明楷：《刑法学》（第4版），法律出版社2011年版，第502页。

综合考虑其在共同犯罪中的地位、作用，以及是否实施犯罪行为等情况，予以从宽处罚，减少基准刑的20%～50%；犯罪较轻的，减少基准刑的50%以上或者依法免除处罚"。而对于属于一般量刑情节的重大立功，原《量刑指导意见》明确规定"可以减少基准刑的20%～50%；犯罪较轻的，减少基准刑的50%以上或者依法免除处罚"。至于当庭自愿认罪，原《量刑指导意见》之所以将其调刑比例确定为10%以下，是因为该情节本身的特性。自首、坦白与当庭认罪均为行为人犯罪后的态度表现，但三者之间也存在明显差异。自首的自动性特征表明行为人是出于自己的意志将自己置于国家机关的控制之下并愿意接受国家的追诉和惩处，不仅如此，自首还便于侦查人员搜集、获取证据，从而减少司法机关侦破案件的难度、节省国家司法资源。[①] 坦白虽然同样表明行为人人身危险性程度有所降低、亦有利于节约侦查成本，但与自首相比，坦白在归案方式上的被动性特征使坦白从宽的幅度要小于自首。当庭认罪情节的从宽比例要小于自首与坦白，这是因为认罪虽然也能表现出行为人的人身危险性降低，但由于其发生在法庭审理这一诉讼程序的最后阶段，这是法庭给予被告人的最后一次争取从宽处罚的机会，而就提高诉讼效率和节省司法成本来说，其意义要远小于自首与坦白。

另一方面，从司法实务操作的角度来看，无法保障所有案件量刑活动中的优先适用量刑情节的调刑比例均大于一般量刑情节。对于某一量刑情节法官究竟应如何确定其调刑比例，原《量刑指导意见》一般都规定了需要参考的因素。以前述的从犯为例，原《量刑指导意见》将从犯的调刑比例确定为20%～50%，甚至在犯罪较轻的情况下还可以减少基准刑的50%以上直至免除处罚，而法官在确定从犯具体的调刑比例时则需要考虑被告人"在共同犯罪中的地位、作用，以及是否实施犯罪行为等情况"。我们再来看累犯，[②]原《量刑指导意见》将累犯的调刑比例设置为10%～40%，但在这一幅度内究竟选择多大的调刑比例法官则需要考虑累犯"前后罪的性质""刑罚执行完毕或赦免以后至再犯罪时间的长短""前后罪罪行轻重"等因素。既然每个情节都有自己确定调

---

① 参见高铭暄、马克昌主编：《刑法学》（第5版），北京大学出版社、高等教育出版社2011年版，第270页。

② 《量刑指导意见》（已失效）规定，对于累犯，应当综合考虑前后罪的性质、刑罚执行完毕或赦免以后至再犯罪时间的长短以及前后罪罪行轻重等情况，增加基准刑的10%～40%，一般不少于3个月。

刑比例需要参考的具体因素，那也就无法保证优先适用量刑情节的调刑比例一定大于一般量刑情节。例如，根据从犯在共同犯罪中的地位、作用等情况将从犯情节的调刑比例确定为30%，那么此时法官为了保证从犯的调刑比例大于累犯，是否可以罔顾累犯的各项具体因素而将其调刑比例控制在不超过30%的范围内呢？回答显然是否定的，因为累犯的前后罪性质、罪行轻重以及时间间隔等因素究竟是什么情况都是客观事实，而且原《量刑指导意见》并未也不可能规定法官在确定累犯的调刑比例时需要考虑"优先适用量刑情节的调刑比例"这一因素。如果必须保证一般量刑情节的调刑比例低于优先适用量刑情节，就违背了原《量刑指导意见》对各项情节设置调刑比例幅度以及可供参考因素的初衷。由此看来，法官应当根据一般量刑情节自身的实际情况确定其调刑比例，而不必非得使其低于优先适用量刑情节的调刑比例。在这一前提下，如果采用单一模式则无法实现优先适用量刑情节与一般量刑情节对量刑结果影响力的区分，特别是在确定的调刑比例一样的情况下。例如，法官将从犯与累犯的调刑比例均确定为20%，由于从犯与累犯属于异向情节，二者相减，作用完全抵消，无法实现责任刑对预防刑的制约；又如，法官将从犯与自首的调刑比例均确定为20%，从犯与自首是同向情节，均减少基准刑的20%，显然二者对量刑结果的影响作用毫无差异，如此一来也就无法体现出责任刑的重要性。

（三）基准刑调节方法的完善

当然，就目前相关规范性文件的规定来看，复合模式也不是没有缺陷，笔者认为有以下两点值得思考：

1. 复合模式存在基准刑不停变动的问题

有学者认为，复合模式的基准刑处于不停的变动中，使基准刑失去了作为"基准"的意义。[①] 笔者认为，这种基准刑一直处于不停变动中的情况在案件存在多个优先适用量刑情节时尤为明显。例如，17周岁的甲与他人共同贩卖毒品3克，甲在共同犯罪中属于从犯，其被抓获后坦白且具有立功情节。就这一案例而言，甲应适用走私、贩卖、运输、制造毒品罪的第一个法定刑幅度，假如确定其基准刑为18个月有期徒刑；根据复合模式的规定，从犯以及未成年人犯罪

---

① 参见文姬：《基准刑调节方法实证研究》，载《法学》2020年第2期。

均属于优先适用量刑情节，坦白和立功则属于一般量刑情节，如果法官将这几项情节的调刑比例均设定为20%，那么计算过程就应该是：先由从犯和未成年人犯罪两项情节调节基准刑，即 18 ×（1 － 20%）×（1 － 20%）＝14.4 ×（1 － 20%）＝11.52，而后再由坦白和立功两项情节对基准刑进行调节，即 11.52 ×（1 －20% －20%）＝6.912，最终结果为 6.912 个月。由此可见，最一开始的基准刑为 18 个月，经过从犯情节的调节后基准刑变为了 14.4 个月，再经过未成年人犯罪情节的调节，基准刑又变为了 11.52 个月，所以坦白情节与立功情节指向的基准刑从 18 个月变为 14.4 个月再变为 11.52 个月，基准刑确实处于不停变动的状态。

如果采用单一模式确实可以使各个情节指向同一基准刑且不会发生变化，但根据前文分析可知，这一模式难以体现出责任刑情节与预防刑情节影响作用的差异，也无法实现责任刑对预防刑的制约。因此，为了能够在契合责任主义要求的同时防止基准刑过于频繁的变动，笔者建议作出如下修改：将优先适用量刑情节间的连乘法修改为“同向相加、异向相减”，在优先适用量刑情节与一般量刑情节间实行相乘，笔者将这种方法概括为“同级间同向相加、异向相减，不同级间相乘”。还是以上述“甲贩卖毒品案”为例：甲的基准刑为 18 个月，先由从犯和未成年人犯罪两项情节对基准刑进行调节，由于二者均为优先适用量刑情节且属同向情节，计算过程为：18 ×（1 －20% －20%）＝10.8；而后再由同属于一般量刑情节的坦白和立功进行调节，计算过程为：10.8 ×（1 －20% －20%）＝6.48，最终结果为 6.48 个月。如此一来，无论具体案件中有多少个优先适用量刑情节，其共同一次性地对基准刑进行调节，而后再由一般量刑情节进行调节，便可防止基准刑过于频繁地变动。笔者之所以在优先适用量刑情节间也实行“同向相加、异向相减”，主要是因为这些情节均属于体现责任刑的量刑情节，在性质上是相同的；而在优先适用量刑情节与一般量刑情节这两个不同层级间实行相乘，是因为这两类情节性质不同，前者反映的是责任刑而后者反映的是预防刑，通过区分两类情节的先后适用顺序并借助连乘法来实现责任刑对预防刑的制约。

2. 量刑情节类型的划分并不彻底

现有复合模式的运行有两个关键性环节，一是将量刑情节划分为优先适用量刑情节和一般量刑情节,二是部分连乘、部分相加减。显然,在上述两个环节中,对量刑情节类型的划分是前提,如果不能对量刑情节进行区分的话,后续的部分连乘、部分相加减是无法实现的。然而遗憾的是,对量刑情节类型的划分并未贯彻到底。

第一,原《量刑指导意见》常用量刑情节部分的特定犯罪对象、特殊的犯罪时空条件等也属于罪中情节,它们反映的是责任刑的大小,却被原《量刑指导意见》归入一般量刑情节中,《量刑指导意见(试行)》也未对此作出进一步的修改和变动。

第二,对量刑情节适用先后顺序的区分并未贯彻至《刑法》分则具体罪名中。以走私、贩卖、运输、制造毒品罪中的"利用、教唆未成年人走私、贩卖、运输、制造毒品"为例,行为人教唆未成年人走私、贩卖、运输、制造毒品,如果被教唆的未成年人年满 16 周岁未满 18 周岁,行为人与被教唆的未成年人构成毒品犯罪的共同犯罪。根据《刑法》总则的规定应认定行为人为教唆犯,而教唆犯属于优先适用量刑情节。与此同时,由于被教唆者属于未成年人,行为人又符合了"利用、教唆未成年人走私、贩卖、运输、制造毒品"这一情节,但原《量刑指导意见》以及《量刑指导意见(试行)》并未将其规定为优先适用量刑情节,故只能对其按照一般量刑情节处理。两种处理方式不同,情节对量刑结果的影响作用就不同,最终行为人的量刑结果也必然存在差异。

首先可以明确的是,不能将同一情节既作为优先适用情节又作为一般量刑情节,这明显违反禁止重复评价原则的要求,此时究竟如何定位这一情节就成为疑难问题。如果按照特殊优于普通的原则来处理,"教唆未成年人走私、贩卖、运输、制造毒品"情节属于《刑法》分则的特殊规定,教唆犯属于《刑法》总则中的一般规定,那么就应该将"教唆未成年人走私、贩卖、运输、制造毒品"情节作为一般量刑情节而不再以教唆犯处理行为人。然而问题在于,同样是教唆他人实施犯罪,为何在毒品犯罪对教唆情节有专门规定后就将其作为一般量刑情节处理,在其他没有就教唆情节予以专门规定的罪名中却要将其作为优先适用量刑情节来处理,这明显说不通。更何况,教唆未成年人犯罪明显具有比教唆成年人犯罪更大的社会危害性。综上所述,这种前后不一致的规定给人以混乱的感觉,也使司法实务难以操作。对此有学者指出,这一现象表明我国原《量刑指导意见》还缺乏一种体系性的思考。[①]

值得一提的是，山东省高级人民法院出台的《实施细则》在原《量刑指导意见》规定的优先适用量刑情节的基础上进一步将被害人有过错或者对矛盾激化负有责任，犯罪对象为未成年人、老年人、残疾人、孕妇等弱势人员以及在重大自然灾害，预防、控制突发传染病疫情等灾害期间故意犯罪这三项罪中情节作为优先适用量刑情节，而将其他罪前以及罪后情节作为一般量刑情节。不仅如此，该文件还将这种情节类型的区分贯彻至分则具体罪名之中。仍以走私、贩卖、运输、制造毒品罪为例，山东省《实施细则》将组织、利用、教唆未成年人、孕妇、哺乳期妇女、患有严重疾病人员、又聋又哑的人、盲人及其他特殊人群走私、贩卖、运输、制造毒品，向未成年人出售毒品，受雇运输毒品，毒品含量明显偏低，存在数量引诱以及以贩养吸作为优先适用量刑情节，而将毒品再犯规定为一般量刑情节。组织、利用、教唆未成年人、孕妇等特殊人群实施毒品犯罪，向未成年人出售毒品，受雇运输毒品，毒品含量明显偏低，存在数量引诱以及以贩养吸等罪中情节反映的是行为社会危害性的大小，明显属于报应性情节，而毒品再犯反映的是行为人人身危险程度的高低，属于预防性情节。笔者认为，这种划分保证了量刑情节适用顺序在《刑法》总则与《刑法》分则中的一致性，能更好地体现出责任刑对预防刑的制约，值得借鉴和推广。[②]

第二节　有关罚金刑适用的思考

《量刑指导意见（试行）》在“量刑的基本方法”中增加了有关罚金刑裁量的规定：“判处罚金刑，应当以犯罪情节为根据，并综合考虑被告人缴纳罚金的能力，依法决定罚金数额。”这一规定表明量刑规范化改革的进一步深入，量刑的规范化应不仅指主刑的规范化，附加刑、特别是司法实践中大量适用的罚金

---

① 参见王瑞君：《体系性思考与量刑的规范化——以〈量刑指导意见〉及实践为分析对象》，载《政法论丛》2014 年第 6 期。

② 但遗憾的是，2017 年山东省高级人民法院修订的《实施细则》只在总则部分继续保持了 2014 年的规定，将优先适用量刑情节扩大到其他罪中情节，但在具体罪名中则未再进一步区分优先适用情节与后适用情节。

刑也应实现规范化,以满足量刑公平、公正的要求。在此基础上,《量刑指导意见(试行)》对立法上配有罚金刑的危险驾驶罪,非法吸收公众存款罪,集资诈骗罪,信用卡诈骗罪,合同诈骗罪,抢劫罪,盗窃罪,抢夺罪,诈骗罪,职务侵占罪,敲诈勒索罪,妨害公务罪,寻衅滋事罪,掩饰、隐瞒犯罪所得、犯罪所得收益罪,走私、贩卖、运输、制造毒品罪,非法持有毒品罪,容留他人吸毒罪,引诱、容留、介绍卖淫罪都作了具体规定。对于走私、贩卖、运输、制造毒品罪,《量刑指导意见(试行)》规定,应根据毒品的种类、数量、危害后果等犯罪情节,综合考虑被告人缴纳罚金的能力,决定罚金数额。这一规定的出台,对今后走私、贩卖、运输、制造毒品罪罚金刑的裁量有着重要的指导作用。

一、无限额制罚金刑存在的问题及完善

(一)无限额制罚金刑的梳理及评析

自1997年《刑法》颁布以来,立法机关先后出台了十一个刑法修正案,在对刑法不断修改完善的过程中,立法者也越来越重视对犯罪的经济制裁和打击,罚金刑的适用范围呈扩大趋势,这不仅体现在对原来刑法没有规定罚金刑的犯罪增设罚金刑,还体现在对很多新增设的罪名设置罚金刑。在罚金刑适用范围不断扩大的基础上,关于罚金数额的规定也呈现一种较为明显的趋势,那就是无限额制罚金刑日益增多,修正案不仅在增设罚金刑时直接将其规定为无限额制罚金刑,还将《刑法》中原有的特定数额制罚金刑、比例制罚金刑等修改为无限额制罚金刑。

1. 无限额制罚金刑的统计

笔者对十一个修正案修改、增设无限额制罚金刑的情况进行了粗略统计(不包括针对单位犯罪的修改变动),通过表6-2-1我们可以发现,无限额制罚金刑的修改、增设涉及的犯罪范围非常广泛,除1997年《刑法》分则第一章危害国家安全罪、第九章渎职罪以及第十章军人违反职责罪之外,其他七章均有涉及。

表 6－2－1 刑法修正案中无限额制罚金刑修改、增设情况汇总

修正案名称	对已有罪名增设罚金刑	新增设罪名	将罚金数额修改为无限额制	罪名个数
刑法修正案（三）	—	帮助恐怖活动罪	—	1
刑法修正案（四）	—	走私废物罪 雇用童工从事危重劳动罪	—	2
刑法修正案（六）	—	背信损害上市公司利益罪 骗取贷款、票据承兑、金融票证罪 组织残疾人、儿童乞讨罪	操纵证券、期货市场罪	4
刑法修正案（七）	—	组织、领导传销活动罪 侵犯公民个人信息罪 组织未成年人进行违反治安管理活动罪 非法获取计算机信息系统数据、非法控制计算机信息系统罪 提供侵入、非法控制计算机信息系统程序、工具罪 伪造、盗窃、买卖、非法提供、非法使用武装部队专用标志罪 利用影响力受贿罪	逃税罪	8
刑法修正案（八）	对外国公职人员、国际公共组织官员行贿罪 敲诈勒索罪 寻衅滋事罪 组织、领导、参加黑社会性质组织罪	危险驾驶罪 虚开发票罪 持有伪造的发票罪 组织出卖人体器官罪 拒不支付劳动报酬罪	生产、销售假药罪 生产、销售不符合安全标准的食品罪 生产、销售有毒、有害食品罪	12

续表

修正案名称	对已有罪名增设罚金刑	新增设罪名	将罚金数额修改为无限额制	罪名个数
刑法修正案（九）	组织、领导、参加恐怖活动组织罪 对非国家工作人员行贿罪 对外国公职人员、国际公共组织官员行贿罪 伪造、变造、买卖国家机关公文、证件、印章罪 盗窃、抢夺、毁灭国家机关公文、证件、印章罪 伪造公司、企业、事业单位、人民团体印章罪 非法生产、销售专用间谍器材、窃听、窃照专用器材罪 组织、利用会道门、邪教组织、利用迷信破坏法律实施罪 组织、利用会道门、邪教组织、利用迷信致人重伤、死亡罪 贪污罪 受贿罪 行贿罪 对有影响力的人行贿罪 对单位行贿罪 介绍贿赂罪 单位行贿罪	准备实施恐怖活动罪 宣扬恐怖主义、极端主义、煽动实施恐怖活动罪 利用极端主义破坏法律实施罪 强制穿戴宣扬恐怖主义、极端主义服饰、标志罪 非法持有宣扬恐怖主义、极端主义物品罪 使用虚假身份证件、盗用身份证件罪 组织考试作弊罪 非法出售、提供试题、答案罪 代替考试罪 拒不履行信息网络安全管理义务罪 非法利用信息网络罪 帮助信息网络犯罪活动罪 虚假诉讼罪 泄露不应公开的案件信息罪 披露、报道不应公开的案件信息罪	伪造货币罪	32

续表

修正案名称	对已有罪名增设罚金刑	新增设罪名	将罚金数额修改为无限额制	罪名个数
刑法修正案（十一）	—	妨害安全驾驶罪 妨害药品管理罪 为境外窃取、刺探、收买、非法提供商业秘密罪 冒名顶替罪 高空抛物罪 催收非法债务罪 非法采集人类遗传资源、走私人类遗传资源材料罪 非法植入基因编辑、克隆胚胎罪 破坏自然保护地罪 妨害兴奋剂管理罪	欺诈发行股票、债券罪* 违规披露、不披露重要信息罪 非法吸收公众存款罪 洗钱罪 集资诈骗罪	15
合计	20	43	11	74

* 1997年《刑法》第160条规定："在招股说明书、认股书、公司、企业债券募集办法中隐瞒重要事实或者编造重大虚假内容，发行股票或者公司、企业债券，数额巨大、后果严重或者有其他严重情节的，处五年以下有期徒刑或者拘役，并处或者单处非法募集资金金额百分之一以上百分之五以下罚金。单位犯前款罪的，对单位判处罚金，并对其直接负责的主管人员和其他直接责任人员，处五年以下有期徒刑或者拘役。"《刑法修正案（十一）》第8条规定："将刑法第一百六十条修改为：在招股说明书、认股书、公司、企业债券募集办法等发行文件中隐瞒重要事实或者编造重大虚假内容，发行股票或者公司、企业债券、存托凭证或者国务院依法认定的其他证券，数额巨大、后果严重或者有其他严重情节的，处五年以下有期徒刑或者拘役，并处或者单处罚金；数额特别巨大、后果特别严重或者有其他特别严重情节的，处五年以上有期徒刑，并处罚金。控股股东、实际控制人组织、指使实施前款行为的，处五年以下有期徒刑或者拘役，并处或者单处非法募集资金金额百分之二十以上一倍以下罚金；数额特别巨大、后果特别严重或者有其他特别严重情节的，处五年以上有期徒刑，并处非法募集资金金额百分之二十以上一倍以下罚金。单位犯前两款罪的，对单位判处非法募集资金金额百分之二十以上一倍以下罚金，并对其直接负责的主管人员和其他直接责任人员，依照第一款的规定处罚。"对比《刑法》原第160条的规定与《刑法修正案（十一）》第8条的规定可以发现，修改变动主要有以下几点：一是将第1款的倍比制罚金修改为无限额制罚金，二是增设第2款并规定了倍比制罚金，三是将单位犯罪的刑事责任条款由无限额制罚金修改为倍比制罚金。

2. 无限额制罚金刑的法理评析

对于无限额制罚金数额规定方式，曾有学者对其提出了尖锐的批评，"无限额罚金的立法模式违背了罪刑法定的理念，与依法治国的建立背道而驰。……为了寻求刑法的实质合理性，限制国家权力以保障公民权利，就要求法律的明确性，因为只有明确的法律才会制约司法权的不当发动，只有明确的法律才会保障国民的预测可能性。但无限额罚金的立法模式对罚金数额没有做出任何限定，这是一种绝对不确定的法定刑，而法定刑的绝对不确定损害了国民的预测可能性，并为司法擅断提供了形式上的法律依据”。①

党的十八届三中全会正式提出“国家治理体系和治理能力现代化”，党的十九届四中全会党中央系统部署、全面推进国家治理体系和治理能力现代化，体现出以习近平同志为核心的党中央领导集体对国家治理的高度关注。② 国家治理的现代化要求实现治理机制、治理方式的科学化和有效性，那么想要实现罚金刑在国家治理中的巨大价值，就必须使其更加科学和有效。在罚金刑的配置中，对罚金数额的规定是其重要一环，财产权是公民权利的重要内容，对财产权益的剥夺必然会造成公民的痛苦，罚金数额的多少直接关系到公民痛苦的大小。由此，立法应该明确条文内容并向社会全体公民昭示，以使社会公众更加确切地了解法律的内容以及行为的法律后果，准确地对罚金刑处罚内容作出判断，有利于刑罚一般预防目的的实现。不仅如此，明确的法律规定对法官裁判案件来说更是必不可少，笔者前文对走私、贩卖、运输、制造毒品罪罚金刑适用情况的实证分析结果说明有关罚金数额的裁量较为混乱，这与无限额制罚金的规定方式有着密不可分的关系，这也印证了无限额制罚金在司法实务中存在难以克服的缺陷和弊端。因此，改进罚金数额规定方式是实现罚金刑适用科学、有效的重要节点，也是实现国家治理体系和治理能力现代化的内在要求。

（二）无限额制罚金刑的完善

1. 必要性分析

走私、贩卖、运输、制造毒品罪中的罚金刑只能附加适用于一定主刑，对于具体的罚金数额，不仅刑法没有作出具体规定，相关司法解释中也没有关于罚金数额范围的规定。《大连会议纪要》规定：“刑法对毒品犯罪规定了并处罚金或者没收财产刑，司法实践中应当依法充分适用。不仅要依法追缴被告人的违法所得及其收益，还要严格依法判处被告人罚金刑或者没收财产刑，不能因为被告人

① 王光明：《经济犯罪罚金数额立法模式再思考》，载《社会科学家》2012 年第 7 期。

② 参见曹波、李沁尧：《国家治理现代化视阈中罚金刑改革论纲》，载《上海政法学院学报（法治论丛）》2021 年第 2 期。

没有财产,或者其财产难以查清、难以分割或者难以执行,就不依法判处财产刑。”该会议纪要在刑法规定的基础上进一步强调了财产刑的并科适用,但对具体数额则没有提及。在此基础上,《武汉会议纪要》进一步规定:判处罚金刑时,应当结合毒品犯罪的性质、情节、危害后果及被告人的获利情况、经济状况等因素合理确定罚金数额。显然,《武汉会议纪要》只规定了裁量罚金数额时需要考虑的具体因素,但依然没有对罚金数额的上限或者下限作出具体规定。

不同的刑罚手段具备不同的打击侧面,就罚金刑而言,其主要表现为在考察行为社会危害程度以及行为人的收入、性格、家庭状况等情形的基础上,剥夺行为人的经济能力,提高犯罪的经济成本,削弱行为人再次实施犯罪的经济条件。罚金刑蕴含的治理功效和表现的司法实效对谋利性犯罪的打击具有奇效,谋利性犯罪的本质特点在于犯罪目的、犯罪手段以及危害结果等犯罪流程的各个重要环节都始终围绕着经济利益展开,强力的经济制裁可以打破犯罪分子的心理期待,阻断其实施犯罪的经济条件,在全面的经济压制下,谋利性犯罪的治理效果显著。[①] 我国现行刑法以“必并科”罚金刑为主,复合罚金刑(并科单科混合罚金刑)为辅,极少采用“得并科”罚金刑,也极少采用单科罚金刑,且我国刑法中仅有的单科罚金刑是适用于单位犯罪的。必并科实现了“双重打击”,即必并科使罚金刑附加于自由刑,在剥夺犯罪人一定自由的同时,还剥夺其一定的财产。[②] 走私、贩卖、运输、制造毒品罪采用的就是必并科制,以此增加对毒品犯罪分子的打击力度,不仅如此,在罚金数额的规定上立法进一步采用无限额制罚金,笔者认为,这恰是从严打击毒品犯罪的立法体现。

“罚金配置的确定性与严厉性是相辅相成的,在对犯罪行为产生同等威慑的前提下,罚金的确定性与严厉性之间有无数种组合,且成负相关关系,即若提升罚金数量则可以减少罚金的确定性,或者降低罚金的数额则必须增加罚金的确定性,这样均可以实现对犯罪的同等威慑效果。”[③]罚金对犯罪的威慑效果与罚金数量和罚金档级均成正相关关系,但这并不意味着罚金数额越高、罚金档级

---

① 参见孙万怀、江奥立:《我国刑法罚金适用的理念和规则——以利用未公开信息交易罪现实争议为视角》,载《东南大学学报(哲学社会科学版)》2020 年第 5 期。

② 参见马琳娜、张明新:《基于刑法修正案罚金刑适用的实证分析》,载《南京社会科学》2020 年第 2 期。

③ 高旭、张阳:《金融犯罪罚金刑的升格和配置研究》,载《中国刑事法杂志》2014 年第 6 期。

越多，罚金的威慑效果就越强。因为根据法律经济学中的边际威慑效应原理，当罚金的档级提升至某一程度或者罚金的数量提升到某一量时，罚金对犯罪的威慑程度达到边际，继续投入资源配置，并不能对犯罪产生更强的威慑力。[①] 就走私、贩卖、运输、制造毒品罪的罚金刑规定来看，一方面，能够适用罚金刑的三个法定刑幅度均笼统地规定对行为人“并处罚金”，各个幅度的罚金之间没有具体的档级差异，因而确定性较差，导致罚金的威慑效果不佳，仍然主要依靠主刑来实现对犯罪行为的威慑，这与设置罚金刑的初衷不相符合。另一方面，为了弥补罚金确定性的不足引发的威慑效果不佳的缺陷，司法需要提升罚金的具体数额，但又难免造成罚金刑趋重的后果。事实上，为了实现同等的威慑效果，在不使罚金刑过于严厉的前提下只需明确罚金数额及其档级即可。况且，即便立法设置了无限额制罚金刑，罚金刑最终的适用也仍需将其转化为具体确定的数额，否则根本无法对被告人适用，既然如此，就应在立法中明确罚金的具体数额和不同档级，以此规范法官的裁判，避免过大的自由裁量权带来的适用混乱。综合以上考虑，笔者认为，有必要对走私、贩卖、运输、制造毒品罪的无限额制罚金刑进行修改，对罚金数额作出具体明确的规定并进行轻重不等的梯度区分，这不仅可以增加刑罚的确定性，还有利于对罚金数额的控制，既能实现同等的威慑效果，又可避免刑罚过剩。

2. 具体路径的选择

立法之所以采用无限额制罚金刑，某种程度上是因为司法实践飞速发展的现实。若在刑法中规定具体的罚金数额，难免会出现规定无法适应司法快速发展需要的困境，然而为了适应司法实践而频繁修法又有违刑法的稳定性。这种情况下，笔者认为，可以通过颁布司法解释明确罚金的数额档级和范围以规范司法裁量，如此一来在保证刑法稳定性的同时也能够根据社会经济发展实际情况适时做出调整。事实上，我国的司法实务已有这方面的实践。例如，最高人民法院、最高人民检察院《关于办理敲诈勒索刑事案件适用法律若干问题的解释》第 8 条规定，对犯敲诈勒索罪的被告人，应当在 2000 元以上、敲诈勒索数额的 2 倍以下判处罚金；被告人没有获得财物的，应当在 2000 元以上 10 万元以下判处罚金。又如，最高人民法院、最高人民检察院《关于办理贪污贿赂刑事案件适用法律若干问题的解释》第 19 条第 1 款规定：“对贪污罪、受贿罪判处

① 参见高旭、张阳：《金融犯罪罚金刑的升格和配置研究》，载《中国刑事法杂志》2014 年第 6 期。

三年以下有期徒刑或者拘役的，应当并处十万元以上五十万元以下的罚金；判处三年以上十年以下有期徒刑的，应当并处二十万元以上犯罪数额二倍以下的罚金或者没收财产；判处十年以上有期徒刑或者无期徒刑的，应当并处五十万元以上犯罪数额二倍以下的罚金或者没收财产。”

笔者认为，可以借鉴上述规定对走私、贩卖、运输、制造毒品罪的罚金刑进行修改和完善，即根据前文统计的西北地区走私、贩卖、运输、制造毒品罪罚金刑裁量的实践情况，对不同主刑幅度设置轻重有别的罚金数额幅度。需要注意的是，对不同法定刑幅度设置的罚金数额不宜过高、跨度不宜过大。前文已述，根据法律经济学中的边际威慑效应原理，当罚金数额到达一定量时，罚金对犯罪的威慑程度达到边际，再继续提高罚金数额，也不能对犯罪产生更强的威慑，反而会造成刑罚的过剩和严苛，因而有必要对罚金数额的最高限度进行控制。由此，对西北地区走私、贩卖、运输、制造毒品罪的罚金数额幅度可以做出如下设置：处 3 年以下有期徒刑、拘役或者管制的，并处 1000 元以上 1 万元以下罚金；处 3 年以上 7 年以下有期徒刑的，并处 3000 元以上 2 万元以下罚金；处 7 年以上有期徒刑的，并处 5000 元以上 5 万元以下罚金。

笔者所确定的不同罚金数额幅度的最低点与最高点并非直接对应本书第三章第二节中不同法定刑幅度罚金数额频数表中的最低值和最高值，这是因为：第一，就最低值而言，三个法定刑幅度的最低点应该有所区别，且呈现递增的趋势，这样才能区分出轻重不同的幅度以与主刑幅度相对应。第二，对于最高值，笔者排除了统计表中三个法定刑幅度对应的罚金数额的最高值，即 3 万元、5 万元和 10 万元，笔者认为，这些数值都属于极端个例，不具有普遍性，如果以极端个例所判处的罚金数额作为最高值，可能会造成罚金数额幅度的不当拔高以及罚金数额裁量结果的普遍攀升，不利于刑罚的轻缓化，也会造成刑罚的过剩和严苛。因此，笔者在照顾不同法定刑幅度数额范围梯度差异的基础上选取了三个法定刑幅度罚金样本中频数较高的 1 万元、2 万元和 5 万元作为最高值。

需要说明的是，上述构想是以西北地区走私、贩卖、运输、制造毒品罪及其罚金刑裁量的实际情况为基础展开的，具有一定的地域针对性。笔者认为，最高人民法院可以对全国范围内走私、贩卖、运输、制造毒品罪的罚金刑裁量实际情况进行实证调研，并在此基础上对罚金数额幅度作出统一规定，当然也可以设置一定的幅度范围并授权各地高级人民法院，使其基于本省（自治区）毒品犯罪态势以及经济发展水平作出有针对性的规定。

二、罚金数额裁量方法的思考

关于罚金刑裁量的改革，笔者注意到最高人民法院于2016年发布的《关于扩大量刑规范化罪名和刑种试点的通知》将危险驾驶罪、非法吸收公众存款罪、集资诈骗罪、信用卡诈骗罪、合同诈骗罪、非法持有毒品罪、容留他人吸毒罪和引诱、容留、介绍卖淫罪等8个罪名纳入规范范围，将量刑结果从有期徒刑、拘役扩大到罚金、缓刑，并指定天津、辽宁、福建、海南、湖北、广西、云南、陕西等地8个高级人民法院作为试点法院。在此基础上，湖北省、天津市等地的高级人民法院也颁布了《关于扩大量刑规范化罪名和刑种的量刑指导意见（试行）》（以下简称《扩大量刑规范化指导意见》），天津市高级人民法院和湖北省高级人民法院发布的《扩大量刑规范化指导意见》不仅规定了适用罚金刑的一般原则，还分别对上述8个具体罪名罚金的适用作出规定，后文笔者主要针对天津市高级人民法院和湖北省高级人民法院出台的《扩大量刑规范化指导意见》展开分析。

（一）对罚金数额裁量方法的评析

无论是天津市还是湖北省的《扩大量刑规范化指导意见》，对罚金刑适用一般原则的规定基本一致，都是对已有的法律、司法解释有关罚金适用的基础问题进行总结，笔者对此不再赘述。有关具体罪名罚金刑的适用，两地高级人民法院制定的《扩大量刑规范化指导意见》则有一些差别，值得关注。

1. 天津市《扩大量刑规范化指导意见》的规定

总体而言，天津市《扩大量刑规范化指导意见》先明示确定每个具体罪名裁判罚金具体数额可能需要参考的因素有哪些，而后再根据不同的法定刑幅度规定罚金数额的具体幅度。以非法持有毒品罪以及容留他人吸毒罪为例：

构成非法持有毒品罪的，应当根据毒品的数量、种类等情节和被告人缴纳罚金的能力，判处适当的罚金。

1. 非法持有毒品数量较大的，处三年以下有期徒刑、拘役或者管制，并处罚金。其中，判处管制的，一般并处三千元至一万元罚金；判处拘役的，一般并处二千元至二万元罚金；判处六个月以上三年以下有期徒刑的，一般并处五千元至三万元罚金。

2. 非法持有毒品数量较大，情节严重的，处三年以上七年以下有期徒刑，一

般并处一万元至三万元罚金。

3. 非法持有毒品数量大的，处七年以上有期徒刑或者无期徒刑，并处罚金。其中，判处七年以上十年以下有期徒刑的，一般并处二万元至五万元罚金；判处十年以上有期徒刑的，一般并处五万元至十万元罚金。

……

构成容留他人吸毒罪的，应当根据毒品数量、容留人次、违法所得数额、危害后果等情节，以及被告人缴纳罚金的能力，判处适当的罚金。

容留他人吸食、注射毒品的，处三年以下有期徒刑、拘役或者管制，并处罚金。其中，判处管制、拘役的，一般并处一千元至五千元罚金；判处二年以下有期徒刑的，一般并处三千元至二万元罚金；判处二年以上三年以下有期徒刑的，一般并处一万元至三万元罚金。

从上述规定来看，天津市《扩大量刑规范化指导意见》不是仅仅针对具体个罪不同法定刑幅度泛泛设置罚金数额范围，而是在每个幅度内划分出更小的幅度，设置不同的罚金数额。与此同时，笔者还注意到，不同罚金数额幅度之间的关系也较为复杂，有的采用交叉式，有的采用衔接式，有的则采用包容式。例如，“三千元至一万元罚金”与“二千元至二万元罚金”之间属于包容式，“三千元至一万元罚金”与“五千元至三万元罚金”之间属于交叉式，“二万元至五万元罚金”与“五万元至十万元罚金”之间则属于衔接式。

2. 湖北省《扩大量刑规范化指导意见》的规定

湖北省《扩大量刑规范化指导意见》对非法持有毒品罪以及容留他人吸毒罪罚金刑的规定与天津市相同，均是设置不同的罚金数额幅度。[①] 但是，该意

---

① 湖北省高级人民法院《扩大量刑规范化指导意见》规定：“构成非法持有毒品罪的，应当根据毒品数量、危害程度等情况，综合考虑犯罪情节以及被告人缴纳罚金的能力，判处适当的罚金数额。非法持有毒品数量较大，处三年以下有期徒刑、拘役或者管制的，可以在二千元以上三万元以下并处罚金。其中：(1)判处管制的，并处五千元以上一万元以下罚金。(2)判处三年以下有期徒刑或者拘役的，并处二千元以上三万元以下罚金。非法持有毒品数量较大，情节严重的，处三年以上七年以下有期徒刑的，可以在六千元以上三万元以下并处罚金。非法持有毒品数量大，处七年以上有期徒刑的，可以在二万元以上十万元以下并处罚金。其中：(1)判处七年以上十年以下有期徒刑的，并处二万元以上五万元以下罚金。(2)判处十年以上有期徒刑的，并处三万元以上十万元以下罚金。”“构成容留他人吸毒罪的，应当根据毒品数量、容留人次、违法所得数额、危害后果等情况，综合考虑犯罪情节以及被告人缴纳罚金的能力，判处适当的罚金数额。容留他人吸食、注射毒品，判处管制的，可以在五千元以上一万元以下并处罚金；判处三年以下有期徒刑或者拘役的，可以在二千元以上三万元以下并处罚金。”

见也对其他犯罪的罚金数额裁量方法作出了具体规定。以危险驾驶罪为例，“判处一个月以上拘役的，可以在一千元至五千元幅度内确定罚金起点。每增加一个月拘役，可以增加一千元至五千元的数额”；又如合同诈骗罪，“合同诈骗数额巨大或者有其他严重情节，处三年以上十年以下有期徒刑的，可以在二万元以上五十万元以下并处罚金。其中，判处三年有期徒刑的，在二万元至八万元幅度内确定罚金起点。在起点基础上，主刑每增加一年刑期，可以增加一万元至六万元的数额”。危险驾驶罪与合同诈骗罪的规定相比，前者没有先规定一个具体的罚金数额幅度，后者是先规定一个罚金数额幅度，再规定罚金起点以及可以增加的罚金数额范围。

湖北省《扩大量刑规范化指导意见》对个罪设置轻重不同的罚金数额幅度，相较于刑法无限额制罚金刑的规定方式，湖北省《扩大量刑规范化指导意见》为法官具体裁判案件、确定罚金数额提供了更为明确的指引，能够起到规范法官自由裁量权的作用，有利于避免罚金裁判结果的不均衡。但与天津市《扩大量刑规范化指导意见》不同的是，湖北省《扩大量刑规范化指导意见》还涉及了罚金数额的裁量方法，从其规定来看，笔者认为，其是在规范化量刑方法的基础上修改而来的。

规范化量刑方法的基本思路就是首先确定量刑起点，其次根据增加的刑罚量确定基准刑，最后通过量刑情节调节基准刑确定宣告刑。在罚金数额的裁量上，湖北省《扩大量刑规范化指导意见》也是先确定罚金起点，但是其将确定基准刑和确定宣告刑两个步骤合二为一，不再根据其他犯罪构成事实确定增加的刑罚量以确定基准刑，也无须再经量刑情节调节基准刑最终确定宣告刑，而是使用了相对更加简便的方法，即借助主刑刑期来加以确定，使罚金数额与主刑刑期之间建立起更为明确的正向关系。虽然与规范化量刑方法相比，湖北省《扩大量刑规范化指导意见》的步骤有所简化，但笔者认为，二者的基本思路还是一致的。因为法官在确定主刑时依据的就是规范化量刑方法设置的量刑步骤，其他犯罪构成事实以及构成事实之外的量刑情节均在主刑裁量过程中得以适用和体现，也就是说，主刑刑期可以反映出犯罪构成事实以及其他量刑情节的具体情况。既然如此，法官完全可以将反映犯罪构成事实以及量刑情节的主刑刑期作为确定罚金数额的依据，这其实是规范化量刑方法在罚金刑裁量中的体现和贯彻。

当然,即便天津市《扩大量刑规范化指导意见》没有明确罚金裁量的具体方法,司法实务中法官也可以依照三步骤式量刑方法进行操作,只不过该意见缺少对罚金起点以及增加的罚金数额范围的具体规定。就湖北省《扩大量刑规范化指导意见》的规定而言,罚金起点的范围以及增加的罚金数额范围都是与某一法定刑幅度配置的罚金数额幅度相适应的。例如,合同诈骗数额巨大的,主刑最低是3年有期徒刑,而3年有期徒刑对应的最低罚金起点恰恰是2万元;如果主刑是10年有期徒刑,则将8万元作为罚金起点,主刑每增加1年刑期就增加6万元罚金,则7(法定最高刑－法定最低刑)×6＋8＝50,50万元恰好是罚金数额幅度的最高点。根据上述计算可知,在确定罚金起点范围以及可增加的罚金数额范围时,必须以具体个罪不同法定刑幅度中设置的罚金数额幅度为基准,不能超过罚金数额幅度的最低点和最高点。但有一点需要说明的是,不论是“两万至八万”的罚金起点范围还是“一万至六万”的增加罚金数额范围,跨度都非常大。之所以出现这种情况,主要是因为湖北省《扩大量刑规范化指导意见》为“合同诈骗数额巨大或者有其他严重情节”配置的罚金数额幅度的最高点过高,导致最高点与最低点的跨度过大。如果将罚金数额幅度的最高点降低,那么罚金起点范围、增加的罚金数额范围的最高点也会随之降低,跨度也就相应缩小。例如,非法持有毒品数量较大且情节严重的,处3年以上7年以下有期徒刑,可以在6000元以上3万元以下并处罚金。假如将罚金起点的范围设置为6000元至1万元,那么主刑每增加1年刑期罚金数额可增加的最高值就是5000元。如此一来,可增加的罚金数额范围的最高值不仅能够得到有效控制,法官的自由裁量范围也将相应缩小。

(二)裁量方法的借鉴

笔者认为,西北地区走私、贩卖、运输、制造毒品罪的罚金刑裁量可以借鉴和参考湖北省《扩大量刑规范化指导意见》规定的方法,以为罚金刑裁量的规范化提供必要的技术支持。在设置罚金起点范围以及增加的罚金数额范围时,要对最高值有所控制,避免跨度过大。此外,湖北省《扩大量刑规范化指导意见》中的措辞略有不妥,容易引起歧义,有必要对其进行调整。最终,笔者结合前文设置的不同罚金数额幅度形成如下设想:

1. 处 3 年以下有期徒刑、拘役或者管制的,并处 1000 元以上 1 万元以下罚金。其中:

(1)判处不满 1 年有期徒刑刑罚的,并处 1000 元以上 5000 元以下罚金。

(2)判处 1 年以上有期徒刑的,并处 2000 元以上 1 万元以下罚金;可以在 2000 元至 4000 元范围内确定罚金起点,以 1 年有期徒刑为基准,主刑每增加半年刑期,罚金可以增加 1000 元至 1500 元。

2. 处 3 年以上 7 年以下有期徒刑的,并处 3000 元以上 2 万元以下罚金。适用本量刑幅度的,可以在 3000 元至 8000 元范围内确定罚金起点,以 3 年有期徒刑为基准,主刑每增加半年刑期,罚金可以增加 1000 元至 1500 元。

3. 处 7 年以上有期徒刑的,并处 5000 元以上 5 万元以下罚金。适用本量刑幅度的,可以在 5000 元至 1 万元范围内确定罚金起点,以 7 年有期徒刑为基准,主刑每增加 1 年刑期,罚金可以增加 1000 元至 5000 元。

对于以上构想还有以下几点需要说明:第一,针对第一个法定刑幅度,笔者又进一步将其细分为两种情况,其中"判处不满 1 年有期徒刑刑罚的",实际上包括判处管制、拘役以及不满 1 年有期徒刑 3 种情况,此时法官可以在 1000 元以上 5000 元以下的幅度内根据毒品犯罪具体情节以及被告人的实际缴纳能力做出裁判。由于这一罚金数额幅度裁量空间较小,所以笔者未再设置罚金起点范围以及可增加的罚金数额范围。

第二,针对第一个法定刑幅度中"判处 1 年以上有期徒刑"的情况以及第二个法定刑幅度,可增加罚金数额范围指向的主刑均是以"半年"为单位进行计算的,对于第三个法定刑幅度,可增加罚金数额范围指向的主刑则是以"1 年"为单位进行计算的。之所以如此设计,主要是因为考虑到三个法定刑幅度有期徒刑的跨度大小不同。第一个法定刑幅度中"判处 1 年以上有期徒刑的",有期徒刑的跨度仅有 2 年(3 年有期徒刑减 1 年有期徒刑),如果以 1 年为单位进行设置则区分度不明显。第二个法定刑幅度的有期徒刑跨度有 4 年,根据第二章对第二个法定刑幅度有期徒刑刑期频数的统计可知,本幅度有期徒刑样本的刑期以半年为单位进行区分的特征非常明显,所以以"半年"为单位进行计算更有针对性。至于第三个法定刑幅度,其有期徒刑的跨度有 8 年,明显大于前两个法定刑幅度,因而以"1 年"为单位进行区分更为恰当。

第三,三个法定刑幅度的罚金起点以及可增加的罚金数额均设定为一定的幅度,在这一幅度范围内法官可以进行自由选择,而确定具体数额所依据的因素笔者认为应有所区别。在确定罚金起点时,笔者认为,应依据毒品犯罪行为的具体情况确认。根据规范化量刑方法的要求,主刑起点刑对应的是基本犯罪构成事实,法官确定被告人起点刑时仍需根据基本犯罪构成事实的差异在起点刑范围内选择,因为不同案件的基本犯罪构成事实也有差异,所以即便适用同一个法定刑幅度,不同案件的起点刑也可以完全不同。基于同一原理,法官在确定罚金起点时也仍需根据基本犯罪构成事实的具体情况在相应范围内进行选择。例如,被告人贩卖毒品 10.5 克,应适用第三个法定刑幅度,那法官就需要在 3000 元至 8000 元的范围内确定具体的罚金起点,此时法官就可以基于毒品种类等因素的不同在上述范围内予以确定,因为毒品种类不同,对社会的危害性程度也有所不同。

与此不同的是,法官在可增加的罚金数额范围内确定具体的可增加的刑罚量时,笔者认为,不应再依据毒品犯罪的各项事实因素和情节确定。因为前文已述,主刑刑期每增加一定的量,罚金便相应增加一定的量,可增加的罚金数额依托于主刑刑期,而对主刑的裁量便是基于犯罪行为的各项事实因素和情节,因而主刑刑量本身就能体现犯罪行为各项事实因素和情节。既然如此,就没有必要再次依据犯罪行为的各项事实因素和情节确定可增加的罚金数额。基于如上分析,笔者认为,在可增加的罚金数额范围内确定具体的可增加的罚金数额时应侧重考虑被告人的罚金缴纳能力。如此一来,法官在对被告人裁量罚金时既考虑了犯罪情节又考虑了被告人缴纳罚金的实际能力,符合《量刑指导意见(试行)》所规定的罚金裁量依据的要求。

三、其他问题

(一)减轻处罚的适用

根据前文罚金数额幅度的设计,我们还需解决一个问题,即减轻处罚如何适用。根据《刑法》的规定,减轻处罚时需要在本应适用的法定刑幅度的下一个幅度内对被告人裁量刑罚。而法定刑幅度不仅指主刑幅度,在规定有附加刑的情况下,附加刑亦属于法定刑幅度的重要组成部分。对于罚金刑的裁量,如果因为减轻处罚而需在本应适用的法定刑幅度的下一个幅度内对被告人裁量刑罚时,处理方法应与主刑裁量有所区别。例如,行为人贩卖毒品,其本应适用第三个法定刑幅度,但因为减轻处罚,应该在 3 年以上 7 年以下有期徒刑幅度内具体裁量其主刑,且主刑时长必须少于 7 年有期徒刑,否则便无法体现出减轻处罚的效果,但这一点对罚金刑的裁量来说可能存在问题。因为笔者将罚金刑数额幅度设计成交叉式,在这种情况下,如果也按照上述观点操作,即减轻处罚时所判刑罚必须低于本应适用的法定刑幅度的最低刑,那么将会严重压缩罚金刑的裁量空间。例如,行为人贩卖毒品,其本应适用第三个法定刑幅度,根据笔者的设计,这一幅度对应的罚金数额范围是 5000 元以上 5 万元以下。在减轻处罚的情况下行为人应该适用第二个法定刑幅度,该幅度对应的罚金数额范围为 3000 元以上 2 万元以下,如果要求裁判不能超过第三个法定刑幅度的最低点,则实际上可供法官裁判的罚金的数额范围就仅仅是 3000 元以上 5000 元以下,如此操作会造成对被告人的不公。例如,本应适用第三个法定刑幅度的被告人因为减轻处罚,其罚金刑最高仅为 5000 元,而本来就适用第二个法定刑幅度的被告人,其罚金却可能判至 2 万元,两者差距甚大。

为避免上述尴尬,笔者认为,在减轻处罚的情况下,对于罚金刑就应直接在本应适用的法定刑幅度的下一个幅度内裁量,而不能再要求低于本应适用的法定刑幅度的最低点。当然,对罚金刑采取上述处理方法可能与目前刑法理论所采取的减轻处罚的通说观点不相符合,笔者认为,通说观点与衔接式法定刑模式相契合,但并不适合交叉式法定刑模式。1997 年《刑法》第 63 条第 1 款明文规定:“……本法规定有数个量刑幅度的,应当在法定量刑幅度的下一个量刑幅度内判处刑罚。”这一规定虽然是对减轻处罚幅度的要求,但根据对这一规定的文义解读可知,减轻处罚就是在本应适用的法定刑幅度的下一个幅度内裁量。例如,行为人贩卖毒品,其本应适用第三个法定刑幅度,在减轻处罚时,法官应在第二个法定刑幅度对应的 3000 元以上 2 万元以下的罚金范围内具体裁量,只要不突破这一数额幅度的最低点(3000 元)和最高点(2 万元)就不违背罪刑法定原则的要求。

(二)罚金刑量刑建议的规范化

为实现量刑公正而不断推进的量刑规范化改革是实体与程序的结合,除需在实体层面构建科学的量刑方法外,还需由量刑程序保驾护航,而量刑建议作为量刑程序中的重要一环,量刑建议的规范化也是量刑规范化改革的重要内容之一。就量刑建议的具体方式而言,我国推行规范化量刑改革以来一直采用的是具体量刑建议,而其又可以进一步划分为幅度刑量刑建议与确定刑量刑建议。所谓幅度刑量刑建议，即量刑建议以“幅度”的方式提出，是检察机关建议审判机关在法定刑幅度内的一个相对较小幅度内作出量刑裁判结论；所谓确定刑量刑建议，即量刑建议以“点”的方式提出，是检察机关建议审判机关按某个具体确定的刑种、刑期及执行方式作出裁判结论。[①] 2018 年《刑事诉讼法》明确规定了认罪认罚从宽制度，将量刑建议正式入法并明确其内容和效力，认罪认罚从宽制度的确立对检察机关的量刑建议工作提出了更高的要求，即对于认罪认罚案件，人民检察院应就主刑、附加刑、是否适应缓刑等提出“精准刑量刑建议”。至于如何理解这里的“精准刑量刑建议”，笔者赞同王秀梅教授的观点，即“精准量刑”不宜局限于确定刑，应理解为“确定刑量刑建议为主、幅度刑量刑建议为辅”。[②]

对于走私、贩卖、运输、制造毒品罪罚金刑裁量的规范化，检察机关的量刑建议具有重要作用，针对罚金刑的量刑建议笔者认为可以根据不同情况区别处理：第一，对于适用第一个法定刑幅度且犯罪嫌疑人认罪认罚的案件，检察机关可以提出确定刑量刑建议；第二，对于适用第二个、第三个和第四个法定刑幅度以及虽适用第一个法定刑幅度但犯罪嫌疑人未认罪认罚的案件，检察机关可以提出幅度刑量刑建议。之所以如此设置，主要是基于如下考虑：适用第一个法定刑幅度且认罪认罚的走私、贩卖、运输、制造毒品案件一般都属于轻罪案件，案情较为简单，检察机关根据全案情况综合各方面情节得出确定刑量刑建议难度不大。而对于适用第二个、第三个和第四个法定刑幅度以及虽适用第一个法定刑幅度但犯罪嫌疑人未认罪认罚的案件，其要么属于重罪案件，要么属于疑难案件，抑或案情较为复杂。对于这些案件，检察机关提出确定刑量刑建议将面临诸多挑战，如果不顾实际情况，不分案情轻重难易，一律要求检察机关提出确定刑量刑建议，必然会增加检察机关量刑建议工作的难度和负担，特别是在量刑规范化文件尚未就走私、贩卖、运输、制造毒品罪的罚金数额作出明确规定的情况下，更难保证检察机关量刑建议的科学性、准确性。不仅如此，要求检察机关在所有案件中提出确定刑量刑建议的做法还会影响到控审分离原则的适用，不当拔高公诉权对审判权的拘束作用，这与正当程序的司法理念不相符合。[③]

---

① 参见石经海：《量刑建议精准化的实体路径》，载《中国刑事法杂志》2020 年第 2 期。

② 参见王秀梅、陈志娟：《认罪认罚案件的精准量刑探究》，载《中国人民公安大学学报（社会科学版）》2020 年第 2 期。

③ 参见赵恒：《量刑建议精准化的理论透视》，载《法制与社会发展》2020 年第 2 期。

第三节　运输毒品罪的立法定位与量刑标准

关于运输毒品罪的立法定位,学界主要有三种观点:其一,认为我国刑法规定运输毒品罪是完全没有必要的,应当从立法上取消运输毒品罪;其二,认为规定运输毒品罪是有必要的,只是将运输毒品罪与走私、贩卖、制造毒品罪并列规定并不妥当,而应对其单独规定;其三,认同将运输毒品与走私、贩卖、制造毒品并列规定的立法模式,但认为在量刑标准上应当将其与走私、贩卖、制造毒品相区分。[①] 笔者将前述三种观点分别概括为废除说、独立说和量刑标准区分说。

一、对废除说的评析

对于废除说,笔者是持否定态度的,因为运输毒品罪有其存在的必要。其一,运输毒品罪的设立有着复杂的原因和考虑:一方面,鉴于毒品犯罪行为样态的复杂性,为防止无法覆盖所有的涉毒行为,将具有附属性质的运输行为从走私、贩卖与制造行为中剥离出来成为一个独立的罪名,可以完善毒品犯罪的犯罪圈;另一方面,贩卖毒品等罪名的证明标准较高,在司法实务证据本身较为欠缺的情况下可能会因为证据问题而导致罪名难以成立,相比之下,运输毒品罪的成立在证据规格上要低得多,适用运输毒品罪可以避免因证据不足而导致的贩卖毒品罪等罪名难以成立的问题。[②] 其二,废除说一般将运输毒品行为划分为三类,一是行为人本身就是走私、贩卖、制造毒品者,同时实施了运输毒品行为;二是行为人明知他人是走私、贩卖、制造毒品者,仍帮助他人运输毒品;三是前两类行为人利用不明真相的他人实施毒品运输行为。对于实践中发生较多的前两种情形,废除说认为,可以直接以走私、贩卖、制造毒品罪对行为人定罪处罚,对于司法实践中较少出现的第三种情形则可以按走私、贩卖、制造毒品罪的间接正犯或间接帮助犯来处理行为人。[③] 然而,司法实践的情况是复杂多样

① 参见曾彦:《运输毒品罪研究》,中国人民公安大学出版社 2012 年版,第 34、38、40 页。

② 参见包涵:《运输毒品罪的立法扩张与司法限制》,载《中国刑事法杂志》2021 年第 1 期。

③ 参见赵秉志、肖中华:《论运输毒品罪和非法持有毒品罪之立法旨趣与隐患》,载《法学》2000 年第 2 期。

的,上述废除说列举的运输毒品行为的三种情形以及相应的处理方法不能涵盖司法实践中所有的运输毒品行为。

对于第一种情形,行为人在实施走私、贩卖、制造毒品行为的同时又实施了运输行为的,废除说认为,此种情况下的运输毒品行为不具有独立的价值,仅仅是走私、贩卖、制造毒品行为的前提或后续行为。即便我们认同这一说法,这也只有在有确实、充分的证据证明行为人实施了走私、贩卖、制造毒品行为的情况下才能成立。然而,正如前文所说,贩卖毒品等犯罪的证明标准明显高于运输毒品,在没有充分证据证明行为人实施了走私、贩卖、制造毒品行为的情况下,自然不可能认定行为人构成走私、贩卖、制造毒品罪,如果此时对于有证据证明的运输毒品行为也将其不作为犯罪处理则明显不利于对毒品犯罪的严厉打击。

对于第二种情形,行为人明知他人走私、贩卖、制造毒品而帮助运输毒品的,在行为人与走私、贩卖、制造毒品的行为人存在共同犯罪故意进而结成共同犯罪的情况下,应当认定行为人构成走私、贩卖、制造毒品罪,且属于帮助犯。然而问题在于,"明知"也好、"共同犯罪故意"也好,同样需要证据加以证明。在无充分证据证明行为人"明知"他人系属走私、贩卖、制造毒品者时,自然不能认定共同犯罪成立,此时行为人实施的运输毒品行为仍有单独评价的必要。例如,笔者搜集的数据中有这样一则案例。2013 年 9 月至 10 月初,被告人李某某多次从河南省漯河市携带毒品甲基苯丙胺到青海省格尔木市,由被告人雷某某、李某 1 进行贩卖。2013 年 10 月 13 日,被告人李某某、徐某某携带毒品甲基苯丙胺 2 袋乘坐火车从河南省漯河市到青海省格尔木市,在格尔木市火车站广场与前来接应毒品的被告人雷某某、李某某见面时,被当场抓获。从被告人徐某某身上查获毒品甲基苯丙胺 2 袋,合计净重 52. 9748 克;从被告人李某 1 驾驶的蒙 CCJ2 × ×号现代越野车内查获毒品甲基苯丙胺 5 小袋,合计净重 2. 2417 克。法院认为,被告人李某某、雷某某、李某 1 贩卖、运输毒品甲基苯丙胺 50 克以上,其行为均已构成贩卖、运输毒品罪;被告人徐某某明知是毒品而与被告人李某某共同运输甲基苯丙胺 50 克以上,其行为已构成运输毒品罪。法院最终判处 4 名被告人有期徒刑 15 年,并处没收个人全部财产。[①] 在这一案例中,证据能够证明被告人徐某某在明知是毒品的情况下与被告人李某某共同

① 参见青海省格尔木市人民法院刑事判决书,(2014)格刑初字第 01 号。

实施了运输行为,但不能证明徐某某知道李某某运输毒品是为了贩卖,因此才认定徐某某构成运输毒品罪的共同犯罪,而非贩卖、运输毒品罪的共同犯罪。假如将运输毒品罪废除,被告人李某某、雷某某以及李某1三人属于实施贩卖毒品行为的同时又运输毒品的情形,依照废除论者的观点可以认定这三人构成贩卖毒品罪。然而,对于被告人徐某某,因其主观上并不"明知"李某某为贩卖毒品者,不能与其构成贩卖毒品罪的共同犯罪,自然不能以贩卖毒品罪的帮助犯认定处理徐某某,与此同时亦不能以运输毒品罪对其定罪处罚,明显具有打击漏洞。

至于第三种情形,被利用的不知情的他人显然是行为人的犯罪工具,被利用工具之行为自然归属于利用他人的行为人本人,与行为人自己实施相应行为无异。由于第一种情形和第二种情形的认定都存在打击不周延的问题,那第三种情形亦存在相同的问题,自不待言。

在废除运输毒品罪的语境下,对于前述不能认定构成走私、贩卖、制造毒品罪的情况是否可以以非法持有毒品罪定罪处罚呢?笔者的回答是否定的,因为这样处理也有不妥。从规范层面进行解读,运输毒品行为的客观方面与非法持有毒品行为有明显不同,前者不仅要求具有位移的物理意义,还要有流通的功能意义,只有在有相反的证据能够证明某一行为确实不具有流通意义的情况下其才应被认定为(动态的)非法持有。[①] 因此,如果无证据证明行为人实施了走私、贩卖、制造毒品行为,但有证据表明其实施了具有流通功能的运输毒品行为,以非法持有毒品罪对行为人定罪处罚并不合理。更何况,根据我国1997年《刑法》第348条的规定,非法持有毒品必须达到一定数量(鸦片200克以上、海洛因或者甲基苯丙胺10克以上)才能以非法持有毒品罪定罪处罚,显然对于不满这一数量标准的运输毒品行为根本无法以非法持有毒品罪定罪处罚。综上所述,就目前而言还不宜在立法上直接废除运输毒品罪。

二、对量刑标准区分说的评析

量刑标准区分说认为,运输毒品原本属于走私、贩卖、制造毒品行为的帮助行为,其危害性不可与走私、贩卖、制造毒品行为等量齐观,且司法实践中运输

① 参见何荣功:《运输毒品认定中的疑难问题再研究》,载《法学评论》2011年第2期。

毒品行为人又多是为赚取少量报酬而受雇运输毒品的贫困边民、农民、下岗职工、无业人员等，主观恶性相对较小。在此基础上，量刑标准区分说提出，应将受雇运输毒品的初犯、偶犯与具有严重情节的运输毒品犯罪人相区别，对于前者不能适用与走私、贩卖、制造毒品的被告人完全相同的处刑标准，而应确立有区别的死刑适用毒品数量标准。[①] 运输毒品行为的危害程度低于走私、贩卖、制造毒品罪，这一点笔者前文业已分析，这里不再赘述。对于区分运输毒品与走私、贩卖、制造毒品犯罪的死刑适用标准，实务部门的司法实践明显倾向于这一观点和态度。

《大连会议纪要》强调了运输毒品犯罪的特殊性，明确要求对运输毒品犯罪的死刑适用进行严格限制，《武汉会议纪要》亦重申这一态度。不仅如此，地方司法机关也注意到了运输毒品行为与走私、贩卖、制造毒品行为在社会危害程度上的差异并对死刑适用标准进行了区分。例如，江苏省高级人民法院《关于办理毒品犯罪案件适用法律若干问题的指导意见》第 8 条规定："走私、贩卖、制造海洛因或甲基苯丙胺一千克以上或其他数量相当的毒品，又无法定从轻、减轻情节或者酌定情节不足以从轻处罚的，可以判处死刑，剥夺政治权利终身，并处没收个人全部财产。"第 13 条规定："运输毒品是毒品犯罪的中间环节，判处死刑时应与走私、贩卖、制造毒品犯罪有所区别，应当在毒品数量和其他情节方面坚持更高的标准。"江西省高级人民法院《关于印发〈关于审理毒品犯罪案件适用死刑问题的指导意见〉的通知》明确规定，运输毒品犯罪判处死刑立即执行，其毒品数量必须明显超过实际掌握的数量标准两倍以上。[②] 在这些规定中，运输毒品死刑适用的毒品数量标准明显高于走私、贩卖、制造毒品。事实上，在笔者前文对不同行为方式死刑样本毒品数量的对比中亦能看出这种差异。姑且不论贩卖、运输毒品样本，仅就贩卖毒品样本与运输毒品样本而言，前者的毒品数量均值为 3728. 794、极小值为 429、极大值为 13, 231. 26，而后者的毒品数量均值为 11, 440. 8、极小值为 885、极大值为 55, 707. 4。

笔者在研究中发现，运输毒品行为与贩卖毒品行为间毒品数量的巨大差异

---

① 参见周道鸾：《毒品犯罪的刑事政策和法律适用——云南省毒品犯罪调查》，载赵秉志主编：《刑法评论》第 2 卷，法律出版社 2006 年版，第 284 ~ 285 页。

② 参见江溯：《律师对毒品犯罪死刑态度的实证研究》，载《清华法学》2020 年第 5 期。

不仅存在于死刑样本中，在适用第四个法定刑幅度且判处行为人有期徒刑、无期徒刑的样本中同样存在。在裁剪数据库中，[①]适用第四个法定刑幅度且行为人被判处有期徒刑的贩卖毒品样本、运输毒品样本共计 662 例，笔者先对这两类样本的有期徒刑刑期均值进行比较。根据表 6－3－1 可知，贩卖毒品样本的有期徒刑刑期均值为 164.7188（月），运输毒品样本的有期徒刑刑期均值为 168.5643（月），这两类样本的刑期均值相差无几，独立样本 T 检验的结果表明二者之间不存在显著差异（$F=10.235$，$P<0.01$，$t=-1.863$，$df=631.188$，$P>0.05$）。笔者再次对这两类样本的毒品数量均值进行比较，贩卖毒品样本的毒品数量均值约为 228.43，运输毒品样本的毒品数量均值约为 772.98，这两类样本的毒品数量均值相差悬殊，独立样本 T 检验的结果也表明二者之间存在显著性差异（$F=27.850$，$P<0.001$，$t=-4.032$，$df=347.704$，$P<0.01$）。综上可知，虽然贩卖毒品样本和运输毒品样本的毒品数量均值差异巨大，但二者刑期均值并无显著性差异。

表 6－3－1　第四个法定刑幅度有期徒刑均值对比

	行为类型	N	均值	标准差	均值的标准误差
主刑时长	贩卖毒品	320	164.7188	28.36477	1.58564
	运输毒品	342	168.5643	24.43953	1.32154

笔者进一步对比了第四个法定刑幅度中不同有期徒刑刑期对应的毒品数量均值，由于数据库中 60 个月（贩卖毒品）、72 个月（运输毒品）、109 个月（运输毒品）以及 174 个月（贩卖毒品）有期徒刑的样本都仅有 1 例，无法对比毒品数量均值，笔者将这几例样本排除在外。从表 6－3－2 可以发现，无论有期徒刑刑期是多少，运输毒品样本的毒品数量均值均高于贩卖毒品样本，不同刑期的差异仅仅体现在高出数值的大小，差距最小的是 108 个月有期徒刑样本，运输毒品的平均毒品数量高于贩卖毒品将近 20 克，差距最大的则是 156 个月有期徒刑样本，运输毒品的平均毒品数量约高出贩卖毒品平均毒品数量 2768 克。

---

① 因需要对毒品数量进行分析和对比，为了保证数据的准确性，笔者遂将分析限定于载有毒品具体数量且毒品类型为海洛因和甲基苯丙胺的样本范围内。

表 6－3－2　第四个法定刑幅度不同刑期有期徒刑样本毒品数量均值对比

有期徒刑刑期	行为类型	均值	N	标准差
84 个月	贩卖毒品	131.1600000	13	65.60832849
	运输毒品	1421.9047778	9	1945.61990672
96 个月	贩卖毒品	288.1362500	8	251.26063218
	运输毒品	368.2675000	4	188.31920550
108 个月	贩卖毒品	330.9816667	6	352.89932142
	运输毒品	350.8450000	2	281.64770201
120 个月	贩卖毒品	164.3016632	19	208.85113520
	运输毒品	303.8400000	17	228.31276185
132 个月	贩卖毒品	422.1000000	3	506.05712128
	运输毒品	691.4254556	9	1257.16762562
144 个月	贩卖毒品	226.2268421	19	226.75470653
	运输毒品	586.8090375	16	913.96115651
156 个月	贩卖毒品	300.4290733	15	319.84414842
	运输毒品	3067.9561636	11	8163.58904456
168 个月	贩卖毒品	248.7708714	7	141.56858419
	运输毒品	480.5348375	8	393.14929645
180 个月	贩卖毒品	227.9576496	228	236.70681631
	运输毒品	722.8234773	264	2234.27443831

我们进一步对比了无期徒刑样本，裁剪数据库中适用第四个法定刑幅度的无期徒刑样本共计 310 例，其中贩卖毒品样本有 100 例，运输毒品样本有 157 例。根据计算，贩卖毒品样本的毒品数量均值约为 705.93，运输毒品样本的毒品数量均值约为 3468.53，独立样本 T 检验的结果显示两类样本的毒品数量均值间存在显著性差异（$F=29.442$，$P<0.001$，$t=-4.587$，$df=158.392$，$P<0.001$）。

根据以上分析可知，在适用第四个法定刑幅度的情况下，无论判处被告人何种刑罚，运输毒品行为的毒品数量均显著高于贩卖毒品。这也就意味着，至少对于适用第四个法定刑幅度的被告人来说，法官有意识地区分了运输毒品行为与贩卖毒品行为量刑的毒品数量标准。与此同时，数据分析结果也从某种程度上说明,运输毒品行为的客观危害程度明显低于贩卖毒品行为。我们先以死刑样本中的毒品数量均值为例进行说明,行为人贩卖海洛因或者甲基苯丙胺平均达到3728.794克时会被判处死刑,运输海洛因或者甲基苯丙胺平均达到11,440.8克时会被判处死刑,这说明二者在客观危害程度上具有等价性;同样的道理,行为人贩卖海洛因或者甲基苯丙胺平均达到705.93克时会被判处无期徒刑,运输海洛因或者甲基苯丙胺平均达到3468.53克时会被判处无期徒刑,二者在客观危害程度上亦具有等价性;当然,在有期徒刑样本中也是如此。由此推论,针对相同克数的海洛因或者甲基苯丙胺,运输行为的危害性要小于贩卖行为,那么前者的判罚结果也应轻于后者,这样才能做到罪刑均衡。

然而,笔者在对第三个法定刑幅度贩卖毒品与运输毒品这两类样本的分析和对比中却得出了完全相反的结论。[①] 在裁剪数据库中适用第三个法定刑幅度的贩卖毒品样本共计172例,运输毒品样本共计32例,笔者先对这两类样本的有期徒刑刑期均值进行比较。根据表6-3-3可知,贩卖毒品样本的有期徒刑刑期均值为97.064(月),运输毒品样本的有期徒刑刑期均值为110.0625(月),独立样本T检验的结果表明两类样本刑期均值之间存在显著性差异($F=2.36, P>0.05, t=-2.396, df=202, P<0.05$)。

表6-3-3 第三个法定刑幅度有期徒刑刑期均值对比

	行为类型	N	均值	标准差	均值的标准误差
有期徒刑刑期	贩卖毒品	172	97.0640	27.49910	2.09679
	运输毒品	32	110.0625	31.64005	5.59322

笔者又进一步对两类样本的毒品数量均值进行比较,结果显示,贩卖毒品样本的毒品数量均值约为25.13,运输毒品样本的毒品数量均值约为29.95,虽然后者略高于前者,但独立样本T检验结果表明二者之间并不存在显著性差异($F=0.675, P>0.05, t=-1.462, df=202, P>0.05$)。笔者就不同行为方式与有期徒刑刑期的相关性进行检验,结果显示二者之间存在相关关系($r=0.17, P<0.05$)。笔者进一步对行为方式与有期徒刑刑期进行偏相关分析,[②]

① 由于裁剪数据库中第一个和第二个法定刑幅度中运输毒品样本过少,故无法展开对比分析。

② 笔者仅将20项因素作为控制变量考察行为方式与有期徒刑之间的关系,因为贩卖毒品与运输毒品两类样本中都不存在"毒品纯度低"这一情节,因而不能将其放入偏相关分析中。

根据表6-3-4可知,在控制了其他因素的情况下行为方式与有期徒刑刑期之间不再具有相关关系(r=0.135,P>0.05)。由此笔者得出结论,贩卖毒品、运输毒品两类样本量刑结果的差异是由两类样本中其他不同量刑情节而非毒品数量造成的,也就是说在毒品数量相同的情况下(不考虑其他因素)两类样本中的被告人被处以了相同的刑罚。

表6-3-4　行为方式与有期徒刑的偏相关分析

控制变量			主刑时长	行为类型
是否从犯&是否受雇受指使&是否有劣迹&是否有一般前科&是否毒品再犯&是否累犯&是否自首&是否坦白&是否当庭认罪&是否立功&是否多次&毒品数量&是否未完成类型&是否初犯偶犯&是否悔罪&是否存在特情&是否以贩养吸&是否存在吸毒情节&是否毒品未流入社会从宽&是否向多人贩卖	主刑时长	相关性	1.000	0.135
		显著性(双侧)	0.0	0.068
		df	0	182
	行为类型	相关性	0.135	1.000
		显著性(双侧)	0.068	0.0
		df	182	0

之所以会出现这种情况,从规范层面讲是因为走私、贩卖、运输、制造毒品罪第一个、第二个和第三个法定刑幅度的适用标准并未针对不同行为类型进行区分。以第三个法定刑幅度为例,走私、贩卖、运输、制造鸦片200克以上不满1000克、海洛因或者甲基苯丙胺10克以上不满50克或者其他毒品数量较大的均能在7年以上有期徒刑幅度内裁量刑罚。以2017年广西壮族自治区高级人民法院公布的《实施细则》为例,走私、贩卖、运输、制造鸦片200克,海洛因、甲基苯丙胺或者可卡因10克……可以在7年至8年有期徒刑幅度内确定量刑起点。……每增加海洛因、甲基苯丙胺或者可卡因5克及其他数量相当毒品的,增加1年刑期。由此可见,《实施细则》在规定量刑起点以及可增加的刑罚量时没有对贩卖毒品行为与运输毒品行为进行区分。因此,相同数量的毒品基准刑基本相同。但第四个法定刑幅度明显不同,其只有最低毒品数量的要求而无最高毒品数量的要求,外加之毒品犯罪情况的复杂性,法官可以根据毒品犯罪的不同情况做出区别对待,由此造成了第四个法定刑幅度中贩卖毒品与运输毒品两类样本毒品数量的巨大差异。

总结前述分析,在第四个法定刑幅度中,鉴于运输毒品行为的特殊性,将对运输毒品被告人的判罚与贩卖毒品进行了区分,适用不同的数量标准,而在第三个法定刑幅度中，针对相同数量的毒品却未在贩卖毒品与运输毒品间进行区分，适用了相同的数量标准。这种前后不一的处理方式，笔者认为，会造成对被告人处刑的不公。量刑标准区分说同样认同运输毒品行为的危害性程度低于走私、贩卖、制造毒品行为，既然如此，在不考虑其他情节的情况下，针对相同数量的毒品，运输行为的危害性均小于走私、贩卖、制造行为，因而数量标准的区分就不应仅仅局限于死刑案件中，亦不能局限于适用第四个法定刑幅度的毒品犯罪案件中。

三、本书的观点——独立说

运输毒品罪尚不宜直接废除，在运输毒品与走私、贩卖、制造毒品并列规定作为一个选择罪名的模式下只有第四个法定刑幅度才为运输毒品与走私、贩卖、制造毒品刑罚裁量数量标准的区分提供了可能的空间，这种区分在第一个、第二个、第三个法定刑幅度中难以贯彻。

根据笔者的统计，运输毒品罪的认定与处罚在走私、贩卖、运输、制造毒品罪第一个和第二个法定刑幅度中几乎被虚置。根据表 6 - 3 - 5 可知，在裁剪数据库中适用第一个法定刑幅度的运输毒品样本仅有 5 例，而适用第一个法定刑幅度的贩卖毒品样本则高达 1155 例，二者合计 1160 例，运输毒品样本仅占样本总数的 0.4%；第二个法定刑幅度中无 1 例运输毒品样本。将这两个法定刑幅度中的运输毒品样本与贩卖毒品样本进行对比，足可见这两个法定刑幅度中运输毒品罪认定比例之低。之所以会出现这种局面，笔者认为，一个不可忽视的原因就在于司法实践中不同毒品犯罪行为的具体情况有明显差异。在贩卖毒品中，零包贩卖属于绝大多数，而运输毒品行为往往涉案毒品数量较大，不考虑这一差别而设置同一数量标准，难免会造成第一个、第二个法定刑幅度中运输毒品罪比例极低的结果。也恰是由于不同行为毒品数量标准的同一，与贩卖毒品相比，运输毒品更多的行为落入第三个和第四个法定刑幅度，进而导致运输毒品罪刑罚的趋重。从表 6 - 3 - 5 来看，适用第三个法定刑幅度的运输毒品样本 32 例，贩卖毒品样本 172 例，二者合计 204 例，运输毒品样本占总数的 15.7%；而在第四个法定刑幅度中，运输毒品样本数反超贩卖毒品，占总数的 56.2%，与前三个法定刑幅度相比，适用比例明显上升。

表 6－3－5　不同法定刑幅度中行为类型的数量对比

		行为类型	
		贩卖毒品	运输毒品
法定刑幅度	第一个法定刑幅度	1155	5
	第二个法定刑幅度	198	0
	第三个法定刑幅度	172	32
	第四个法定刑幅度	431	554
合计		1956	591

在运输海洛因、甲基苯丙胺一类毒品数量普遍超出 50 克的现状下，仅有 15 年有期徒刑、无期徒刑、死刑可供法官选择，如果运输毒品并不属于数量特别巨大、情节特别恶劣的情况，法官一般不会选择对被告人适用无期徒刑和死刑，由此导致行为人运输 51 克毒品与数百克毒品的量刑结果几乎没有差异，均集聚于 15 年有期徒刑，难以体现罚当其罪。[①] 在裁剪数据库适用第四个法定刑幅度的运输毒品样本中，刑罚为 15 年有期徒刑的运输毒品样本的毒品数量的最小值为 50. 72，最大值为 27, 581. 6，即便排除这类极端样本，毒品数量在 50 克以上不满 1000 克的样本就占此类样本的 90. 9%。虽然说贩卖毒品样本中亦存在这种情况，但相较而言，相同刑期的情况下贩卖毒品中毒品数量的差距没有运输毒品样本这样明显和突出。在裁剪数据库适用第四个法定刑幅度且被判处 15 年有期徒刑的贩卖毒品样本中，毒品最小值为 50，最大值为 1615. 72，而毒品数量在 50 克以上不满 500 克的样本占此类样本的 89. 5%。

重罪轻罪处罚相同实际上无法有效预防更为严重犯罪的发生，因为对于行为人来说，运输毒品 50 克就可判处 15 年有期徒刑，毒品数量再多，只要不超过 1000 克就仍然是 15 年有期徒刑，在成本相同的情况下，毒品数量越高行为人所获收益也就越高，从经济学的角度出发，只会促使行为人实施更为严重的犯罪。当然，刑罚是有限的，犯罪却是无限的，毒品数量可以不断提高，但刑罚不可能无限加重，我们只能以有限的刑罚去应对无限的犯罪。这就要求立法者在设计法定刑幅度时应更加合理地划分适用标准以满足罪刑阶梯的需要，更好地

① 参见王心一、邵学瑱：《运输毒品罪的刑法定位与罪刑适应——基于我国西南某市 151 份一审刑事判决书的实证研究》，载《云南警官学院学报》2021 年第 2 期。

实现重罪重罚、轻罪轻罚以达到预防犯罪的目的。事实上,《刑法修正案(九)》对贪污罪、受贿罪法定刑幅度及其适用标准的重新划分就蕴含这一原理。

综上所述,对不同法定刑幅度乃至适用标准的划分既要考虑不同行为社会危害性程度的差异,也不能脱离犯罪的实际情况,而目前运输毒品与贩卖毒品保持相同的毒品数量标准既不能客观反映二者危害性程度的差异,亦不符合运输毒品犯罪的实际情况。因此,笔者认为,应将运输毒品与走私、贩卖、制造毒品相脱离,单独设立运输毒品罪,在保持1997年《刑法》第347条四个法定刑幅度不变的前提下,重新设置不同幅度的毒品数量标准和情节标准,以适用司法实践打击运输毒品犯罪的实际需要。基于此,笔者提出如下构想:

运输海洛因或者甲基苯丙胺不满20克或其他毒品少量的,处3年以下有期徒刑、拘役或者管制,并处罚金;情节严重的,处3年以上7年以下有期徒刑,并处罚金。

运输海洛因或者甲基苯丙胺20克以上不满100克或者其他毒品数量较大的,处7年以上有期徒刑,并处罚金。

有下列情形之一的,处15年有期徒刑、无期徒刑或者死刑,并处没收财产:

(一)运输海洛因或者甲基苯丙胺100克以上或者其他毒品数量大的;

(二)运输毒品集团的首要分子;

(三)武装掩护运输毒品的;

(四)以暴力抗拒检查、拘留、逮捕,情节严重的;

(五)参与有组织的国际毒品犯罪活动的。

对于上述构想,笔者有以下两点需要说明:其一,虽然笔者在前文提出,从应然角度出发应当废除运输毒品罪的死刑,但在当下从严打击毒品犯罪刑事政策的指引下,废除毒品犯罪的死刑与现阶段的国情民意尚有差距,也与司法实务需要不相符合。因此,笔者采取较为保守的态度,仍然保留了运输毒品罪的死刑。其二,前述具体毒品数量标准的划分只是笔者基于西北地区运输毒品犯罪的基本情况所做的初步构想,具有一定的局限性,笔者认为,立法机关应在全国范围内对运输毒品犯罪的实际情况进行调研,并在此基础上确定科学、合理的数量标准。为了能够适时根据毒品犯罪形势的变化做出适用标准的及时调整,可以借鉴贪污罪、受贿罪刑事责任条款的规定模式,不再直接于《刑法》中规定具体数额,改用抽象数额,再由最高司法机关根据不同情势通过出台司法解释予以明确。

第四节　量刑说理的反思与启示

量刑的过程必然伴随法官自由裁量权的行使，一旦法官的自由裁量权失去制约，必将引起量刑的失衡，引发公众的不满，严重损害司法的公信力。为避免量刑失衡、合理规制法官的量刑裁量权，我国积极推行量刑规范化改革。有学者指出，量刑规范化改革即为“承载‘确保量刑公开、公平、公正’目标任务与旨在实现‘由传统估堆式量刑方式向精细化量刑方式转变’的‘规范裁量权，将量刑纳入法庭审理程序’”的一场改革。[①] 由此看来，量刑规范化并不仅仅局限于实体层面方法、规则的构建以解决法官自由裁量权的合理制约问题，它也从程序维度探索制约量刑权的有效措施。为此，最高人民法院于2010年颁布《人民法院量刑程序指导意见（试行）》，在积极推行量刑程序改革的同时对判决书的量刑说理问题亦作出明确的规定和要求。裁判文书的说理就是法官就其所作判决的正当性、合理性向当事人和社会公众进行的论证和阐释。由于刑事诉讼事关被告人生命、人身自由、财产等重要权益，因而作为刑事诉讼表达载体的刑事判决书的说理就显得更加重要。定罪与量刑是刑事裁判的重要组成部分，刑事判决书的说理应当包括定罪说理与量刑说理，缺少任何一个方面，都不是完整意义上的裁判说理。更为重要的是，要求法官在判决书中进行量刑说理，可以防止法官随意取舍量刑影响因素，敦促其在量刑过程中全面考察各项事实因素并权衡其具体影响力，以实现准确恰当地量刑，有利于量刑公正目标的实现。[②] 因此，量刑理由的展示可以使当事人了解到法官心证的形成过程，能有效制约法官的自由裁量权。由此可见，增强量刑说理乃是量刑规范化的应有之义。

---

① 参见石经海、严海杰：《中国量刑规范化之十年检讨与展望》，载《法律科学（西北政法大学学报）》2015年第4期。

② 参见熊选国主编：《〈人民法院量刑指导意见〉与“两高三部”〈关于规范量刑程序若干问题的意见〉理解与适用》，法律出版社2010年版，第485页。

一、量刑说理存在的问题

就笔者搜集的有关走私、贩卖、运输、制造毒品罪的判决书的情况来看，量刑说理仍未得到足够重视，量刑不说理或者说理不充分的问题普遍存在，量刑规范化改革的成果并没有充分体现在刑事判决书的量刑说理上。例如，在笔者搜集的判决书中有这样一例判决：2015 年 9 月 3 日 9 时许，康乐县公安局民警在兰临高速公路兰州南收费站抓获被告人马某某，当场从其驾驶的×××五菱货车副驾驶脚垫下查获毒品可疑物一块。经计量、鉴定，查获的可疑物净重 538 克，系毒品海洛因，毒品含量为 59.83%。最终，法院认定被告人马某某构成运输毒品罪，判处其无期徒刑，剥夺政治权利终身，并处没收个人全部财产。判决书显示，被告人马某某辩称其事先不知道是毒品；其辩护人对起诉书指控被告人马某某的运输毒品罪的罪名不持异议，但提出如下辩护意见：1. 被告人具有从犯，主动坦白，当庭认罪，系初犯、偶犯，毒品未流入社会等多项法定、酌定从轻、减轻处罚情节。2. 本案供鉴定的毒品检材是否源于查获的毒品可疑物无法确证，证据的合法性、真实性存在问题。3. 本案被技侦手段破获，但未查明毒品上线，不合情理。对于上述抗辩意见，法官在判决理由部分仅写明：被告人马某某无视国法，大量运输毒品，其行为已构成运输毒品罪；公诉机关指控的事实清楚，证据确实、充分，罪名成立；被告人马某某提出的对毒品不明知的辩解无证据支持，不能成立；对其辩护人提出的辩护意见的合理部分予以采纳。[①]就这一典型案例而言，被告人最终被判处无期徒刑，处刑不可谓不严厉，但判决书中能够称得上是量刑说理的内容不足 20 字。

如果暂从形式的角度出发，量刑说理需以一定数量的文字为载体，虽然不能说判决书字数越多，其说理就会越充分、翔实，但有一点可以肯定的是，字数过少显然无法满足充分说理的需要。笔者在建立数据库的过程中发现，有的判决书洋洋洒洒几千字，但大部分篇幅都被用于介绍犯罪事实以及罗列证据，判决理由部分所占篇幅很小；还有一些判决书，整篇判决书只有千余字，可以想见，这样的判决书在排除对被告人基本情况、适用程序、犯罪事实的介绍后用于阐述量刑理由的文字还能有多少，这样的判决恐难做到说理充分。

---

① 参见甘肃省临夏回族自治州中级人民法院刑事判决书，(2016)甘 29 刑初 22 号。

而更为关键的问题在于量刑说理的质，笔者认为，仅仅罗列犯罪情节、指明情节的量刑功能、再引用法律条文的量刑说理非真正意义上的充分说理。总体而言，量刑说理不足主要体现在以下几个方面：其一，对量刑情节的说理不够充分。从走私、贩卖、运输、制造毒品罪的样本来看，其判决书基本上都列明了案件涉及的具体量刑情节有哪些，有的判决书也能进一步明确各个情节的具体量刑功能，如坦白从轻、自首减轻等。但是，很多法定量刑情节都具有多项量刑功能，对于法官为何选择其中某一量刑功能，判决书往往缺少详细阐述。例如，对于犯罪未遂，刑法明确规定可以从轻或者减轻处罚，具体到某一被告人，法官应对其从轻还是减轻，判决书往往没有说明法官做出选择的具体理由。更有甚者，对于这种多功能处罚情节，法官仅在判决书中写明"可以从轻或者减轻"，但到底是"从轻"还是"减轻"让人无法确定。其二，对控辩双方的量刑建议或者意见的回应不够充分。对于控诉方提出的量刑建议，有所载明的判决书并不多，对于这些量刑建议，有的判决书会明确采纳与否，有的则仅仅写明"酌情予以考虑"，还有的则对量刑建议采纳与否不置可否，即便写明采纳与否也很少就其理由进行阐述。能够对被告人、辩护人提出的量刑意见全面予以回应并阐述理由的判决书很少，大部分判决书要么只是笼统回应"辩护人的相关辩护意见，本院予以采纳"，要么就是格式化地回应"被告人辩解及辩护人相关辩护意见无事实及法律依据，本院不予采纳"。其三，对缓刑和罚金刑的说理不充分。对于缓刑，法官往往在列举量刑情节后直接写"本院依法对被告人从轻处罚并适用缓刑"或者"根据被告人的犯罪情节和悔罪表现，以及对社会的危害性"对被告人适用缓刑，但这种阐述只是对刑法有关缓刑适用条件的重复，与量刑说理的要求相去甚远。至于罚金刑，更没有判决书就罚金数额是如何得来的进行详细说明。

二、从"量刑理由"到"量刑说理"的回归

有学者指出应将"量刑理由"与"量刑说理"予以区分，因为二者在含义以及内容要求上并不相同。理由是指"事情之所以如此做的道理"，而说理是指"说明道理"，即说清、阐明道理，所以量刑说理乃指根据事实与法律对量刑进行学理分析与说明。[①] 对此，笔者也深表赞同。如果仅仅要求判决书写明"量

① 参见彭文华：《量刑说理：现实问题、逻辑进路与技术规制》，载《法制与社会发展》2017 年第 1 期。

刑理由”，只要法官罗列量刑情节以及相应的法律规定再采用简单的三段论进行逻辑推理就能得出量刑结论，那么在简单的三段论推理模式下，大前提（法律规定）和小前提（案件事实及在事实基础上提炼出的量刑情节）就是理由。然而，这种方式不能使人们充分相信结论（量刑结果）的合理性，因为其缺乏具体的论证过程。

党的十八届三中全会、四中全会的决议均使用“法律文书说理”而非“法律文书理由”的表述，这显然是注意到了“说理”不同于“理由”。由此说明，仅在判决理由部分罗列各项情节是远远不够的，而应该以量刑证据认定量刑事实，继而论证量刑事实对刑罚的具体影响作用，并援引作出裁判的法律依据，最终得出量刑结果。因此，法官应当在判决书中明确、具体地写明证据内容，结合证据详细分析和论证量刑情节的成立与否，以量刑证据构建量刑事实，在量刑情节成立的基础上法官还需进一步分析量刑情节的具体作用和影响。这一论证分析过程必然会涉及对控辩双方量刑建议或意见的支持或反驳，以形成对双方观点的积极回应，这样的说理才能真正满足量刑公正的需要。当然这种说理的适用不应仅仅限于主刑，缓刑的适用以及罚金数额的裁量等也同样需要以前述方法加以论证。在缓刑适用中，在以证据论证各种事实因素存在与否的基础上要结合刑法有关缓刑适用条件的规定，阐释被告人能否适用缓刑的理由；罚金刑的适用同样需要结合各项情节论证被告人是否符合适用单处罚金的条件以及罚金的具体数额，而前文提及的罚金刑规范化改革的开展则可以为罚金刑量刑说理的完善提供空间和可能。

有关量刑说理问题还需提及的是，走私、贩卖、运输、制造毒品罪的判决书均没有结合原《量刑指导意见》的规定就量刑过程进行详尽阐释，即选择的量刑起点是多少、哪些属于可增加刑罚量的事实、具体增加的刑量是多少以及各个量刑情节的调刑比例如何确定等内容均未在判决书中予以反映。当然，司法实践中判决书普遍缺少量刑具体过程的阐述也有其制度层面的原因。2013 年 12 月 23 日最高人民法院在《关于实施量刑规范化工作的通知》（以下简称《量刑规范化工作的通知》）（已失效）中对量刑说理的标准和内容作出了规定：“裁判文书要充分说明量刑理由，但不要将具体量刑步骤、量刑建议以及量刑情节的调节幅度和调节过程在裁判文书中表述。可针对控辩双方所提量刑情节采纳与否及从重、从轻处罚的理由进行阐述。宣判后，可根据是否上诉、抗诉等情况,在庭后释明量刑过程。”笔者认为,最高人民法院之所以作出这一规定可能是考虑到在判决书中详细写明法官量刑过程以及量刑情节的具体效度,容易使公众误以为法官量刑只是简单的数学运算,担心这种做法会导致量刑规范化走向极端的唯数理化,进而造成司法的机械化、形式化。对此,也有学者提出不同观点和认识,有学者认为,应“在量刑说理中按照量刑方法、步骤用数字说明量刑情节对量刑结果的影响效度,特别是涉及多名被告人,各个被告人的量刑情节不一致时,以增强量刑说理的说服力,体现量刑结果的差异性,真正体现‘罚当其罪’的刑事审判原则”[①]。笔者对此种观点持肯定态度,原因有三:

其一,量刑规范化改革实体层面的一个重要内容就是由传统的估堆式量刑方法向规范化量刑方法转变,作为量刑结果的形式载体,判决书也应当对这一量刑方法指导下的量刑过程进行阐述,以明确最终量刑结果的由来和根据。如果仍采用过去的“情节 + 功能”的表述方式而不具体介绍情节对量刑结果的影响效度,这种表达方式与实质内容相脱节的量刑说理仍无法避免人们对最终量刑结果仍然是由估堆方法得来的猜疑。当然,要在判决书中写明量刑的具体步骤,特别是写明量刑情节的影响效度就需要在判决书中引入数字,但引入数字并不必然会带来唯数理化、机械化的结果。要避免上述情况的出现当然就不能简单地在事实后面仅写明数字(如自首减少基准刑的30%),法官还需要结合证据和案件事实具体论证选择这一标准的原因,如此一来对法官的量刑说理能力提出了更高的要求,有利于进一步提高量刑说理的质量。

其二,根据《量刑规范化工作的通知》(已失效),法官可以在庭后释明量刑过程,这也就是说具体的量刑过程只对控辩双方公开。这种做法忽略了一个事实,那就是判决书除了案件控辩双方之外还有其他受众,这些受众包括一切可能接触到判决书的人,特别是在司法公开的大背景下,裁判文书上网使每个社会民众都成为其潜在的受众。司法公开就是要将司法活动的全过程置于阳光之下,通过公开规范法官自由裁量权的行使,此乃有效遏制司法腐败、保障司法公正的重要途径和有力举措。裁判文书公开是司法公开的重要内容之一,通过公开裁判文书,“更好地实现人民群众对司法工作的知情权、参与权、表达权和

---

① 王学柳:《以交通肇事罪为视角看量刑规范化下刑事判决书量刑说理》,载《山东审判》2016年第6期。

监督权"①。就刑事判决书而言,公开的核心在于判决说理的公开,而聚焦于量刑问题,其公开的真正意义应该体现于量刑说理的公开。"没有说理的公开只会让更多的人对裁判的理由不明就里,没有公开的说理只会让法官更加将自己隐藏在事实和证据背后,导致判决书成为冰冷的证据罗列与事实的重复归纳。"②如果具体的量刑过程仅对有限的当事人公开,则社会公众无法通过判决书获知法官量刑的具体情况,也就无法实现对法官自由裁量权的有效监督和规制,这种公开形式意义大过于实质意义。只有量刑说理的充分公开才能在真正意义上实现以公开促公正的目的,才更有利于树立司法权威、提升司法公信力。

其三,规范化量刑方法包括三个重要步骤,即确定量刑起点、确定基准刑以及确定宣告刑,有学者认为,在这三个步骤和环节中法官均是凭"感觉"进行的决策选择。③ 那么为了避免法官仅仅是凭"感觉"作出上述决策选择或者为了避免给人以法官仅仅是凭"感觉"进行决策选择的印象,笔者认为,有必要在判决书中写明各个环节的具体内容并充分论证作出决策选择的依据和理由。不仅如此,"一位好的法官应当具有当事人所合理要求的量刑技艺和能力,虽然量刑技艺和能力是法官的,但评价的根据——对量刑结果的关切——却是那些当事人的。也就是说,当事人关心量刑结果,就必然关注法官量刑的技艺和能力。由于法官的量刑技能既看不见也摸不着,只能通过其他方式对其了解,所以量刑说理就构成了评价法官裁判技艺和能力的重要依据。"④据此,法官在判决书中具体阐明的规范化量刑方法各个环节的具体内容就成为评价法官裁判技艺和能力的重要依据,如此一来便可以敦促法官在判决书的制作中锻炼自己以实现自身裁判技艺和能力的不断提升。

综上所述,笔者认为,判决书应就量刑过程各个环节中量刑事实对量刑结果的影响效度加以阐释,具体包括量刑起点是多少、基准刑如何获得以及量刑情节的调刑比例等,每一步骤都需充分论证,以证据构建事实、用事实说明其对量刑结果的影响,再结合规范指引形成完整的说理过程。

---

① 周强:《深化司法改革 促进司法公正》,载《人民法院报》2014 年 1 月 27 日,第 1 版。

② 孙万怀:《公开固然重要,说理更显公正——"公开三大平台"中刑事裁判文书公开之局限》,载《现代法学》2014 年第 2 期。

③ 参见闫平超:《量刑规范化体系下的量刑方法改革刍议》,载《法律适用》2020 年第 22 期。

④ 彭文华:《量刑说理:现实问题、逻辑进路与技术规制》,载《法制与社会发展》2017 年第 1 期。

附录　变量表

变量 1:程序类型　1 = 简易程序且独任　2 = 简易程序且合议庭　3 = 普通程序　4 = 速裁程序　5 = 轻刑快审程序　6 = 轻微刑事案件快速办理机制

变量 2:有无辩护人以及类型　0 = 无辩护人　1 = 委托辩护人　2 = 指定辩护人　3 = 辩护人

变量 3:是否羁押　0 = 否　1 = 是

变量 4:法定刑幅度　1 = 第一个法定刑幅度(3 年以下有期徒刑、拘役或者管制,并处罚金)　2 = 第二个法定刑幅度(3 年以上 7 年以下有期徒刑,并处罚金)　3 = 第三个法定刑幅度(7 年以上有期徒刑,并处罚金)　4 = 第四个法定刑幅度(15 年有期徒刑、无期徒刑或者死刑,并处没收财产)

变量 5:是否减轻处罚　0 = 否　1 = 是

变量 6:量刑种类　1 = 管制　2 = 拘役缓刑　3 = 拘役实刑　4 = 有期徒刑缓刑　5 = 有期徒刑实刑　6 = 无期徒刑　7 = 死刑缓期两年执行　8 = 死刑立即执行　9 = 免除处罚

变量 7:没收财产类型　0 = 没收全部财产　1 = 没收部分财产　2 = 没收财产

变量 8:没收财产数额(直接录入金额)

变量 9:主刑时长(当主刑为有期自由刑时直接录入月数)

变量 10:缓刑时长(直接录入月数)

变量 11:罚金数额(直接录入金额)

变量12:是否附加剥夺政治权利及类型　0 = 否　1 = 有具体期限的剥夺政治权利　2 = 剥夺政治权利终身

变量13:剥夺政治权利时长(直接录入年数)

变量14:被告人年龄(直接录入数字)

变量15:被告人职业　1 = 无业　2 = 无固定职业　3 = 农民　4 = 工人　5 = 个体　6 = 公司职工　7 = 务工人员　8 = 其他

变量16:被告人受教育程度　1 = 文盲或半文盲　2 = 小学　3 = 初中　4 = 中专技校　5 = 高中　6 = 大学　7 = 专科

变量17:被告人性别　1 = 男性　2 = 女性

变量18:被告人民族情况　1 = 汉族　2 = 回族　3 = 东乡族　4 = 藏族　5 = 彝族　6 = 其他

变量19:是否特殊人群(残疾人、严重疾病患者、怀孕或者正在哺乳自己婴儿的妇女)带毒　0 = 否　1 = 是

变量20:被告人行为类型　1 = 贩卖毒品　2 = 运输毒品　3 = 走私毒品　4 = 制造毒品　5 = 贩卖、运输毒品　6 = 走私、贩卖毒品　7 = 贩卖、制造毒品　8 = 运输、制造毒品

变量21:毒品种类(直接录入毒品名称)

变量22:是否有毒品纯度、成分的鉴定报告　0 = 否　1 = 是

变量23:毒品鉴定报告中纯度鉴定数值(直接录入数值)

变量24:是否共同犯罪　0 = 否　1 = 是

变量25:被告人是否为未成年人　0 = 否　1 = 是

变量26:被告人是否为老年人　0 = 否　1 = 是

变量27:被告人是否为限制行为能力人　0 = 否　1 = 是

变量28:是否武装掩护走私、贩卖、运输、制造毒品　0 = 否　1 = 是

变量29:是否以暴力抗拒检查、拘留、逮捕,情节严重　0 = 否　1 = 是

变量30:是否受雇佣受指使　0 = 否　1 = 是

变量31:共同犯罪人类型　1 = 主犯　2 = 次要主犯　3 = 从犯　4 = 次要从犯

变量32:是否教唆未遂　0 = 否　1 = 是

变量33:是否有劣迹　0 = 否　1 = 是

变量 34：是否有一般前科（前罪非走私、贩卖、运输、制造、非法持有毒品罪）　0 = 无前科　1 = 是

变量 35：是否毒品再犯　0 = 否　1 = 是

变量（1）前罪性质：1 = 走私、贩卖、运输、制造毒品罪　2 = 非法持有毒品罪

变量（2）后罪距离前罪刑满释放后的时间间隔：1 = 后罪在前罪刑罚执行期间　2 = 1 年以下（包括本数）　3 = 1 年以上（不包括本数）2 年以下（包括本数）　4 = 2 年以上（不包括本数）3 年以下（包括本数）　5 = 3 年以上（不包括本数）4 年以下（包括本数）　6 = 4 年以上（不包括本数）5 年以下（包括本数）　7 = 超过 5 年

变量（3）前罪量刑类型：1 = 免予刑事处罚　2 = 管制　3 = 拘役　4 = 拘役缓刑　5 = 有期徒刑　6 = 有期徒刑缓刑　7 = 无期徒刑　8 = 死刑缓期 2 年执行

变量（4）前罪主刑具体刑期（直接录入月数）

变量 36：是否累犯　0 = 否　1 = 是

变量（1）累犯前罪刑罚执行完毕或赦免至再犯罪的时间间隔：1 = 1 年以下（包括本数）　2 = 1 年以上（不包括本数）2 年以下（包括本数）　3 = 2 年以上（不包括本数）3 年以下（包括本数）　4 = 3 年以上（不包括本数）4 年以下（包括本数）　5 = 4 年以上（不包括本数）5 年以下（包括本数）

变量（2）前罪性质：1 = 毒品犯罪　2 = 暴力犯罪　3 = 非暴力犯罪

变量（3）前罪量刑类型：1 = 有期徒刑　2 = 无期徒刑　3 = 死刑缓期 2 年执行

变量（4）前罪主刑具体刑期（直接录入数字）

变量 37：是否因同一毒品犯罪前科同时构成累犯和毒品再犯　0 = 否　1 = 是

变量 38：是否自首　0 = 否　1 = 是

变量 39：是否坦白　0 = 否　1 = 是

变量 40：是否当庭认罪　0 = 否　1 = 是

变量 41：是否立功　0 = 否　1 = 是

变量 42：是否多次走私、贩卖、运输、制造毒品　0 = 否　1 = 是

变量43:行为次数(直接录入数字)

变量44:毒品数量(录入具体克数)

变量45:犯罪停止形态 1=犯罪预备 2=犯罪中止 3=犯罪未遂 4=犯罪既遂 5=部分既遂部分未遂

变量46:是否向多人贩卖毒品 0=否 1=是

变量47:购毒人数量(直接录入数字)

变量48:是否在戒毒场所、监管场所贩卖毒品 0=否 1=是

变量49:是否向在校学生贩卖毒品 0=否 1=是

变量50:是否组织、利用残疾人、严重疾病患病者、怀孕或者正在哺乳自己婴儿的妇女走私、贩卖、运输、制造毒品 0=否 1=是

变量51:是否初犯、偶犯 0=否 1=是

变量52:是否悔罪 0=否 1=是

变量53:是否毒品纯度低 0=否 1=是

变量54:是否存在特情 0=否 1=是

变量55:是否以贩养吸 0=否 1=是

变量56:是否具有吸毒情节 0=否 1=是

变量57:是否属于被利用、被教唆的特殊人群(残疾人、严重疾病患病者、怀孕或者正在哺乳自己婴儿的妇女) 0=否 1=是

变量58:毒品是否未流入社会 0=否 1=是

变量59:是否利用、教唆未成年人走私、贩卖、运输、制造毒品 0=否 1=是

变量60:是否向未成年人出售毒品 0=否 1=是

变量61:是否国家工作人员走私、贩卖、运输、制造毒品 0=否 1=是